KB051880

Taxurance®

세금 잡(JOB)은 택슈랑스

지은이	김영록
펴낸이	(주)로스차일드코리아인베스트
펴낸곳	사명감을 가지고 일하는 사람들 월간 까데뜨/조세금융신문
주소	서울특별시 강남구 테헤란로길 86길 12, 10층 [대치동 디케이오케이 빌딩]
출판등록	제2011-000144호 [2011년 5월 2일]
전화	02-558-8061
팩스	02-558-8085
이메일	cadet21@naver.com
인쇄	가나인쇄
초판 1쇄 펴낸 날	2014년 4월 10일
편집	김영진
디자인	vvs studio
ISBN	978-89-98028-05-3 03320

보험과 세금을 적용시 개개의 사안에 따라 내용에 차이가 있거나 결과가 다를 수 있습니다. 따라서 본서는 참고 수준으로만 활용하시기 바라며 보다 구체적인 내용이 요구되거나 실행을 수반하는 경우에는 반드시 해당 분야의 재무전문가·세무전문가로부터 자문을 구하시기 바랍니다.

100세 시대!
인생2막,
포트폴리오!

세금
잡(JOB)은
택슈랑스

TFR재무전문가·세무사
김영록 지음

사명감을 가지고 일하는 사람들
 CADET |  조세금융신문

나오는 사람들

김영진세무회계사무소와 제휴사인 택슈랑스 라운지의 신입 재무전문가이다. 김영진 세무사와 어린 시절을 보낸 고향 후배로 그동안 손해보험사에서 설계사로 있었으나 생명보험 재무전문가로 스카우트되어 활동 중이다. 세테크 금융보험의 파트너 택슈랑스 TFR재무전문가 '세금과 보험' 과정을 공부하며 세법에 대하여 눈을 뜨게 되고, 이후 김영진 세무사로부터 영험한 마이더스와 같은 선물을 받고 상당한 생명보험 계약 실적을 올린다.

택슈랑스 라운지 소속으로 인근에 있는 3개 라운지의 신입 리쿠르팅과 교육을 담당하고 있다. 매년 택슈랑스 라운지 TFR재무전문가 과정을 이수하며 세금에 대한 실력을 키우다 보니 이제는 세무전문가라는 별칭까지 들을 정도이다. 현재 '고객의 행복이 나의 행복이다!' 라는 슬로건으로 팀원들을 주도적으로 이끌고 있다.

마성숙FR과 비슷한 시기에 입사한 재무전문가이다. 이경재세무회계사무소 소속으로 택슈랑스 라운지 TFR재무전문가 교육과정에 열성적이다. 2014년도 전국 택슈랑스 라운지 신인상을 놓치지 않기 위해 마성숙FR과 경쟁하고 있다. 김영진 세무사에게 수시로 질문을 하며 3년 내 택슈랑스 아카데미 스타강사가 꿈일 정도로 TFR재무전문가 과정에 최선을 다하고 있다.

이경재세무회계사무소 택슈랑스 라운지 소속으로 손해사정사 자격을 가지고 있다. 최팀장은 평소 지금이 기회다 싶으면 마치 마지막인 것처럼 그것을 잡기 위해 집념을 가지고 행동하는 성격이다. 특히, 법대 출신답게 법인기업 컨설팅과 주식이동과 관련한 상속증여·가업승계플랜이 장점이다.

우리나라 택슈랑스 라운지 1호 개설자이다. 수년간 금융보험 분야에서 고액의 강연료를 받는 인기강사 출신이다. 현재 택슈랑스그룹 세금보험에 대한 전문강사로 위촉되어 인터넷 사이버상으로 전국에 강의 중이다. 그가 제휴한 택슈랑스 라운지에는 성공한TFR이 팀장이 되어 TFR, FR재무전문가 등 10명이 세금설계와 상속증여플랜을 강점으로 활동하고 있다.

차례

⊙ 펼침말

마크트웨인(1835~1910)은 "은행은 날씨가 맑을 때 우산을 빌려주고, 흐려지면 우산을 돌려받는다. 하지만 보험회사는 우산을 보관하고 있다 비가 오면 우산을 고객에게 돌려준다." 고 말했다. 이렇듯 보험은 타 금융권역과 다르게 타인에 대한 배려, 아픔과 위험을 나누는 공공적인 특성을 갖고 있다. 이러한 좋은 보험가입을 촉진하기 위해 그동안 우리나라 세법은 보험료의 불입, 보험계약의 유지 및 만기시 보험금을 수령하는 경우 세액공제, 비과세, 저율과세와 같은 다양한 세제혜택 즉 세테크를 부여하고 있다.

그러나 재무전문가들이 보험을 판매하는 과정에서 보면 고객은 보험에 대한 세테크적인 부분에 대해서 세무전문가의 의견을 더 수용하려는 경향이 강하다. 결국 긍정적이고 순기능적인 보험의 중요결정임에도 불구하고 고객의 경제적 사정이 더 큰 변수이기도 하지만 세무전문가의 단편적이고 보험에 대한 부정적인 시각으로 인해 시의적절하게 가입되어야 할 보험계약이 이루어지 못하는 안타까운 얘기를 듣거나 사례를 접하게 된다.

하지만 이 책에 등장하는 주인공과 같이 TFR(Tax & Financial Representative)재무전문가 과정인 세금과 보험 교육을 통해 세금에 대한 전반적인 지식을 체득하고 세금과 보험을 응용한 금융보험 상품을 판매하는 경우를 볼 수 있다. 생명보험 상품의 경우 여유자금을 가지고 있으나 금융소득종합과세 대상에 해당되어 높은 소득세율을 적용받게 될 고액자산가는 절세와 효율적인 자산배분 차원에서 소득세법과 상속세및증여세법(이하 '상증세법' 이라 한다)을 접목하였을 때 최적의 플랜이 나올 수 있다. 이렇듯 고액자산가는 세법을 공부한 재무전문가를 필요로 한다. 상증세법을 공부한 재무전문가라면, 그리고 더 나아가 그 재무전문가가 소득세법과 법인세법에 정통하다면, 10억 이상의 금융자산가를 주요 고객으로 만들 수 있다.

만약 상증세법을 잘못 적용하거나 상속가액을 누락하여 신고하는 경우 신고불성실가산세 40%, 연간 10.95%에 상당하는 납부불성실까지 합하면, 연 최고 51%에 가까운 가산세를 부담할 수 있다. 어느 고액자산가가 실제 매년 50억 이상의 상속세신고 업무를 대리한 세무사와 역시 세법에 정통한 재무전문가와 상담을 통해 상속세과세표준을 줄이고 보험가입을 통해 상속세 납부재원을 만들어 놓았다면 큰 행운일 것이다.

최근 모 생명보험사가 발표한 고액자산가들의 관심사항은 1순위로 상속과증여(30%), 다음으로 금융투자(28%), 부동산투자(13%), 부동산및세금정책(12%), 종합소득세(8%) 순서이다. 이렇듯 고액자산가의 니즈는 상속과증여, 금융투자, 부동산투자 모두 세법과 맥을 같이 한다. 세금과 보험에 정통한 TFR 재무전문가라면 세테크 금융소득을 올리면서 안전하게 가진 재산을 대물림하고자 하는 고액자산가의 66%에 이르는 니즈를 충족시킬 수 있다.

재무전문가들이 특정 주제에 대한 절세방안 등을 중심으로 배우고 있지만 이 책에서처럼 보험과 관련한 이야기와 함께 국세기본법부터 소득세법, 법인세법, 상증세법까지 체계적이고 전반적인 내용을 배우는 과정이 쉽지만은 않을 것으로 보인다. 이 책의 TFR재무전문가 과정을 공부하면 아는 내용이지만, 고액자산가가 그동안 벌었던 소득을 배우자나 자녀를 수익자로 하는 종신보험에 가입한 경우를 만난다. 어찌어찌하여 고액자산가의 부동산은 모두 경매되고 많은 세금과 부채를 남긴 채 사망하였다면, 다행히 상속인들에게는 사망을 이유로 10억원의 보험금을 수령하였다면 어떻게 될 것인가? 이러한 경우

담당 재무전문가는 보험금, 체납세금, 경매부동산 등이 상속인에게 미치는 영향을 어떻게 컨설팅할 것인가?

이 책은 세법의 기본인 국세기본법을 시작으로 각 세법의 핵심적인 세법이론과 보험을 연계하여 이야기식으로 전개된다. 일반적으로 많은 사람들이 세법을 어렵게 생각하는 이유는 복잡한 세법규정이 아니라 세법원리에 대한 전반적인 이해가 부족하기 때문이다. 또한 일선에서 세테크 전문 재무전문가로 알려지기에는 세법지식과 세무행정 절차 그리고 케이스별 경험을 필요로 한다. 마성숙처럼 '호랑이를 잡으려면 호랑이 굴로 들어가는 마음으로' 세금과 보험을 공부하자!

브래드 피트와 앤서니 홉킨스가 주연한 영화 〈조블랙의 사랑(Meet Joe Black)〉에서 브래드 피트는 사람이 피할 수 없는 두 가지, 세금(Tax)과 죽음(Death)을 얘기한다. 여기서 사망 등 인간의 생명과 관련한 금융상품이 보험(Assurance 또는 Insurance)이기 때문에 세금과 보험으로 보아 그 융합한 용어인 'Taxurance택슈랑스'가 탄생된 것이다. Taxurance® 상표는 이 책의 저자인 본인이 국내와 일본·중국 특허청에 등록완료(등록제41-0220748. 2011.11.8외 다수)하였다. 기존 보험인은 물론 세무와 회계업무에 종사경험이 있는 은퇴세대가 이 책을 통해 세금과 보험에 대한 전문성을 강화해 세무회계사무소를 비롯한 다양한 집객장소에서 인하우스 또는 제휴형태로 택슈랑스 라운지를 개설할 수 있다. 이는 국가적으로 새로운 일자리가 중요한 마당에 '세금과 보험'이라는 전문적인 마케팅 영역, 즉 새로운 비지니스 모델과 세금 잡(JOB)이 창출되는 바람직한 형태이다.

특히 이번에 발간되는 100세 시대! 인생 2막, 포트폴리오!《세금 잡(JOB)은 택슈랑스》편은 2014년에 적용할 개정세법과 시행령을 빠짐없이 반영하였다. 특히 2014년에 적용할 개정세법은 2013년 개정세법에 이어 갈수록 늘어나는 복지수요의 증가, 국내외 불확실성이 높아지고 있는 경제상황에 대비하여 재정건전성을 확보하기 위해 비과세·감면을 축소하고 있다. 그러나 40년 일하고 40년을 의무적으로 살아야 하는 100세 시대에 3층 보장을 위한 연금보험료가 세액공제로 전환되는 등 세제지원 축소는 아쉬운 감이 있다.

보험개발원 발표에 따르면 2020년이면 우리나라 보험산업은 자산규모 3배, 순이익 규모 약 2배에 이를 것으로 전망한다. 이제는 보험업계가 방향 전환할 비전(Vision), 지속성장할 목표(Goal), 금융소비자 중심의 사회적 미션(Mission), 보험산업의 새로운 가치(Value)를 만드는 타이밍이다. 이 책을 통해 수많은 재무인들이 세테크 금융보험의 파트너 택슈랑스 라운지를 통해 금융보험의 소비자이면서 생산자로 소득을 창출하는 파이낸셜 프로슈머(Prosumer)가 되기를 바란다.

"Positive anything is better than negative nothing!" 긍정적인 생각은 긍정적인 결과를 부른다. 바로 금융보험의 퍼플오션 택슈랑스 라운지와 함께하면 밝은 미래가 보인다.

끝으로 어려운 여건에서도 편집업무에 최선을 다해주는 사명감을 가지고 일하는 사람들-월간 까데뜨, 니치앤리치 편집부 직원들, 항상 격려와 희망을 주시는 조세금융신문의 김종상 대표님, 이택스코리아의 김진호 대표님, 세금(金)을 영(永)원히 기록(錄)하도록 이름을 주시고 자식 잘되길 바라며 기도하시는 아버님(김우석)과 어머님(채말순), 기쁜 마음으로 항상 응원을 해주는 가족, 열정적으로 세금과 보험의 신세계를 만들어 가고 있는 택슈랑스 라운지 재무전문가들에게 무한한 존경과 뜨거운 사랑을 드린다.

2014년 3월 15일
저자 김영록(金永錄)

펼침말

01

01

PART **ONE**

세금과 보험 입문하기

〈달마야 놀자〉라는 코미디 영화가 있다. 큰스님이 조폭들과 자기 제자들에게 문제를 낸다. '밑 빠진 항아리에 물을 가득 채우라는 것'이다. 문제를 푼 사람은 바로 밑 빠진 항아리를 들고 '연못'으로 들어간 조폭 두목이었다. 택슈랑스의 핵심은 세금이다. 그걸 알고 채우기 위해서는 조폭 두목처럼 맨몸으로 '세법'이라는 '연못'으로 뛰어 들어가야 한다.

세금과 보험
입문하기

TFR재무전문가, 세금 지식을 강점으로

"여러분! 좋은 아침입니다! 대구지역본부 달구벌지사의 가업상속증여플랜을 잘 보셨지요. 2013년 귀속 소득부터 금융소득종합과세 기준금액이 2천만원으로 인하되었고 2014년부터는 소득세 38%의 최고세율이 적용되는 과세표준 구간이 3억원에서 1억5천만원으로 인하되었습니다. 갈수록 세금이 중요해지고 있습니다."

평소 치밀한 분석과 명쾌한 논리로 고객의 문제를 진단하고 성공전략을 전파하고 있는 성공한 팀장이 팀원들과 함께 주간회의를 시작한다. 2014년에 적용할 개정세법은 일부 소득공제 항목이 세액공제로 전환되고 각종 공제감면 세액이 축소되어 고소득 전문직과 자산가의 경우 세금부담이 높아지고 있다.

"엊그제 기준금리 발표를 보더라도 정부에서는 금리를 더 이상 올릴 수도 내릴 수도 없는 금융정책의 한계를 보여주고 있습니다. 개인적인 생각으로 이런 상황에서 노후를 보장하는 연금보험상품을 통해 통화량을 조절하는 정책이어야 할 것입니다. 그리고 노후의료 비용이 기하급수적으로 증가되는 국민건강보험의 재정상황을 고려해 볼 때 건강과 위험을 담보하는 실손보험, 실버암보험, 순수보장성 정기보험은 더욱 더 인기가 있을 것으로 보입니다."

한국은행 금융통화위원회는 2014년 3월 기준금리를 2.5%로 동결하였다. 지난 해 5월 2.75%에서 현재의 이율로 내린 이후 10개월째다. 우리나라도 세계적인 저성장 기조가 지속되고 경기 회복세가 둔화되는 상황에서 저금리는 계속 이어질 것으로 보인다.

"더구나 40년 일하고 40년을 더 살아야 하는 100세 시대에 맞춰 앞으로 저금리 상황에 적합한 연금보험 상품과 정기보험이 주효할 것으로 보입니다. 그럼 오늘부터 「Y2014 - TFR재무전문가」 교육과정을 힘차게 시작하여 봅시다."

택슈랑스 TFR재무전문가 교육과정은 한마디로 일정기간 동안 에너지가 축적되어 있지만 변화가 없다가 어떤 시점에서 어느 하나가 추가되면 갑자기 전체가 바뀌어 전혀 다른 상태로 변해 버리는 그 경계 즉 티핑 포인트(Tipping point)라고 할 수 있다.

25개 세목, 세금체계를 분류하고 이해한다

우리가 내는 세금에는 어떤 것이 있나? 우리는 일상생활을 하면서 알게 모르게 많은 세금을 내고 있다. 사업을 해서 돈을 벌었으면 소득세를 내야 하고, 번 돈을 가지고 부동산이나 자동차를 사면 취득세를 내야 하며, 집이나 자동차 등을 가지고 있으면 재산세·종합부동산세·자동차세 등을 내야 한다. 뿐만 아니라 부동산을 팔면 양도소득세를 내야 하고, 자식에게 증여를 하면 증여세를, 부모가 사망하여 재산을 물려받으면 상속세를 내야 한다. 위와 같은 세금은 그래도 알고 내는 세금이지만 우리가 알지도 못하는 사이에 내는 세금도 한두 가지가 아니다. 물건을 사거나 음식을 먹으면 그 값에 부가가치세가 포함되어 있고, 고급가구 등을 사면 개별소비세가, 술값에는 주세가, 담배값에는 담배소비세가 포함되어 있다. 어디 그뿐인가? 계약서를 작성하면 인지세, 면허를 가지고 있으면 등록면허세를 내야하는 등 차라리 골치 안 아프게 잊어버리고 지내는 것이 속 편할지 모른다.

그러나 우리의 일상생활 속에서 세금문제는 피할 수가 없다. 소득과 재산이 있거나 거래가 이루어지는 곳에는 항상 세금이 따라 다니기 때문이다. 그러므로 우리는 세금에 대하여 무관심하거나 피하려고 하지 말고, 내가 내야하는 세금에는 어떤 것이 있으며 나는 그 세금을 적정하게 내고 있는지 관심을 갖는 것이 필요하다. 〈국세청, 세금절약가이드Ⅰ, 2013, p12-13〉

불치하문, 프레임의 폭을 넓혀 더 큰 발전

한편 마성숙이 평소 친오빠처럼 가까이 하던 김영진 세무사를 만나러 왔다. 김세무사는 세무회계사무소를 대표하면서 동시에 TFR재무전문가로서 「택슈랑스 라운지」 한밭지사를 책임지고 운영하고 있다.

"반갑떼이! 우리 성숙이, 무슨 일이야? 갈수록 예뻐지네!"

김 세무사는 오뉴월 가뭄에 단비 맞듯이 반갑게 마성숙을 맞이한다.

"아이~ 오빠! 부끄럽떼이! 사람도 많은데…"

"예쁜 성숙이가 왔으니 이 오빠가 선물하나 줘야겠다."

김영진 세무사는 책상으로 가더니 알록달록한 무늬종이로 포장된 선물상자 하나를 가져왔다.

"성숙아! 내가 아프리카 여행 중 방문했던 부족마을의 추장이 선물한 것인데, 사무실 방문 선물로 주는 것이니 받아라!"

김영진 세무사는 최근 케냐, 탄자니아, 케이셀 등 아프리카 여행을 다녀왔다. 전통마을 추장으로부터 이상한 선물을 하나 받았다. 그때 추장하는 말이 '이 선물은 귀국 후 경제적으로 어렵고 힘들어 하는 사람에게 선물로 전달하여야 합니다.' 라고 말하며 '또한 이 선물을 받은 사람도 어느 정도 고민이 해결되면 또 다른 어려운 사람에게 주도록 말씀하여야 합니다' 라고 했다.

"요즘 동생이 여러 가지 고민이 많다고 하니 마이더스와 같은 선물을 주는 거야!"

"오빠! 외국여행 갔다와서 주는 선물이 겨우 이거야? 뭔지 모르겠지만 고맙게 받을게요."

"성숙아! 그것 보통 이상의 선물이다. 앞으로 동생에게 영험한 효과가 있을 거야. 요즘 외국 나가서 선물하기 위해서 신용카드 많이 쓰면 세무조사 대상이 될 수 있단다. 명희 말을 들어보니 요즘 고민이 있다고 하던데 들어볼까?"

2014년에 적용할 개정세법은 관세법을 개정해 신용카드업자는 해외 신용카드 사용내역 중 해외물품 구매내역과 현금인출 실적이 분기별 5천달러 이상인 여행객을 관세청에 제출하도록 하고 있다. 그 적용시기는 2014. 4.1부터 시행한다. 한편 국세청은 그 이전부터 세무조사에 해외신용카드 사용내역을 활용하고 있다.

"오빠, 사실 내가 그런손해보험사에서 설계사로 있잖아! 회사 사정도 좋지 않고 상품이 신통치 않아 영 실적이 오르지 않네! 갈수록 애들 교육비는 늘어나고 좀 새로운 길을 모색해야겠어요. 오빠 세무회계사무소에서 일할까?"

"세무회계사무소? 아서라! 성숙아, 세무회계업무 쉽게 하는 일 아니다."

김영진 세무사가 법인결산 준비로 전화기를 어깨와 머리에 낀 상태에서 컴퓨터 키보드를 두드리고 있는 세무파트 김미정 부장을 가리킨다.

"성숙아, 저기 김부장 있잖아? 30년 동안 이 분야에서 일하고 있지만 지금도 세법을 어려워하며 불치하문의 자세로 일하고 있단다."

아랫사람에게라도 물어보는 것을 부끄러워하지 않는다. 즉, 불치하문(不恥下問)은 공자님의 말씀으로 전문적인 분야에서 일하는 사람에게는 꼭 필요한 태도이다. 배운다는 건 기존의 지식에 간히지 않고 새로운 앎에 대해 열린 사고를 갖고 있다는 것이다. 또한 자신의 프레임만 고집하는 것이 아니라 다른 프레임을 받아들이는 것이 자신의 프레임을 넓히면서 더 큰 발전을 가져온다.

"오빠, 내 신세가 좀 그래서 하는 말이지, 쉬운 일이 어디 있겠어요!"

마성숙이 김영진 세무사에게 뽀로통한 표정을 짓는다.

"성숙아, 그런 사정이라면 내가 운영하고 있는 세테크 금융보험의 파트너 택슈랑스 라운지에서 재무전문가로 활동하는 것이 어떨까?"

김영진 세무사가 마성숙을 리쿠르팅하는 순간이다. 그동안 라운지가 남성 위주로 되어 있어 여성을 영입하는 중이었다. 여성은 치열한 경쟁사회에서도 누구라도 성큼 다가설 수 있는 따스한 가슴과 고차원적인 감성을 가지고 있는 장점을 가지고 있다. 특히 마성숙은 손해보험 경력이 있어 어느 누구나 고객이 될 수 있는 의료실비보험과 실버보험 및 전문적인 건물화재보험을 안내하고 동시에 세무파트의 잠재고객을 확보할 수 있어 금융보험과 세무영업에 일석이조의 효과가 있기 때문이다. 특히 손해보험상품은 1년 갱신계약이기 때문에 한번 고객은 보험 목적물이 없어질 때까지 수입으로 이어진다.

"명희 언니가 오빠 사무실에 가면 고민이 풀릴 것이라고 하더만…"

누구나 할 일이 있고 쓰임을 받는다는 것은 참으로 행복한 일이다. 그래서 프랑스 계몽주의자이면서 철학자인 루소(1712~1778)는 '사람은 두 번 태어난다. 한 번은 존재하기 위해 태어나고, 또 한 번은 자기를 알아주는 사람을 위해 태어난다.'고 했다. 마성숙은 자기를 알아주는 김영진 세무사를 만나 두 번째의 삶을 구상한다. 그녀는 자기 사명을 발견한 것처럼 좋아한다.

국세와 지방세

우리나라 세금은 먼저 세금을 과세하는 주체에 따라 분류한다. 그 중 하나인 국세는 중앙정부가 과세권을 가지고 있는 조세로 행정부와 국회의 입법과정을 통해 만들어진 세법에 따라 국세청(세무서)이 우리나라 영토 안에서 사람이나 물품에 대하여 과세하는 내국세와 관세청(세관)이 외국으로부터 물품을 수입할 때 과세하는 관세로 분류된다. 한편 지방세는 지방자치단체인 특별시·광역시·도와 시·군·구의 행정기관에서 과세권을 가지고 있는 세금이다.

보통세와 목적세

다음은 세금을 사용하는 용도에 따라 분류한다. 보통세는 세수의 용도를 특정하지 않고 국가, 지방자치단체 등에서 국방·치안·도로 건설 등 일반경비에 충당되는 세목을 말한다. 반면 목적세는 교육환경 개선이나 농어업의 경쟁력 강화 등 특정한 목적의 용도에 충당하는 세목으로 국세로는 교육세, 농어촌특별세, 교통·에너지·환경세가 있고, 지방세로는 지역자원시설세, 지방교육세가 이에 해당된다.

독립세와 부가세

또 다른 분류로 특정 세금에 덧붙여 나가는지 여부에 따라 분류한다. 그 중 하나로 독립세는 아래에서 설명하는 덧붙이는 세금이 아닌 독립적인 세금을 말한다. 부가세(간접세인 부가가치세와 다르고, 세목이 아닌 개념어이다.)는 다른 조세에 덧붙여 부가되는 조세로 현행 교육세·농어촌특별세 등 2가지 세목이 있다. 2014년에 적용할 개정세법은 지방소득세를 부가세에서 독립세로 전환하였다. 그러나 부칙 규정에 따라 개인의 경우에는 2016년 12월 31일까지 현행 부가세 방식처럼 신고와 경정결정을 하도록 하고 있으나 법인의 경우에는 2014년 이후 각 사업연도의 종료일이 속하는 달의 말일부터 4개월 이내에 그 사업연도의 소득에 대한 지방소득세의 과세표준과 세액을 납세지 관할 시·군·구에 신고하여야 한다.

직접세와 간접세

또한 세금은 납부 방법에 따라 두 가지 종류로 나눌 수 있다. 하나는 납세자와 납세의무자가 일치하는 것을 가정한 직접세이다. 납세자가 국가 또는 지방자치단체에 직접 납부하는 것으로 소득세, 법인세 등이 이에 해당한다. 또 하나는 납세자와 납세의무자가 일치하지 않는 것을 가정하고 있는 간접세이다. 이것은 납세자가 직접 납부하고 납세의무자인 사업자 등을 통해 납부하는 세금으로 부가가치세, 개별소비세, 주세 등이 이에 해당한다. 이렇게 직접세와 간접세의 차이는 세금 부담을 떠넘기느냐 여부에 따라 달라진다.

마성숙, TFR재무전문가로 업그레이드

김영진 세무사는 성공한 팀장에게 마성숙을 소개한다. 마성숙은 택슈랑스 라운지로 합류한다. 매주 화요일과 목요일 아침이면 「Y2014 - TFR재무전문가」 교육 과정을 하고 있다. 자고로 '경험없는 이론은 무의미하고, 이론없는 경험도 무책임하다.'고 한다. 택슈랑스 라운지의 모든 재무전문가는 매년 100

시간 동안 개정되는 세법과 상품을 연계한 실무교육 일정을 수료해야 한다. 수료 후 「Y2014 - TFR재무전문가」 교육 이수증이 주어진다.

"마성숙님 앞으로 나오세요.

성공한 팀장이 마성숙을 다른 팀원들에게 소개한다.

"마성숙 재무전문가를 소개하겠습니다. 큰 박수로 환영하여 주십시오."

성공한 팀장의 소개인사 요청에 마성숙이 인사를 한다.

"전 그동안 손해보험사에서 전속설계사로 활동해 왔고, 경력은 15년 정도입니다. 손해보험에서 피보험자는 보험 혜택을 누리는 사람을 의미하는데, 생명보험에서 피보험자는 그 사람의 신체에 보험이 가입된 사람을 말하더군요. 그리고 보험혜택을 받는 사람은 보험수익자로 구분되고요. 이렇게 보험의 용어와 상품, 고객에 차이가 있어 힘이 들지만 여러분과 함께 최선을 다하겠습니다. 특히 위험보장과 연금저축이 겸비된 택슈랑스 전용상품 종합사업보장플랜 I·II·III로 연간 계약건수 100건을 목표로 열심히 뛰겠습니다."

마성숙이 말한 종합사업보장플랜은 보험사에 의뢰한 오더메이드 상품으로 사업자들에게 유익하다. 마성숙의 목표 액수에 여기저기서 환호성이 터진다. 택슈랑스 라운지는 나눔을 함께하는 'WITH' 시스템이 있어 팀원이 잘되면 서로가 좋다. 한마디로 '당신이 있기에 내가 있다!'

"자! 우리 모두 마성숙님의 희망찬 미래를 위해 큰 박수를 드립시다."

에너지가 요구되는 적절한 연령대가 있다. 지금 마성숙은 바로 실행모드로 들어갈 수 있는 열정적인 에너지가 넘치는 40대 초반의 나이이다. 모든 팀원들이 마성숙에게 성원의 박수와 함께, 축하의 눈인사를 보낸다.

우리나라 세금의 종류

우리나라 세금은 과세하는 주체에 따라 국세는 관세를 포함하여 소득세, 법인세, 상속세, 증여세, 종합부동산세, 부가가치세, 개별소비세, 주세, 교통·에너지·환경세, 인지세, 증권거래세, 교육세, 농어촌특별세 등 14개 세목으로 구성되고, 서울특별시를 포함하여 광역시·도, 시·군·구 등 지방자치단체에서 과세하는 지방세는 취득세, 등록면허세, 레저세, 담배소비세, 지방소비세, 주민세, 지방소득세, 재산세, 자동차세, 지역자원시설세, 지방교육세 등 11개 세목으로 구성된다.

세목 (25개)			
국세 (14개)		지방세 (11개)	
·소득세	·주세	·취득세	·재산세
·법인세	·교통·에너지·환경세	·등록면허세	·자동차세
·상속세	·인지세	·레저세	·지역자원시설세
·증여세	·증권거래세	·담배소비세	·지방교육세
·종합부동산세	·교육세	·지방소비세	
·부가가치세	·농어촌특별세	·주민세	
·개별소비세	·관세	·지방소득세	

주」 1. 국세는 각 세목별로 개별 세법이 존재한다. 다만, 상속세와 증여세는 상속세및증여세법에 있다. 지방세는 단일하게 지방세법에 모든 세목을 규정하고 있다.
2. 토지초과이득세 1998.12.28 자산재평가세 2000.12.31 전화세 2001.9.1 폐지
3. 2002년부터 경주마권세가 레저세로 확대
4. 종합토지세 2005.1.1 부당이득세 2007.7.19 폐지
5. 2010.1.1 사업소세·농업소득세 폐지, 지방소비세, 지방소득세 신설
6. 2011.1.1 지방세 중 등록세는 취득세로 통합 단일화
7. 2014년에 적용할 개정세법은 지방세법을 개정해 지방소득세를 부가세에서 독립세로 전환

세금 모르면, 불완전판매로 이어질 수 있다

오늘은 인근 택슈랑스 라운지 재무전문가들과 함께하는 TFR재무전문가 교육시간이다. 가까이 있는 이경재세무회계사무소 택슈랑스 라운지 최강이 팀장이 마이크를 잡고 있다.

"세금과 보험을 전문으로 하는 재무전문가가 되기 위해서는 수시로 개정되는 세법을 알아야 한다고 얘기했죠. 올해에도 2014년에 적용할 개정세법 교육과정을 통하여 세금실력을 하나하나 쌓아가 봅시다. 오늘 강의는 '동남아보다 더 먼 아프리카 순회공연을 마치고 어제 돌아온' 여러분의 귀염둥이 김영진 세무사님입니다. 큰 박수로 맞이해 주세요구르트~"

최강이 팀장이 개콘 스타일로 김영진 세무사를 소개하자 팀원들이 배꼽을

잡고 웃는다. 이어 김영진 세무사가 마이크를 잡는다.

"여러분들은 보험업감독규정상 등록 전 및 등록 후 2년이 지날 때마다 2년이 된 날로부터 6개월 이내 보험모집과 관련한 윤리교육 및 보험관련 법령, 분쟁사례, 보험상품, 회계원리 등 20시간 이상의 교육을 받고 있습니다. 더구나 택슈랑스 라운지는 '세금과 보험'이라는 전문화되고 특화된 시장과 그 고객이 대상입니다. 따라서 오늘부터 주 2회 하루 3시간 동안 TFR재무전문가 과정은 그 어느 것보다 우선시되는 세금 교육이 핵심입니다."

"휴~ 우리 보험인은 고객의 자산관리를 위해 항상 피교육생이네요."

이대로FR이 오랜만에 앉아 교육을 받으려 하니 힘들어 한다. 그러나 교육보다 더 힘들고 중요한 것은 포기하지 않고 계속해서 정진하는 Keep Working의 정신이다.

"여러분, 비과세 상품이라고 소개하고 판매하였는데 추후 여러 가지 귀책사유로 이자소득이 원천징수되고 금융소득종합과세가 되면 소비자 불만으로 이어질 것입니다. 이젠 세금을 모르고서는 불완전 판매가 될 수밖에 없습니다."

〈달마야 놀자〉라는 코미디 영화가 있다. 큰 스님이 조폭들과 자기 제자들에게 문제를 낸다. '밑이 빠진 항아리에 물을 가득 채우라는 것'이다. 문제를 푼 사람은 바로 밑 빠진 항아리를 들고 '연못'으로 들어간 조폭 두목이었다. 택슈랑스의 핵심은 세금이다. 그걸 알고 채우기 위해서는 조폭 두목처럼 맨몸으로 '세법'이라는 '연못'으로 뛰어 들어가야 한다. 듣고나면 무언가 대박날 것 같은 느낌이 들게하는 김영진 세무사의 청산유수와 같은 세금과 보험 강의가 이어진다.

세법의 구조와 기본원리

조세법이 지향하는 목적은 궁극적으로 조세정의이다. 따라서 조세의 부과와 법규해석에 있어서 이러한 목적을 달성하기 위한 기본원칙으로 조세법률주의와 조세공평주의를 말한다.

조세법률주의

조세법률주의란 법률의 근거없이 국가는 조세를 부과 징수할 수 없고 국민은 조세의 납부를 요구받지 아니한다는 원칙을 말한다. 이는 '대표없이는 과세없다(No taxation without representation)'고 하는 시민적 법치주의 시대에 싹튼 사상의 헌법적 반영이라고 할 수 있다. 그래서 우리 헌법 제38조는 '모든 국민은 법률이 정하는 바에 의하여 납세의무를 진다.' 라고 규정하고 헌법 제59조에서는 '조세의 종목과 세율은 법률로서 정한다.' 고 선언하고 있다. 조세법률주의는 특히 과세요건과 조세의 부과·징수 절차는 모두 국민의 대표기관인 국회가 제정한 법률로 규정해야 한다는 과세요건 법정주의와 그 규정내용이 명확하고 일의적이어야 한다는 과세요건 명확주의를 핵심내용으로 하고 있다.

이렇듯 국민의 대표기관인 국회에서 만들어지는 조세법률관계를 규율하는 법을 세법이라고 한다. 세법은 국세에 관한 일반적이고 공통적인 사항을 규정해 놓은 법률인 국세기본법, 국세징수법, 조세특례제한법, 조세범처벌법, 조세범처벌절차법 등이 있고 개별 국세의 과세요건을 규정해 놓은 법률인 소득세법, 법인세법, 상속세및증여세법, 부가가치세법, 개별소비세법 등이 있다.

지방세와 관련한 법률로 지방세기본법, 지방세법, 지방세특례제한법이 있다. 또한 세법은 법률과 법률에서 위임한 내용을 보충하거나(위임명령) 법률을 시행하기 위하여(집행명령) 만들어진 대통령령인 시행령, 시행령에서 위임하거나 집행을 위해 기획재정부장관이 제정하는 부령인 시행규칙을 포함한다.

조세평등주의

조세공평주의 또는 조세평등주의는 국민은 조세와 관련하여 공평하게 취급되어야 하며 조세부담은 국민의 담세력에 따라 공평하게 배분되어야 한다는 원칙을 말한다. 헌법재판소는 '모든 국민은 법 앞에 평등하다. 누구든지 성별·종교·사회적 신분에 의하여 정치적·경제적·사회적·문화적 생활의 모든 영역에 있어서 차별을 받지 아니한다.' 라고 한다. 헌법 제11조 평등의 원칙에 근거하여 조세법률관계에서도 과세는 개인의 담세능력에 상응하여 공정하고 평등하게 이루어져야 하고 합리적인 이유없이 특정의 납세의무자를 불리하게 차별하거나 우대하는 것은 허용되어서는 안 된다고 밝히고 있다.

점점 더 오를 수밖에 없는 국민부담률

"여러분들이 재무전문가로 활동하기 위해 2000cc 자동차를 타면서 한 달 평균 30만원의 기름값을 지출할 경우, 교통·에너지환경세와 10% 부가가치세를 합하면 기름값의 절반인 15만원 가량을 국세로 납부하게 됩니다. 여기에 상반기, 하반기로 두 번 납부하는 자동차세까지 합하면 연간 세금으로 200만원을 넘게 부담하고 있습니다."

우리나라 전체 세금 중에서 간접세의 비중은 32%를 차지한다. 전 세계에서 상위권이며, 미국(19%), 일본(19%), 독일(30%) 등 선진국보다 높은 수치다. 돈이 있으면 가장 살기 좋은 나라라는 얘기가 나오는 게 직접세 비중보다 간접세가 더 높기 때문이다.

"세무사님, 매월 원천징수 당했던 사업소득세를 종합소득세 신고 때 환급받게 되어 세금을 많이 납부하지 않는다고 생각했는데 그게 아니군요."

마성숙FR은 손해보험사 시절 월 350만원 정도의 수수료 수입으로 소득금액이 적어 회사에서 연말정산을 하여 오히려 소득세를 환급받았다.

"그럼요! 우리는 알게 모르게 많은 세금을 내고 있습니다. 가령 동대문 아울렛에서 원피스 하나 구입하더라도 거기에는 10%의 부가가치세가 붙어있고, 1만원 점심값에도 10%인 909원의 부가가치세를 납부한다고 생각하면 됩니다. 혹시 여러분 중에 아직도 담배를 피우고 계신 분이 있는지 모르지만 담배값 2,500원에는 세금이 1,166.5원입니다. 하루 한 갑을 피운다면 연간 425,772원의 세금을 내는 모범납세자(?)입니다."

"세무사님, 그럼 제가 고객과 만날 때 커피숍에서 아메리카노 두잔 값으로 14,000원을 지불하면 1,272원의 부가가치세를 지불하게 되네요."

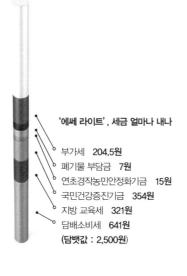

'에쎄 라이트', 세금 얼마나 내나

부가세　204.5원
폐기물 부담금　7원
연초경작농민안정화기금　15원
국민건강증진기금　354원
지방 교육세　321원
담배소비세　641원
(담뱃값 : 2,500원)

"정확히 그렇습니다. 커피숍 주인은 여러분이 내신 부가가치세를 받아 모아 놓았다가 1월과 7월에 신고하는 부가가치세 확정신고를 통해 대신 납부하게 됩니다."

사실 우리나라 세제는 부가가치세와 같은 간접세가 많아 부지불식 간에 납부하는 세금이 많다. 따라서 소득세와 같은 직접세를 내지 않는다 해서 국민의 기본적인 권리나 주어지는 혜택을 포기해서는 안 된다.

"세상에는 이런 세금도 있어요. 러시아 옆에 있는 에스토니아라는 나라에서는 2009년부터 방귀와 트림으로 하루 평균 이산화탄소 1500 l 와 메탄가스 350 l 를 내뿜어 내는 소를 키우는 사육농가에게 방귀세를 부과하고 있답니다."

에스토니아 뿐만 아니라 다른 나라에도 이러한 방귀세와 같은 세금을 통해 지구 환경을 지키기 위한 목적세가 있다. 헝가리는 개인의 건강을 해치고 사회경제적 비용을 증가시킨다는 인식에 따라 소금, 설탕, 지방 함량이 높은 가공식품에 개당 55원 정도의 비만세를 부과하고 있다. 우리나라는 비만세가 저소득층의 식품 구매력 약화와 물가상승 등의 부정적 효과를 초래할 가능성이 있어 도입하지 않고 있다.

"마성숙님, 조세부담률이라는 용어 들어보셨죠?"

"네! 세무사님, 복지국가로 갈수록 복지예산이 많아져 조세부담률이 높아진다는 얘길 들었습니다만."

"맞습니다. 아무래도 OECD국가일수록 국민들의 복지제도 확대에 대한 정치적 욕구가 높아지고 고령화로 노인세대의 사회복지에 대한 수요가 많아지기 때문입니다. 그래서 대통령 선거는 물론 각종 선거가 있을 때마다 복지는 큰 이슈가 되고 있습니다."

우리나라 고령사회 진입속도(2018년 14.3%, 2026년 20.8% 추정)가 다른 나라에 비교하여 가장 빠르게 진행되고 있어 보험도 역시 이에 대한 데이터가 적립되어 있지 않아 보험기간 중도에 회사가 금융위원회의 인가를 얻어 위험률과 보험료를 조정하는 위험률변경제도를 운용하고 있다.

"세무사님! 우리와 같이 평범한 사람은 자기가 벌어 노후까지 책임지는 삶을 살지만, 주변에 보면 젊어서부터 의식주를 국가나 지방자치단체에 의존하는 분들이 상당히 있더라고요. 기초생활수급자로 지정되면 국회의원 수준은 아니지만 수십 가지의 혜택이 주어지기 때문에 그 혜택을 계속 받기 위해 정규직 일도 나가지 않으려 하는 분들도 있더라고요."

기초생활수급자의 자격기준은 근로소득·자산·금융소득 등 소득인정액이 4인 기준 최저생계비 월 163만820원 이하인 경우로 2013년 12월말 현재 135만 1000명이 그 수혜자이다. 매달 최저생계비·의료비·급식비·학자금 지원·이동통신비·전기 요금·도시가스 요금·상하수도 요금·TV수신료 등 공공요금 감면은 물론 공공임대아파트 지원과 그 자녀들의 경우 정원외 대학특별전형입학, 문화관광서비스, 어학연수, 취업 등 다양한 혜택이 주어진다. 그래서 모 올림픽 대표가 '금메달을 따게 되어 매달 100만원의 연금을 받으면 기초생활수급자에서 제외될까 걱정이다.' 라고 할 정도이다.

"몇 년 전 얘기입니다. 절대 빈곤상태에 있는 서민들에게 의료비를 지원해주는 의료보호 제도가 있어요. 문제는 지방자치단체에서 개인부담금마저 100% 지원해 줌에 따라 2002년 2조원 수준이던 의료보호 예산이 2007년에는 4.1조원으로 5년만에 무려 두 배가 증가한 거예요."

보건복지부가 당시 실태조사를 해보니 진료받은 사람들의 22%인 39만명이 연간 365일을 초과하여 진료처방을 받고 그 중 2만5천명은 3년치인 1,100일을 초과하여 가장 많은 처방을 받은 사람은 연간 12,257일, 40년간 받아야 할 처방을 받았다고 한다.

"허~ 헐!"

마성숙FR이 할 말을 잃는다. 공짜에는 항상 모럴해저드가 일부 존재한다.

열심히 일해 세금을 내고 매달 건강보험료를 낸 사람만 억울한 일이 발생한 것이다. 무상은 공짜가 아닌 누군가의 희생인 세금이다.

"우리나라는 노동능력 상실에 대비한 산업재해보험, 건강보험과 노동기회의 상실에 대비한 국민연금·실업보험을 사회보장기여금으로 분류하여 세금과 달리 징수하고 있습니다. 따라서 정확한 표현으로 조세부담률과 4대 사회보험을 포함한 국민부담률이 점점 더 오를 것이라는 것입니다."

"세무사님, 결국 오를 수밖에 없는 조세부담률과 국민부담률때문이라도 세금과 보험 공부를 열심히 해서 고객들에게 평소 자산관리의 중요성을 알려야겠습니다."

"네, 역시 마성숙님은 센스쟁이!"

우리나라도 다가오는 2026년이면 65세 이상 인구가 전체 인구의 20%가 넘는 초고령사회로 진입하게 된다. 한마디로 다섯 명 중의 한 명이 65세이다. 앞으로 노인정에서 65세 정도의 나이는 청년으로 취급되고 군대에서처럼 물당번이 된다. "어이 김씨 물 좀 떠와"라고 하면 그 김씨가 노인정에 갓 들어온 65세 할아버지다. 2013년 말 기준 우리나라 100세 이상 고령자는 1만3793명(남 3194명, 여 1만599명)으로 집계됐다. 2010년의 1만1130명, 2011년 1만1634명, 2012년 1만2657명에 이어 3년 연속 증가한 수치다.

"최근 정부는 고령자 기준 나이 변경(안)을 발표하였습니다. 현재 경제활동 참가율로 계산하면 오는 2021년부터 우리나라는 노동력 부족에 시달리고 2030년이 되면 노동력이 280만명 정도 부족할 것이라는 전망입니다. 제가 일본에 자주 다녀서 느끼는 것이지만 저성장에 빠진 사회의 고령화가 얼마나 큰 사회적 재앙인지는 가까운 일본을 보면 알 수 있습니다."

정부는 고령자의 기준을 70~75세로 상향 조정할 방침이다. 현행 65세를 기준으로는 2050년 고령인구 비중이 37.4%에 달하지만, 70세로 높이면 29.7%, 75세로 설정하면 22.1%로 낮아지기 때문이다. 이렇게 고령자 기준을 높이는 이유는 '늙어가는 한국'을 대비한 정년제도 연장과 노인소득 보장이지만 100세 시대에 기초노령연금과 국민연금과 같은 사회복지예산 부담 때문이다.

조세부담률과 국민부담률

조세부담률은 국세와 지방세를 합한 조세수입이 경상 GDP에서 차지하는 비중으로 국민들의 조세부담 정도를 측정하는 지표이다. 국민부담률은 조세수입과 사회보장기여금이 경상 GDP에서 차지하는 비중으로 조세부담률보다 포괄적으로 국민부담 수준을 측정하는 지표이다. 2014년에 적용할 개정세법은 국세기본법 제20조의2를 신설하여 매년 해당연도부터 5개 연도 이상의 기간에 대한 중장기 조세정책운용계획을 수립하도록 강제하고 있다. 이는 국민부담률이 증가되는 상황에서 비과세·감면 제도 운용방향과 조세부담 수준을 사전에 계획하여 안정적인 국가재정 운영을 위해서다.

조세부담률

단위 : 조원, %

구분		2009	2010	2011	2012	2013
명목 GDP		1,065.0	1173.3	1,235.2	1,272.5	1,327.2
규모	조세총액	209.7	226.9	244.7	257.0	264.1
	- 국세	164.5	177.7	192.4	203.0	210.4
	- 지방세	45.2	49.2	52.3	54.0	53.7
부담률	조세부담률	19.7	19.7	19.8	20.2	19.9
	- 국세	15.5	15.2	15.6	16.0	15.9
	- 지방세	4.2	4.5	4.2	4.2	4.0

주」 출처: 기획재정부 디지털예산회계시스템

국민부담률

단위 : %

구분	2009	2010	2011	2012	2013
국민부담률	25.5	25.1	25.9	26.8	26.7

주」 2013년 국민부담률은 국회 확정예산기준(추경)에 따른 잠정치임.

배보다 배꼽이 더 큰 세법상 가산세

"세무사님, 요즘에는 세법상 가산세가 상당한 부담이 되고 있습니다."

최강이 팀장은 최근 방문한 기업이 세무조사를 받았는데 본세보다 가산세가 더 많을 정도로 상당한 세금을 추징받았다고 얘기를 한다.

"네, 세법에는 성실신고를 유도하기 위해 신고불성실가산세로 부당과소신고의 경우 납부하여야 할 세금의 40%를 부과하고 있습니다. 최근 모 기업이 비상장주식을 주주간 양도양수를 하였는데, 강남의 모 회계법인에서 컨설팅을 잘못해 세무조사 과정에서 주주들에게 양도소득세와 증여세로 10억원이 넘는 세금이 추징되었답니다. 관련 기업과 회계법인이 서로 세금을 못 내겠다며 옥신각신하다, 결국 세금분쟁을 전문으로 하는 변호사가 4 : 6의 책임비율로 중재하였다고 합니다."

김영진 세무사가 회계법인의 세무컨설팅 분쟁 사례를 말한다.

"이젠, 세무와 관련한 업무를 상담할 때는 케이스별, 분야별로 전문 세무사와 상담해야 할 것 같습니다."

법인세 세무조사와 양도소득세, 상속세, 증여세는 내로라하는 장안의 유명한 세무사를 찾아 상담해야 한다. 최근 성공한 팀장이 고객의 양도소득세와 관련한 복잡한 일로 도움을 받았던 대학선배인 다솔세무법인의 양도박사 안수남 세무사를 자랑한다.

"비단 세무파트만의 얘기가 아닙니다. 앞으로 세금을 모르고서 재무상담이 이루어지는 경우 불완전 상담으로 소송의 당사자가 될 수 있습니다. 하지만 TFR재무전문가 교육과정을 통해 그 위험부담을 줄여야겠습니다. 특히, 세무신고납기를 놓치면 역시 상당한 신고불성실가산세와 납부불성실가산세를 당하게 됩니다. 다음 시간에는 일목요연하게 세법상 신고납부기한을 정리하는 시간을 갖겠습니다."

신고납기를 놓치지 않아야 20%~40%에 이르는 신고불성실가산세와 연 10.95%의 납부불성실가산세를 당하지 않는다. 만약 부과제척기간이 지나지 않은 7년 전 세금이라면 본세보다 가산세가 더 많아 배보다 배꼽이 더 클 수 있다.

직계비속인 자녀에게 8년 전 1세대1주택 비과세 요건을 갖춘 아파트를 사실상 증여하면서 매매형식으로 소유권이전 등기를 하는 경우가 있다. 이 경우 국세청은 직계존비속간 거래를 증여추정으로 분류하여 사실상 대가지급이나 자금출처에 대한 입증자료를 제시하지 못하는 경우 무신고가산세와 납부불성실가산세를 더한 107.6%와 함께 증여세가 추징된다. 예를 들어 100만원을 납부해야 할 세금의 경우 사전신고하면 신고세액공제를 차감하여 90만원 정도의 세금이 결국 가산세 107만6천원을 더해 207만6천원을 내게 된다.

국세의 신고납기

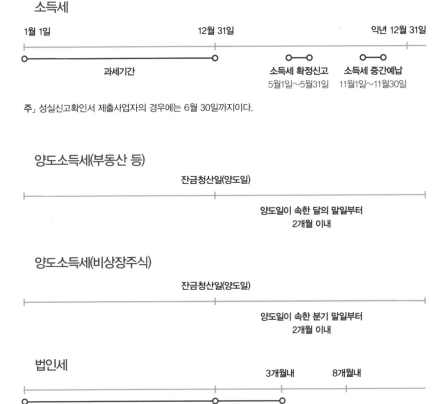

소득세

| 1월 1일 | 12월 31일 | 익년 12월 31일 |

과세기간

소득세 확정신고
5월1일~5월31일

소득세 중간예납
11월1일~11월30일

주」 성실신고확인서 제출사업자의 경우에는 6월 30일까지이다.

양도소득세(부동산 등)

잔금청산일(양도일)

양도일이 속한 달의 말일부터
2개월 이내

양도소득세(비상장주식)

잔금청산일(양도일)

양도일이 속한 분기 말일부터
2개월 이내

법인세

3개월내   8개월내

과세기간(사업연도 12개월)   신고기한   중간예납

부가가치세

- 일반과세자

주」 개인사업자로 직전 과세기간 납부세액이 없는 자, 신규로 사업을 개시한 자, 간이에서 일반으로 유형전환자의 경우 2012년도부터 예정신고 없이 확정신고만 하면 된다. 다만, 사업부진자, 조기환급을 받고자하는 경우 종전같 이 예정신고는 가능하다.

- 간이과세자

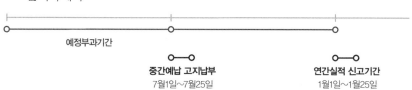

주」 2013년 세법개정으로 간이과세자의 경우에는 납세부담을 경감하고 납세편의를 제고하기 위하여 과세기간을 1월1일부터 12월31일까지로 한다. 1회 납부에 따른 납세부담을 완화하기 위하여 1월 1일부터 6월30일까지를 예 정부과기간으로 하여 직전 과세기간에 대한 납부세액의 2분의 1에 해당하는 금액을 납부세액으로 고지납부한다.

상속세 · 증여세

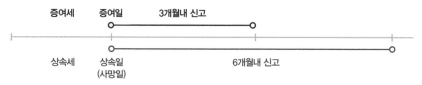

주」 1. 상속세 신고기한 : 피상속인의 사망일이 속하는 달의 말일로부터 6개월내 신고
　　 2. 증여세 신고기한 : 증여일이 속하는 달의 말일로부터 3개월내 신고

종합부동산세

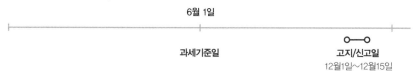

개별소비세

출고일

다음달 25일(과세유흥장소)/
분기 다음달25일/다음달 말일(유류 등)

교통·에너지·환경세/주세(주세분 교육세)

출고일

다음, 다음달 말일 신고

증권거래세

거래일

양도일이 속한 분기 말일부터 2개월 이내

이자·배당소득, 근로소득 등 원천징수 세금

지급일

다음달 10일

지방세의 신고납기

세목	과세대상 또는 납세의무자		납기
취득세	부동산, 차량 등 취득		▸ 취득일부터 60일 이내(상속취득의 경우 6월내)
지방 소비세	부가가치세(국세)		▸ 지방소비세를 징수한 세무서장·세관장(부가세액의 11%) ▸ 다음달 20일까지 서울시장에게 징수액 납입 ▸ 서울시장(납입관리자)이 시도별로 안분하여 25일까지 각 시·도에 납입
지방 소득세	소득분	소득세액·법인세액	▸ 법인세분 : 사업년도 종료일로부터 4개월 ▸ 양도·종합소득세분 : 소득세와 동시 신고납부 ▸ 특별징수 : 특별징수세액 징수일이 속하는 달의 다음달 10일까지 신고납부
	종업원 분	급여액(50인 초과)	▸ 종업원분 : 매월 납부세액을 다음달 10일까지

자동차세	소유분	승용 자동차 승합 자동차 화물 자동차	▶ 정기분:제1기분(6.16~30)/ 제2기분(12.16~31) ▶ 수시분 : 중고자동차 일할 계산 신청시 수시분과
	주행분	교통·에너지· 환경세	정기분누락자 1월/7월 수시부과 ▶ 연세액 일시납부(1,3,6,9월) /분할납부(3,6,9,12월)
담배 소비세	담배 제조 및 수입업자		▶ 다음달 말일까지 ▶ 수시부과사유 발생시 수시부과
레저세	승마(승자) 투표권 발매액		▶ 다음달 10일까지 ▶ 미신고납부자에 대하여 수시부과
지역 자원 시설세	특정 시설	건축물, 선박	▶ 다음달 10일까지(컨테이너 20일까지, 기존 지 역개발세분)
	특정 자원	지하수	▶ 매년 7월(16~31), 9월(16~30) : 기존 공동시설 세분 ▶ 미신고납부자에 대하여 수시부과
지방 교육세	취득세액, 등록면허세(등록분), 레저세액, 균등할주민세액, 재 산세액, 자동차세액, 담배소비 세액		▶ 취득세·담배소비세 납부기한까지 ▶ 주민세(균등할)·재산세·자동차세 납부기한까지
재산세	재산세	건축물, 주택, 토지, 선박, 항공기	▶ 정기분 – 7월(16~31) : 주택분 재산세 1/2 납 부, 건물분 재산세 전액 납부
	과세 특례	토지, 건축물, 주택	9월(16~30) : 주택분 재산세 1/2 납부, 토지분 재산세 전액 납부 ※ 주택분재산세 산출세액이 5만원 이하시 7월에 전액고지 ▶ 수시분 : 정기분 누락자에 대하여 수시부과
등록 면허세	등록	부동산 등기 선박 등기 차량의 등록 기계장비 법인등기	▶ 매년 1.16~31(면허에 대한 등록면허세만) ▶ 등기·등록하기 전까지(등기·등록신청서 접수 전까지) ▶ 면허증서 교부받기 전에 등록면허세 납부
	면허	각종 인허가 등	

보험금지급 소송 중에도 상속가액에 포함해야

"세무사님, 질문 하나 드릴게요."

최강이 팀장이 김영진 세무사에게 질문을 한다.

"네, 최팀장님 말씀해보세요."

"세무사님, 구로디지털단지에서 게임관련 사업을 하고 계셨던 김대기 회장님께서 5개월 전 돌아가셨잖아요. 김회장님 사모님께서 저의 권유로 2년 전에 가입한 종신보험 사망보험금이 10억원 정도 나오는 것으로 알고 있습니다. 어제 회사 김전무님 하는 말씀이 회장님이 가지고 있는 주식을 포함해서 상당히 많은 상속세를 신고해야 하나 봅니다."

최팀장이 말하는 김대기 회장은 특별한 집안이나 학벌없이 자수성가하신 분이다. 돌아가시기 전 회사는 코스닥등록이 되어 주식평가액이 상당할 것으로 예상되고 있다.

"팀장님, 사망보험금을 보험사에서 받지도 않았는데 상속가액으로 신고해야 하는지… 그 문제 말씀이지요?"

바로 김영진 세무사가 알아서 얘기한다.

"여러분, 상속세 및 증여세편에서 말씀드리겠지만, 보험금은 상속재산에 포함됩니다. 만약 불귀의 객이 되신 김회장님이 보험계약자가 되어 지급받는 보험금이라면 당연히 세법상 상속재산으로 보게 됩니다. 그러나 사모님이 계약자가 되어 보험료도 직접 불입한 것이기 때문에 상속재산이 아니고 상속재산으로 신고할 필요가 없습니다."

피상속인이 직접 불입한 보험계약에 따라 받아야 할 보험금이라면 반드시 상속세과세표준 신고기한인 6개월 내에 상속재산으로 신고해야 한다. 나중에 사망보험금을 받게 되는 경우 신고하지 않은 보험금은 신고납부불성실가산세를 추가로 내야 한다."

세무사님, 최근 발표에 의하면 잠자는 유족보험금이 1400억원이라고 합니다. 이러한 보험금도 상속세 신고시 누락하면 안 되겠네요."

"그렇습니다. 상속인들은 꼭 피상속인의 금융거래 내역을 체크해 보아야 합니다. 몇 년 전부터 보험사들은 안전행정부에서 사망자 정보를 받아 유족 등 피보험자에게 보험금을 찾아주는 서비스를 하고 있습니다만, 상속인과 연락이 되지 않는 경우가 많다고 하네요. 피상속인들이 생전에 보험가입을 해놓고 보험가입 사실을 얘기하지 않아 상속인들이 모르는 경우가 많습니다."

보험사로부터 연락이 오지 않더라도 금융감독원의 '상속인 금융거래 조회 서비스'를 이용하면 사망자의 보험계약 내용 뿐만 아니라 예금, 대출, 보증, 증권계좌, 신용카드, 당좌거래 등을 손쉽게 파악할 수 있다.

• • • • •
CHECK

[관련예규] 서일46014−10038 생산일자 2002. 1.12

[제목] 보험회사에 보험금지급소송을 제기한 경우 상속세신고기한이 연장되는지

[회신] 상속세및증여세법 제8조의 규정에 의하여 피상속인의 사망으로 인하여 지급받는 생명보험 또는 손해보험의 보험금으로서 피상속인이 보험계약자가 된 보험계약에 의하여 지급받는 것은 상속재산으로 보는 것이며, 같은 법 제67조의 규정에 의한 상속세 과세표준 신고기한 내에 당해 보험금을 상속재산에 포함하여 신고하지 아니한 경우에는 같은 법 제78조제1항 및 제2항의 규정에 의한 가산세가 적용되는 것입니다. 보험금지급소송에서 패소한 보험회사가 판결내용에 따라 상속인에게 지급한 지연배상금은 상속재산으로 보지 아니하는 것이며, 당해 지연배상금은 소득세법 제21조 제1항제10호의 규정에 의한 기타소득에 해당하는 것입니다. 귀 질의4의 경우는 붙임의 질의회신문 [재삼46014−278 (1997.2.11), 법인46013 −2072(1998.7.24)]을 참조하시기 바랍니다.

※ 재삼46014−278, 1997.2.11

상속개시일 현재 소송중에 있는 상속재산을 포함하여 상속세를 신고하였으나, 추후 재판이 확정되어 사실상 상속재산으로 볼 수 없게 된 때에는 그 재산에 대하여 상속세를 부과하지 않습니다.

[관련법령] 상속세및증여세법 제8조 【상속재산으로 보는 보험금】

상속포기한 경우에도 생명보험금은 상속인의 고유재산!

[사건번호] 조심 2010중1750(2011.11.25)

[제목] 상속포기신고를 한 상속인들이 수령할 생명보험금이 국세기본법 제24조 '상속으로 받은 재산'에 해당되어 피상속인의 납세의무가 상속인들에게 승계되는지 여부

[요약] 국세기본법상 상속포기자를 상속인의 범위에 포함하도록 한 의제규정이 없고, 상속 포기자의 고유권리로서 받을 수 있는 쟁점보험금과 같은 재산을 '상속받은 재산'으로 의제하여 피상속인이 체납한 세액의 납세의무를 승계하도록 한 규정이 없으므로, 상속을 포기한 청구인들이 받을 보험금은 국세기본법 제24조 '상속으로 받은 재산'으로 보기 어렵다.

[처분개요] 청구인들은 2010.3 아버지의 사망으로 상속이 개시된 상속재산과 관련하여 2010.4 의정부지방법원에 상속포기심판청구서를 제출하였으나, 처분청은 피상속인이 체납한 국세체납액에 대하여 2010.3 청구인들을 연대납세의무자로 지정하고 보험회사가 청구인들에게 지급할 생명보험금을 압류한 후, 2010.3 추심하여 쟁점체납액에 충당하였다.

세상에서 피할 수 없는 건 '죽음과 세금'이라 하던가? 우리나라 세법은 부모가 세금을 못 내고 죽으면 자식이 상속받은 재산범위 내에서 세금을 연대하여 납부하도록 되어있다. 조세심판원에 접수된 이 사건은 상속받은 재산이 보험금인 경우이다. 청구인들은 2010.4 상속재산은 없고 아버지의 체납 때문에 가정법원에 '상속포기심판청구'를 하였다. 이후 아버지인 보험자의 사망이라는 보험사고의 발생으로 인하여 보험금 수령권을 가지게 되었다. 그러나 처분청에서는 국세기본법상 상속인들을 연대납세의무자로 지정하고 보험금을 수령하게 된 것을 납세의무를 승계한 것으로 간주하고 보험금을 압류하고 추심하였다.

이 사건의 쟁점은 상속포기신고를 한 상속인들이 수령한 생명보험금이 「국

세기본법」제24조의 '상속으로 받은 재산'에 해당되어 피상속인의 납세의무가 상속인들에게 승계되는지 여부이다. 관련법령은 국세기본법 제24조[상속으로 인한 납세의무의 승계] 제1항은 상속이 개시된 때 그 상속인은 피상속인에게 부과되거나 그 피상속인이 납부할 국세·가산금과 체납처분비를 상속으로 받은 재산의 한도에서 납부할 의무를 진다고 규정하고 있다.

한편 상증세법에서는 상속재산이 아닌 재산을 상속재산으로 의제하거나, 상속세 과세가액에 포함 또는 상속재산으로 추정하고, 상속포기자도 상속인의 범위에 포함하여 상속재산 중 각자가 받았거나 받을 재산을 기준으로 상속세 납부의무를 부과하도록 하고 있다. 그러나 국세기본법에서는 상속포기자를 상속인의 범위에 포함하도록 한 규정을 두지 아니하였고, 의제상속재산이나 추정상속재산 등을 상속재산으로 간주하도록 한 규정이 없으므로, 위에서 언급한 상증세법상의 추정상속재산이라 할지라도 상속인에게 귀속되었음을 처분청이 입증하지 못하는 한 국세기본법 제24조의 '상속으로 인한 납세의무의 승계', '상속으로 받은 재산'이라고 할 수 없다는 것이 주요 판시 내용이다.

따라서 보험금은 민법상의 상속재산은 아니고, 상법 제733조 및 보험약관에 의하여 상속인이 수령권한을 갖는 상속인의 고유재산이지만 상증세법 제8조에 의하여 상속재산으로 의제되어 쟁점보험금과 같은 보험금을 받은 상속인이 상속포기신고를 한 경우에도 상속세 과세대상으로 포함하고 납부의무가 있는 것은 분명하다 할 것이나, 피상속인의 체납국세에 따른 연대납세의무의 경우에는 국세기본법상으로는 상속포기자를 상속인의 범위에 포함하도록 한 의제규정이 없고 상속포기자 고유의 권리로서 받을 수 있는 보험금과 같은 재산을 '상속받은 재산'으로 의제하여 피상속인이 체납한 세액의 납세의무를 승계하도록 한 규정이 없다는 것이다.

조세심판원은 처분청이 상속포기자의 쟁점보험금을 국세기본법 제24조 소정의 '상속으로 받은 재산'으로 보아 청구인들을 피상속인이 체납한 쟁점체납액의 연대납세의무자로 지정하고, 쟁점보험금을 압류하여 쟁점체납액에 충당한 처분은 잘못된 것으로 보아 청구인들의 손을 들어주고 처분청에 보험사에서 추심한 보험금을 돌려주도록 한 것이다.

결국 자녀들이 아버지의 사망으로 받을 돈보다 아버지의 채권자들에게 주어야 할 빚이 더 많아 상속포기를 한 경우에도 보험금은 아버지와 보험회사 간의 보험계약에 따라 자녀들이 원시취득하는 재산으로 보아 그 자녀의 고유재산에 해당되어 보험금을 수령할 수 있고 아버지에 대한 채권자들은 자녀들이 수령한 보험금에 대하여 강제집행을 할 수 없다. 평소 사업경영에 스트레스를 갖고 있는 사업가라면 '상속인들이 상속포기한 경우에도 상속인들이 종신보험과 같은 생명보험금을 수령할 수 있다'는 것을 명심하고 가족사랑의 대명사인 '정기보험' 또는 '종신보험' 가입을 서두르자.

Taxurance®

02
03

PART **TWO**

제2장

세금과 보험의 일반원칙

단 1%를 이해하고 실행하는 것이 99%의 세법을 알고 있는 것과는 비교할 수 없는 결과를 가져오는 것이 재무전문가 영역이다. 아는 것과 실행하는 것 사이는 하늘과 땅 이상의 간극이 존재한다. 그리고 남이 가지 않은 길을 가야 성공할 가능성이 더 높다. 남들과 같은 노력을 우리는 노력이라고 부르지 않는다.

제2장 세금과 보험의 일반원칙 중에서

세금과 보험의 일반원칙

제2장 02

세법의 근본, 국세기본법을 이해한다

어떻게 한순간에 사람이 그처럼 변할 수 있을까? 마성숙은 TFR재무전문가 과정을 들으면서 신세계를 만난 것처럼 하루하루가 다르다.

"우리나라 금융보험 산업에 큰 동량이 되실 여러분들! 이제까지 국세를 포함해 지방세까지 전체적인 개요를 파악했으니 이제 세금과 보험에 대한 일반원칙을 공부하는 시간을 갖겠습니다."

오늘은 「Y2014 - TFR재무전문가」 과정의 두 번째 시간이다.

"아! 강의에 앞서 최근 변화된 연금저축에 대해 말씀드리는 시간을 갖겠습니다. 곧 출시되는 연금저축은 2회 이상 미납해도 계약이 유지되고 경제사정으로 연금보험 계약체결 후 상품별로 1~3년이 지나면 보험료납부유예를 신청할 수 있다고 합니다."

지금까지는 가입자가 재정악화나 실직, 휴직 등으로 보험료를 2회 가량 내지 않으면 보험계약이 효력을 상실하는 실효 제도가 있다. 그러나 2014년 4월 이후 출시되는 연금저축상품은 실효되더라도 미납보험료 납부없이 계약이전이 가능하다.

"세무사님, 그럼 앞으로는 밀린 보험료나 경과이자를 낼 필요도 없이 계약이전이 가능하다는 말씀이네요."

"네! 두말하면 잔소리입니다. 하지만, 4월 이후 출시되는 연금저축상품부터 적용되는 것입니다. 그 이전 가입분은 실효된 연금저축을 타사 상품으로 갈아타기 위해서는 정상계약으로 부활시킨 이후에만 계약이전이 가능합니다."

연금저축은 실효되어 해지되면 이전에 소득공제를 받은 부분이 기타소득세나 해지가산세가 부과되어 그만큼 소비자에 불리하다.

"세금 얘길 하겠습니다. 정부와 국회가 세법을 모든 경제활동을 예측하여 만든 법이라고 하지만, 모든 것을 다 법에 규율할 수는 없습니다."

김영진 세무사가 세금과 보험 강의에 들어간다.

"세무사님, 세법을 혼자 공부하는 것이 어렵다고 합니다. 제가 아는 분의 경우 세무사나 공인회계사 자격을 취득하기 위해 3년 이상의 상당한 기간이 필요했다고 합니다. 더구나, 그분은 일반 대학에서 법학을 전공한 사람인데도 말입니다."

마성숙FR이 세무사와 공인회계사 자격시험 공부를 한 사례를 얘기한다.

"그렇습니다. 세무사자격시험 과목을 보면, 단순히 세법만이 아닙니다. 원가관리를 포함한 회계학 과목이 있고 더구나 경제학원론이 기초가 되어야 이해할 수 있는 재정학이라는 과목도 있어 대학에서 다양한 학과의 공부를 마스터해야 가능할 정도로 난이도가 높은 시험입니다."

"그럼 TFR재무전문가는 어느 정도 수준이 되어야 할까요?"

마성숙 옆에서 열심히 강의를 듣고 있던 이대로가 질문한다. 이대로FR 역시 40대 초반의 나이다. 남녀를 불문하고 마흔 전후는 매우 중요한 시기이다. 향후 10년 가량의 경력관리는 인생에 있어 중요한 토대를 만들 수 있다.

"세테크 금융보험의 파트너 TFR재무전문가라면 모든 세법을 다 알고 케이스별로 고객과 상담하면 좋겠지만, 교육과정을 통해 세법의 기본적인 원리를 이해하고 세법에서 필수적으로 알아야 하는 중요한 내용과 매년 개정되는 세법을 숙지하여 고객들과 상담할 수 있는 정도이면 충분하다고 봅니다."

스스로 돕는 자를 하늘이 돕는다 했던가! 남이 아닌 내가 스스로 깨우쳐 TFR재무전문가가 되어 고객의 관점에서 사려깊게 관찰하고, 합리적으로 분석해서, 정확한 의미로 보고서를 쓰고, 구체적인 플랜을 정확히 제시하여야 한다.

"그러나 세법은 경제상황과 정부정책에 따라 국회 입법과정을 거치고 대통령령인 시행령이나 시행규칙으로 개정되기 때문에 매년 개정된 내용으로 재무전문가 교육과정을 마쳐야 합니다. 그리고 그 지식과 정보를 여러분이 만나게 되는 고객의 문제점을 컨설팅해야 합니다."

"네, 알겠습니다."

단 1%를 이해하고 실행하는 것이 99%의 세법을 알고 있는 것과는 비교할 수 없는 결과를 가져오는 것이 재무전문가 영역이다. 아는 것과 실행하는 것 사이는 하늘과 땅 이상의 간극이 존재한다. 그리고 남이 가지 않은 길을 가야 성공할 가능성이 더 높다. 그동안 이대로FR이 어렵게만 느껴졌던 세법을 자신있어 한다.

"그럼 세법의 기본법인 국세기본법부터 여러분들이 잘 알고 계시는 금융보험과 세금을 공부하는 시간을 갖도록 하겠습니다."

최근 일본 도쿄대에서 '송사리 신경세포 연구'에서 발표한 내용이다. 여성은 낯선 남성보다는 평소 '잘 아는 오빠'에게 마음의 문을 여는 경우가 많고 그 같은 결정이 여성만이 가지고 있는 특정 GnRH펩티드 등의 호르몬과 특정 뉴런(TN-GnRH3)의 활동과 관련이 있다고 한다. 재무전문가도 세법을 이해하는 호르몬을 분비하여 세무와 재무관리를 강화해야 할 것이다.

국세기본법의 목적

국세기본법은 국세에 관한 기본적이고 공통적인 사항과 위법 또는 부당한 국세처분에 대한 불복절차를 규정함으로써 국세에 관한 법률관계를 명확하게 하고, 과세를 공정하게 하며, 국민의 납세의무의 원활한 이행에 이바지함을 목적으로 한다.

총칙법으로 국세기본법

우리나라는 1세목 1세법주의에 입각하여 여러 가지 국세를 각각 별개의 세법에서 규정하고 있다. 따라서 각 세법의 중복적인 규정을 피하고 세법체계의 일관성을 유지하기 위해 기본적이고 공통적인 사항은 국세기본법에서 규정하고 있다.

납세자 권리구제 절차법으로서의 성격

국세기본법은 위법·부당한 국세처분에 대한 납세자 권리구제 불복절차를 규정하고 있다. 따라서 일반 행정에 관한 불복기본법인 행정심판법의 특별법적 성격이다.

세법에서 공통으로 사용되는 용어의 정의

국세기본법은 세법에서 공통으로 사용되는 용어를 정의하고 있다. 특히 세법 용어는 어렵다는 것이 일반적인 생각이다. 2011년도부터 기획재정부 세제실은 국민의 생활과 가장 밀접한 부가가치세법, 소득세법, 법인세법 3개 세법을 먼저 명확하고 알기 쉽게 개정하기 위한 '조세법령 새로 쓰기' 사업을 추진하고 있다. 다음은 세법에서 그 핵심적인 용어로 반드시 숙지하여야 한다.

① 가산세

세법에서 규정하는 의무의 성실한 이행을 확보하기 위하여 세법에서 정하는 제반의무를 불이행한 경우에 가하는 행정상의 제재로서 그 세법에 따라 산출한 세액에 가산하여 징수하는 금액을 말한다. 다만, 가산금은 이에 포함하지 아니한다. 부과근거는 소득세법 등 개별세법에 두고 있다. 따라서 가산세는 본세에 포함한다. 다만, 무신고가산세, 과소신고가산세, 초과환급신고가산세, 납부불성실·환급불성실가산세, 원천징수납부 등 불성실가산세는 국세기본법에서 규정하고 있다. 현행 납부불성실가산세는 납부하지 아니한 세액에 납부기한의 다음날부터 자진납부일 또는 고지일까지의 기간에 1일 1만분의 3의 율(연 10.95%)을 적용하여 계산한다.

② 가산금

국세를 납부기한까지 납부하지 아니한 경우에 일종의 연체이자 성격으로 국세징수법에 따라 고지세액에 가산하여 징수하는 금액과 납부기한이 지난 후 일정 기한까지 납부하지 아니한 경우에 그 금액에 다시 가산하여 징수하는 금액을 말한다. 먼저 납세고지서상 납부기한까지 납부하지 아니한 경우 체납국세의 3%를 징수한다. 그 다음 중가산금은 이후 납부기한이 지난 날로 부터 매 1월이 지날 때마다 체납된 국세의 1.2%를 가산금에 가산하여 징수하고 징수하는 기간은 60월을 초과하지 못하며, 체납된 국세가 100만원 이상인 때에만 적용한다. 부과근거는 국세징수법에 두고 있으며, 본세에 포함되지 않는다. 따라서 100만원 이상의 국세를 체납한 경우에는 최고 75%까지 가산금과 중가산금이 붙여진다.

③ 납세자, 납세의무자, 제2차 납세의무자, 보증인 등

구분	개념정의
납세자	납세의무자(연대납세의무자와 납세자를 갈음하여 납부할 의무가 생긴 경우의 제2차 납세의무자 및 보증인 포함)와 세법에 따라 국세를 징수하여 납부할 의무를 지는 자
납세의무자	세법에 따라 국세를 납부할 의무(국세를 징수하여 납부할 의무는 제외)가 있는 자
제2차 납세의무자	납세자가 납세의무를 이행할 수 없는 경우에 납세자를 갈음하여 납세의무를 지는 자
보증인	국세·가산금 또는 체납처분비의 납부를 보증한 자
원천징수 납세의무자	세법에 따라 원천징수의무자가 국세(이에 관계되는 가산세 제외)를 징수하는 것을 말한다. 이것은 일정한 소득금액 또는 수입금액을 지급하는 자가 그 지급하는 금액에서 지급받는 개인(또는 법인)의 소득세(또는 법인세)를 차감하고 잔액만을 지급하는 것을 말하는데, 원천징수한 소득세(또는 법인세)는 원칙적으로 다음 달 10일까지 정부에 납부하도록 되어 있다. 위 납세의무자에서 '국세를 징수하여 납부할 의무는 제외'하는 이유가 원천징수납세의무자와 구분하기 위해서다.

④ 과세기간과 과세표준

구분	개념정의
과세 기간	세법에 따라 국세의 과세표준 계산의 기초가 되는 기간을 말한다. 소득세법에서는 '귀속'이라는 표현을 쓰면서 과세기간과 같은 의미로 사용하고 부가가치세법에서는 6개월을 단위로 '과세기간'이라는 표현을, 법인세법에서는 '사업연도'라고 규정한다.
과세 표준	세법에 따라 직접적으로 세액산출의 기초가 되는 과세물건의 수량 또는 가액을 말한다. 과세표준이 수량으로 표시되는 조세를 '종량세'라고 하고, 과세표준이 금액으로 표시되는 조세를 '종가세'라고 한다.

국세부과의 원칙과 세법적용의 원칙

국세부과의 원칙이란 과세주체인 국가가 지켜야 할 대원칙으로 정부가 납세의무의 확정 과정에서 지켜야 할 원칙을 말한다. 또한 세법적용의 원칙이란 세정을 집행하는 세무공무원이 세법의 해석과 적용 과정에서 지켜야 할 원칙을 말한다.

구분	국세부과의 원칙	세법적용의 원칙
내용	① 실질과세의 원칙 ② 신의성실의 원칙 ③ 근거과세의 원칙 ④ 조세감면의 사후관리	① 납세자 재산권의 부당한 침해 금지 ② 소급과세의 금지 ③ 세무공무원의 재량의 한계 ④ 기업회계의 존중

국세부과의 원칙을 알면 나도 準 '세무전문가'

"오늘은 매우 중요한 국세부과의 원칙을 설명 드리겠습니다. 모두 다 중요한 원칙입니다만, 먼저 실질과세의 원칙에 대해 말씀 드리겠습니다."

국세부과의 원칙은 실질과세의 원칙, 신의성실의 원칙, 근거과세의 원칙, 조세감면의 사후관리 등 4가지 원칙이다.

"여러분, 요즘은 이런 일을 해서는 안 되지만 과거 다운계약서를 작성할 경우 실제 거래금액에 따른 계약서를 한 장 더 작성하고 매도인에게 차액만큼의 차용증이나 현금보관증을 교부하였습니다."

실제와 다른 계약 관행은 누군가에겐 피해를 줄 수도 있고, 거래질서가 문란해 줄 수도 있기 때문에 2006. 1.1부터 '부동산 실거래가 신고제' 시행으로 금지하고 있다.

"부동산 실거래가 시행으로 부동산거래가 있을 경우 거래계약 체결일로부터 60일 이내 물건소재지 관할 시·군·구청장에게 신고하여야 합니다. 만약 무신고나 지연신고의 경우 500만원 이하의 과태료 그리고 허위신고의 경우 취득세 3배 이내의 과태료가 부과됩니다. 최팀장님, 다운계약서를 작성한 경우 국세부과제척기간이 몇 년일까요?"

"네, 작년 TFR재무전문가 과정에서 배운 바에 의하면 세법상 다운계약서 작성은 사기 또는 부정한 행위로 보아 10년입니다."

TFR재무전문가이자 손해사정사 자격을 가지고 있는 최강이 팀장이 꼭 집어 말한다. 최팀장은 평소 지금이 기회다 싶으면 마치 마지막인 것처럼 그것을 잡기 위해 집념을 가지고 행동하는 성격이다. 바르샤바의 유태인으로 태어나 일가친척 110여명이 사망한 홀로코스트에서 살아남은 마르틴 그레이(Martin Gray)의 자서전에는 '절대로 기다리지 마라. 첫 번째 기회가 언제나, 예외없이 최고의 기회다.' 라는 말이 있다.

"역시 최팀장이십니다. 국세를 부과할 수 있는 부과제척기간은 5년이지만, 다운계약서 작성시 그 자체로 국세를 회피하기 위한 사기나 기타 부정한 행위로 보아 향후 10년간 세금 추징이 가능합니다."

2004년 7월 매도인 A가 부동산을 B에게 팔면서 다운계약서에 따른 양도소득세신고를 하였는데, B가 2010년 C에게 부동산을 처분하면서 세금을 덜 내기 위해 다운계약서 금액이 아닌 원래의 취득가액에 따라 양도소득세 신고를 했다면 국세청은 A에게 2004년 귀속 양도소득세 경정을 통해 2015년 5월까지 추가 징수할 수 있다.

"이렇게 과세할 수 있는 근거는 모두 실질과세의 원칙이나 근거과세의 원칙에 따른 것입니다."

"세무사님, 상증세법상 명의신탁주식의 경우 증여의제 규정이 있는데 실질적으로 소유자가 아닌 수탁자에게 왜 증여세를 과세하는 것이죠?

최강이 팀장은 최근 주식이동으로 인해 증여세를 부과받은 법인 고객 김수탁 상무가 생각난 것이다. 실질과세의 원칙이라면 실제 소유자인 신탁자에게 세금을 물려야 할 것 같기 때문이다.

"아, 그건 실질과세의 원칙의 예외입니다. 실질과세의 원칙은 대원칙이지만 개별 세법에 예외규정을 두고 있는 경우 그 세법에 따르도록 하고 있습니다. 상증세법상 명의신탁주식 증여의제와 일감몰아주기 증여의제가 대표적인 케이스입니다."

세금과 보험과 관련하여 국세부과의 원칙에서는 실질과세의 원칙과 세법적용의 원칙에서는 소급과세의 금지 규정이 가장 관련이 깊다. 그리고 국세부과의 원칙은 세법의 근간으로 이 원칙에 따라 행정심판례가 모두 나온다고 보면된다. 특히, 억울한 세금은 실질과세의 원칙과 근거과세의 원칙만 주장해도 해결이 된다. 바로 사실에 근거하지 않은 세금은 재무전문가가 해결하여야 할 몫이다.

실질과세의 원칙

국세기본법 제14조에 규정되어 과세의 대상이 되는 소득 또는 거래의 귀속이 명의일 뿐이고 사실상 귀속되는 자가 따로 있는 때에는 사실상 귀속되는 자를 납세의무자로 하여 세법을 적용하여야 한다는 원칙이다. 따라서 소득 또는 거래가 실질적으로 귀속되는 자의 판정에 대하여는 명의대여, 사실상의 사업경영, 사업장소의 임대차계약, 거래정황 등 구체적 사실에 따라 결정한다.

보험료 불입, 실질과세원칙에 따라 과세

"여러분들께서 만약 누군가를 피보험자로 하여 종신보험 계약을 체결하고 이후 보험사고가 발생하여 여러분이 보험금을 수령하게 됩니다. 이때 상속인이 계약자가 되고 보험료를 납부하였다면 세법상 상속재산이 아닙니다."

세무전문가조차 상속인들이 보험금을 수령하면 무조건 모두 상속재산으로 보는 경우가 있다. 실제 보험료 불입관계를 따져 봐야 한다.

"만약 돌아가신 분, 피상속인이 보험료를 지불하였다면 자기의 사망을 원인으로 하여 배우자나 자녀 상속인이 취득하는 경우 실질과세의 원칙에 따라 상증세법상 퇴직금과 같이 상속재산으로 간주하여 상속세를 과세하고 있습니다."

김영진 세무사가 국세부과의 원칙 중 대원칙인 실질과세원칙을 보험사례로 설명을 한다.

"세무사님, 그럼 피상속인을 피보험자로 하고 상속인인 배우자의 소득으로 지불하였다면, 실질과세원칙상 상속재산으로 보지 않겠습니다."

귀를 쫑긋하고 듣고 있는 마성숙FR의 질문이다. 마성숙은 현재 새로운 일과 고객과의 만남을 통해 자신의 재능을 찾고 확인해가는 과정을 밟고 있다. 인생을 살아가다 보면 시행착오는 성공의 필수 아이템이다.

"물론입니다. 마성숙FR이 얘기한대로 보험료를 상속인이 불입한 경우에는 상속재산으로 보지 않고 만약 보험료의 일부를 상속인 외의 자 즉 피상속인이 불입하였을 경우에는 보험금수령액 중 총 보험료의 합계액에서 피상속인이 불입한 비율만큼의 금액을 상속재산으로 봅니다."

상속세및증여세법 제8조에 피상속인이 보험계약자이거나, 보험계약자가 아닌 경우에도 실질적으로 보험료를 납부하였을 때에는 피상속인의 사망으로 인하여 받는 보험금은 상속재산으로 보도록 규정하고 있다. 따라서 상속인이 보험료를 실질적으로 납부하였음을 입증할 서류를 제시하지 아니하면 상속재 산으로 보게 된다.

신의성실의 원칙

납세자가 그 조세의무를 이행함에 있어서는 신의에 좇아 성실히 하여야 한 다는 원칙이다. 세무공무원이 그 직무를 수행함에 있어서도 또한 같다. 일반 적으로 조세법률관계에서 과세관청의 행위에 대하여 신의성실의 원칙이 적용 되기 위하여서는 다음 네 가지가 있어야 한다.

첫째, 과세관청이 납세자에게 신뢰의 대상이 되는 공적인 견해를 표명하여 야 한다.

둘째, 납세자가 과세관청의 견해 표명이 정당하다고 신뢰한데 대하여 납세 자에게 귀책사유가 없어야 한다.

셋째, 납세자가 그 견해표명을 신뢰하고 이에 따라 무엇인가 행위를 하여야 한다.

넷째, 과세관청이 위 견해 표명에 반하는 처분을 함으로써 납세자의 이익이 침해되는 결과가 초래되어야 한다.

근거과세의 원칙

근거과세의 원칙이란 장부 등 직접적인 자료에 입각하여 납세의무를 확정하 여야 한다는 원칙을 말한다. 이러한 근거과세의 원칙의 취지는 근거가 불충분 한 과세를 방지하여 납세자의 재산권이 부당히 침해되지 않도록 하기 위한 원 칙이다. 한편 근거과세에 상대되는 개념으로는 추계과세가 있다. 이는 과세관 청에서 과세대상 금액을 추계하여 과세한다는 것으로 근거과세의 원칙이 적 용되지 않는 경우에 적용되는 방식이다.

고액재산 처분시 자금사용처 증빙 갖춰야

"국세청은 과세자료제출 및 관리에 관한 법률을 제정하여 시행하고 있습니다. 각종 세법에는 행정기관은 물론 금융기관까지 과세자료 제출의무를 부여하고 있습니다. 그 중에 고령인 사람이 일정규모 이상의 재산을 처분하였거나 재산이 수용되어 보상금을 받은 자료도 포함하고 있습니다."

"세무사님, 국가나 지방자치단체, 공기업에서 땅을 수용해 보상금을 지급하는 경우에도 포함되겠네요?"

"네, 두말하면 잔소리입니다. 마성숙님이 얘기한 대로 땅을 수용당해 거액의 보상금을 받은 사람은 일정기간 재산의 변동상황을 국세청이 아주 특별히 관리하고 있습니다. 이때 배우자는 물론 자녀들의 재산변동상황도 투 플러스로 사후관리 합니다."

"세무사님, 그럼 고령자의 금융재산이 감소된 경우 국세청이 어떤 액션을 취합니까?"

"국세청은 사후관리 결과 특별한 사유없이 고령자의 재산이 감소한 경우에는 일차 재산처분대금의 사용처를 소명하라는 안내문을 보냅니다. 특히 보상금을 받고난 후 배우자나 자녀가 다른 재산을 취득한 사실이 확인되는 경우 취득자금의 출처를 소명하라는 안내문을 반드시 보내게 됩니다."

이렇듯 고령이거나 고액자산가가 재산을 처분하여 양도대금을 받은 후에는 국세청은 직계존비속의 재산내역을 사후관리하여 소명안내문을 보낸다. 꼭 사용처에 대한 증빙을 갖추는 것이 좋고 만약 자녀에게 재산 중 일부를 증여했다면 성실하게 증여세를 신고납부하는 것이 바르다.

"세무사님, 지금은 100세 시대 아닙니까! 특히 고령자가 재산을 오래 가지고 있다가 처분하는 경우가 많습니다. 추후 처분대금의 사용처와 자녀들의 취득자금의 출처에 대한 국세청의 소명요구에 응하지 않은 경우, 실제 자녀들의 노력으로 재산증식을 하였다 하여도 재산을 처분한 부모가 자녀에게 처분대금을 증여한 것으로 보아 증여세를 과세받을 수 있겠습니다."

"맞습니다. 연로하신 부모님이나 혹여 와병중에 계신 분에게 부동산 처분대금을 하나하나 구체적으로 물어볼 수도 없고 황당한 경우가 많을 것입니다. 미리미리 서류를 준비하시는 게 현명한 일입니다."

특히 금융기관도 오랫동안 서류를 보관하지 않기 때문에 몇 년이 지난 뒤에 증빙서류를 확보하기 어려워진다. 그때그때 소명자료를 준비하여 실질과세의 원칙에 따라 억울한 일을 당하지 않도록 하여야 한다.

조세감면의 사후관리

국세기본법 제17조에서 규정하는 국세부과의 원칙으로 정부는 국세를 감면한 경우에 그 감면의 취지를 성취하거나 국가정책을 수행하기 위하여 필요하다고 인정하면 세법에서 정하는 바에 따라 감면한 세액에 상당하는 자금 또는 자산의 운용범위를 정할 수 있다. 또한 그 운용 범위를 벗어난 자금 또는 자산에 상당하는 감면세액은 세법에서 정하는 바에 따라 감면을 취소하고 징수한다. 2013년 개정세법은 부당감면가산세를 신설하였다. 개정 전에는 세액감면이나 공제는 과세표준 신고가 아닌 신청에 의하기 때문에 거짓증빙 등을 통하여 세액감면·공제를 받은 경우에도 신고불성실가산세는 부과하지 못하고 납부불성실가산세만 부과하였다. 개정을 통해서 소득세, 법인세 등을 부정행위로 세액감면·공제를 받은 경우에 신고불성실가산세를 부과할 수 있도록 하였다. 가산세액은 부당감면·공제세액에 40%를 곱하는 방법으로 계산한다. 적용시기는 2013. 1.1 이후 부정행위로 세액감면·공제를 신청하는 분부터 적용한다.

보험상품 과세, 소급과세의 금지

"이제까지 국세부과의 원칙을 공부하였습니다. 국세부과의 원칙을 이해하신다면 여러분들께서는 세금과 보험 업무를 하면서 상당한 도움이 될 것입니다."

마성숙FR이 조금 어렵다는 듯 고개를 갸우뚱한다. 미국의 정치이론가 찰스 린드블룸(Charles Lindblom)은 어떤 것이든지 정교한 목표와 계획에 따라 움직이는 것이 아니라 현재 상황에서 한 단계씩 발전해 나간다고 하지 않았던 가! 현재 마성숙FR도 하나하나 발전해 나가는 단계이다.

"오늘 이 시간에는 이해하기 힘들더라도 차근차근 보험실무와 접목해서 세법을 공부하다 보면 이해가 될 것입니다. 천리길도 한걸음부터입니다."

김영진 세무사가 마성숙에게 파이팅을 당부한다. 이어서 보험과 관련이 있는 소급과세의 금지를 설명하려 한다. 최근에 2013년 소득세법 시행령 개정으로 명의변경이나 보장성보험에서 저축성보험으로 전환하는 절판상품과 관련이 깊은 원칙이다.

"2013년 소득세법 시행령 개정으로 CEO플랜의 경우 명의변경시 소득세법 시행령이 적용되는 2월 15일 이전에 가입된 상품의 경우에는 소급하여 과세되지 않습니다. 이후 가입분의 경우에는 명의변경시점에 10년 비과세 기간이 새롭게 시작됩니다. 그리고 보장성보험에서 연금 등 저축성으로 전환되는 경우에도 2월 15일 이후 가입분의 경우 전환시점에 10년 비과세 기간이 새롭게 시작되는 것으로 개정되었습니다."

"연금전환의 경우에는 세법개정 전 가입상품은 문제가 없다는 그런 말씀이잖아요?"

"네 그렇습니다. 그게 바로 새로운 법이 만들어졌다고 하더라도 그 이전에 이루어진 일에는 적용할 수 없는 소급과세금지원칙입니다."

"세무사님, 보험상품 과세에 관한 해석이 명확하지 않습니다. 자녀에게 일시불로 보험료를 증여하고 보험에 가입한 경우 가입기간 중 보험사고가 발생 시점에 과세한다는 입장인 것 같던데, 이게 정확한 것인지 이에 대한 답변을 부탁합니다."

역시 요즘 재무전문가로서 물이 오른 마성숙의 질문이다.

"여러분 '보험금 수취인이 재산을 먼저 증여받아 보험료를 불입한 경우로 당해 증여 및 보험계약의 구체적인 내용과 경제적인 실질이 이와 유사한 경우에도 같은 법 제2조 제3항 및 제4항의 규정에 의하여 이를 보험금수취인의 증여재산가액으로 한다' 는 질의회신문에서 밝히는 바와 같이 보험금 수취시점이나 보험사고가 발생시점에 증여재산가액으로 보도록 하고 있습니다."

　제6장 상중세법을 공부하면 아는 내용이지만, 경제적 능력이 없는 사람의 보험계약은 포괄적 증여 개념에 따라 보험금을 받은 시점에 과세여부를 다시 따질 수밖에 없다.

세법적용의 원칙 중 소급과세의 금지

　세법적용의 원칙은 세정을 집행하는 세무공무원이 세법의 해석과 적용 과정에서 지켜야 할 원칙을 말한다. 세법적용의 원칙에는 ① 납세자 재산권의 부당한 침해 금지 ② 소급과세의 금지 ③ 세무공무원의 재량의 한계 ④ 기업회계의 존중 등이다. 이 중 소급과세의 금지만 설명하고자 한다.

　소급과세의 금지란 법적안정성 및 예측가능성을 보장하기 위하여 행정법규 등이 효력을 발생하기 전에 완결된 사실에 대하여 새로 제정된 법규나 해석 등을 통하여 소급하여 적용하지 않는 것을 말한다. 특히 '입법에 의한 소급과세의 금지'는 국세를 납부할 의무가 성립한 소득, 수익, 재산, 행위 또는 거래에 대해서는 그 성립 후의 새로운 세법에 따라 소급하여 과세하지 아니한다.

　또한 행정관서의 '해석이나 관행에 의한 소급과세의 금지'는 세법의 해석이나 국세행정의 관행이 일반적으로 납세자에게 받아들여진 후에는 그 해석이나 관행에 의한 행위 또는 계산은 정당한 것으로 보며, 새로운 해석이나 관행에 의하여 소급하여 과세되지 아니하는 것을 말한다.

　새로운 세법 또는 해석이나 관행이 소급하여 적용되었는지 여부 판정은 납세의무의 성립일을 기준으로 판정한다. 즉, 이미 납세의무가 성립된 경우에는 새로운 세법 등을 소급하여 적용되는 것이 금지되나 아직 납세의무가 성립되지 않은 경우에는 새로운 세법 등을 적용할 수 있다. 납세의무 성립일 전후로 개정된 세법 등의 소급적용 허용 여부에 따라 소급의 성격을 구분하면 다음과 같다.

구분	개념	소급적용 여부
진정소급	이미 납세의무가 성립된 소득 등에 대하여 납세의무 성립일 이후에 개정된 세법 등을 소급하여 적용하는 것을 말한다.	허용안함
부진정소급	과세기간 중(납세의무의 성립일 전)에 개정된 세법 등을 그 과세기간 개시일로부터 소급하여 적용하는 것을 말한다. 이러한 소급은 진정한 의미의 소급에 해당되지 아니한다.	허용함

마성숙 '마이더스' 선물의 영험을 받다

마성숙은 택슈랑스 라운지에 입사 이후 TFR재무전문가 과정을 공부하며 본격적인 영업활동을 통해 고액보험 유치로 2차월 1500만원의 수수료 수입을 얻었다.

"여러분, 일취월장하고 있는 신입 마성숙FR을 축하해 주시기 바랍니다. 마성숙FR이 최단기간에 최고의 실적을 거적(巨積)하였습니다."

김영진세무회계사무소 택슈랑스 라운지와 인근 3개의 라운지를 책임지고 있는 성공한 팀장이 월요일 주간회의 시간에 3월 시상식을 진행중이다. 마성숙FR이 50만원의 부상을 받는다.

"마성숙FR님! 박수도 받으셨으니 팀원들에게 비결까지는 아니지만 조그만 힌트라도 부탁드립니다."

"감사합니다. 특별한 비결이라기보다는 최근 TFR재무전문가 과정을 공부하면서 세금에 대한 지식은 또 다른 무기가 되었습니다. 한마디로 세금에 관한 지식과 정보가 고객의 니즈라는 것입니다. 그리고 또 다른 하나가 있다면 깃털같은 눈송이도 쌓이면 철갑 지붕을 가라앉히듯이 조찬 교육이 끝나면 전날 예정한 스케줄에 따라 세금에 민감한 사업자들과 미팅을 자주하고 있습니다."

피카소는 인생에서 1000점 이상의 그림을 그렸다. 그래서 세상 사람들은 피카소의 그림을 3개 이상 알고 있다. 마성숙FR이 최근 기업고객을 대상으로 기업CEO보험과 단체보험에 대한 자신의 영업방법을 밝힌다.

"팁 하나를 더 밝힌다면, 동양고전인 〈대학〉에는 '마음에 있지 않으면 보아도 보이지 않고, 들어도 들리지 않으며, 먹어도 그 맛을 모른다.' 는 말이 있습니다. 고객을 사랑하는 마음을 가지고 보면 만사가 형통하게 됩니다."

마성숙은 선문답과 같은 말로 마무리를 한다. 아무래도 입사 전 김영진 세무사가 마성숙에게 선물한 '마이더스' 와 같은 영험이 작용했든지, 아니면 그녀의 말대로 TFR재무전문가 과정이 주효한 것으로 보인다. 마성숙은 택슈랑스 라운지 입사 후 늘어난 지인들, 불어난 통장, 세련된 태도, 너그러워진 심성, 충만한 세금에 대한 지식 등으로 자신을 대견스러워 한다.

"여러분들, 오늘 점심은 제가 쏘겠습니다."

마성숙이 팀 동료들에게 식사대접을 하겠다고 한다. 자고로 윗사람이든 동료이든지 밥으로 쌓은 정은 쉽게 무너지지 않는다.

납세의무의 성립·확정 및 소멸

세법에서 정하는 과세요건의 충족에 의하여 납세의무가 성립하여야 한다. 그리고 성립된 납세의무는 추상적인 납세의무로서 납세의무자의 신고 또는 정부의 결정에 의하여 구체적으로 확정된다. 마지막으로 확정된 납세의무는 납부·충당, 부과의 취소, 부과제척기간의 경과, 징수권의 소멸시효의 완성 등의 사유에 소멸하게 된다.

납세의무의 성립

납세의무가 성립되기 위한 4가지 조건

납세의무는 납세의무자, 과세대상, 과세표준, 세율 등 과세요건(납세의무의 성립요건)이 충족되어 납부할 세액의 산정이 가능하게 된 때에 성립한다.

구분	적용 내용
납세의무자	'마성숙' 이라는 납세의무자이다. 세법에 의하여 국세를 납부할 의무가 있는 자를 말한다. 이러한 납세의무자는 소득세법상 소득이 있는 자이다.
과세대상	마성숙의 '수수료 소득행위' 인 과세대상이다. 과세대상이란 세법에서 정하고 있는 과세의 대상으로 정하고 있는 물건·행위 또는 사실을 말한다.
과세표준	마성숙의 '1500만원' 수수료 수입이 과세표준이다. 과세표준이란 세법에 의하여 직접적으로 세액 산출의 기초가 되는 과세물건의 수량 또는 가액을 말한다.
세율	사업소득 원천징수세율 '3%' 와 지방소득세율 '0.3%' 가 세율이다. 세율이란 과세표준에 대한 세액의 비율로서 종가세의 경우에는 세율이 백분비인 %로 표시된다.

납세의무의 성립시기

- 원칙적인 성립시기

구분		납세의무의 성립시기
기간 과세 세목	① 소득세 ② 법인세 ③ 부가가치세	▸ 과세기간이 끝나는 때 * 청산소득에 대한 법인세 : 해당 법인이 해산(분할·분할합병으로 인한 해산 포함)·합병하는 때 * 수입재화에 대한 부가가치세 : 세관장에게 수입신고하는 때
수시 과세 세목	① 상속세 ② 증여세 ③ 종합부동산세 ④ 개별소비세, 주세 및 교통 ·에너지·환경세 ⑤ 인지세 ⑥ 증권거래세	▸ 상속이 개시되는 때 ▸ 증여에 의하여 재산을 취득하는 때 ▸ 과세기준일(매년 6월 1일) ▸ 과세물품을 제조장으로부터 반출하거나 판매장에서 판매하는 때 또는 과세장소에 입장하거나 과세유흥장소에서 유흥음식행위를 한 때 또는 과세영업장소에서 영업행위를 한 때 * 수입물품의 경우에는 세관장에게 수입신고를 하는 때 ▸ 과세문서를 작성한 때 ▸ 해당 매매거래가 확정되는 때
기타	① 교육세 ② 농어촌특별세	▸ 국세에 부과되는 교육세 : 해당 국세의 납세의무가 성립하는 때 ▸ 금융·보험업자의 수익금액에 부과되는 교육세 : 과세기간이 끝나는 때 ▸ 본세의 납세의무가 성립하는 때

- 예외적인 성립시기

구분	성립시기
원천징수하는 소득세·법인세	소득금액 또는 수입금액을 지급하는 때
납세조합이 징수하는 소득세 또는 예정신고납부하는 소득세	그 과세표준이 되는 금액이 발생한 달의 말일
중간예납하는 소득세·법인세, 예정신고기간에 대한 부가가치세	중간예납기간 또는 예정신고기간이 끝나는 때
수시부과하여 징수하는 국세	수시부과할 사유가 발생한 때

납세의무의 확정

이미 성립한 납세의무에 대하여 정부부과방식의 경우 정부가, 신고납부방식의 경우 납세자가 과세요건 사실을 확인하고 세법을 적용하여 과세표준과 세액을 계산하여 부과 또는 신고하는 것을 말한다. 이러한 확정에는 두 가지로 나눠진다.

정부부과방식

과세권자인 정부나 지방자치단체가 확정의 권한을 가지고 있는 제도이다. 이는 전통적인 방식으로서 국세의 경우 현재 상속세·증여세·종합부동산세(신고납부방식을 선택하지 않은 경우)에 적용되고 있다. 따라서 상속세 납세의무자가 피상속인으로부터 6개월 이내 상속세과세표준 신고를 하였다 하더라도 정부가 조사 등을 통하여 확정하지 않으면 세무신고가 끝난 것이 아니다.

신고납부방식

확정의 권한을 1차적으로 납세의무자에게 부여하고 과세권자인 정부의 확정권은 2차적·보충적으로만 이루어진다. 소득세·법인세·부가가치세·종합부동산세(신고납부방식을 선택한 경우)·개별소비세·주세·증권거래세·교육세 및 교통에너지환경세에 적용되고 있다.

구분	정부부과방식	신고납부방식	
확정의 주체	과세권자	(원칙) 납세의무자	(2차적·보충적) 과세권자
확정의 방식	과세표준과 세액의 결정	과세표준과 세액의 신고	과세표준과 세액의 결정
확정의 효력 발생시기	결정통지서 또는 추가 납세고지서 도달시	신고서 제출시	결정통지서 또는 추가납 세고지서 도달시

납세의무의 소멸

  납세의무의 성립 또는 확정된 납세의무는 여러 가지 원인에 의하여 소멸하는
데 그 구체적인 사유는 다음과 같다.

납세의무 소멸사유	내용
납부	‣ 세법에 맞게 정상적으로 세액을 납부하는 경우
충당	‣ 납부할 국세 등과 국세환급금을 상계하는 경우 ‣ 공매대금 또는 교부청구 금액으로 체납액세액을 충당하는 경우
부과취소	‣ 유효하게 행해진 부과처분을 당초 처분시점으로 소급하여 효력을 상실시키는 처분
국세부과의 제척기간의 만료	
국세징수권 소멸시효의 완성	

국세부과의 제척기간

  국세는 그 국세를 부과할 수 있는 날부터 다음의 기간이 끝난 날 후에는 부
과할 수 없다.

구분		제척기간
일반적인 세목	① 납세자가 사기나 그 밖의 부정한 행위로 국세를 포탈하거나 환급·공제받은 경우	10년
	② 납세자가 법정신고기한까지 과세표준신고서를 제출하지 아 니한 경우	7년
	③ ①, ②에 해당하지 아니하는 경우	5년

(상속세와 증여세)	① 납세자가 사기나 그 밖의 부정한 행위로 상속세·증여세를 포탈하거나 환급·공제받은 경우 ② 법정신고기한까지 과세표준신고서를 제출하지 않은 경우 ③ 법정신고기한까지 과세표준신고서를 제출한 자가 거짓신고 또는 누락신고[주]를 한 경우(그 거짓신고 또는 누락신고를 한 부분만 해당한다)	15년
	④ ①, ②, ③에 해당하지 아니하는 경우	10년

주」 1. 2013년 개정세법은 부담부증여시 양도소득세의 일반적인 제척기간은 10년으로, 부정행위, 무신고, 거짓·누락신고가 있는 경우의 제척기간은 15년으로 연장되었다. 적용시기는 2013. 1. 1 이후 양도소득세 부과제척기간이 시작하는 분부터 적용된다.
　2. '거짓신고 또는 누락신고' 란 다음의 경우를 말한다.
　ⓐ 상속재산가액 또는 증여재산가액에서 가공의 채무를 포함해 신고한 경우
　ⓑ 권리의 이전이나 그 행사에 등기, 등록, 명의개서 등이 필요한 재산을 상속인 또는 수증자의 명의로 등기 등을 하지 않은 경우로서 그 재산을 신고 누락한 경우
　ⓒ 예금, 주식, 채권, 보험금 그 밖의 금융자산을 신고 누락한 경우

상속세·증여세의 특례제척기간

　납세자가 사기나 그 밖의 부정한 행위로 상속세·증여세를 포탈하는 경우로서 다음 중 어느 하나에 해당하는 경우에는 원칙적인 제척기간에도 불구하고 해당 재산의 상속 또는 증여가 있음을 안 날부터 1년 이내에 상속세 및 증여세를 부과할 수 있다. 다만, 상속인이나 증여자 및 수증자가 사망한 경우와 포탈세액 산출의 기준이 되는 재산가액이 50억원 이하인 경우에는 적용하지 않는다.

　① 제3자의 명의로 되어 있는 피상속인 또는 증여자의 재산을 상속인이나 수증자가 보유하고 있거나 그 자의 명의로 실명전환을 한 경우

　② 계약에 따라 피상속인이 취득할 재산이 계약이행 기간에 상속이 개시됨으로써 등기·등록 또는 명의개서가 이루어지지 않고 상속인이 취득한 경우

　③ 국외에 있는 상속재산이나 증여재산을 상속인이나 수증자가 취득한 경우

　④ 등기·등록 또는 명의개서가 필요하지 않은 유가증권, 서화, 골동품 등 상속재산 또는 증여재산을 상속인이나 수증자가 취득한 경우

　또한 2013년 개정세법은 차명계좌에 대한 증여세 부과제척기간을 연장하

였다. 차명계좌를 통한 증여세 포탈행위를 방지하기 위해 제3자 명의의 증여자 재산과 같이 수증자 명의의 차명계좌에 대해서도 증여를 안 날로부터 1년 내에 증여세를 부과할 수 있도록 하였다. 차명계좌에 대한 증여세 부과제척기간 연장규정은 금융자산이 50억원 이상인 경우에 적용된다. 적용시기는 2013. 1.1 이후 증여세 부과제척 기간이 시작하는 분부터 적용됩니다.

조세쟁송 등으로 인한 특례제척기간

① 조세쟁송 : 국세기본법에 따른 이의신청, 심사청구, 심판청구, 감사원법에 따른 심사청구 또는 행정소송법에 따른 소송에 대한 결정 또는 판결이 있는 경우에는 일반적인 제척기간이 경과하였더라도 그 결정 또는 판결이 확정된 날부터 1년

② 상호합의 : 조세조약에 부합하지 않는 과세의 원인이 되는 조치가 있는 경우 그 조치가 있음을 안 날부터 3년 이내(조세조약에서 따로 규정하는 경우에는 그에 따른다)에 그 조세조약의 규정에 따른 상호합의가 신청된 것으로서 그에 대하여 상호합의가 이루어진 경우 원칙적인 제척기간에도 불구하고 그 상호합의가 종결된 날부터 1년

③ 경정청구 : 후발적 사유로 인한 경정청구가 있는 경우에는 원칙적인 제척기간에도 불구하고 경정청구일부터 2개월

④ 명의대여 사실이 확인된 경우 : 조세쟁송에 대한 결정 또는 판결에서 명의 대여 사실이 확인되어 명의대여자에 대한 부과처분을 취소하고 실제로 사업을 경영한 자에게 경정결정이나 그밖에 필요한 처분을 하는 경우에는 원칙적인 제척기간에도 불구하고 그 결정 또는 판결이 확정된 날부터 1년이다.

제척기간의 기산일

구분		제척기간
원칙적인 기산일	① 과세표준과 세액을 신고하는 국세 (신고하는 종합부동산세 제외)	과세표준 신고기한 다음날 (중간예납·예정신고기한, 수정신고기한 제외)
	② 종합부동산세 및 인지세	납세의무 성립일
예외적인 기산일	① 원천징수의무자 또는 납세조합에 대하여 부과하는 국세	해당 원천징수액 또는 납세조합징수세액의 법정 납부기한의 다음 날
	② 과세표준신고기한 또는 법정납부기한이 연장되는 경우	연장된 기한의 다음 날
	③ 공제, 면제, 비과세 또는 낮은 세율의 적용 등에 따른 세액을 의무불이행 등의 사유로 징수하는 경우	공제세액 등을 징수할 수 있는 사유가 발생한 날

보험금청구권과 국세징수권의 소멸시효

"세무사님 보험금청구권은 2년간 행사하지 않으면 받을 수 없는 소멸시효 제도가 있잖아요. 세금도 그런 것이 있을 것 같은데요."

공부를 잘하는 것과 일을 잘하는 것 중에 하나를 선택하라면 전자를 선택 하겠다는 이대로FR의 질문이다. 지금같이 어렵고 힘든 시장 상황에서는 TFR 재무전문가 교육에 답이 있다고 그는 주장한다.

"네, 그렇습니다. 보험에서 보험계약자의 주된 의무는 보험료를 내는 것이고 그리고 만기가 되거나 사고 발생시에 보험금을 받을 수 있는 청구권 즉 권리는 2년간 행사하지 않으면 소멸시효가 완성됩니다. 역시 국가도 국민의 한사람으로서 납세의무를 강제하고 있습니다. 그리고 국가는 세금을 받을 권리가 있습니다. 그럼 세금을 납부하지 않으면 국민의 권리를 실효시킬 수 있을까요?"

소멸시효란 주어진 권리를 행사하지 않을 때 그 권리가 없어지게 되는 기간 으로 보험금청구권, 보험료 또는 환급금반환청구권, 배당금청구권은 2년이 지 나면 소멸된다.

"옛날 어르신들은 세금을 못 내면 징역가는 걸로 알고 있어요. 그렇지만 요즘은 그런 시대가 아니잖아요."

마성숙FR이 김영진 세무사에게 답한다. 마성숙 역시 교육에 열정적이다. 교육만큼 명약관화(明若觀火)한 것은 없다. 그러나 일에는 해답이 없다. 오로지 높은 성과를 내기 위한 효율적인 선택만 있을 뿐이라는 것을 알고 있는 그녀이다.

"네, 그렇습니다. 국가는 재산이 있음에도 세금을 납부하지 않으면 가지고 있는 재산에 대해 압류와 같은 징수권을 행사합니다. 한편 보험의 실효제도와 세금의 소멸시효는 약간 다른 개념인데요. 실효는 보험료 납입을 연체하는 경우 계약이 해지되는 것을 말하는 것이고 소멸시효는 납세자에게 재산이 없으면 국가가 세금을 징수할 수 있는 권리를 포기하는 것입니다."

보험회사는 보험료 수입을 계속 얻으려면 계약이 실효되기 전에 납입독촉을 한다. 납입독촉은 연체된 보험료를 납입해야 한다는 내용과 실효된다는 내용을 포함하도록 하고 있다. 보험사는 등기우편 등 문서나 음성녹음기능이 있는 전화 또는 이메일 등 전자문서로 전달하도록 하고 있다. 이메일로 보낼 때는 계약자의 서면에 의한 동의를 얻어 수신확인을 조건으로 전송했을 때에만 유효하다.

"앞에서 말씀드린 것처럼 국세의 경우 국가가 국세징수권을 장기간 행사하지 않는 경우 그 징수권을 소멸시키는 제도 즉 소멸시효 제도가 있습니다. 국세징수를 행사할 수 있는 날로부터 5년간 행사하지 않으면 권리를 포기하도록 하고 있습니다. 최근 문제가 되고 있는 것은 국세 체납자에게 보험금을 압류 후 해약환급금을 세무서에서 충당한 후에도 압류를 해제하지 않아 민원이 발생되고 있어요."

납세자가 세금을 체납하는 경우 정부는 재산압류를 한다. 문제는 보험압류의 경우이다. 보험은 실효가 됐다고 하더라도 보험계약자에게 2년 내 부활청구권이 있기 때문에 세무서에서 압류해제를 하지 않아 국세징수권 소멸시효가 중단되어 다른 체납자와 달리 결손처분 혜택을 받지 못하고 있다. 김영진 세무사는 국세징수권의 '소멸시효' 이해를 돕기 위해 보험금청구권의 '소멸시효' 그리고 보험계약의 '실효' 제도와 비교설명을 하는 것이다.

국세징수권의 소멸시효

국가의 국세징수권은 이를 행사할 수 있는 때부터 5년간 행사하지 않으면 소멸시효가 완성된다. 그러나 2013년 개정세법인 국세기본법은 고액 국세채권과 관련된 징수권의 소멸시효 기간을 연장하였다. 5억원 이상 국세채권은 10년으로 징수권 소멸시효를 연장하여 고액체납자에 대한 국세징수권을 강화하였다. 동 조항은 당초 확정된 국세채권을 기준으로 적용된다. 예를 들어 당초 확정된 국세채권이 6억원이었으나 납세자가 일부 납부를 통해 4억원으로 줄어들었다고 해도 당초 국세채권이 5억원 이상이므로 10년의 소멸시효가 적용된다. 적용시기는 2013. 1.1 이후 신고 또는 고지하는 분부터 적용된다.

소멸시효의 기산일

구분		제척기간
원칙적인 기산일	① 과세표준과 세액의 신고에 의하여 납세의무가 확정되는 국세의 경우	법정신고납부기한의 다음 날
	② 과세표준 및 세액을 정부가 결정, 경정 또는 수시부과 결정하는 경우	고지에 따른 납부기한의 다음 날
예외적인 기산일	① 원천징수의무자 또는 납세조합으로부터 징수하는 국세로서 납세고지한 원천징수세액 또는 납세조합징수세액	고지에 따른 납부기한의 다음 날
	② 인지세로서 납세고지한 인지세액	
	③ 원칙적인 기산일 중 ①의 법정신고납부기한이 연장되는 경우	연장된 기한의 다음 날

소멸시효의 중단 및 정지사유

① 중단사유 : 납세의 고지, 독촉 또는 납부최고, 교부청구 및 압류 등의 경우에는 중단사유가 되어 새롭게 소멸시효가 시작된다.

② 정지사유 : 세법에 따른 분납기간, 징수유예기간, 체납처분유예기간, 연부연납기간, 세무공무원이 사해행위 취소소송(국세징수법)이나 채권자대위소송(민법)을 하여 그 소송이 진행 중인 기간 동안 소멸시효가 정지된다.

제척기간과 소멸시효의 비교

구분	국세부과의 제척기간	국세징수권의 소멸시효
개념	국가가 국세를 부과할 수 있는 기간	국가가 국세징수권을 장기간 행사하지 않는 경우 그 징수권을 소멸
대상	국가의 부과권(형성권의 일종)	국가의 징수권(청구권의 일종)
기간	5년, 7년, 10년, 15년	5년, 10년(5억 이상의 국세)
기산일	국세를 부과할 수 있는 날	국세징수권을 행사할 수 있는 날
중단과 정지	없음	① 징수권 행사로 인해 중단* ② 행사가 불가능한 기간에는 정지
기간만료의 효과	장래를 향해 국세부과권 소멸	기산일에 소급하여 징수권 소멸

주」 납부기한 경과 후 10일 이내에 하는 최초 독촉시만 소멸시효가 중단되었으나 2013년 개정세법은 '1년 이상 국세체납액이 5억원 이상'인 고액체납자는 재독촉(1회)시에도 조세채권의 소멸시효가 중단되어 징수권이 5년으로 환원된다.

2014년도 국세청 세무조사의 흐름과 방향을 파악하라

"세무사님, 올해에도 국세청은 탈세 가능성이 큰 업종을 중심으로 세원관리를 더 강화할 것으로 보이는데요."

국세청은 최근 2014년도 한해 소득세, 법인세, 부가가치세 등 국세를 작년보다 14조7천억원 더 징수하기로 했다. 올해 국세청 소관 세입예산은 204조9천억원으로 정해 2013년도 190조2천억원에 비해 7.7% 더 많다.

"네, 맞습니다. 올해 국세청은 역외탈세, 대법인·대재산가, 고소득자영업자, 민생침해사범 등 국민이 공감하는 4대 분야에 세정 역량을 집중할 것으로 보입니다. 특히 고소득 자영업자에 대한 현장정보 수집과 금융정보분석원(FIU)

의 정보를 활용해 성형외과, 룸살롱·나이트클럽 등 유흥업소, 대형음식점 등 탈루 가능성이 큰 업종을 중심으로 조사를 벌일 것으로 보입니다."

국세청은 부동산 임대업, 고금리 대부업, 금 거래, 리베이트 수수 등 탈세 가능성이 큰 분야에 대해서도 현장 정보와 각종 과세자료를 적극 활용해 수입금액과 비용의 적정성 여부를 정밀 검증할 예정이다.

"세무사님, 하지만 국세청 발표에 의하면 중소기업과 지방소재 기업 등에 대해서는 세무조사 부담을 축소한다고 하던데요."

"맞습니다. 국세청은 중소기업의 경우 국민경제의 주역으로 사업체수나 고용, 생산 등에서 그 위상이 높고 세정에서도 큰 비중을 차지하고 있습니다. 그래서 특히 지방소재 중소기업은 조사비율을 축소하여 사업에 전념할 수 있는 토양을 마련해 준다는 방침입니다."

국세청은 FIU 정보와 국세청 DB를 연계한 분석시스템을 구축해 시행한다. 한편 국세청은 과도한 세무조사를 방지하기 위해 조사범위 확대시 납세자 의견청취 후 승인여부를 결정하는 제도를 시행한다.

"세무사님, 세무조사 역시 기업 CEO 입장에서는 상당한 리스크인데 이에 대한 대비책은 없나요?"

"네, 최근 세무조사를 받는 사유가 제보에 의한 조사가 절반을 차지하고 있습니다. 또한 세무조사의 중점방향은 지하경제 양성화와 변호사와 의사 등 고소득자에 대한 세무검증 강화입니다. 특히 세무조사의 경우 본세보다 연간 최고 51%에 육박하는 신고납부불성실가산세가 더 무섭답니다. 한마디로 '배보다 배꼽이 더 커진 경우' 라고 생각하면 됩니다. 앞으로 가장 좋은 대비책은 '성실' 하고 '진실' 되게 신고하는 방법이 최선입니다."

"세무사님, 결국 '성실' 하고 '진실' 되게 신고하는 것이 대책이라고요?"

"네, 그렇다니까요. 우리는 신문이나 방송을 통해 세무조사를 받은 업체의 대표자 등이 조세포탈범으로 처벌을 받는 경우를 봅니다. 세무조사를 받으면 대부분의 업체가 세금을 추징당하는데 어떤 경우는 사업자가 구속되기도 합니다."

조세범처벌법은 '사기나 그 밖의 부정한 행위로서 조세를 포탈하거나 조세의 환급·공제를 받은 자는 2년 이하의 징역 또는 포탈세액, 환급·공제받은 세액의 2배 이하에 상당하는 벌금에 처한다.'라고 규정하고 있다. 특히 포탈세액 등이 3억원 이상이고 그 포탈세액 등이 신고·납부하여야 할 세액의 100분의 30 이상인 경우와 포탈세액 등이 5억원 이상인 경우에는 3년 이하의 징역 또는 포탈세액 등의 3배 이하에 상당하는 벌금에 처한다.

"여러분들, 앞으로는 택슈랑스 라운지 TFR재무전문가 과정을 공부하면서 탈세가 아닌 합법적으로 세금을 절약하는 세테크 즉, 절세로 답을 찾아야 합니다. 혹시 세파라치란 말 들어보셨나요?"

"파파라치는 들어보았습니다만…."

"세파라치는 세법에서 정한 의무를 하지 않는 사업자나 탈세를 하는 사업자를 찾아내 세금탈루 행위를 증명하는 장면을 몰래카메라로 찍어 신고해 포상금을 받는 사람을 말합니다. 성형외과, 치과의원, 학원 등에서 치료비를 사업용계좌가 아닌 병원사무장이나 직원 계좌로 입금받는 증거를 세무서 등에 제출하면 건당 50만원을 받게 됩니다. 평소 가까웠던 소비자가 국세청이나 세무서의 세무공무원보다 더 무서운 세상이 되었습니다."

국세청은 법인 또는 복식부기 의무가 있는 개인사업자가 보유한 차명계좌를 신고하여 탈루세액이 1천만원 이상 추징되는 경우 건당 50만원의 포상금을 지급한다. 신고인별 연간 한도는 5천만원이다.

"헐~ 정말 무서운 세상입니다. 최근 경기여건이 여의치 않아 보험시장이 갈수록 좁아지고 있는데, 이럴 때일수록 세금과 보험으로 무장되어야 한다는 것을 뼈저리게 느낍니다."

최근 마성숙FR의 핵심 고객인 성형외과 병원장이 세파라치에 걸려 세무조사를 받고 고역을 치렀다는 얘기를 듣고 남 얘기가 아님을 실감한다.

"더구나 현금영수증 의무발급 위반자를 신고한 자에게 그 거부금액의 20% 한도 내에서 건당 50만원(미발급시 300만원)의 신고포상금을 올해 2014년3월31일까지만 지급하려고 했는데요. 정부는 2014년에 적용할 국세기본법 시행령을 개정하여 일몰기한을 폐지하고 포상금제도를 영구화하였습니다."

국세청은 2013년 개정세법에서 지하경제 한축인 세금탈루 목적의 차명계좌 신고를 활성화하기 위해 차명계좌 신고포상금 지급률(건당 100만원)과 10억 원의 지급한도 및 지급절차를 신설하였다. 이어 2014년에 적용할 개정세법은 지급기준을 완화하고 지급률 확대와 신고포상금을 20억원으로 인상하였다.

국세청의 세무조사

세무조사는 세무공무원이 세법에 규정되어 있는 질문검사권을 행사하여 과 세 요건의 충족여부를 사후적으로 확인하는 절차이다. 과거 정부부과방식 세목이 많았던 시대에는 과세관청의 조세채권채무 확정권의 행사 절차이기도 하였다. 그러나 현행 세제는 신고납부방식 세목이 많은 만큼 납세의무자도 신 고에 의한 조세채권채무 확정권이 있다. 즉 납세자는 법에 의하여 부여받은 자기확정권을 이용하고 정부는 적정하고 공평한 과세를 실현하기 위하여 필 요한 최소한의 범위에서 세무조사를 하고 있다.

세무조사는 부가가치세, 종합소득세, 양도소득세, 상속세 및 증여세, 법인세 등 세목별로 실시하는 것을 원칙으로 한다. 그러나 사업을 하는 개인에 대해 서는 통합 세무조사 형태로 조사를 한다. 부가가치세 신고 누락 및 매출누락, 비용 과다 계상에 따른 종합소득세 신고 누락, 배우자 및 자녀에 대한 증여세 신고 누락 여부 등을 종합적으로 조사한다.

법인사업자는 부가가치세 및 법인세 탈루, 특수관계자에 대한 재화 또는 용 역의 무상 또는 저가 공급, 경영진 법인 자금의 임의 사용 여부 등에 대한 종 합적인 세무조사를 실시한다. 특히 수시 세무조사는 대부분 탈세 제보에 따 른 조사가 많다. 수시 조사를 받는 경우 통상 5년 정도의 과세기간을 조사해 추징세액이 급증할 수 있다. 한편 국세청은 납세자에 대한 무작위 추출방식에 따른 표본조사를 하는 경우도 있다. 정기 세무조사 외에 세법이 정하는 신고, 성실신고확인서의 제출, 세금계산서 또는 계산서의 작성·교부·제출, 지급명세 서의 작성·제출 등 납세협력 의무를 이행하지 않거나 무자료 거래, 위장·가공거래 등 거래내용이 사실과 다른 혐의가 있다면 세무조사를 할 수 있다.

사업자가 아닌 일반인의 경우 국세청에서 자금출처 소명 안내문을 받을 수 있다. 만약 출처를 성실하게 소명하지 않거나 취득 자산가액 대비 자금출처가 부족한 경우 세무조사를 받을 수 있다. 자산 취득가액은 취득과 동시에 외부에 곧바로 노출돼 명확하게 드러나기 때문에 이에 대한 자금출처를 제시하지 못하면 과세당국이 정밀분석 뒤 세무조사를 실시한다.

상속세 세무조사 사망 전 10년, 사망 후 5년 관리한다

"고액자산가가 사망하여 상속세를 자진신고하는 경우 상속세과세표준이 30억원을 초과할 경우에는 피상속인의 주소지 관할 지방국세청에서 조사합니다. 우리가 지금 영업하고 있는 지역은 대전지방국세청에서 관할합니다. 그러나 30억원 미만인 경우에는 피상속인 즉 돌아가신 분의 주소지 관할 세무서에서 조사하게 됩니다."

현행 자진신고 후 상속세 조사개시는 1년 전후에 조사가 이루어진다. 그러나 국세기본법 제81조의15 제7항에 따르면 납세자가 조기결정 신청이 있는 때에는 즉시 상속세 및 증여세를 결정한다.

"특히 상속세 조사는 바로 조사를 하지 않습니다. 왜 그럴까요?"

김영진 세무사가 마성숙FR을 보고 한마디 던진다.

"아마도 돌아가신 분의 숨겨진 재산이 있다면 상속인에게 어느 시점에는 이전될 것으로 예상하는 것이 아닐까요. 국세청이나 세무서에서는 그런 재산을 찾을 목적이지 않을까 생각합니다."

"마성숙FR, 이제 TFR재무전문가 다 되신 것 같습니다. 상속세 조사는 사망 전 10년, 사망후 5년 정도의 재산증감 변동상황이 핵심이기 때문입니다. 사전증여로 상속세를 회피하기 때문에 고액자산가의 상속세 신고의 경우 사망 10년 전까지 재산이동 내역을 그리고 사망 후 5년의 기간 동안 각 상속인들의 재산변동상황을 체크해서 탈루한 상속세를 추징하기 위해서입니다."

특히 상속세는 국세부과제척기간이 최대 15년까지 이어진다. 그리고 재산가액이 50억원 이상인 경우에는 제3자의 명의로 되어 있는 피상속인 또는 증여자의 재산을 상속인이나 수증자의 보유사실을 안 날로부터 1년 이내에는 과세할 수 있다. 지난해 국세청은 국민의 성원과 국회 입법으로 국민이 참여하는 탈세감시제도를 대폭 개편한 결과 기존 과세인프라 영역 밖 과세 사각지대의 고질적이고 비정상적인 납세관행이 크게 정상화되었다고 자평한다. 택슈랑스 라운지를 통해 국세청의 탈세제보, 차명계좌 신고 운영 성과를 알아본다.

택슈랑스 라운지

국세청, 탈세제보·차명계좌 신고 운영 성과
국민참여 탈세감시, 비정상적 납세관행 정상화의 디딤돌

국민참여 과세인프라 구축경과

- 2013. 1. 탈세제보포상금 한도액 인상(10억원)
- 2013. 1. 차명계좌 신고포상금 제도 도입
- 2013. 7. 탈세제보포상금 지급률 인상(최대 5%→15%)
- 2013. 7. 국민 탈세감시단 「바른세금 지킴이」 활성화
- 2014. 1. 탈세제보포상금 한도액 인상(20억원)

국세청은 2013년에 이어 2014년에도 탈세제보포상금 한도액·지급률을 대폭 인상하고 지급대상을 확대한 결과, 기업내부자 등으로부터 실효성 있는 탈세제보가 급증하였고 제보에 대한 현장확인 등 전담직원의 치밀한 사전분석을 통해 과세 사각지대의 탈세행위를 적발하여 2012년 대비 252%인 1조 3,211억 원을 추징하였다.

〈탈세제보포상금 제도 개편내용〉

구분	종전	개선	시행시기
한도액 인상	1억원	10억원	2013. 1.1
지급률 인상	2~5%	5~15%	2013. 7.1
지급기준 완화	1억원 이상 징수	5천만원 이상 징수	2013. 7.1
한도액 추가인상	10억원	20억원	2014. 1.1

연도별 탈세제보 접수건수 추이 (건)

연도별 탈세제보 추징세액 추이 (억 원)

• (차명계좌 신고) 국세청은 차명계좌가 탈세수단으로 악용되는 것을 차단하여 과세표준을 양성화하기 위해 도입한 차명계좌 신고포상금 제도는 거래당사자 등 국민의 적극적인 참여로 고소득 자영사업자 등의 차명계좌 8,795건을 확보하여 시행 첫 해 1,159억원을 추징하였다.

• (국민탈세 감시단) 국세청은 전문가·일반시민 등 751명으로 구성된 「바른 세금 지킴이」와의 적극적인 소통을 통해 다양한 국민의 소리를 상시 모니터링하여 세무행정에 활용하였다.

• 탈세제보 및 조사사례

 해외 국적의 피상속인이 사망하였으나 상속인들이 상속세 신고를 하지 않았다는 탈세제보에 따라 상속세 등 추징

비거주자인 ○○○가 ○○.○○.○○. 사망하였으나 상속인들은 해외 국적 비거주자인 피상속인이 사전에 보유하고 있던 국내법인 주식에 대해 고의적으로 상속세를 무신고하였다. 피상속인 사망 전 피상속인으로부터 증여받은 무기명채권에 대하여 증여세를 무신고한 사실을 탈세제보에 따라 상속세 등 ○○○억원을 추징하고 대여금고를 사전압류 조치, 제보자에게는 탈세제보포상금 ○억원을 지급하였다.

 단체복 구입대금을 타인명의 차명계좌로 입금하였다는 차명계좌 신고에 따라 소득세 등 추징 및 명의위장 사실 적출

□□의류 대표 ○○○는 아동의류 도소매업자로 친인척 명의로 7개의 의류매장을 운영하면서 현금매출을 직원·친인척 명의 60개 차명계좌로 입금하여 수입금액을 탈루하였다. 또한, 대표 자녀들은 탈루소득으로 고급빌라·외제차 등을 구입하고 수차례 해외여행을 하는 등 호화생활을 영위하고 있었다. '□□의류에서 단체복을 구입하였는데 구매대금을 사장이 아닌 타인명의 계좌

(△△은행, ○○○-○○-○○○○○○)로 입금한 사실'이 차명계좌 신고로 접수되었다. 이에 국세청은 조사를 통해 소득세·증여세 등 ○○○억원을 추징하고 조세범처벌법에 따라 고발, 신고자에게는 차명계좌 신고포상금을 지급하였다.

● 향후 국민참여 탈세감시제도 추진 방향

국세청은 비정상적 납세관행의 정상화는 정부재원 조달의 의미를 넘어 조세정의, 사회투명성, 개인행복, 국민통합 등 우리사회의 핵심가치와 밀접한 시대적 과제로서 명실상부한 선진국으로 도약하기 위해 필수적인 사회적 자본을 쌓는데 핵심적 역할을 할 것으로 기대하고 있다. 국세청은 정부3.0 차원에서 국민 탈세감시단 「바른세금 지킴이」와 소통을 강화하면서 올해부터 20억원으로 인상된 탈세제보포상금 등 국민참여 과세인프라를 적극 활용하여 지능적·반사회적 탈세관행을 정상화하는데 세정역량을 집중해 나갈 것을 밝혔다. 다만, 어려운 가운데 일자리 창출로 경제회복에 기여하는 중소기업과 서민경제 등에 대해서는 세무조사 부담을 줄여 경제활성화를 뒷받침할 것이라고 한다. 아울러 국세청은 탈세제보자 신원, 피제보자 과세정보 등 국민 사생활 보호의 중요성을 감안하여 최고 수준의 보안시스템을 유지하고 사전교육과 사후감사를 엄정하게 실시해 나갈 것을 밝혔다.

Taxurance®

세무조사 통합조사의 원칙

정부가 세무조사를 하는 경우 납세자의 사업과 관련하여 세법에 따라 신고 납부의무가 있는 세목을 통합하여 실시하는 것을 원칙으로 한다. 그러나 통합조사 원칙에도 예외가 있다.

- 통합조사 원칙의 예외

① 세목의 특성, 납세자의 신고유형, 사업규모, 세금탈루 혐의 등을 고려하여 특정 세목만을 조사할 필요가 있는 경우

② 긴급히 조사할 필요가 있거나 혐의내용이 특정 사업장, 특정 항목 또는 특정 거래에만 한정되어 그와 관련된 특정 세목만을 조사할 필요가 있는 경우

③ 그 밖에 세무조사의 효율성, 납세자의 편의 등을 고려하여 특정 세목만을 조사할 필요가 있는 경우로서 기획재정부령으로 정하는 경우

세무조사 대상자의 선정

- 정기선정 사유

① 국세청장이 납세자의 신고 내용에 대하여 정기적으로 성실도를 분석한 결과 불성실 혐의가 있다고 인정하는 경우

② 최근 4과세기간(또는 4사업연도) 이상 같은 세목의 세무조사를 받지 않은 납세자(장기 미조사자)에 대하여 업종, 규모 등을 고려하여 신고내용이 적정한지를 검증할 필요가 있는 경우

③ 무작위 추출방식으로 표본조사를 하려는 경우

- 수시선정 사유

④ 납세자가 세법에서 정하는 신고, 세금계산서 또는 계산서의 작성·교부·제출, 지급명세서의 작성·제출 등의 납세협력의무를 이행하지 않은 경우

⑤ 무자료 거래, 위장·가공거래 등 거래내용이 사실과 다른 혐의가 있는 경우

⑥ 납세자에 대한 구체적인 탈세 제보가 있는 경우

⑦ 신고내용에 탈루나 오류의 혐의를 인정할 만한 명백한 자료가 있는 경우

세무조사의 사전통지와 세무조사 연기신청

세무공무원은 조사를 받을 납세자에게 조사를 시작하기 10일 전에 조사대상 세목, 조사기간 및 조사사유 등을 문서로 통지하여야 한다. 다만, 범칙사건에 대하여 조사를 하는 경우 또는 사전에 통지하면 증거인멸 등으로 조사 목적을 달성할 수 없다고 인정되는 경우에는 통지를 하지 않는다.

- 납세자의 세무조사 연기신청 사유

① 천재지변

② 화재, 그 밖의 재해로 사업상 심각한 어려움이 있을 때

③ 납세자 또는 납세관리인의 질병, 장기출장 등으로 세무조사가 곤란하다고 판단될 때

④ 권한있는 기관에 장부, 증거서류가 압수되거나 영치되었을 때

⑤ 위에 준하는 사유가 있을 때

세무조사 기간

조사대상 세목·업종·규모, 조사난이도 등을 고려하여 세무조사 기간이 최소한이 되도록 하여야 하고, 특히 연간 수입금액 100억원 미만의 납세자에 대하여는 조사기간을 원칙적으로 20일 이내로 제한한다. 연장시에도 연장기간을 1회당 20일 이내로 제한한다. 다만, 아래의 경우에는 예외로 한다.

① 무자료·위장가공거래 등으로 실제 거래 내용에 대한 조사 필요시

② 국제거래를 이용한 세금탈루, 국내 탈루소득의 해외 변칙유출 혐의

③ 명의위장, 이중장부 작성, 차명계좌 이용, 현금거래의 누락 등의 방법을 통하여 세금을 탈루한 혐의로 조사시

④ 거짓계약서 작성, 미등기양도 등을 이용한 부동산 투기 등을 통하여 세금을 탈루한 혐의로 조사시

⑤ 상속세·증여세 조사, 주식변동 조사, 범칙사건 조사 및 출자·거래관계에 있는 관련자에 대하여 동시조사를 하는 경우

⑥ 그 밖에 장기간의 조사가 필요한 특별한 사유가 있는 경우로서 국세청장이 정하는 경우

세무조사의 중지사유

아래와 같이 정상적인 조사를 하기 어려운 경우에는 세무조사를 중지하고 중지기간은 세무조사기간 및 연장기간에 불산입하며 중지사유가 소멸하거나 긴급히 조사를 해야 할 경우 조사를 재개한다.

① 세무조사 연기신청사유에 해당하는 납세자가 조사중지를 신청한 경우

② 국외자료 수집·제출, 상호합의절차 개시에 따라 외국 과세기관과 협의가 필요한 경우

③ 납세자가 장부·서류 등을 은닉하거나 그 제출을 지연 또는 거부하는 등으로 인하여 세무조사를 정상적으로 진행하기 어려운 경우

④ 노동쟁의 등이 발생하여 세무조사를 정상적으로 진행하기 어려운 경우

⑤ 납세자보호담당관이 세무조사의 일시중지를 요청하는 경우

⑥ 2013년 개정세법에는 세무조사 중지 사유에 '납세자의 소재불명 또는 해외출국 등으로 인해 사실상 세무조사를 진행할 수 없는 경우'를 추가하였다.

⑦ 그 밖에 세무조사를 중지하여야 할 특별한 사유가 있는 경우로서 국세청장이 정하는 경우

세무조사시 장부·서류의 임의보관 제한

원칙적으로 과세관청은 세무조사 목적으로 납세자의 장부 또는 서류 등을 임의로 보관할 수 없다. 다만, 납세자가 동의한 경우 세무조사 기간 동안 일시 보관할 수 있고, 납세자가 반환을 요청한 경우 즉시 반환하여야 하며, 원본과 다름없다는 납세자의 확인을 받은 장부 또는 서류 등의 사본 보관은 가능하다.

세무조사 범위 확대 사유

세무공무원은 조사진행 중 세무조사 범위를 아래 사유로 확대할 수 있다.

① 구체적인 세금탈루 혐의가 다른 과세기간·세목 또는 항목에도 있어 다른 과세기간·세목 또는 항목에 대한 조사가 필요한 경우

② 조사과정에서 조세범처벌절차법에 따른 범칙사건 조사로 전환하는 경우

③ 특정 항목의 명백한 세금탈루 혐의 또는 세법적용 착오 등이 다른 과세기간으로 연결되어 그 항목에 대한 다른 과세기간의 조사가 필요한 경우

④ 그밖에 구체적인 세금탈루 혐의가 있어 세무조사의 범위를 확대할 필요가 있는 경우로서 기획재정부령으로 정하는 경우

세무조사시 납세자권리헌장의 낭독의무화

2014년에 적용할 개정세법은 국세기본법 제81조의 2 제3항을 신설하여 세무공무원은 세무조사시 조사원증의 제시와 납세자권리헌장을 교부하고 그 요지를 직접 낭독해 주어야 하며, 조사사유, 조사기간, 권리구제 절차 등의 설명을 의무화 하였다.

납세자의 협력의무 신설

2014년에 적용할 개정세법은 국세기본법 제81조의17를 신설하여 납세자는 세무공무원의 적법한 질문·조사, 제출명령에 대하여 성실하게 협력하도록 하고 있다.

납세자보호위원회 구성과 업무내용 신설

2014년에 적용할 개정세법은 국세기본법 제81조의18를 신설하여 납세자 보호를 강화하였다. 국세청은 세무서와 지방국세청에 세무분야에 전문적인 학식과 경험이 풍부한 사람과 관계 공무원 중에서 국세청장(세무서 위원은 지방국세청장)이 임명 또는 위촉한 위원을 구성원으로 하는 납세자보호위원회를 설치하여 아래의 안건을 심의하도록 하고 있다.

① 세무조사 대상 과세기간 중 연간 수입금액 또는 양도가액이 가장 큰 과세기간의 연간 수입금액 또는 양도가액이 100억원 미만(부가가치세에 대한 세

무조사의 경우 1과세기간 공급가액의 합계액이 50억원 미만)인 납세자(이하 이 조에서 중소규모납세자라 한다) 이외의 납세자에 대한 세무조사(조세범 처벌절차법 제2조 제3호에 따른 조세범칙조사는 제외한다. 이하 이 조에서 같다) 기간의 연장. 다만, 제81조의8 제1항 제6호에 따라 조사대상자가 해명 등을 위하여 연장을 신청한 경우는 제외한다.

② 중소규모납세자 이외의 납세자에 대한 세무조사 범위의 확대

③ 제81조의8 제3항에 따른 세무조사 기간 연장에 대한 중소규모납세자의 세무조사 일시중지 및 중지 요청

④ 세무조사 중 위법·부당한 세무조사에 대한 납세자의 세무조사 일시중지 및 중지 요청

⑤ 세무서장 및 지방국세청장이 심의를 요구하는 안건

⑥ 그 밖에 납세자보호담당관이 심의가 필요하다고 인정하는 안건

국세청 모범납세자 우대제도를 활용하라!

"여러분! 대한민국 국민이라면 누구나 내야하는 세금, 잘 내면 무엇이 좋고 어떤 혜택이 있을까요?"

국세청은 성실한 납세자가 사회적으로 존경과 우대를 받을 수 있는 성숙한 납세문화를 조성하기 위해 모범납세자 우대제도를 시행하고 있다. 국세청은 매년 3월 3일 납세자의 날에 모범납세자를 선정해 다양한 우대혜택을 제공하고 있다.

"세무사님, 모범납세자로 선정이 되면 정부포상과 표창을 수여한다고 하는데, 선발과정에 특별한 기준이 있거나 공정성이 있는 것인가요?"

성공한 팀장이 국세청의 모범납세자 선발기준에 대해 물어본다.

"제가 아는 바로는 매우 엄격한 기준에 따라 모범납세자를 선발하는 것으로 알고 있습니다. 그 선발기준이 까다롭더라구요. 작년에 우리 세무회계사무소에서 이 정도면 모범납세자로 생각하고 고객을 직접 추천하였지만 안 됐습니다."

모범납세자 기준은 성실한 납세를 통하여 국가재정에 기여한 납세자나, 세법에 따라 성실하게 신고납부한 사업자, 거래질서가 건전한 사업자, 지속적으로 사회공헌을 실천하며 국가경쟁력 강화에 기여한 사업자 등 기준이 까다롭다. 그러나 적은 수입으로도 자기 몫의 세금을 성실히 내는 소상공인도 모범납세자로 선발될 수 있다.

　"이렇게 선정된 모범납세자는 일정기간 세무조사를 유예받을 수 있습니다. 먼저 정부훈포장이나 국세청장 표창 이상자는 포상일로부터 3년간, 지방국세청장과 세무서장 표창 수상자는 2년간 세무조사를 유예받게 됩니다. 하지만 수입금액 3천억원 이상 법인의 경우 조사유예 혜택이 배제됩니다."

　"세무사님, 이 분들은 성실납세자이기 때문에 설령 세무조사를 한다고 하더라도 추징세액이 나오지도 않겠는데요. 모범납세자가 세무조사를 받지 않는 것이 혜택이라고 할 수 있나요?"

　"성공한 팀장님, 그렇게 생각할 수 있겠지만 세무조사를 받는다는 것이 대외적으로 공시되거나 보도되기 때문에 회사의 주가에도 영향을 주기도 하고 조사기간 동안 조사공무원들이 관련 업무에 대해 각종 서류를 요청하기 때문에 정상적인 업무수행이 곤란할 수도 있습니다."

　"아 그렇군요. 세무사님, 모범납세자로 선정된 기업의 경우 자금사정 악화 등으로 인해 징수유예나 납기연장을 할 경우에는 5억원 한도 내에서 납세담보제공을 면제받을 수 있다고 하던데요."

　성공한 팀장이 최근 고객들에게 모범납세자에 대한 제도를 안내하고 있어 관심있는 내용에 대해 알고 있음에도 불구하고 확인하기 위해 질문한다. 그의 또 다른 지론은 재무전문가의 경우 풍부한 지식과 정보, 경험은 결정적 시기에 경쟁력을 높인다는 것이다.

　"네 그렇습니다. 모범납세자는 납기연장을 하는 경우 국세청에 납세담보서를 제공하지 않아도 됩니다. 그리고 국세청 이외의 다른 기관에서도 다양한 우대혜택을 제공하고 있는데요. 국세청은 시중은행과 모범납세자에 대한 금융우대 협약을 체결해 대출금리 경감 혜택을 부여하고 있습니다."

"세무사님, 모범납세자에게 다양한 혜택을 제공하고 있네요!"

모범납세자와 그 소속 근로자는 의료비 할인혜택은 물론 철도운임도 주중에는 15%를 할인받을 수 있다. 또한 고액납세자 중 성실도 검증과 적격심사를 거쳐 선발된 모범납세자에게 출입국 전용심사대 이용혜택을 제공하고 있다. 이는 본인뿐만 아니라 동반인 2명까지 모범납세자 선정일로부터 2년간 이용할 수 있다.

납세자 권리구제 청구 제도

납세자가 국세기본법 또는 세법에 의한 처분으로 위법 또는 부당한 처분을 받거나 필요한 처분을 받지 못함으로써 권리 또는 이익의 침해를 당한 자가 그 처분의 취소 또는 변경이나 필요한 처분을 청구하는 것을 납세자권리구제 청구라 한다.

국세 행위에 대한 권리구제

국세의 경우 권리구제 제도는 먼저 행정에 의한 권리구제 제도와 법에 의한 권리구제 제도가 있다. 행정에 의한 권리구제도로 납세자보호담당관제도와 과세전적부심사제도가 있다. 납세자보호담당관제도는 세금과 관련된 고충민원을 납세자의 편에 서서 적극적으로 처리해 줌으로써 납세자의 권익을 실질적으로 보호하기 위해 도입한 제도로 전국의 모든 세무서에 납세자보호담당관이 설치되어 있다. 납세자보호담당관이 처리할 수 있는 예는 다음과 같다.

- 납세자보호담당관제도

① 세금구제 절차를 알지 못하여 불복청구 기간이 지났거나, 입증자료를 내지 못하여 세금을 물게 된 경우

② 실제로는 국내에 한 채의 주택을 갖고 2년 이상 소유한 후 팔았으나 여러가지 사유로 공부상 기재내용과 같지 아니하여 1세대 1주택 비과세 혜택을 받지 못한 경우

③ 사실상 자신의 자금으로 부동산을 취득하였으나 취득자금을 서류상으로 명백하게 입증하기 어려운 경우

④ 체납세액에 비하여 너무 많은 재산을 압류하였거나 다른 재산이 있음에도 사업활동에 지장을 주는 재산이 압류된 경우 등

⑤ 세무조사 과정에서 과도한 자료요구 등 세무조사와 관련하여 애로 불만사항이 있는 경우

⑥ 기타 세금관련 애로사항 발생시 등이다.

- 과세전적부심사제도

과세전적부심사제도는 세무조사 후 과세할 내용을 미리 납세자에게 알려준 다음 납세자가 그 내용에 대하여 이의가 있을 때 과세의 옳고 그름에 대한 심사를 청구하게 하고, 심사결과 납세자의 주장이 타당하면 세금을 고지하기 전에 자체적으로 시정하여 주는 제도이다. 과세전적부심사를 청구하려면 세무조사결과통지서 또는 과세예고통지서를 받은 날로부터 30일 이내에 통지서를 보낸 세무서장 또는 지방국세청장에게 청구서를 제출하여야 한다. 세무서장 등은 이를 심사하여 30일 이내에 결정을 한 후 납세자에게 그 결과를 통지하여준다.

- 법에 의한 권리구제제도

다음으로 법에 의한 권리구제제도는 행정심판과 행정소송이 있다. 국민과 행정기관 간의 분쟁에 대하여 행정소송을 제기하기 위해서는 먼저 행정심판법에 따른 행정심판을 거쳐야 한다는 것을 행정심판전치주의라고 하는데 행정소송법상 다른 법률에 행정심판의 재결을 거치지 아니하면 취소소송을 제기할 수 없다는 규정이 있는 경우를 제외하고는 빈드시 행정심판을 서칠 필요가 없게 되었으나, 국세기본법은 국세처분에 대하여는 국세기본법 또는 감사원법에 의한 불복절차(심사청구, 심판청구, 감사원 심사청구)를 거치지 아니하면 행정 소송을 제기할 수 없도록 규정하여 행정심판전치주의를 채택하고 있다.

〈국세불복절차 흐름도〉

주」 납세자는 국세기본법에 의한 불복절차(이의신청 생략가능) → 심사청구 또는 심판청구, 감사원법에 의한 심사청구 중 하나를 선택할 수 있으며, 중복적용은 불가능함.

구제절차의 담당기관 및 청구·결정기간

구분		이의신청 (임의절차)	심사청구(필수절차)	심판청구(필수절차)
청구기관		세무서장 또는 관할 지방국세청장	국세청장	조세심판원장
청구기간		90일 이내	90일 이내	90일 이내
보정기간		20일 이내	20일 이내	상당한 기간
결정	기간	그 신청을 받은 날부터 30일 이내	그 청구를 받은 날부터 90일 이내	그 청구를 받은 날부터 90일 이내
	방법	국세심사위원회의 심의를 거쳐 세무서장 또는 지방국세청장이 결정	국세심사위원회의 심의를 거쳐 국세청장이 결정	조세심판관회의의 심리를 거쳐 결정

주」 2013년 개정세법은 동일처분에 대한 심사청구·심판청구의 중복 제기시 후행 청구를 부적법한 청구로 보아 각하하는 것으로 개정하였다. 동일한 날에 제기된 경우는 조세심판원이 독립기관인 점을 감안하여 심사청구를 각하하는 것으로 규정. 적용시기는 2013. 1.1 이후 심사·심판청구를 제기하는 분부터 적용.

지방세 구제절차

지방세의 부과로 권리 또는 이익의 침해를 받은 자는 그 처분이 있는 것을 안 날(처분의 통지를 받은 때에는 그 통지를 받은 날)부터 90일 이내에 이의신청, 심사청구, 감사원 심사청구 또는 심판청구(조세심판원)를 제기할 수 있으며, 이러한 행정심(이의신청, 심사청구, 감사원 심사청구 또는 심판청구)으로도 구제 받지 못한 자는 그 행정심에 대한 결정통지를 받은 날로부터 90일 이내에 행정법원에 행정소송을 제기할 수 있다. 지방세는 국세와 달리 행정심판 전치주의가 적용되지 않아 바로 행정법원에 행정소송을 제기할 수 있다.

• • • • •
CHECK

국세불복, 국선세무대리인 제도 활용하세요

국세청이 2014. 3.3부터 세무대리인을 선임하지 못하는 영세납세자를 대상으로 불복청구를 대행해주는 '국선세무대리인제도'를 도입한다. 국선세무대리인제도 지원대상은 세무대리인 선임없이 청구세액 1000만원 미만의 불복청구를 제기하는 개인이다.

국세청은 납세자의 신청에 따라 국선세무대리인을 지정해 무료로 불복청구 대리업무를 지원할 예정이다. 그러나 법인, 복식부기의무자, 상속세·증여세·종합부동산세는 제외되며 납세자의 재산 수준을 고려해 영세납세자로 그 지원대상을 한정한다. 국세청은 지난 2월경 세무사·공인회계사·변호사를 대상으로 국선세무대리인 237명을 공모하였다. 지난해인 2013년도 1000만원 미만 이의신청과 심사청구 건수는 총 1,581건이었다.

국세불복청구란

국세불복청구란 국세기본법 제55조에 따라 과세관청으로부터 위법·부당한 처분을 받거나 필요한 처분을 받지 못하여 권리나 이익을 침해당한 사람은 그 처분의 취소·변경을 청구하거나 필요한 처분을 청구할 수 있는 권리이다.

국세불복 절차

○ 이의신청은 관할 세무서 또는 관할 지방국세청에 제기하는 불복절차로 납세자가 처분이 있음을 안 날로부터 90일 이내에 제기해야 한다. 해당 기관은 이에 대한 결정을 이의신청일로부터 30일 이내 해야 한다. 이의신청을 제기하지 않고 심사청구나 심판청구를 직접 제기할 수도 있다.

○ 그 다음 심급으로 심사청구는 국세청에, 심판청구는 조세심판원에 제기하는 불복절차이다. 국세기본법상 심사청구와 심판청구는 중복하여 제기할 수 없다. 하나의 심급만 선택해야 한다. 심사청구 및 심판청구는 처분이 있음을 안 날(이의신청을 한 경우 이의신청 결정통지를 받은 날)로부터 90일 이내에 제기해야 하며, 해당 기관은 이에 대한 결정을 청구일로부터 90일 이내에 해야 한다.

○ 이후 법원에 대한 행정소송은 심사청구, 심판청구 또는 감사원 심사청구를 반드시 거친 후 결정통지일로부터 90일 이내에 제기해야 한다. 현행법상 조세소송의 경우 이의신청·심사청구·심판청구와 같은 행정심판을 사전에 거쳐야 한다.

지하경제 양성화 통로 '보험과 연금상품' 으로

정부는 복지공약 재원 마련 여부를 놓고 고민이 이만저만이 아니다. 그동안 재원 조달 대책으로 밝힌 '지하경제 양성화'가 세수증대 측면에서 얼마나 실효성이 있을 것인지에 대한 우려 때문이다. 지하의 깊이가 얼마인지 가늠 안되는 지하경제보다 사실 재원마련의 가장 좋은 방법은 세율인상임에도 불구하고 할 수 없는 이유는 세율인상은 오히려 지하경제의 규모를 더 키울 수 있기 때문이다.

그동안 우리나라는 금융실명제와 신용카드제도 및 현금영수증제도가 확산되면서 세원이 노출되어 지하경제 규모는 상당히 축소되었다. 결국 지하경제로 인해 받아들일 세금이 많지 않다는 것이다. 실제 우리나라는 지방소득세를 포함해 41.8%인 소득세 최고세율이 50%를 넘어 최고 75%에 이르는 OECD 국가들보다 높은 것은 아니다.

하지만, 동어 반복적으로 달리 표현하면 만약 세율 등을 높인다면 오히려 돌고 돌아야 할 돈이 돌지 않게 되어 경제에 더 좋지 않다. 그래서 국세청은 관련 법을 개정해 돈 거래 단계시마다 세금추적이 가능한 금융정보분석원(FIU)의 정보를 작년 10월부터 공유하고 있다. 그동안 범죄와 직접 연관성 있는 경우가 아닌 일반적인 돈 거래까지 국세청이 돈 거래 내용 하나하나 각 세법의 잣대를 들이대는 것은 세수증대에 유용할 것으로 보고 있는 것이다. 그러나 일부 재정수입의 효과는 있을지 모르겠으나 이명박 정부기간 동안 장롱자금이나 마늘밭으로 들어간 자금이 양성화될 것인지는 의문이다.

최근 일본은 현행 5%인 소비세율을 점진적으로 10%까지 인상안과 소득세율을 45%까지 높이는 방안 등 세수확보도 고민하고 있지만 장롱자금을 끌어내기 위해 손자들의 4년 치 대학 등록금을 대주는 경우 증여세 비과세와 같은 아이디어를 제시하였다. 그동안 일본은 사실상 제로금리에다 고령자 현금 선호도가 높고 상대적으로 높은 증여세율 때문에 40조엔(한화 480조원)에 이르는 장롱자금이 문제가 되고 있는 것을 알고있는 조치이다.

바야흐로 새로운 연금보험 상품이 만들어지고 보장보험을 넘어 세테크 차원에서 10년 이상 비과세 저축성보험상품이 중요시되는 상황이다. 이러한 국내외적인 환경을 고려하여 연금과 저축보험의 순기능을 십분 이해하고 50대 이후 보유하고 있는 유동자금이 본인 노후보장 또는 손자녀를 위한 보험과 연금상품으로 연계되는 일정 금액의 금융정보거래는 예외적으로 하여야 할 것이다.

03

PART THREE

제3장

개인보험과
소득세

요즈음 30대는 지난 세대들의 교훈을 머리에 새겨야 한다. 특히 이들은 서른이 넘어서 결혼을 하게 되고 더구나 아이를 늦게 낳기 때문에 자녀를 위한 교육자금과 노후자금을 위한 설계준비는 더더욱 빨라야 할 것으로 보인다. 개인차에 따라 다르겠지만 생애설계는 빠르면 빠를수록 좋다.

제3장
•••••••••
03 개인보험과
소득세

부모노릇 빨리 끝내고, 인생2막 준비해야

"세무사님, 은퇴세대 중에 공무원으로 그만 두시는 분들이 올해 상당한 숫자가 되더라구요. 이분들을 재무전문가로 초빙하는 것도 좋을 듯 합니다."

공직사회에도 은퇴 바람이 불고 있다. 경제 성장기에 대거 채용된 공무원들이 올해부터 정년을 맞기 때문이다. 이들은 1955년에서 1963년생들로 향후 9년간 전체 공무원의 30%가 나올 것으로 예상된다.

"네, 그래서 어제 교육인력팀에 전달된 내용인데 베이비부머 은퇴 공무원들을 위한 리쿠르팅 교육영상을 준비하도록 했어요. 이분들은 과거 새마을운동이 본격화되면서 모심기, 벼베기, 마을 지붕개량작업에서부터 워드프로세스, 인터넷업무까지 안 한 일이 없는 부지런한 사람들이지요."

70년대 중반 이후 급격한 경제성장과 함께 인구가 늘자 행정업무도 폭발적으로 증가하였다. 베이비부머 세대들이 공무원사회로 밀물처럼 들어와 이제는 퇴직썰물을 맞고 있다.

"그런데 이분들이 퇴직 후 고민이 많으신가 봅니다. 가까이 계신분 중에 세무공무원 출신으로 자녀들은 아직 대학원을 다니고 있어 돈은 많이 들어가고 특별히 하는 일이 없어 힘들어 하시더라구요."

경제적 자유가 없는 것은 인생의 자유가 없는 것이나 다름없다고 했던가.

퇴직을 앞둔 공무원들의 경우 자녀 결혼자금 등 목돈이 필요해 연금을 선택할 수 없는 처지다.

"국세청의 경우만 하더라도 1977년 부가가치세 시행 때 수천명의 베이비부머세대들을 세무공무원으로 신규 채용하였습니다. 그분들이 이제 은퇴할 때가 됐네요. 이분들은 부모노릇 빨리 끝내고 인생2막을 준비해야 합니다."

"인생2막! 새로운 출발이네요. 오빠는 자녀들이 몇 살, 몇 살이에요?"

김영진 세무사와 그를 통해 또 다른 방향으로 운명을 바꾸게 된 마성숙FR이 개인적인 사담을 나누고 있다.

"응, 큰아이가 지금 스무 살이고, 둘째 아이는 열세 살이지, 큰 아이는 예쁜 딸이고 작은 아이는 귀여운 공주야."

"둘 모두 딸이네, 정말 귀엽고 예쁘겠다. 그치?"

"얼마나 예쁜지 모른단다. 그래서 큰애는 '어찌 나(奈), 고울 연(妍)' 자를 써서 나연이고 둘째는 '은혜를 더하다' 해서 가은(加恩)이지."

"그렇군요. 개인적인 얘기일 수 있지만 자녀교육관을 듣고 싶어요."

"그래. 단도직입적으로 말하면 평소 독서를 강조하고, 다중지능 프로그램을 통해 미리 적성을 파악해 아이에게 진로상담을 해주기도 하지만 먼저 본인이 하고 싶은 것을 하도록 하고, 자녀가 성년이 되면 독립하도록 하는 것이 기본 맥락이라고 할 수 있어!"

"유관순 누나도 아니고 스무살에 독립이라니! 무슨 말씀이세요? 요즘 시대에"

"동생이 알다시피, 난 어려서부터 경제적으로 어려운 시절을 보냈잖아. 무엇보다 어려운 여건에서 부모님 세대는 장남에게 최선을 다하였고 결국 노후를 준비할 수 있는 시간적 여유를 갖지 못하셨지!"

우리 부모님 세대도 그렇고 지금 대한민국의 모든 부모들 역시 자녀들을 위한 평생 뒷바라지는 물론 자녀나이 서른이 넘어서까지 '캥거루족'으로 데리고 있다. 우연의 일치일지 모르겠지만 출발선에서 주어지는 조건이나 특성이 인생의 방향을 달리하는 세상이다. 독립은 가급적 빠를수록 좋다.

"난, 자녀에 대한 유태인의 지혜를 본보기로 삼고 있어, 애들이 독립적인 나이가 되기 전에 여유가 있을 때 미리 비과세저축성보험이나 연금저축을 가입해주고, 독립시기에 그 보험증서를 줄려고 해! 그리고 대학등록금은 본인의 장학금이나 대출제도를 이용하도록 원칙을 정했어. 먼저 자녀들이 두 발로 자립 정신으로 이 세계를 걸어갈 수 있도록 하고 자녀들에게 더 이상 시간과 돈을 지출하게 되면 나의 노후준비를 할 수 없기 때문이지."

미국으로 이민을 간 유태인들이 자녀들에게 종신보험을 물려주면서 자녀들의 경제적 독립과 책임을 가르치는 일화는 매우 유명하다. 유태인은 '일찍 가입할수록 유리한 생명보험의 특성'을 적극 활용한 것이다.

"오빠 말씀을 들어보니 우리가 '잘못된 부모노릇'을 하고 있다는 생각이 들긴 하네요. 일반적인 가정에서 무작정 자녀에게 시간과 열정을 쏟는다는 것은 오히려 애들을 응석받이로 만들 수 있는 문제도 있거니와 본인의 노후도 준비 못하는 실수를 범할 수 있겠네요."

요즈음 30대는 더더욱 필요한 대화내용이다. 지난 세대들의 교훈을 머리에 새겨야 한다. 특히 이들은 서른이 넘어서 결혼을 하게 되고 더구나 아이를 늦게 낳기 때문에 자녀를 위한 교육자금과 노후자금을 위한 설계준비는 더더욱 빨라야 할 것으로 보인다.

소득세법, 개인보험 재무전문가의 통로

소득세는 개인이 한 해 동안 얻은 소득에 대해 과세하는 국세이다. 과세대상인 개인의 소득에 대해 과세하는 세금으로 법인세와 함께 우리나라 재정수입에 있어 중요한 세목이다. 기획재정부가 밝힌 2012년 재정통계를 보면 소득세는 45조8000억원의 재정수입을 거두고 있다. 성실신고확인제도 도입에 따라 종합소득세가 전년보다 1조2000억원이 증가된 9조9000억원, 취업자수 증가와 명목 임금상승에 따라 2,468만명의 근로자로부터 근로소득세 19조6000억원, 부동산 등 양도차익에 따른 양도소득세 7조5000억원으로 구성되어 있다.

의료전문직, 재무플랜은 개업초기부터 시작해야

"마성숙FR님, 지금까지 설명한 국세기본법 좀 이해되셨나요?"

"네 세무사님! 처음 듣는 용어도 있어 어렵고 힘들지만, 세테크 금융보험의 파트너 TFR재무전문가로 가는 길인데 복습과 예습을 통해 최고의 재무전문가가 되어야지요"

어느 동물원에서 사슴이 새끼를 낳을 때 무통분만을 시켰더니 어미가 해산한 후 자기 새끼를 본척만척하며 돌아보지 않더라는 것이다. 해산의 고통이 없다면 모성애도 발휘되지 않듯이 고통을 통과하지 않는 혁신과 창조란 있을 수 없다. 마성숙FR은 수능시험을 준비하는 큰 딸과 같이 공부를 해서 그런지 TFR재무전문가 과정을 임하는 태도가 다르다.

"여러분들, 2013년 귀속부터 금융소득종합과세 기준액이 2000만원으로 내려가 '부자들의 금융보험 재테크'에 대한 관심이 남다르다는 것 아시지요. 아마 5월에 있을 종합소득세 신고 때되면 근로소득자들의 연말정산처럼 상당한 파장이 예상됩니다."

2월에 있었던 근로소득자의 연말정산은 과거 13월의 월급이 아닌 세금폭탄이었다. 원인은 2012년 9월경에 간이세액표를 바꾸면서 매달 걷던 원천징수액이 평균 10% 가량 줄었기 때문이다. 현대판 조삼모사(朝三暮四)이다.

"네! 실감하고 있습니다. 제가 학교 선생님을 대상으로 하는 연금상품을 소개하러 갔는데 연말정산에 대한 불만으로 아우성이더라구요."

국세통계연보에 따르면 연말정산 환급인원과 금액이 2012년 1015만명(4조8900억원)에서 지난해 990만명(4조6700억원)으로 감소했다. 세금을 추가납부한 경우는 2012년 294만명(1조900억원)에서 355만명(1조4200억원)으로 증가했다. 아마 올해 통계 숫자가 나오지는 않았지만 더 많은 수의 근로자가 추가납부하였을 것으로 보인다.

"여러분들 주변에 의료전문직 고객 많으시죠! 제가 병의원의 세무처리를 이십년 가까이 하고 있습니다만, 여러분들은 이 분들에게 처음 개원시점부터 노후를 대비한 연금저축이나 종신보험을 사명감을 가지고 안내하셔야 합니다."

"세무사님, 왜 그렇지요?"

남들이 쉽게 선택하지 못하는 TFR재무전문가 영역을 열정적으로 하고 있는 이대로FR의 질문이다.

"먼저, 제가 아는 원장님의 지혜어린 경험을 말하자면, 벌어들인 소득 중 먼저 연금이나 보험료로 떼어놓지 않는다면 평생 노후자금을 마련할 수 없다는 것입니다. 매일 들어오는 현금수입에 대해 5월과 11월에 내는 종합소득세, 개업자금에 대한 이자비용, 인건비, 임대료, 생활비 등 적절한 포트폴리오로 배분하지 않고 소비하는 경우 거의 3년 안에 개인회생절차로 들어갈 수 밖에 없다고 합니다."

최근 발표에 의하면 지난 5년간 법원에 파산을 신청한 1천145명의 직업을 따져 보았더니 의사가 2위, 한의사 4위, 치과의사는 5위였다. 그리고 개인회생을 신청한 10명 중 4명이 의사인 것으로 밝혀졌다. 문제는 이러한 상황임에도 매년 의사는 3천명씩 나오고 있다. 실제 2012년 의료기관 폐업상황을 보면 전체 의료기관 8만342개중 5,571개가 폐업신고를 했다. 일반의원 1,625개, 한의원 880개, 치과의원 854개로 파산순위와 같다.

김영진 세무사는 소득세법 강의를 들어가기 전에 다음과 같은 사례로 교육생들의 관심을 유발했다.

"배우자와 자녀 2명을 둔 김병원 원장님이 계세요. 이 분은 20년 넘게 개원의로 활동하다 현재 요양병원 빌딩 신축을 통해 여러 가지 소득세 절감과 향후 상속증여플랜을 계획하고 있습니다. 여러분 주위에는 향후 이런 분이 많을 것으로 생각됩니다."

실제 병의원을 하는 원장들의 경우 최근 이래저래 고민이 많은 것이 현실이다. 보건복지부는 '포괄수가제'를 도입해 의료인에게 지급될 수입금액을 줄이고 있고, 건강보험심사평가원에서는 지급된 보험 수입금액을 '이러니저러니' 하며 수시로 추징하고, 국세청은 '성실신고확인제'로 의료인의 소득세 신고를 이중상치로 강화하고 있기 때문이다.

"세무사님, 병원장님 고객을 만나보면 정말 그런 것 같아요."

과거 2000년 초 의약분업 문제로 쟁점이 되고 있는 시점에 김영진 세무사는 연세병원 의료세미나에서 '의료인이 존경의 대상이 되어야, 국민은 질 좋은 의료서비스를 받는다' 면서 '의료인에 대해 차별적이고 징벌적 정책은 더 이상 안 된다' 는 것을 주장하였다. 당시 김세무사는 '향후 10년 안에 가슴과 뇌를 수술할 수 있는 의료인은 갈수록 줄어들 것이므로 이에 대한 대책으로 비인기학과 의료인을 위한 세제감면과 같은 인센티브를 강구해야 한다고 주장했다. 불행하게도 그 예측이 그대로 실현되고 있어 안타까운 일이다. 김영진 세무사는 바로 마이더스 손의 '병의원의 절세플랜' 을 소개한다.

마이더스
SON's
TIP

40대 중반 병원장의 유동자산의 마련과 절세플랜

배우자와 자녀 2명을 둔 A원장님의 경우 현재 메디컬 빌딩 신축에 따른 급격한 부채증가(40억원)로 대출상환에 큰 부담을 느끼고 있다. 개인 사업의 대출상환 및 빌딩 준공후 향후 임대소득과 사업소득 증가를 통한 예상되는 상속세와 더불어 효과적인 절세플랜에 대한 방안을 검토해보자.

메디컬 빌딩 신축으로 인해 A원장은 현재 상당한 부채를 보유하고 있다. 고객은 전문직 의사로 연간 소득은 높은 편이지만 고객의 건강과 사업의 연관성이 매우 높아 혹시 고객의 건강과 안위에 위험이 발생할 경우 사업의 위험성도 함께 급격히 나빠질 것이다. 또한 메디컬 빌딩이 완공되어 추가적인 임대소득이 발생하게 되면 현재의 자산과 더불어 자산 규모가 빠른 속도로 증가하고 고객은 거액의 상속세에 직면하게 될 가능성이 있다. 따라서 A원장의 경우 생명보험을 통해 위 두 가지 리스크를 모두 대비할 수 있다.

고객의 위험성 진단
① 고객의 안위에 갑작스러운 문제 발생시 부채상환은 어떻게 할 것인가? 병원 운영은 할 수 있을까?
② 메디컬 빌딩 완공 후 증가하는 자산 규모에 따른 상속세 납부 유동성은 어떻게 마련할 것인가?

1. 사망보험금을 통해 부채상환의 위험성과 상속세 납부와 유동성 해결 가능

예상치 못한 유고시 지급받을 사망보험금을 부채상환에 활용할 경우 유가족이 사후정리를 할 수 있는 경제적, 시간적 여유를 벌 수 있다. 또한 건물 완공 및 사업이 정상화되면 급격히 늘어나는 상속세 납부를 위한 재원으로도 활용할 수 있다.

2. 자산 증가의 또 다른 열쇠, 절세 효과 기대

자산 및 소득 분산을 위해 사전증여 전략으로 활용시 더욱 큰 절세 효과를 기대할 수 있다. 메디컬 빌딩이 완공되면 상증세법상 배우자 증여재산공제 6억원을 활용하여 일부를 배우자에게 증여한 후, 향후 발생될 임대수익으로 사모님이 보험료를 납입하게 된다면 사망보험금은 상속재산에 합산되지 않기 때문에 절세에 더욱 효과적이다.

3. 평생 누리는 생명보험의 매력, 재발견

대부분 생명보험은 사망보장을 위한 상품으로 알고 있지만 연금전환특약을 활용하면 일정 기준연령 이후 은퇴자금으로 활용할 수 있다. 사망보장이 반드시 필요한 일정 연령까지는 보장을 받고 이후에는 적립금을 기준으로 연금을 수령하는 방식이다. 연금전환 전 보장형 계약을 적립형 계약으로 전환하면 보장을 위해 차감되는 위험보험료가 줄어들어 향후 연금자원으로 활용 가능한 계약자 적립액을 증가시킬 수도 있다. 즉 생명보험을 통해 꼭 필요한 시기에는 사망보장 리스크를 헷지하고 이후 적립전환 기능을 활용하여 수익률의 확대는 물론 연금전환특약시 은퇴자금으로도 활용할 수 있다는 것이다.

4. 장기적인 안목을 통한 투자수익률의 극대화

이러한 생명보험의 다양한 기능들도 일정 수준의 투자수익률이 전제되어야 한다. 고객의 자산 규모는 갈수록 성장하는데 사망보험금이 지금과 같다면 추후 상속세의 납부 재원으로 충분하지 못할 수 있다. 따라서 주식시장에 투자하는 변액상품을 선택하여 사망보험금을 증가시킬 전략이 필요하다. 또한 적립전환, 연금전환 기능도 적립금을 기준으로 월 연금액이 산정되므로 투자수익률을 극대화할 수 있는 전략이 필요하다. 일반적으로 보험은 월납, 장기납입하는데 이는 적립식 펀드처럼 평균매입단가를 낮추어 수익률을 높이는 효과가 있다. 뿐만 아니라 펀드 변경을 통해 주식과 채권의 편입비율을 조정할 수 있으며, 채권의 편입은 주식만 운영하는 것에 비해 수익률 변동성을 완화시킴으로서 장기적인 관점에서 상대적으로 안정적인 투자수익률을 누릴 수 있다. 최근 변액상품 수익률에 대한 논란이 있지만 이는 수익률을 계산하는 방식에 대한 차이에서 비롯된 것으로 꾸준한 적립식 투자와 펀드 변경 등을 통해 시장상황에 대응한다면 보장된 사망보험금과 수익률에 따른 적립금의 상승효과를 기대할 수 있다.

연 2000만원 금융소득종합과세, 비과세 저축성보험으로

"마성숙FR! 금융소득종합과세는 언제부터 시작되었는지 아세요?"

"세무사님께서 질문할 것을 예상하고 수능공부를 하는 큰 딸 옆에서 예습을 하였습니다. 말씀드리면 김영삼 전대통령께서 1994년 '금융실명제'를 전격 실시한 이후 소득세법을 1994년 12월 24일 전면 개정하여 2년 후 1996년 1월 1일부터 금융소득종합과세를 시행하였습니다."

마성숙FR이 예습한 내용을 정확히 토씨 하나 틀리지 않게 말하자, 김영진 세무사는 시상으로 고객용으로 절찬리에 판매되고 있는 세테크 금융보험의 파트너 월간 니치앤리치 잡지 100권을 증정한다.

"저 두 사람 사귀는 거 아니야? 꼭 마성숙FR에게만 질문하고 답하게 하더라. 짜고치는 고스톱같아! 젠장."

마성숙만 챙기는 김영진 세무사에 대한 이대로FR의 볼멘소리다.

"세무사님 감사합니다. 이번 달 고객용 잡지로 잘 활용하겠습니다."

"마성숙FR의 설명처럼, 김영삼 전 대통령께서 1996년 1월 1일부터 금융소득종합과세를 전격 시행하였습니다. 이후 IMF구제금융을 받은 해인 1997년 말에 3년간 금융소득종합과세를 유보하였다가 2001년부터 다시 실시하여 현재에 이르고 있습니다."

문민정부 당시 김영삼 대통령은 금융실명제를 경제긴급조치로 단행하였다. 이후 IMF구제금융 기간 중 유보하다 현재까지 이어지고 있다.

"2013년에 세법개정으로 강화된 금융소득종합과세가 돈 흐름을 흔들고 있습니다. 개정 전 고액자산가들의 경우 금융소득종합과세 기준을 3000만원 이하로 맞춰 포트폴리오를 구성하였습니다. 그러나 국회와 정부가 허를 찌르듯이 2013년 1월 1일 새벽에 2000만원으로 낮춰 기준이 강화되면서 예금주와 금융기관들이 지난해 다시 조정하느라 정신이 없었습니다."

"세무사님. 그럼 금융소득이 2000만원이 초과되는 경우 15.4% 분리과세로 세금납부가 끝났다고 생각하는 고객들의 경우에도 다른 사업소득이나 근로소득과 합산해서 최고세율 38%까지 적용될 수 있다는 말씀이네요?"

2013년 귀속의 경우 소득세 과세표준이 3억원이 초과되는 경우 38%의 소득세율이지만 지방소득세까지 감안하면 41.8%의 세율이 적용되기 때문에 금융소득종합과세가 적용되는 경우 3% 이내의 저금리 상황에서는 세후소득 수준은 물가상승률을 감안할 경우 마이너스 금리가 된다. 2014년에 적용할 개정세법은 최고세율의 과세표준 구간마저 1억5천만원으로 하향되었으니 추가되는 세금을 각자 상상해 볼 일이다.

"네. 그렇습니다. 예적금 이자 소득이 많은 분들의 경우 금융소득종합과세를 피할 수 있는 상품인 종신형 즉시연금 상품 등으로 갈아타야 합니다. 아니면 본인 이외에 소득이 없는 배우자와 나눠서 가지고 있는 것이 유리합니다. 이 경우 반드시 10년 단위로 배우자 증여재산공제액인 6억원 한도 내에서 증여하여야 합니다. 더구나 소득이 없던 배우자가 금융소득종합과세 대상자에 해당되는 경우 종합소득세 신고는 물론 건강보험이 지역가입자로 편입되고 건강보험료 및 노인장기요양보험료를 별도로 납부하여야 합니다."

자녀 건강보험에 등재되어 있는 은퇴자의 경우 금융소득이 2000만원을 넘게되면 피부양자 자격을 잃고 지역가입자로서 건강보험료를 내야 한다. 현행 부동산 자산이 없고, 별도의 근로소득이 없는 상황에서 3000만원 금융소득이라면 17만7,690원(장기요양보험료 1만2,510 포함)을 지역가입자 건강보험료로 납부하여야 한다. 건강보험 지역가입자는 소득금액, 생활수준, 보유재산과 자동차등급별 점수를 합산해 점수당 165.4원으로 계산한 건강보험료를 납부하게 된다. 한편 2000만원을 초과하는 금융소득에 대한 종합소득세 신고는 2014년 5월까지 신고하고, 국세청은 이 자료를 국민건강보험공단에 통보하고 2014년 11월부터 적용하게 된다.

"연간 금융소득이 7700만원이 된다고 하더라도 다른 합산소득이 없다면 추가로 납부할 세액이 없습니다. 그러나 연간 200만원 이상의 건강보험료를 납부할 수 밖에 없는 형국입니다. 최근 모 은행의 PB센터 고객은 가입상품을 모두 해지해 버렸다고 합니다. 그 이유가 재밌는데요. 수익률이 높아도 너무~ 높아 금융소득이 2000만원이 넘어버렸기 때문입니다. 한마디로 그 고객은 다른 타소득이 많아 세전수익률이 중요한 게 아니고 금융소득종합과세에 따른 세후수익률을 고민한 것이지요."

"세무사님. 앞으로 세후수익률이 중요한 개념이겠습니다. 고객들에게 적극적으로 10년 이상 비과세 보험상품이나 연금상품으로 안내해야 하겠습니다."

외부에서 주어지는 충격이나 유혹을 예상외로 빨리 받아들이는 마성숙FR이 바로 영업일선에 나가려고 한다.

"마성숙님! 어디 가세요? 강의 곧 끝나니까 마저 듣고 가세요. 앞으로 세금리스크가 중요합니다. 50대의 경우 종신형 즉시연금이나 40대의 경우는 여유자금이 있을때 매월 적립식 형태의 저축성 보험을 세대별 맞춤식으로 추천하면 도움이 될 것입니다. 2008년 미국 서브프라임모기지에 따른 리먼 사태 이후 세계적인 저금리 기조에서는 은행 예적금·채권은 비과세 복리식 10년 저축성보험을 이길 수 없습니다."

은행상품은 한국은행 기준금리를 반영하여 바로 금리가 인하되지만, 보험상품의 경우 최저보증이자율이 적용되고 10년 기간 동안 복리식으로 적립되기 때문에 지방소득세율까지 최고 41.8%에 이르는 소득세율을 감안하면 저금리 시대에도 불구하고 세후수익률이 연 5%에 이르고 있다.

재무관리의 핵심, 소득세법

과세소득을 규정하는 방식에는 포괄주의 방식과 열거주의 방식이 있다. 포괄주의 방식은 포괄적으로 과세소득을 규정하는 방식으로 미국, 일본 등에서 채택하고 있다. 열거주의 방식은 법률에서 과세대상으로 열거한 소득만을 과세대상으로 하는 방식으로 독일, 영국 등이 채택하고 있다. 한편 우리나라 소득세는 법에 구체적으로 과세대상으로 열거한 소득에 대해서만 과세하고 있어 이자소득, 배당소득, 사업소득, 근로소득, 연금소득, 기타소득, 퇴직소득, 양도소득 등 8가지 소득에 대해서만 과세하고 있다. 그러나 최근 신종금융상품에서 발생하는 이자소득과 배당소득에 과세할 수 있도록 유형별 포괄주의 방식을 일부 취하고 있다.

소득세법 최근 개정 연혁

개정일	개정 내용
2001.12.31 개정	▸ 소득세율 10% 인하(9~36%) ▸ 유형별 포괄주의 도입(이자·배당소득에 한함)
2002.12.18 개정	▸ 자산소득 합산과세제도 폐지 ▸ 금융소득종합과세 대상 여부 인별로 판단
2003.12.30 개정	▸ 자원봉사용역에 대한 기부금 소득공제 인정
2004. 1.29 개정	▸ 소득세율 1%p 인하(8~35%) ▸ 원천징수세율 인하(이자·배당 : 15%→14%)
2006.12.30 개정	▸ 사업용계좌개설제도 도입 ▸ 산림소득을 사업소득으로 통합
2007.12.31 개정	▸ 종합소득세 과표구간 상향 조정(1천만원~8천만원→1천2백만원~8천8백만원)
2008.12.26 개정	▸ 종합소득세 세율 조정(8·17·26·35%→(2009년)6·16·25·35%→(2010년)6·15·24·33%) ▸ 서화·골동품의 양도차익에 대해 기타소득세 과세(2011.1.1부터 시행)→(2013.1.1부터 시행, 2010.12.31)
2009.12.31 개정	▸ 종합소득세 최고세율 인하 유보('10~'11년)35%→('12년)33%) 고소득 전문직 등의 현금영수증 발급의무 강화(건당 30만원 이상 현금 거래시 현금영수증 발급 의무화)
2010.12.31 개정	▸ 다자녀 추가공제 확대(자녀2명 : 50만원→100만원, 자녀2인 초과 : 1인당 100만원→200만원) ▸ 일용근로자 원천징수세율 인하(8%→6%)
2011.12.31 개정	▸ 종합소득세 최고세율 3억원 초과 38% 신설 ▸ 일정규모 이상 사업자 (2011년 귀속)성실신고확인제 시행
2013. 1. 1 개정	▸ 상속형 즉시연금의 일부 과세전환 ▸ 10년 이상의 장기보유 채권(최소 3년 이상 보유시, 분리과세 선택가능), 주식양도차익 과세대상 대주주 확대
2014. 1. 1 개정	▸ 종합소득세 최고세율 과표구간인 3억원 초과 ☞ 1억5000만원 초과로 낮아지고, 의료비와 교육비 등 특별소득공제 항목과 자녀 관련 소득공제 ☞ 세액공제 전환, 현금영수증 의무발급 대상 30만원 ☞ 10만원으로 하향조정

우리나라 소득세제 '종합과세방식'

소득세는 과세방법에 따라 크게 종합과세방식과 분류과세방식으로 구분된다. 현행 이자소득·배당소득·사업소득·근로소득·연금소득·기타소득 6가지 소득을 종합소득이라 하고 이를 누진세율로 종합과세한다. 분류과세방식은 특정 소득을 발생원천별로 구분하여 단일비례세율 또는 복수비례세율을 적용하여 분류과세한다. 현행 퇴직소득과 양도소득만이 분류과세방식이다. 한편 분리과세는 소득을 지급하는 자가 일정률의 원천징수를 하는 것으로 이는 기술적인 과세방식일 뿐이다. 앞의 분류과세와 구별된다. 이렇듯 우리나라 소득세제는 대개 종합과세방식으로 과세하고 장기간에 걸친 소득으로 높은 세율을 적용받을 수 있어 퇴직소득과 양도소득만이 분류과세방식이다.

종합소득	이자소득	배당소득	사업소득	▶ 종합과세방식
	근로소득	연금소득	기타소득	

퇴직소득	▶ 분류과세방식
양도소득	

개인단위과세

소득세제는 종합과세에 있어 소득을 종합하는 인적단위를 과세단위라고 하며 개인단위주의와 소비단위주의(부부 또는 가족단위주의)로 구분한다. 누진세율 구조 하에서는 과세단위를 어떻게 설정하는가에 따라 세부담에 중대한 영향을 미친다. 우리나라 소득세법은 원칙적으로 개인을 단위로 하여 소득세를 과세하고 있다. 다만 예외적으로 가족 구성원 중 2인 이상이 공동사업자에 포함되어 있는 경우 소득세 누진부담을 회피하기 위하여 조세회피 목적으로 손익분배 비율을 허위로 정하는 사유가 있을 때는 그 손익분배비율이 큰 공동사업자에게 합산하여 과세하고 있다.

신고납부방식

납세의무자가 과세기간의 다음연도 5월 1일부터 5월 31일까지 과세표준 확정신고를 함으로써 소득세의 납세의무를 자기가 확정하는 방식이다. 그러나 업종별, 일정규모 이상인 성실신고확인대상자의 경우에는 세무사 등의 성실신고확인서를 첨부하여 다음연도 6월 30일까지 신고한다.

원천징수제도

원천징수제도는 분리과세방식으로 소득을 지급하는 자가 그 지급받는 자의 조세를 징수하여 그 다음 달 10일까지 관할 세무서에 납부하는 제도이다. 국내에서 거주자나 비거주자에게 소득세법에서 정한 일정한 이자소득·배당소득·사업소득·근로소득·연금소득·기타소득 등을 지급하는 자는 그 거주자나 비거주자에 대한 소득세를 원천징수한다. 원천징수제도는 완납적 원천징수와 예납적 원천징수 두 가지 유형이 있다.

완납적 원천징수	종합소득에 합산하지 않고 원천징수로 과세를 종결한다.
예납적 원천징수	원천징수로 관련 세금의 일부를 징수하고, 이후 종합소득에 합산하여 정산한다. 즉 원천징수된 소득을 종합소득 과세표준에 포함하여 산출세액을 계산한 후 원천징수된 세액은 기납부세액으로 공제한다.

종합소득세 과세체계

고소득전문직, 순수보장과 맞춤식 재무설계로

"여러분처럼 재무컨설팅하는 분들이 가장 눈여겨 봐야 할 대상이 물론 고액자산가나 의사직군과 같은 전문직일 것입니다. 그렇죠?"

김영진 세무사가 두 번째 소득세법 강의를 시작한다.

"어느 의사가 전문의 모임인 골프동호회 총무를 하게 되었답니다. 매월 200만원이 넘는 골프모임 식대비를 자신의 병원 접대비 경비처리도 하고 카드 신용도도 올라갈 것으로 생각해 본인의 신용카드로 결제했답니다. 결국 어떻게 되었을까요?"

"세무사님, 어떻게 되었습니까?"

"병원 세무조사입니다. 국세청 PCI시스템에 걸려 들어간 거지요. 이 시스템은 국세청의 과세자료 TIS상 신고된 사업소득(Income) 대비 자산(Property) 취득이나 소비(Consumption)의 씀씀이를 수시로 체크해서 세무조사 대상자를 선별합니다."

이제는 '쓸려면 세금을 먼저 내라!'는 것이 국세청의 방침이다. 국세청은 세무조사 대상자를 선정시 PCI시스템을 통해 소득세 신고납부가 적음에도 불구하고 자산취득이 많거나 잦은 해외여행, 백화점, 골프장 등에서 사용하는 소비금액이 많은 사람을 골라낸다.

"그분의 경우 신용카드를 많이 써 오히려 국세청과 가까운 신용도만 높였네요."

마성숙FR이 모르는 고객이지만, 안타까운 마음에 한마디를 한다.

"여러분, 앞으로 저금리 상황에서는 각종 리스크와 시기별 필요자금을 종합적으로 고려하는 순수보장성 상품과 저축성보험 상품이 주효할 것입니다. 특히 전문직, 자영사업가, 고액연봉 직장인 및 커리어우먼을 대상으로 하는 맞춤식 설계를 구축해보세요."

향후 저금리 기조가 이어질 것이다. 과거 일본의 경우 저금리 상황에서 고금리를 미끼로 한 보험상품 판매로 역마진이 초래되어 결국 7개의 보험사가 파산한 사례가 있다. 더 이상 시장이율보다 더 높은 공시이율로 고객을 유인하는 것은 금융소비자와 금융기관 모두가 공멸하는 길이다.

"금융보험 업무에서 가장 핵심적인 부분이 이자소득이 과세되느냐 여부입니다. 특히 저축성보험 가입을 권유하는데 있어 10년 이상 유지시 비과세를 강조하지 않습니까?"

"세무사님, 그런데 금융권에서 제시하는 공시이율이 낮아 복리식으로 하더라도 다른 대체 투자수익률을 따라갈 수 없습니다."

"그러나 저축성보험 상품을 가입하는 이유를 단지 수익률만을 가지고 얘기할 수는 없습니다. 다른 이유는 목돈을 마련할 수 있다는 것이 가장 큰 장점이라고 할 수 있습니다."

　일본을 방문해서 보험업을 하는 세리사들과 얘기하다보면, 일본은 오래 전에 제로금리 상황임에도 사업자들이 보험을 통해 저축을 한다고 한다.

소득세법상 종합소득

　거주자 즉 개인에게 귀속되는 소득 중 이자소득·배당소득·사업소득·근로소득·연금소득·기타소득을 합산한 소득을 종합소득이라고 한다. 현행 소득세법상 획일적으로 종합소득금액을 종합과세하는 것이 아니라 일부 소득금액에 대해 조건부로 저율과세인 원천징수로 종결한다. 특히 이자소득과 배당소득을 금융소득으로 구분하여 연간 2000만원을 초과하는 경우 금융소득종합과세한다.

이자소득

　금전을 대여하고 받는 대가를 '이자소득'이라 하고 해당 연도에 발생한 다음의 소득을 말한다.

　① 국가·지방자치단체·내국법인·외국법인이나 외국법인의 국내지점 또는 국내영업소에서 발행한 채권 또는 증권의 이자와 할인액

　② 국내 또는 국외에서 받는 예금(적금·부금·예탁금과 우편대체 포함)의 이자와 할인액

　③ 상호저축은행법에 따른 상호신용계(信用契) 또는 신용부금(信用賦金)으로 인한 이익

　④ 환매조건부 채권·증권의 매매차익

　⑤ 저축성보험의 보험차익

　⑥ 직장공제회 초과반환금

　⑦ 비영업대금의 이익

　⑧ 위 ①~⑦과 유사한 소득으로 금전의 사용에 따른 대가의 성격이 있는 것

이자소득에서 제외되는 10년 이상 장기저축성보험의 보험차익

> **저축성 보험의 보험차익** = 만기보험금·중도해약 환급금 − 납입보험료
> (단, 계약기간이 10년 이상인 장기저축성보험 등은 이자소득에서 제외)

2013년은 장기저축성보험의 이자소득에 대해 하나의 획을 긋는 해였다. 기획재정부는 지난해 세금회피 가능성이 있다는 이유로 장기저축성보험의 하나인 상속형 즉시연금에 대해 납입금 한도를 2억원으로 정하였다. 또한 보험료를 매달 내는 월적립식은 계약기간을 10년 이상 유지하면 과세되는 이자소득에서 제외한다. 그리고 사망시까지 중도해지가 불가능하고 55세 이후 사망시까지 연금을 받는 종신형 연금보험도 납입한도 없이 보험차익에 대해 이자소득에서 제외하도록 개정하였다. 개정사항은 2013. 2.15 이후 계약분부터 적용한다.

과세제외되는 장기저축성보험의 납입한도 및 종신형 연금보험 요건 신설

2013. 2.15 개정 전	2013. 2.15 개정 후
▸ 이자소득 과세대상이 되는 저축성보험 보험차익(보험금 − 납입보험료) − 계약기간이 10년 미만인 경우 − 계약기간이 10년 이상이나 10년 경과전 납입보험료를 확정된 기간 동안 연금 형태로 분할지급받는 경우	▸ 이자소득 과세대상에서 제외되는 저축성 보험 보험차익 − 계약기간이 10년 이상이고 보험료를 매월 납입하는 월적립식 저축성 보험 ㉠ 매월 기본보험료가 균등할 것(최초 보험료의 1배 이내 증액 허용) ㉡ 6개월 이내 선납인정 ㉢ 납입기간 5년 이상 − 계약기간이 10년 이상이고 납입보험료가 2억원*이하인 경우 단, 계약기간은 10년 이상이나 10년 경과전 납입보험료를 확정된 기간 동안 연금 형태로 분할 지급받는 경우는 과세 * 월적립식 저축성보험을 제외한 저축성보험의 납입보험료 합계액

– 다음의 요건을 모두 충족하는 종신형 연금보험인 경우
㉠ 사망시 계약·연금재원이 소멸할 것. 다만, 통계청장이 고시하는 기대여명 이내 보증기간이 설정된 경우로서 보증기간내 사망시에는 보증기간 종료시
㉡ 55세 이후 사망시까지 연금형태로 지급받을 것
㉢ 사망시까지 중도해지 불가

저축성보험 계약변경시 계약기간 기산일 변경

2013년 개정세법은 저축성보험의 계약자 명의변경이나 상품변경시, 보험료 1배 초과 증액의 경우 변경일을 기준으로 새롭게 기산하도록 개정하였다. 개정사항은 계약자 명의변경이나 상품변경의 경우 2013. 2.15 이후 새롭게 체결되는 계약분부터 적용하고, 보험료 1배 초과 증액의 경우 2013. 2.15 이후 변경하는 계약분부터 적용한다.

개정전	2013. 2.15 개정 후
신설	▸ 저축성보험의 계약변경시 보험차익 비과세 요건인 10년 이상 계약기간의 기산일 ① (명의변경) 계약자 명의변경시 계약자 명의변경일을 기준으로 각 계약자별로 계약기간 기산 단, 사망 등 불가피한 사유로 인한 계약의 이전은 예외 인정. 다만, 명의변경시 소득세가 기과세된 보험차익은 이자소득 과세대상에서 제외 ② (보장성에서 저축성으로 변경) 보장성보험에서 저축성보험으로 계약변경시 계약변경일을 기준으로 계약기간 기산 ③ (보험료 증액) 최초 기본보험료의 1배를 초과하여 증액하는 경우 전체 계약분에 대해서 변경일을 기준으로 계약기간 기산 * 「보험업감독규정」 상 보험료의 추가납입은 주계약 기본보험료의 2배 이내에서만 가능

주」 1. 명의변경과 보장성에서 저축성으로 변경 : 영 시행일 이후 체결되는 계약분부터 적용
   2. 보험료 증액 : 영 시행일 이후 변경하는 계약분부터 적용

2014년에 적용할 개정세법은 소득세법 시행령 개정에 따라 비과세되는 월적

립식 보험의 계약변경시 보험료 추가 납입기간을 분명하게 했다. 계약자 명의 변경이나 보장성보험에서 저축성보험으로 변경될 때는 계약변경 전후의 총 납입기간 5년 이상을 추가 납입해야 한다. 기본보험료 1배 초과증액 변경시에는 계약변경일로부터 5년 이상 납입이 필요하다. 개정사항은 2014. 2.21 이후 변경하는 계약분부터 시행된다.

월적립식 저축성 보험, 2억원 넘어도 상관없다

"2013년 개정세법은 연간 금융소득이 2000만원을 초과하는 경우 금융소득 종합과세 대상에 들어가고, 10년 장기 저축성보험의 경우 2억원을 초과하는 경우 비과세 혜택이 배제됩니다."

"세무사님, 2억원이 초과되면 무조건 과세되는 것인가요?"

"2013년 개정된 소득세법 시행령 제25조는 '계약자 1명당 납입할 보험료 합계액이 2억원 이하의 저축성 보험에 대해서만 10년 비과세 혜택을 준다' 라고 되어 있습니다. 따라서 상속형 즉시연금이나 저축성보험 모두 일시납의 경우 2억원이 초과되면 과세됨에 유의해야 합니다. 다만 상단 규정과 하단규정을 보시면, 납입기간이 5년 이상이며 계약유지기간이 10년 이상이고 월적립식 저축성 보험에는 금액 제한을 받지 않습니다. 또한 사망시 연금재원이 소멸하는 종신형 즉시연금은 2억원이 초과되더라도 이자소득세를 비과세합니다."

만약 매월 납입할 기본보험료가 균등한 월적립식 보험이 10년 동안 20억원의 보험료를 불입해서 4억5000만원의 보험차익을 얻은 경우에도 10년 비과세 혜택을 받을 수 있다.

"아! 그렇군요. 그럼 2억원이 초과하는 금액을 일시납으로 저축성보험이나 상속형 즉시연금 형태로 가입하는 것보다 비과세 요건을 갖춘 종신형 즉시연금이나 고액 저축성보험이지만 월납으로 가입을 유도하는 것이 금융소득종합과세를 피할 수 있는 바른 선택이 되겠네요."

"네, 그렇습니다. 종신형 즉시연금의 경우 업계 현실을 반영하여 보증기간

10년에서 통계청이 고시하는 기대여명으로 확대하였습니다. 따라서 고령자는 기대여명에서 자신의 나이를 뺀 기간을 보증기간과 최대한 동일하게 맞추는 것이 연금 수령에 있어 유리합니다. 왜냐하면 보증기간 내 조기사망시 가족에게 연금수급권이 넘어가면 일정기간은 연금소득세가 과세되기 때문입니다."

2013년 개정된 소득세법 시행령은 보험업계의 의견에 따라 종신형 즉시연금의 경우 보증기간을 통계청장이 고시하는 기대여명 이내로 확대하고, 월적립식 저축성보험의 경우 6개월 선납까지는 일시납을 일부 인정하도록 하였다.

"개인적인 의견입니다만, 종신형 즉시연금의 경우 비과세 혜택을 기대여명 이내로 제한하는 것은 문제가 있어요. 사람의 생사여탈은 조물주만이 아는 일이고 건강에 따라 100세를 넘길 수 있기 때문에 연금수급기간을 제한하지 않았으면 해요."

종신형 즉시연금의 경우 의료기술의 발달로 노후가 길어지고 있기 때문에 기대여명 이내 지급보증기간과 상관없도록 세법을 개정할 필요가 있다. 2014년에 적용할 개정세법은 보장성에서 연금전환 등의 저축성으로 전환하는 보험계약 상품의 경우에 개정 전에는 납입기간이 애매하였으나 계약변경 전후 최소 5년 이상으로 명확히 하였다.

비영업대금(非營業貸金)의 이익

비영업대금의 이익은 금전의 대여를 사업목적으로 하지 아니하는 자가 일시적·우발적으로 금전을 대여하고 지급받는 이자를 말하고 이는 이자소득으로 과세한다. 반면 사업적인 금전대여이익(대금업의 이익)은 사업소득으로 본다.

2011. 1.1부터는 비영업대금이익 즉 사채이자의 경우 원천징수를 하지 않는 경우 무조건 소득자에게 금융소득이 종합과세됨에 유의한다. 그러나 연간 2000만원 이하의 경우 25%로 원천징수하고 분리과세 후 종결된다.

독일 젊은이처럼 노후대비하라

"최근에 아는 분이 독일여행을 갔다 온 얘기를 하더라구요."

김영진 세무사가 강의에 앞서 이야기 보따리를 푼다.

"독일 백화점에는 젊은 쇼핑객이 거의 없다고 합니다. 나이 지긋하신 분들이 대부분이라고 합니다. 그 이유는 젊은 사람들은 일하기 바쁘고 근검절약하기 때문에 백화점에 가지 않는다고 합니다."

아마도 정년 이후의 삶을 살아가고 있는 부모세대를 일찍 경험한 나라의 젊은이라 가능한 얘기일 것이다.

"대단한 젊은이들이네요. 독일인들은 합리적이라고 하던데…."

"독일 젊은이들은 백화점은 나이 들어서 다니는 곳으로 알고 젊어서는 열심히 일하고, 여행다니고, 운동하는데 시간을 보낸다고 합니다. 특히, 그들은 20대부터 빨리 노후준비에 들어간다고 합니다. 나이가 들어 비참해지지 않으려고 젊어서부터 저축하고 보험에 가입한다고 합니다. 아무래도 우리나라 젊은이들이 배워야 할 덕목인 것 같아요."

평균수명은 계속 늘어가고 있는데 반해 저축을 할 수 있는 시기는 점점 줄어들고 있는 것이 현실이다. 나이가 먹어 갈수록 수입보다 지출은 계속 증가하기 때문에 가장 저축을 많이 할 수 있는 시기는 바로 '지금'이다.

"세무사님, 그동안 우리는 계약자들에게 '현재의 희생 없는 미래의 행복은 없다!', '준비없이 맞이한 노후는 암울하다!', '빈곤한 노후가 과연 우아할 수 있을까?' 라고 강조하면서 여유자금을 연금상품으로 전환하도록 노력하지 않았습니까? 그럼 세무사님, 그동안 2013년 2월 15일 이전에 가입된 확정형 즉시연금에 대한 과세논리가 궁금합니다."

"마성숙님, 2013년 2월 15일 개정 전의 소득세법을 들여다보세요. 보험차익이 과세되는 요건에 '계약기간이 10년 이상이나 10년 경과전 납입보험료를 확정된 기간 동안 연금 형태로 분할 지급받는 경우' 과세대상입니다. 그동안 국체성의 질의에 규를 보더라도 원리금을 지급하는 확정형 즉시연금의 경우 이자소득세를 과세하도록 되어 있습니다."

"그렇군요! 세무사님, 역시 불완전판매를 피하기 위해서는 TFR재무전문가 과정이 절대적으로 필요한 것 같습니다. 2014년도부터 특별히 강조할 내용에 대해 추가로 말씀 부탁드립니다."

"2014년에 적용할 개정세법의 시행령에 따라 올해부터는 계약자가 생명보험 및 손해보험의 명의를 변경할 경우에는 보험사는 이를 국세청에 신고해야 합니다. 만약 정해진 기간 내에 신고를 하지 않으면 보험사는 최고 1억원의 가산세를 물게 됩니다."

이는 최근 몇 년 가입이 늘고 있는 즉시연금보험 등 고액보험 상품을 이용한 편법 증여 가능성이 높아진데 따른 것이다. 상속세 및 증여세법 개정에 따라 올해부터는 생명보험이나 손해보험금의 명의변경시에는 변경 내용을 명의변경일이 포함된 분기의 다음달 말까지 관할 세무서장에게 신고해야 한다.

"세무사님, 우리 업계로서는 눈여겨 볼 내용이라고 할 수 있겠는데요."

"그렇습니다. 그동안 일시납으로 보험료를 낸 뒤 일정 기간 연금을 받는 즉시연금의 경우 수개월이 지난 뒤 자녀 이름으로 명의를 변경하는 경우 증여에 해당되지만 지금까지는 국세청에 신고의무가 없어서 세금 부과가 쉽지 않았던 거지요."

"세무사님, 즉시연금 뿐만 아니라 저축성보험의 명의변경에도 적용되는 내용이겠습니다."

"물론 그렇습니다. 기존 계약에 대해서도 이 개정법령이 적용됩니다. 2013년 2월 15일 전 계약건의 경우 명의변경을 하더라도 부친 계약기간을 포함해서 10년이 경과되면 이자소득세 비과세 적용을 받을 수 있습니다만 보험사는 명의변경 자료를 국세청에 신고해야 합니다. 증여시점을 파악하는 자료로 활용하게 됩니다."

보험 명의변경 신고는 금융 상품을 편법 증여 수단으로 삼는 것을 차단하기 위한 조치라고 할 수 있다. 그렇지만 명의변경시에 TFR재무전문가와 문제될 수 있는 내용을 사전에 검토한다면 세금문제를 미연에 방지할 수 있다.

배당소득

주주나 출자자로 이익이나 잉여금을 분배받은 소득을 배당소득이라 하고 해당연도에 발생한 다음의 소득을 말한다. 2014년에 적용할 개정세법은 상법 제461의2조에 따라 2014. 2.21 이후 자본금의 150%를 초과하는 자본준비금을 감액하여 배당하는 경우에는 배당소득에서 제외한다.

① 내국법인으로부터 받는 이익이나 잉여금의 배당 또는 분배금과 상법 제463조의 규정에 따른 건설이자의 배당

② 법인으로 보는 단체로부터 받는 배당 또는 분배금

③ 의제배당

④ 법인세법에 따라 배당으로 처분된 금액(인정배당)

⑤ 국내 또는 국외에서 받은 집합투자기구로부터의 이익

⑥ 외국법인으로부터 받는 이익이나 잉여금의 배당 또는 분배금과 해당 외국의 법률에 따른 건설이자의 배당 및 이와 유사한 성질의 배당

⑦ 국제조세조정에 관한 법률에 따라 특정 외국법인의 배당가능한 유보소득 중 내국인이 배당 받은 것으로 간주된 금액

⑧ 출자공동사업자의 배당소득

⑨ 동업기업과세특례에 따른 동업자의 배당소득 (所法 3 ③)

⑩ 위 ①~⑨과 유사한 소득으로서 수익분배의 성격이 있는 것

배당소득에 대한 이중과세 조정

배당소득에 대하여는 법인단계에서 법인세가 과세되고 다시 주주단계에서 소득세가 과세되는데, 이것을 '배당소득에 대한 이중과세'라고 한다. 현행 소득세법은 이러한 이중과세를 조정하기 위하여 Gross-Up 제도를 채택하고 있다. 이것은 주주단계에서 소득세를 과세할 때 해당 배당소득에 대해 과세된 법인세 상당액을 배당소득 총수입금액에 가산하여 소득세를 계산한 다음 그 법인세 상당액을 소득세 산출세액에서 배당세액공제로 공제하는 방식이다. Gross-up 금액은 그 배당소득의 100분의 11(2009년 1월 1일부터 2010년 12월

31일까지의 배당소득은 100분의 12)에 해당하는 금액으로 한다. 단, 금융소득 종합과세 대상소득에만 적용한다.

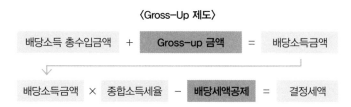

〈Gross-Up 제도〉

금융소득의 필요경비 불인정

금융소득은 본질상 그에 소요되는 필요경비를 산정하기 어렵다. 따라서 현행 소득세법은 금융소득에 대해 필요경비를 인정하지 않고 금융소득의 총수입금액이 전액 금융소득이 된다. 한편 종합소득에 포함되는 금융소득을 계산할 때 총수입금액은 완전 분리과세되는 금융소득과 비과세 금융소득을 포함하지 않는다. 다만, 2014년에 적용할 개정세법인 소득세법 시행령에 따르면 비영업대금의 회수불능사유가 발생한 경우 비영업대금의 총수입금액 계산은 회수불능 사유가 발생한 과세기간 중의 이자소득으로 회수한 금액에서 원금을 먼저 차감하도록 그 계산을 명확하게 하였다.

금융소득의 수입시기

이자소득의 수입시기는 권리의무확정주의에 따라 약정된 지급일이다. 예외적으로 무기명채권의 이자와 할인액 그리고 예적금의 이자 등은 현금주의에 따라 실제 지급받은 날을 수입시기로 한다.

그러나 배당소득은 수시로 배당결의가 이루어지고, 그 배당을 지급하기로 결정한 날에 배당금을 수령할 수 있는 권리가 발생하기 때문에 잉여금처분결의일을 수입시기로 한다. 예외적으로 무기명주식과 집합투자기구로부터의 이익이나 배당의 수입시기는 현금주의에 따라 실제로 지급받은 날이다.

개정전	금융소득의 수입시기
이자소득	채권의 이자와 할인액과 비영업대금의 이익 : 약정에 따른 지급일(다만, 무기명채권의 이자·할인액과 예적금 이자는 실제로 지급받은 날)
배당소득	잉여금 처분에 따른 배당 : 잉여금처분결의일(다만, 무기명주식과 집합투자기구로부터의 이익·배당의 수입시기는 실제로 지급받은 날)

향후 보험상품은 하이브리드형으로 진화

"세무사님, 요즘 업계에서는 새로운 신상품 교육이 진행중에 있습니다. 과거와 다른 양상의 상품이 출시되고 있습니다."

그동안 계약자나 수익자의 변경시에도 그 혜택을 그대로 가져갈 수 있는 저축성보험 상품이 중심이었다. 그러나 2013년 세법개정으로 저축성보험이 위축되고 있는 상황이다.

"네, 마성숙FR님, 향후 역마진이 우려되는 저축성보험보다 향후 보험은 '노후대비와 보장강화' 쪽으로 선회되고 있습니다."

요즈음 각 생명보험사의 신상품을 보면 한마디로 '하이브리드(HYBRID)'이다. 그 예로 보장성과 저축성의 구분이 모호한 상품으로 '연금받는 종신보험'이다. 원래 사망 전까지는 자산활용이 불가능한 종신보험은 보장성보험이다. 그러나 생전 보장은 물론 연금으로 활용할 수 있는 저축성 기능으로, 연금전환 이후에도 보장이 계속 유지되도록 하고 있다. 더구나 미리받는 종신보험은 연금지급시 경험생명표를 최초의 보험가입 시점으로 계산하고 있다.

"세무사님, 연금받는 종신보험은 저축성보험인가요? 보장성보험인가요?

최근 미리받는 종신보험상품으로 상당한 퍼포먼스를 내고 있는 최강이 팀장의 질문이다.

"네, 개인적으로 출발이 보장이기 때문에 보장성보험으로 보고 싶은데요. 하지만 과세당국은 보험료 중 주계약으로 90%가 적립되는 금액을 선지급형태로 지급하기 때문에 일종의 변형된 저축성보험으로 보고 있습니다."

세법상 보험을 저축성과 보장성의 구분은 필요하다. 소득세법 시행령 제25조는 저축성보험에 한해 과세, 비과세 여부를 따지기 때문이다. 연금받는 종신보험의 경우 매월 납입하는 보험료는 저축보험료와 위험보험료로 구분하여 계약자가 해약환급금에 상당하는 금액을 미리 연금으로 지급받는 경우 사망보험금은 선지급 연금을 차감하고 지급받는다.

"아무래도 상품별로 과세당국에서 과세여부를 판단하는데 상당히 부담이 되는 하이브리드형 상품이 많아질것으로 보입니다. 향후 업계는 절세나 조세회피를 할 수 있는 상품이 많이 만들어 질 것으로 보입니다."

공직에 있는 사람과 사업의 세계에 있는 사람과 충돌하면 누가 이길까? 보험업계 종사자들은 어떻게 하면 공무원들이 만든 행정법규를 빠져나갈 수 있는 방법을 연구하는 프로페셔널이다.

금융소득종합과세 방법

금융소득을 지급하는 자는 그 거주자에게 14%(비영업대금의 이익은 25%)의 소득세를 원천징수한다. 다만, 국외에서 지급되는 금융소득은 국내에서 원천징수할 수 없다. 현행 세법상 비과세대상을 제외한 금융소득은 무조건 분리과세대상, 조건부과세대상, 무조건 종합과세되는 금융소득으로 구분한다.

〈 조건부 과세대상 금융소득〉

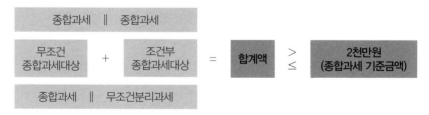

무조건 분리과세대상 금융소득

다음의 금융소득은 조세정책적 목적에 따라 저율세율로 원천징수하고 무조건 분리과세로 종결한다. 다만, 비실명금융소득은 실지 귀속자가 확인되지 않기 때문에 고율로 무조건 분리과세한다.

① 장기채권(10년 이상)의 이자와 할인액으로서 장기채권을 3년 이상 계속하여 보유한 거주자가 금융회사 등에게 분리과세를 신청한 경우 채권매입일로부터 3년이 지난 후에 발생하는 이자와 할인액(원천징수세율은 30%)

② 20세 이상인 거주자가 계약기간이 1년 이상이고 모든 금융기관에 가입한 저축의 계약금액 총액이 1명당 1000만원(노인 등 일정한 자 3000만원)이하인 세금우대종합저축에서 발생하는 금융소득(원천징수세율은 9%)

③ 비실명금융소득(원천징수세율은 38% 단, 금융실명거래및비밀보장에관한 법률에서 정하고 있는 비실명금융소득에 대해서는 90%)

④ 그 밖에 소득세법 및 조세특례제한법에 규정된 무조건 분리과세 대상 금융소득

무조건 종합과세대상 금융소득

다음의 금융소득은 국내에서 원천징수되지 않은 금융소득이므로 무조건 종합과세대상 금융소득이라 한다.

① 국외에서 받는 금융소득

② 원천징수대상이지만 원천징수되지 않은 금융소득

조건부 과세대상 금융소득

현행 비과세대상, 무조건 분리과세대상, 무조건 종합과세대상 금융소득 이외의 나머지 금융소득을 조건부 과세대상 금융소득이라 한다. 소득세법은 연간 금융소득 합계액이 무조건 종합과세대상 금융소득과 조건부 과세대상 금융소득의 합계액이 종합과세 기준금액인 2000만원을 초과하는 조건이면 종합과세한다. 2013년 세법개정으로 금융소득종합과세 실효성을 제고하고 다른 소득과의 형평성 제고를 위해 금융소득종합과세 기준금액을 4000만원에서 2000만원으로 인하하였다.

금융소득에 대한 산출세액의 비교과세

종합과세 기준금액인 2000만원을 초과하는 금융소득에 대하여는 최소한 원천징수세액보다 더 많은 세부담을 하도록 하기 위하여 세액계산특례규정인 비교과세 제도를 두고 있다. 다만, 종합과세 기준금액을 기점으로 한 급격한 세부담증가 문제를 보완하고, 금융소득종합과세시 최소한 원천징수세율(14%) 이상의 세부담이 되도록 하기 위해 2000만원을 초과하는 금융소득만 다른 종합소득과 합산하여 산출세액을 계산하고 2000만원 이하금액은 원천징수세율 14%를 적용하여 산출세액을 계산한다.

산출세액 계산시에는 소득세법 제62조의 규정에 따라 기준금액을 초과하는 금융소득을 다른 종합소득과 합산하여 계산하는 종합과세방식과 금융소득과 다른 종합소득을 구분하여 계산하는 분리과세방식에 의해 계산된 금액 중 큰 금액을 산출세액으로 한다. 종합과세기준금액 2000만원의 초과여부를 계산함에 있어서 배당소득에 대해 배당가산(Gross-up)하지 않은 금액으로 판단한다.

금융소득종합과세에 따른 비교과세 사례

[예제] 갑순이의 금융소득은 6,000만원이다. 그리고 사업소득금액은 4,000만원일 경우 금융소득종합과세에 따른 납부하여야 할 소득세액을 계산하시오. 단, 소득공제는 500만원이다. 이자소득 중에는 비과세 또는 분리과세 이자소득은 없다.

[해제] 다음 ①과 ② 중 큰 금액을 산출세액으로 한다.

① 종합과세방식

{(1억–500만원)–2,000만원)}×기본세율+(2,000만원×14%) = 1,558만원

② 분리과세방식

{(1억 500만원)–6,000만원)×기본세율 + (6,000만원×14%) = 1,257만원

∴ 큰 금액인 1,558만원의 산출세액에서 원천징수세액인 840만원을 차감한 718만원이 납부하여야 할 소득세액이다.

사업소득

영리를 목적으로 독립적, 계속적으로 이루어지는 다음과 같이 일정한 사업에서 발생하는 소득에 대해 사업소득으로 과세한다.

· 농업, 임업 및 어업(작물재배업은 원칙적으로 제외한다. 그러나 2014년에 적용할 개정세법 시행령에 따르면 2015. 1.1 이후 발생하는 소득분부터 연 수입금액 10억원 이상의 고소득 작물재배업은 과세한다. 다만, 10억원 초과분에 대해서만 과세하고 벼·보리 등 곡물과 기타 식량작물 재배업은 제외한다.)

· 광업

· 제조업

· 전기, 가스, 증기 및 수도사업

· 하수·폐기물처리업

· 원료재생 및 환경복원업

· 건설업

· 도매 및 소매업

· 운수업

· 숙박 및 음식점업

· 출판업

· 영상, 방송통신 및 정보서비스업

· 금융 및 보험업

· 부동산업 및 임대업(지역권·지상권을 대여함으로써 발생하는 소득은 기타소득으로 분류한다.)

· 전문, 과학 및 기술지원서비스업(연구개발업 중 계약 등에 따라 그 대가를 받고 연구·개발용역을 제공하는 사업은 제외)

· 사업시설관리 및 사업지원서비스업

· 교육서비스업(유아교육법에 의한 유치원, 초·중등교육법 및 고등교육법에 따른 학교와 이와 유사한 교육기관은 사업소득에서 제외)

· 보건업 및 사회복지서비스업(사회복지사업법(§2.1호)에 따른 사회복지사

업 제외)

- 예술, 스포츠 및 여가 관련 서비스업
- 협회 및 단체, 수리 및 기타 개인서비스업
- 가구내 고용활동
- 그 밖에 위와 유사한 사업

마이더스
SON's
TIP

현행법상 주택임대소득 계산시 유의사항

주택임대소득 과세대상

1) 월세 임대소득 : 부부합산 2주택 이상 소유하거나 1주택이지만 기준시가가 9억원을 넘는 고가주택을 소유하는 경우 및 국외에 소재하는 주택을 소유하는 경우에 월세 수입이 과세 대상이다.

2) 전세 임대소득 : 3주택 이상 보유자(전용면적 85㎡ 이하로서 기준시가 3억원 이하인 소형주택은 주택수 산정에서 제외한다) 중 전세보증금 합계 3억원 초과분에 대한 간주임대료가 과세대상이다. 2014년에 적용할 개정세법은 소형주택의 주택 수 산정시 제외하는 적용기한을 2016.12.31까지 연장하였다.

2014. 3. 5 발표된 정부 전월세 과세에 대한 보완조치

1) 주택임대소득이 연 2000만원 이하인 2주택 소유자(이하 '소규모 임대자' 라 한다)에 대해 2년간(2014, 2015년 소득분) 세금을 부과하지 않고 2016년부터 분리과세를 실시한다.

- 소규모 임대자 소득세 분리과세시에는 14%의 단일 세율을 적용하고 60%의 필요경비를 인정한다.

- 400만원의 기본공제를 인정하고 노인과 장애인 등에 대해서는 추가공제를 해주어 종합소득세 과세방식에 의해 산출된 금액보다 낮은 금액으로 과세되도록 보완한다. 실제 60%의 필요경비를 인정하고 400만원 기본공제의 경우 2000만원 이하의 주택임대소득에 대해서는 세금이 발생하지 않는다.

2) 이와 함께 월세 임대소득자와의 과세 형평성을 고려해 2주택 보유자(단, 전용면적 85㎡ 이하로 기준시가 3억원 이하의 주택은 과세 대상에서 제외)의 전세 임대소득의 간주임대료에 대해서도 2016년부터 과세한다.

3) 소규모 임대자의 임대소득을 향후 2년간 비과세하는 점을 감안해 과거

소득에 대해서도 세정상 배려할 계획이다.

　4) 국세청은 2014년도에는 2013년 귀속분 소득에 한해 확정일자 자료를 수집하고 3주택 이상 소유자, 2주택 소유자 중 연간 주택 임대소득 2000만원 초과자, 1주택자 중 기준시가 9억원 초과 주택 소유자 등에 대해서만 신고안내 자료로 활용할 계획이다.

주택임대소득의 총수입금액 계산

　1) 월세 임대인 : 월세 수입금액 전액을 총수입금액으로 계산한다.

　2) 전세 임대인 : 전세금 합계 중 3억원 초과분의 60%에 대해 간주임대료를 총수입금액으로 계산한다. 예를 들어 전세금이 6억원인 경우 3억원을 차감한 후 그 중 60%에 대해서만 간주임대료 계산시 적용하는 정기예금이자율 3.4%를 곱한 금액에서 임대사업에서 발생한 금융수익을 차감한다. 다만 기장신고 시에만 차감한다.

주택임대소득 계산방법
총수입금액(월세 + 전세보증금의 간주임대료) - 필요경비(감가상각비, 유지보수비, 대출이자, 재산세, 보험료 등) -이월결손금

고가주택의 범위

　·단독주택 : 시장·또는 구청장이 공시한 개별주택가격이 9억원을 초과

　·공동주택(아파트, 연립, 다세대) : 국토해양부장관(또는 국세청장)이 공시한 공동주택가격이 9억원을 초과

　* 과세기간 종료일 또는 당해 주택의 양도일 현재 가격을 말함

주택수의 계산(영§ 8의2)

　·다가구주택은 1개의 주택(단독주택)으로 보되, 구분 등기된 경우 각각을 1개의 주택으로 계산한다.

　·공동소유의 주택은 지분이 가장 큰 자의 소유로 계산하고, 지분이 가장 큰 자가 2인 이상일 경우에는 각각의 소유로 계산, 합의에 의해 주택의 귀속자로 정한 경우 그의 소유로 계산한다.

　·임차·전세받은 주택을 전대·전전세하는 경우 임차·전세받은 자의 주택으로 계산하고 본인과 배우자가 각각 주택을 소유하는 경우에는 이를 합산한다.

비과세 사업소득

사업소득 중 다음 소득에 대하여는 소득세를 과세하지 않는다.

구분	비과세 소득의 범위
논·밭 임대소득	논·밭을 작물 생산에 이용하게 함으로써 발생하는 소득단, 2015.1.1 이후 작물재배업(곡물 및 기타 식량작물 재배업 제외) 소득 중 수입금액 10억 원 초과분에 대해 과세
주택임대소득	본인과 배우자의 주택을 합산하여 1개의 주택을 소유하는 자가 해당 주택을 임대하고 지급받는 소득(기준시가 9억원 초과 고가주택의 임대소득은 제외). 다만, 국외에 소재하는 주택의 임대소득은 무조건 과세
농가부업소득	농·어민이 부업으로 영위하는 축산·양어·고공품(藁工品)제조·민박·음식물 판매·특산물제조·전통차 제조 및 그 밖에 이와 유사한 활동에서 발생하는 다음에 해당하는 소득 ① 농가부업규모의 축산에서 발생하는 소득 ② ①이외 소득으로 소득금액의 합계액이 연 2000만원 이하의 소득 * 농가부업규모의 축산은 (별표 1)의 가축별로 적용하며(예:젖소 30마리, 돼지 500마리, 닭 15,000마리 등), 농가부업규모를 초과하는 사육두수에서 발생하는 소득과 기타 부업의 소득이 있는 경우에는 이를 합산하여 연 2000만원까지 비과세
전통주 제조소득	다음에 해당하는 주류를 농어촌지역(수도권 외의 읍·면지역)에서 제조함으로써 발생하는 소득금액의 합계액이 연1,200만원 이하인 것 ① 농림부장관이 추천하는 농·임업인, 생산자단체가 스스로 생산하는 농산물을 주원료로 하여 제조하는 주류(농민주) ② 전통문화의 전수·보전에 필요하다고 인정하여 문화재보호법에 의하여 문화재청장 또는 특별시장·광역시장·도지사(특별시·광역시·도 지정 문화재에 한함)가 추천하는 주류(전통주) ③ 농수산물가공산업육성법에 의하여 지정된 주류부문의 전통식품명인에 대하여 농림부장관이 추천하는 주류(전통주) 등
산림소득	조림기간이 5년 이상인 임지(林地)의 임목(林木)의 벌채 또는 양도로 발생하는 소득금액으로서 연 600만원 이하의 금액
사회복지사업	아동복지법·노인복지법·장애인복지법·영유아보육법 등에 따른 사회복지사업
장기요양사업	2013년 세법개정으로 취약계층 노인(65세 이상) 등 지원을 위해 노인장기요양보험법에 따른 장기요양사업(요양·방문간호·목욕 등)의 발생소득

표준손익계산서

단위: 원

상 호		사업자등록번호		과세기간	. . .부터
					. . .까지

계 정 과 목	코드	금 액	계 정 과 목	코드	금 액
Ⅰ.매출액	01	: : :	9. 가스 · 수도비	30	: : :
1. 상품매출	02	: : :	10. 유류비	31	: : :
2. 제품매출	03	: : :	11. 보험료	32	: : :
3. 공사수입	04	: : :	12. 리스료	33	: : :
4. 분양수입	05	: : :	13. 세금과공과	34	: : :
5. 임대수입	06	: : :	14. 감가상각비	35	: : :
6. 서비스수입	07	: : :	15. 무형자산상각비	36	: : :
7. 기타	08	: : :	16. 수선비	37	: : :
Ⅱ.매출원가	09	: : :	17. 건물관리비	38	: : :
1.상품매출원가 (①+②-③-④)	10	: : :	18. 접대비 (①+②)	39	: : :
① 기초재고액	11	: : :	① 해외접대비	40	: : :
② 당기매입액	12	: : :	② 국내접대비	41	: : :
③ 기말재고액	13	: : :	19. 광고선전비	42	: : :
④ 타계정대체액	14	: : :	20. 도서인쇄비	43	: : :
2. 제조·공사·분양·기타원가	15	: : :	21. 운반비	44	: : :
① 기초재고액	16	: : :	22. 차량유지비	45	: : :
② 당기총원가	17	: : :	23. 교육훈련비	46	: : :
③ 기말재고액	18	: : :	24. 지급수수료	47	: : :
④ 타계정대체액	19	: : :	25. 판매수수료	48	: : :
Ⅲ.매출총이익 (Ⅰ－Ⅱ)	20	: : :	26. 대손상각비 (충당금 전입 · 환입액 포함)	49	: : :
Ⅳ.판매비와 관리비	21	: : :	27. 경상개발비	50	: : :
1.급여와 임금 · 제수당	22	: : :	28. 소모품비	51	: : :
2. 일용급여	23	: : :	29. 의약품비	52	: : :
3. 퇴직급여 (충당부채 전입 · 환입액 포함)	24	: : :	30. 의료소모품비	53	: : :
4. 복리후생비	25	: : :	31. 경영위탁수수료 (프랜차이즈 수수료 포함)	54	: : :
5. 여비교통비	26	: : :	32. 외주용역비	55	: : :
6. 임차료	27	: : :	33. 인적용역비	56	: : :
7. 통신비	28	: : :	34. 기타 소계 (①+②+③+④)	57	: : :
8. 전력비	29	: : :	①	58	: : :

210mm×297mm[백상지 80g/㎡(재활용품)]

표준손익계산서

단위: 원

상 호		사업자등록번호			과세기간	. . .부터
						. . .까지

계 정 과 목	코드	금 액	계 정 과 목	코드	금 액
②	59	: : :	7. 투자자산 처분손실	88	: : :
③	60	: : :	8. 유 · 무형자산 처분손실	89	: : :
④ 기타	61	: : :	9. 재고자산 감모손실	90	: : :
V.영업손익(Ⅲ − Ⅳ)	62	: : :	10. 재해손실	91	: : :
VI.영업외수익	63	: : :	11. 충당금 · 준비금 전입액	92	: : :
1. 이자수익	64	: : :	12. 전기오류수정손실	93	: : :
2. 배당금수익	65	: : :	13. 기타 소계 (①+②+③+④)	94	: : :
3. 외환차익	66	: : :	①	95	: : :
4. 외화환산이익	67	: : :	②	96	: : :
5. 단기투자자산 처분이익	68	: : :	③	97	: : :
6. 투자자산 처분이익	69	: : :	④ 기타	98	: : :
7. 유 · 무형자산 처분이익	70	: : :	VIII.당기순손익(V + VI − VII)	99	: : :
8. 판매장려금	71	: : :			
9. 국고보조금	72	: : :			
10. 보험차익	73	: : :			
11. 충당금 · 준비금 환입액	74	: : :			
12. 전기오류수정이익	75	: : :			
13. 기타 소계 (①+②+③+④)	76	: : :			
①	77	: : :			
②	78	: : :			
③	79	: : :			
④ 기타	80	: : :			
VII.영업외비용	81	: : :			
1. 이자비용	82	: : :			
2. 외환차손	83	: : :			
3. 외화환산손실	84	: : :			
4. 기타 대손상각비(충당금전입액 포함)	85	: : :			
5. 기부금	86	: : :			
6. 단기투자자산 처분손실	87	: : :			

□ 표준손익계산서는 기업회계기준을 준용하여 다음과 같이 작성해야 합니다.

1. 손익계산서의 계정과목과 같은 계정과목이 없는 경우에는 유사한 계정과목 란에 적습니다.

2. 단체퇴직보험료 등은 퇴직급여(코드번호:24)란에 적습니다.

3. 유류비(코드번호:31)란은 차량유지관련 이외의 유류비를 적습니다.

4. 지급수수료(코드번호:47)는 외주용역비(코드번호:55) 및 인적용역비(코드번호:56) 이외의 수수료를 적습니다.

5. 의약품비(코드번호:52) 및 의료소모품비(코드번호:53)란은 의료업자만 적습니다.

6. 외주용역비(코드번호:55)란은 특정업무나 기능을 외부 전문업체 등에 위탁하고 지급하는 비용을 적습니다.(치과에서 지출하는 기공료 포함)

7. 인적용역비(코드번호:56)란은 원천징수 대상 사업소득자에게 영업실적에 따라 지급한 수당(수수료)을 적습니다.(학원 강사, 외판원, 음료품 배달원 등)

8. IV. 판매비와 관리비, VI. 영업외수익, VII. 영업외비용 항목에 동일한 계정과목 등이 없는 경우 합계금액을 항목별로 분류하여 IV.34, 기타 소계, VI.13, 기타 소계, VII.13, 기타 소계 란에 각각 적고, 항목 란 아래 칸의 ①, ②, ③ 란에 금액이 큰 계정과목부터 순차적으로 계정과목을 적고 관련 금액을 적습니다.

9. II. 2. ② 당기총액가란은 표준원가명세서의 당기제품제조원가(1.제조원가명세서의 IX), 당기공사원가(2.공사원가명세서의 XI), 당기완성주택 등 공사비(3.분양원가명세서의 XI), 당기총원가(4.기타원가명세서의 IX)의 합계액과 일치해야 합니다.

10. 그 밖의 사항은 표준재무상태표 작성요령을 준용합니다.

210mm×297mm[백상지 80g/m²(재활용품)]

사업소득금액의 계산

　사업소득금액은 당해연도의 총수입금액에서 이에 소요된 필요경비 즉 원료 매입가격 및 부대비용, 양도자산의 장부가액, 인건비, 고정자산의 감가상각비를 공제한 금액이다. 2014년에 적용할 개정세법은 중소기업인력지원특별법에 따른 핵심인력성과보상기금 납입금을 필요경비 항목으로 추가하였다. 소득세법은 재무제표상 손익계산서의 당기순이익을 바탕으로 세무조정을 하여 사업소득금액을 계산한다.

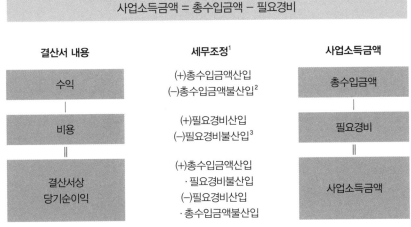

사업소득금액 = 총수입금액 − 필요경비

결산서 내용	세무조정[1]	사업소득금액
수익	(+)총수입금액산입 (−)총수입금액불산입[2]	총수입금액
비용	(+)필요경비산입 (−)필요경비불산입[3]	필요경비
결산서상 당기순이익	(+)총수입금액산입 ·필요경비불산입 (−)필요경비산입 ·총수입금액불산입	사업소득금액

주」1. 세무조정이란 표준손익계산서상 당기순이익과 소득세법상 사업소득금액과의 차이를 조정하는 과정을 말한다.
　　2. 총수입금액불산입이란 자산수증익과 채무면제익 중 이월결손금의 보전에 충당한 금액, 사업자가 자가생산한 제품 등을 다른 제품의 원재료 등으로 사용한 금액 및 부가가치세 매출세액 등을 말한다.
　　3. 필요경비불산입이란 벌금·과료, 가사관련경비, 업무무관경비 및 접대비 필요경비 불산입액 등을 말한다.

2012년부터 개인사업자 성실신고확인제도

2011년 귀속 소득세를 신고하는 2012년부터 신고하는 성실신고확인대상 사업자는 종합소득세 신고시 과세표준신고서 외에 세무사 등이 작성한 성실신고확인서를 함께 제출하여야 한다. 세무사 등 성실신고확인자로 하여금 사업자의 매출누락 및 비용 측면의 탈세를 모두 확인하게 하여 가공경비·업무무관경비 등 비용측면의 탈세 방지에 역점을 둔 제도이다.

그동안 성실신고확인대상 사업자는 소득세 과세기간 수입금액이 업종별로 복식부기기준금액의 10배 수준 이상인 사업자가 그 대상이었으나, 2014년에 적용할 개정세법은 수입금액 기준을 인하하여 그 대상사업자를 확대하였다.

구분	내용		
	업종	2013년 귀속	2014년 귀속
확인대상	농업·임업 및 어업, 광업, 도소매업, 부동산매매업	30억원 이상	20억원 이상
	제조업, 숙박 및 음식점업, 전기가스수도업, 하수폐기물	15억원 이상	10억원 이상
	부동산임대업, 교육서비스업, 보건업 및 사회복지서비스업	7억5천만원 이상	5억원 이상
확인주체	세무사, 세무법인, 회계사, 회계법인(기장대리 중복가능)		
신고시 혜택	확인비용의 60% 세액공제(1백만원 한도) 의료비, 교육비 공제가능 종합소득세 신고납부 기한연장(5월 말→6월 말)		
미신고 규제	미신고시 5% 가산세 부과, 세무조사		
허위·부실확인시 세무대리인 규제	·허위확인금액 5억원 이상 : 직무정지 1년~2년 ·허위확인금액 1억원 이상 : 직무정지 3월~1년 또는 500만원~1천만원 이하 과태료 ·허위확인금액 1억원 미만 : 견책~직무정지 3월 이하 또는 500만원 이하 과태료		

주) 2013년 개정세법은 2012년에 일몰 예정인 성실사업자 등 교육비·의료비 소득공제 적용기한을 3년 연장하였다. 또한 부동산임대업도 성실신고확인비용 세액공제 대상에 추가하고, 성실신고확인 대상자 중 결손사업자의 세액공제액 이월공제를 허용하였다.

성실신고확인서를 미제출시에는 가산세(산출세액의 5%)를 부과, 세무조사 사유에 추가한다. 그러나 성실신고확인대상 사업자에 대해서는 6월까지 신고 기간을 연장하고 성실납세문화 조성을 위해 근로소득자에게만 주어지던 교육비, 의료비 공제를 2015년까지 연장 허용한다. 또한 연간 100만원 한도로 확인비용의 60%(최저한세 적용을 배제하고, 결손사업자의 이월공제를 허용한다)의 세액을 공제한다. 단, 성실신고확인서를 제출자로 ① 신용카드, 현금영수증 가맹 사업자 ② 복식장부 기장·비치 및 신고 ③ 사업용 계좌 개설·신고 ④ 3년 평균 수입금액대비 1.0배 초과 등 요건을 갖춘 사업자이어야 한다.

CHECK

[참고] 소득세법상 사업규모에 따른 각종 의무부여 제도

업종 구분	성실신고 확인대상	복식부기	외부조정	소득금액 추계계산
농업·임업 및 어업, 광업, 도소매업, 부동산매매업, 기타	20억원 이상	3억원 이상	6억원 이상	6000만원 미만
제조업, 숙박 및 음식점업, 전기가스수도업,하수폐기물처리업, 건설업, 운수업, 출판방송통신업, 금융보험업 등	10억원 이상	1억5000만원 이상	3억원 이상	3600만원 미만
부동산임대업, 과학 및 기술서비스업,사업지원서비스업, 교육서비스업, 보건업 및 사회복지서비스업, 예술스포츠 여가서비스업, 수리 및 기타개인서비스업 등	5억원 이상	7500만원 이상	1억5000만원 이상	2400만원 미만

성실신고사업자, 단체보험 가입 유도

"최근 고소득 개인사업자 고객의 경우 국세청의 성실신고확인제도로 상당한 세금을 납부하였습니다. 개인사업자들이 세금에 대한 부담이 커져 합법적으로 절세를 하기 위한 상담이 많아지고 있습니다."

김영진 세무사가 다가오는 5월 종합소득세 신고 시기에 즈음하여 '성실신고확인제도'에 대해 특별강의 중이다.

"세무사님, 저도 세금은 얼마든지 낼 터이니 6월까지 신고하는 성실신고확인 대상자가 되었으면 좋겠습니다."

이대로FR은 연간 수입금액이 7500만원이 넘지 않아 회사에서 2월경 연말정산으로 소득세 신고를 갈음하고 있다. 대다수의 재무전문가들은 5월 종합소득세나 신고할 수 있는 정도의 수수료만 넘어도 소원이 없다.

"세무사님, 저의 고객중 프랜차이즈 음식사업을 하고 계신분이 있습니다. 엊그제 같이 골프 라운딩을 하면서 얘기하던데요. 작년에 종합소득세를 예년보다 1.5배 이상을 납부했다고 하더군요. 올해 역시 소득세 부담이 크겠지요?"

살아가는 것은 자신만의 정체성을 찾아가는 것이라고 한다. 골프 역시 살아가는 인생과 같다고 주장하는 성공한 팀장의 질문이다.

"네. 그렇습니다. 올해에도 소득세가 상당한 부담으로 이어질 것입니다. 여러분이 잘 알다시피 성실신고확인제도는 소득세법의 적용을 받는 개인사업자가 종합소득세를 신고하는 방법입니다. 그 대상자는 전국적으로 10만명 정도인데요. 대표적인 업종으로 부동산임대업과 학원, 병의원과 같은 서비스업은 연간 수입금액이 5억원, 약국과 같은 도소매업은 연간 수입금액이 20억원, 음식숙박업과 제조업은 10억원 이상의 수입금액을 이루는 고소득 개인사업자에게 적용되는 제도입니다."

성실신고확인제도 이후 더 많은 투자를 통해 고용과 수익을 올리기보다는 오히려 진료시간을 조절하는 등 몸집 줄이기를 할 정도이다.

"세무사님, 그동안 세무회계사무소는 개인사업자의 경우 '공평과세' 차원에서 수입금액과 그에 따른 비용을 적절히 반영하여 신고하였으나 성실신고확인대상 사업자의 경우 '실질과세' 차원에서 납부하다 보니 상대적으로 납세부담이 커졌다는 후일담이 있더군요!"

"맞습니다. 그동안 법인사업자에 비교하여 개인사업자의 경우에는 국세청이 느슨한 잣대를 댄 것은 사실입니다. 그러나 성실신고확인제도가 도입된 2012년부터는 국세청이 비용 하나하나, 세심한 관심을 가지고 들여다보기 때문에 합리적인 절세 플랜을 강구해야 할 것으로 보입니다."

"세무사님, 성실신고확인사업자라고 하더라도 부동산임대업은 다른 사업과 달리 차별을 받았는데 올해부터 조금 나아졌다고 하던데…"

"네, 그렇습니다. 2014년에 적용할 개정세법은 2014년 1월 1일 이후 발생하는 부동산임대소득이 있는 성실신고확인사업자도 의료비와 교육비공제가 가능합니다."

"세무사님, 성실신고확인사업자를 위한 보험상품이 없을까요?"

"네, '누이좋고 매부좋은' 보험상품이 있습니다. 바로 개인사업자들도 직원들을 위한 복리후생용 단체보험으로 비용처리가 가능합니다. 또한 개인기업 대표나 원장의 사업보장을 위한 소멸식 보험료는 비용으로 처리하고, 자산으로 반영되는 적립식 보험료는 추후 중도인출 기능을 활용해 늘어난 세금이나 예상치 못한 세금추징을 대비하면 도움이 될 것입니다."

회사는 항상 근로자의 사망에 대한 리스크에 대비하여야 한다. 이에 대한 대비가 없어 민사소송으로 인한 폐업을 하는 경우도 있다. 김영진 세무사는 그동안 법인기업들이 복리후생용으로 가입을 해왔던 직원들의 단체보험을 개인기업까지 확대한 소득세 세테크를 소개한다.

"오늘은 이 정도로 강의를 마무리하고 마성숙 재무전문가의 사례발표로 오늘 저녁 강의를 마칠까 합니다."

마성숙FR은 경기도 평택에서 자동차 부품제조업을 하고 있는 이압출 사장으로부터 100명의 임직원을 대상으로 하는 단체보험을 유치하였다. 마성숙FR이 팀원들에게 단체보험 유치 리포트를 프리젠테이션한다. 이압출 사장은 지난해 세무조사과정에서 많은 도움을 준 김영진 세무사가 제휴 운영하고 있는 택슈랑스 라운지에 보험가입을 고려하고 있기에 김영진 세무사가 바로 마성숙을 투입한 것이다.

근로소득

근로소득이란 근로자가 고용관계 또는 위임계약 등 고용계약과 유사한 원인에 따라 비독립적 즉 종속적인 지위에서 근로를 제공하고 받는 봉급·급료·

보수·임금·상여·수당 등 명칭여하 또는 지급방법(현금 뿐만 아니라 현물도 포함)에도 불구하고 근로소득의 범위에는 다음의 소득이 포함된다.

·기밀비(판공비), 교제비, 기타 유사한 명목으로 받은 것으로 업무를 위하여 사용된 것이 분명하지 않은 급여

·2015. 1.1 이후 공무원직급보조비·종업원이 받는 공로금·위로금·개업축하금·학자금·장학금(종업원의 수학중인 자녀가 사용자로부터 받는 학자금·장학금 포함) 기타 이와 유사한 성질의 급여

·근로수당·가족수당·전시수당·물가수당·출납수당·직무수당 기타 이와 유사한 성질의 급여

·보험회사·투자매매업자·투자중개업자 등 금융기관의 내근사원이 받는 집금수당과 보험가입자의 모집, 증권매매의 권유 또는 저축의 권장으로 인한 대가 기타 이와 유사한 성질의 급여

·급식수당·주택수당·피복수당 기타 이와 유사한 성질의 급여

·주택을 제공받음으로써 얻는 이익. 다만, 주주 또는 출자자가 아닌 임원(주권상장법인의 소액주주인 임원 포함)과 임원이 아닌 종업원(비영리법인 또는 개인의 종업원을 포함한다) 및 국가·지방자치단체로부터 근로소득을 지급받는 자가 사택을 제공받는 경우는 제외한다.

·종업원이 주택(주택부수 토지 포함)의 구입·임차에 소요되는 자금을 저리 또는 무상으로 대여받음으로써 얻는 이익 등

비과세되는 근로소득

현행 소득세법상 다음과 같은 근로소득에 대해서는 조세정책적 목적에 따라 소득세를 과세하지 않는다. 한편 2014년에 적용할 개정세법은 2015. 1.1 이후 소득분부터 현행 공무원 직급보조비를 과세로 전환한다.

① 복무중인 병이 받는 급여

② 법률에 따라 동원된 자가 동원직장에서 받는 급여

③ 각종 법률 등에 따라 받는 다음의 급여

·산업재해보상보험법에 따라 수급권자가 지급받는 요양급여·휴업급여·장해급여·간병급여·유족급여·유족특별급여·장해특별급여 및 장의비 또는 근로의 제공으로 인한 부상·질병 또는 사망과 관련하여 근로자나 그 유족이 지급받는 배상·보상 또는 위자의 성질이 있는 급여

·근로기준법 또는 선원법에 따라 근로자·선원 및 그 유족이 지급받는 요양보상금·휴업보상금·상병보상금·일시보상금·장해보상금·유족보상금·행방불명보상금·소지품 유실보상금·장의비·장제비

CHECK

[서면답변] 문서번호 제도46013-421 2000.11.21
[요지] 법인이 임직원의 복리후생 차원에서 장기 단체보장보험에 가입하고 사망시 보험금을 수령하여 유가족에게 지급하는 경우, 보험회사로부터 수령하는 보험금은 당해 법인의 익금에 해당하는 것이며 유가족에게 복리후생비인 사망위로금 등으로 지급하는 때에는 손금에 산입하는 것입니다.

·고용보험법에 따라 받는 실업급여, 육아휴직급여, 산전후·휴가급여와 국가공무원법·지방공무원법에 따른 공무원 또는 사립학교교직원연금법·별정우체국법의 적용을 받는 자가 관련 법령에 따라 받는 육아휴직수당

·공무원연금법·군인연금법·사립학교교직원연금법 또는 별정우체국법에 따라 지급받는 요양비·요양일시금·장해보상금·사망조위금·사망보상금·유족보상금·유족일시금·유족연금일시금·유족연금부가금·유족연금특별부가금·재해부조금 및 재해보상금 또는 신체·정신상의 장해·질병으로 인한 휴직기간 중에 받는 급여

·국군포로대우등에관한법률에 따른 국군포로가 지급받는 보수 및 일시금

④ 초·중등교육법 및 고등교육법에 따른 학교(외국에 있는 이와 유사한 교육기관 포함)와 근로자직업능력개발법에 따른 직원훈련시설의 입학금·수강료 기타 공납금 중 다음의 요건을 갖춘 학자금(해당 연도에 납입할 금액을 한도로 한다)

·해당 근로자가 종사하는 사업체의 업무와 관련 있는 교육·훈련을 위하여

받는 것일 것

·해당 근로자가 종사하는 사업체의 규칙 등에 따라 정해진 지급기준에 따라 받는 것일 것

·교육·훈련기간이 6월 이상인 경우 교육·훈련 후 해당 교육기간을 초과하여 근무하지 않는 때에는 지급받은 금액을 반납할 것을 조건으로 하여 받는 것일 것

⑤ 일직료·숙직료 또는 여비로서 실비변상 정도의 금액

⑥ 자가운전보조금 중 월 20만원 이내의 금액으로 종업원의 소유차량을 종업원이 직접 운전하여 사용자의 업무수행에 이용하고 시내출장 등에 소요된 실제 여비를 받는 대신에 그 소요경비를 해당 사업체의 규칙 등이 정하는 지급기준에 따라 받는 금액

⑦ 병원·시험실·공장 등에서 근무하는 사람 또는 특수한 작업이나 역무에 종사하는 사람이 받는 작업복이나 그 직장에서만 착용하는 피복

⑧ 벽지에 근무함에 따라 받는 벽지수당 중 월 20만원 이내의 금액

⑨ 천재·지변과 그 밖의 재해로 인하여 받는 급여

⑩ 국외 또는 북한 지역에서 근로를 제공하고 받는 보수 중 월 100만원(원양어업 선박, 국외 등을 항행하는 선박 또는 국외 등의 건설현장 등에서 근로를 제공하고 받는 보수의 경우에는 월 300만원) 이내의 금액 2014년에 적용할 개정세법은 재외근무수당에 대해 소득세가 과세되지 않았으나, 2015. 1.1 이후 발생하는 소득분부터 과세로 전환된다. 다만, 재외근무수당 중 일부 생활비 보전금액, 특수지근무수당 등은 비과세가 유지된다.

⑪ 국민건강보험법, 고용보험법 또는 노인장기요양보험법에 따라 사용자가 부담하는 보험료

⑫ 생산직근로자로서 월정액급여가 150만원 이하이고 직전 과세기간의 총급여액이 2500만원 이하인 근로자가 연장근로·야간근로 또는 휴일근로를 하여 받은 시간외근무수당 중 연 240만원 이내의 금액

⑬ 근로자가 제공받거나 지급받은 식사 또는 월 10만원 이내의 식사대

⑭ 근로자 또는 그 배우자의 출산이나 6세 이하 자녀의 보육과 관련하여 사용자로부터 출산수당 및 보육수당 중 월 10만원 이내의 금액

종업원 축·부의금… 복리후생비로 비용처리

"세무사님! 회사에서 종업원들에게 지급한 경조금이 근로소득으로 보아 소득세가 과세되는지 말씀해 주십시오."

기본적으로 일한 대가로 회사로부터 받은 모든 금전적 가치는 근로소득으로 규정하고 있다.

"네, 소득세법 시행규칙에는 사업자가 종업원에게 지급한 경조금 중 사회통념상 타당하다고 인정되는 범위 내의 금액은 근로소득으로 보지 않는다고 예외를 두고 있습니다. 국세청에 따르면 사회통념상 타당한 범위는 회사의 경조사비 지급규정, 경조사 내용, 법인의 지급능력, 직원의 직위·연봉 등을 감안해 결정한다고 밝히고 있습니다."

회사는 적정 수준의 종업원의 경조사비를 근로소득으로 보지 않고 직원 복리후생비로 회계처리할 수 있고, 소득세나 법인세 과세표준 계산시 수익에서 차감하는 정당한 비용으로 인정받는다.

"세무사님, 세무파트 고객업체인데 '사내 외주업체'의 직원을 피보험자로 단체보험에 가입 중 최근 공장에서 사고가 있었나 봅니다. 업무 중에 사망으로 인해 보험회사로부터 수령한 사망보험금을 외주업체 직원의 유족에게 지급하는 경우, 그 유족이 지급받는 사망보험금 상당액은 소득세 과세대상 소득에 해당하지 않는 걸로 알고 있습니다. 이때 경비처리하기 위해 지급영수증을 어떻게 받아야 합니까?"

마성숙FR이 세무파트 황재벌 직원의 거래처 사례를 얘기한다.

"물론, 사내 외주업체의 직원을 피보험자로 단체보험에 가입한 법인이 업무 중 사망으로 인해 보험회사로부터 수령한 사망보험금을 해당 외주업체 직원의 유족에게 지급하는 경우, 그 유족이 지급받는 사망보험금 상당액은 소득세 과

세대상소득에 해당하지 않아요. 바로 비과세되는 근로소득이지요. 이때 경비처리를 위해서는 임시적으로나마 직원으로 등재해 지급조서상 비과세항목으로 처리하거나 통장송금 내역 등을 첨부하여 보관하시면 됩니다."

"세무사님, 보험금 압류금지와 관련하여 바뀐 내용은 없나요?"

"네, 일반인은 민사집행법상, 국가는 국세징수법상 채무자가 수익자로 되어 있는 보험계약에 대해 그 보험금이나 해약환급금에 대해 압류를 할 수 있습니다. 원칙적으로 보장성보험의 보험금과 해약환급금은 압류가 금지되나 국세징수법에는 일부 소액금융재산에 한하여 압류를 금지하고 있습니다."

2013년 개정세법인 국세징수법 시행령은 근로소득 중 압류가 제한되는 급여 기준을 월 120만원에서 150만원으로 인상하였다. 그리고 국세징수법상 압류금지재산 중 소액금융재산 범위를 확대하였다. 보장성보험금 등의 압류금지 범위는 1000만원 이하의 사망보험금, 치료·장애 회복을 위해 실제 지출비용을 보장하기 위한 보험금 전액, 그 외 보험금은 50%, 150만원 이하의 보장성보험의 해약환급금·만기환급금, 잔액 150만원 미만 예금은 압류를 금지하도록 개정하였다.

"세무사님, 사실 세무서에서 보장성보험을 압류하여 그 해약환급금을 세금으로 충당하는 것은 무리가 있습니다. 150만원의 해약환급금을 떠나서 미래의 위험을 담보하는 보장성보험에 대해서 압류를 하는 경우 그 이후에 발생되는 위험에 대해 누가 보장하는 것인가요."

"그렇습니다. 보장성보험이기 때문에 해약환급금이 적다고 하더라도 그 위험의 보장 범위가 수억, 수십억원이 되는 경우가 있습니다. 그래서 또 다른 문제를 안고 있습니다."

보험계약의 해약환급금을 조세로 충당 후에도 압류에 따른 국세징수권의 소멸시효가 중단되어 결손처분이 되지 않아 수많은 민원이 발생되고 있다. 기획재정부와 보험업계에서는 보장성보험에 대해서는 금액기준 없이 압류가 불가능하도록 제도 개선을 하여야 할 것으로 보인다.

근로소득으로 보지 않는 회사납입 보장성보험

종업원의 사망·상해 또는 질병을 보험금의 지급사유로 하고 종업원을 피보험자와 수익자로 하는 보험으로서 만기에 납입보험료를 환급하지 아니하는 보험(이하 "단체순수보장성보험" 이라 한다)과 만기에 납입보험료를 초과하지 아니하는 범위안에서 환급하는 보험(이하 "단체환급부보장성보험" 이라 한다)의 보험료중 연 70만원 이하의 금액

[관련예규] 소득46011-20007, 2000.7.14

[질의]

1. 관련규정

– 소득세법시행령 제38조 제1항 제12호 나목.

재해로 인한 종업원의 사망과 상해를 보험금의 지급사유로 하고 종업원을 피보험자와 수익자로 하며 만기에 납입보험료를 환급받지 아니하는 보험(이하 "단체정기재해보험" 이라 한다)의 보험료중 연 18만원(현재 연 70만원) 이하의 금액

2. 질의사항

위 규정상 종업원의 범위에 임원 또는 등기임원이 포함되는지 여부

[회신]

소득세법 제20조 제4항 및 같은법 시행령 제38조 제1항 제12호 나목의 「재해로 인한 종업원의 사망과 상해를 보험금의 지급사유로 하고 종업원을 피보험자와 수익자로 하며 만기에 납입보험료를 환급받지 아니하는 보험의 보험료중 연 18만원(현재 연 70만원) 이하의 금액」은 근로소득으로 보지 아니하는 경우에 있어서 종업원의 범위에는 임원이 포함되는 것임.

○ 서면1팀-1114, 2005.09.23

소득세법시행령 제38조 제1항 제12호 규정의 단체환급부보장성보험으로서 계약기간만료 전 또는 만기에 종업원에게 귀속되는 "환급금"은 종업원의 근로소득에 해당하는 것이나, 소득세법시행령 제38조 제1항 제12호 나목의 단체순수보장성보험 및 단체환급부보장성보험과 관련하여 계약자가 법인이며 피보험자와 수익자가 종업원인 보험에 대해 종업원의 부상·질병 또는 사망으로 인한 보험금의 지급사유가 발생하여 종업원 또는 그 유족이 지급받는 "보험금"은 과세대상 소득에 해당하지 아니하는 것임.

실비변상적인 성질의 급여 비과세

실비변상적인 성질의 급여 비과세 항목으로 승선수당(월 20만원 이내), 벽지

수당(월 20만원 이내), 취재수당(월 20만원 이내), 2013년 개정세법에서 추가된 법령 등에 따른 의무 지방이전기관 종사자에게 한시적으로 지급되는 월 20만원 이내의 이주수당이 있다.

또한 회사가 급여 외에 매월 중식비나 교통보조비를 복리후생비로 지급하는 경우, 식대는 월 10만원 그리고 자가운전보조금은 월 20만원까지는 실비변상적인 급여로 보아 세금을 물리지 않는다. 이때 급여체계가 연봉제냐 호봉제이냐는 따지지 않는다. 그러나 비과세가 되려면 ▲식사대 및 자가운전보조금이 연봉계약서에 포함돼 있어야 하고 ▲회사의 사규 또는 급여지급기준 등에 지급기준을 미리 정해놔야 한다는 것이 국세청 유권해석(원천세과-281. 2011)이다. 따라서 연봉계약서에 식사대가 포함되지 않고 또 급여지급기준에 식사대에 대한 지급기준이 정해져 있지 않다면 꼼짝없이 세금부담을 지게된다.(서면 인터넷방문상담1팀-1614) 만약 회사 구내식당 등에서 실제 식사 또는 기타 음식물을 제공받으면서 별도의 식대를 또 받을 경우 실제 제공받는 식사에 대해서만 세금을 내지 않을 뿐, 별도 식대에 대해선 세금을 내야 한다. 단, 야근 등 시간 외 근무를 할 경우 식대와 식사의 중복혜택이 가능하다.

근로소득금액의 계산

근로소득금액은 비과세소득을 제외한 총급여액에서 근로소득공제를 차감한 금액으로 한다. 근로소득은 실제 필요경비를 측정할 수 없기 때문에 획일적으로 일정한 금액을 공제한다.

근로소득금액 = 총급여액(비과세소득 제외) − 근로소득공제

- 2014년에 적용할 개정세법상 근로소득공제 조정

2014년 비과세소득을 제외한 총급여액이 5,000만원인 경우 근로소득공제액은 1,200만원+(5,000만원−4,500만원)×5%=1,250만원이 된다.

<근로소득공제>

2013년 귀속		2014년 귀속		
총급여액	공제율	총급여	공제율	간편공제계산율
500만원 이하	80%	500만원 이하	70%	70%
500만원 초과 1,500만원 이하	50%	500만원 초과 1,500만원 이하	40%	350만원 + (500만원 초과 × 40%)
1,500만원 초과 3,000만원 이하	15%	1,500만원 초과 4,500만원 이하	15%	750만원 + (1,500만원 초과 × 15%)
3,000만원 초과 4,500만원 이하	10%	4,500만원 초과 1억원 이하	5%	1,200만원 + (4,500만원 초과 × 5%)
4,500만원 초과	5%	1억원 초과	2%	1,475만원 + (1억원초과 × 2%)

근로소득의 수입시기

근로소득은 근로를 제공하면 그 급여 등을 수령할 권리가 생기기 때문에 근로를 제공한 날이 수입시기가 된다. 다만, 법인의 잉여금처분에 따른 상여는 그 상여를 지급하기로 결정한 날에 상여를 수령할 수 있는 권리가 생기기 때문에 해당 법인의 잉여금처분결의일을 수입시기로 본다

근로소득자 과세표준 및 세액계산

2014년에 적용할 개정세법은 그동안 인적공제항목 중 다자녀추가공제 등의 항목이 자녀세액공제로 전환하고 특별공제항목으로 분류되어 소득공제를 적용하였던 연금보험료, 교육비, 의료비공제를 세액공제로 전환하였다. 또한 기부금의 경우에도 기부금 세액공제로 전환하였다.

① 상용근로자의 원천징수와 연말정산

국내에서 거주자 또는 비거주자에게 근로소득을 지급하는 자는 매월분의 근로소득을 지급하는 때에 아래 근로소득 간이세액표에 따라 소득세를 원천징수하여 그 징수일이 속하는 달의 다음 달 10일까지 납부한다.

<h2 align="center">〈2014년 근로소득 간이세액표〉</h2>

월급여액 (천원)		공제대상 가족의 수										
이상	미만	1	2	3	4	5	6	7	8	9	10	11
3,980	4,000	210,460	191,710	132,580	113,830	95,080	76,330	59,050	45,930	32,800	26,820	21,570
4,000	4,020	213,190	194,440	135,070	116,320	97,570	78,820	60,790	47,670	34,540	27,510	22,260
4,020	4,040	204,690	185,940	127,380	108,630	90,990	77,870	64,740	51,620	38,490	29,090	23,840
4,040	4,060	207,480	188,730	129,960	111,210	92,800	79,680	66,550	53,430	40,300	29,820	24,570
4,060	4,080	210,270	191,520	132,540	113,790	95,040	81,480	68,360	55,230	42,110	30,540	25,290
4,080	4,100	213,060	194,310	135,120	116,370	97,620	83,290	70,160	57,040	43,910	31,260	26,010
4,100	4,120	215,850	197,100	137,700	118,950	100,200	85,090	71,970	58,840	45,720	32,590	26,730
4,120	4,140	218,640	199,890	140,280	121,530	102,780	86,900	73,770	60,650	47,520	34,400	27,460
4,140	4,160	221,430	202,680	142,860	124,110	105,360	88,710	75,580	62,460	49,330	36,210	28,180
4,160	4,180	224,220	205,470	145,440	126,690	107,940	90,510	77,390	64,260	51,140	38,010	28,900
4,180	4,200	227,010	208,260	148,020	129,270	110,520	92,320	79,190	66,070	52,940	39,820	29,620
4,200	4,220	229,800	211,050	150,600	131,850	113,100	94,350	81,000	67,870	54,750	41,620	30,350
4,220	4,240	232,590	213,840	153,180	134,430	115,680	96,930	82,800	69,680	56,550	43,430	31,070
4,240	4,260	235,380	216,630	155,760	137,010	118,260	99,510	84,610	71,490	58,360	45,240	32,110
4,260	4,280	238,170	219,420	158,340	139,590	120,840	102,090	86,420	73,290	60,170	47,040	33,920
4,280	4,300	240,960	222,210	160,920	142,170	123,420	104,670	88,220	75,100	61,970	48,850	35,720
4,300	4,320	243,750	225,000	163,500	144,750	126,000	107,250	90,030	76,900	63,780	50,650	37,530
4,320	4,340	246,540	227,790	166,080	147,330	128,580	109,830	91,830	78,710	65,580	52,460	39,330
4,340	4,360	249,330	230,580	168,660	149,910	131,160	112,410	93,660	80,520	67,390	54,270	41,140
4,360	4,380	252,120	233,370	171,240	152,490	133,740	114,990	96,240	82,320	69,200	56,070	42,950
⋮	⋮	⋮	⋮	⋮	⋮	⋮	⋮	⋮	⋮	⋮	⋮	⋮

그리고 다음연도 2월분의 근로소득을 지급하는 때에 근로자의 해당 과세기간의 근로소득세에 대해 그 근로자가 제출한 각종 소득공제신고서 등에 따라 소득세를 확정하는 절차인 연말정산을 하게 된다. 근로자는 연말정산을 통해 매월 원천징수한 세액의 연간 합계액이 해당 과세기간의 근로소득에 대한 실제 세부담한 것보다 큰 경우에는 그 차액을 환급하고, 적은 경우에는 그 차액을 추가 징수한다. 한편 근로소득만 있는 상용근로자라면, 연말정산 절차로 해당 과세연도의 세금이 확정되나 연간 300만원 초과의 기타소득금액이나 사업소득, 2000만원 이상의 금융소득 등이 있는 경우 종합소득 과세표준 확정신고를 하여야 한다.

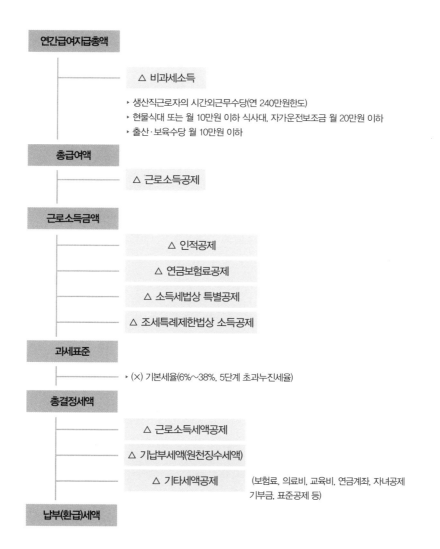

연간급여지급총액

    △ 비과세소득

- 생산직근로자의 시간외근무수당(연 240만원한도)
- 현물식대 또는 월 10만원 이하 식사대, 자가운전보조금 월 20만원 이하
- 출산·보육수당 월 10만원 이하

총급여액

    △ 근로소득공제

근로소득금액

    △ 인적공제
    △ 연금보험료공제
    △ 소득세법상 특별공제
    △ 조세특례제한법상 소득공제

과세표준

    (×) 기본세율(6%~38%, 5단계 초과누진세율)

총결정세액

    △ 근로소득세액공제
    △ 기납부세액(원천징수세액)
    △ 기타세액공제   (보험료, 의료비, 교육비, 연금계좌, 자녀공제 기부금, 표준공제 등)

납부(환급)세액

② 일용근로자의 원천징수

일용근로자(일급 또는 시급을 받는 사람으로서 동일한 고용주에게 3개월 이상 계속 고용되어 있지 않은 사람)에게 근로소득을 지급하는 자는 1일 10만원을 근로소득공제하고 6.6%(지방소득세 포함) 세율을 적용하여 원천징수하여 납부하고 그 일용근로자는 종합소득 과세표준에 합산하지 않고 분리과세 및 원천징수로 종결한다.

마시멜로 실험처럼, 18세 미만 연금저축 가입유도

"이대로님, 마시멜로 이야기 아시죠?"

"네! 세무사님, 스탠퍼드 대학의 미셸 박사의 실험 말씀하시는 거죠!"

선생님이 어린 아이들에게 사탕과자인 마시멜로 하나씩 주면서 말한다. '지금 먹으면 한 개를 먹을 수 있지만 선생님이 돌아올 때까지 먹지 않고 있으면 두 개를 주겠다.' 고 제의한다. 아이들의 반응은 다양했다.

"그렇습니다. 이 실험에서 어떤 아이는 먹지 않고 끝까지 버틴 아이, 참다가 먹어버린 아이, 곧바로 먹어버린 아이 등 다양했습니다. 15년 후 참아냈던 아이들은 학교 성적 등 생활의 모든 면에서 우수했다고 합니다."

"그럼, 그 실험은 우리와 같은 어른에게도 적용할 수 있겠습니다. 당장 들어온 소득을 쓰지 않고 노후연금을 준비하는 습관이 필요할 듯합니다."

매사 준비되고 계획되지 않은 삶은 도박이라고 주장하는 이대로FR이 말한다. 인간의 삶은 깊고 냉철하게 연구할 가치가 있다.

"이대로님, 바로 그게 핵심입니다. 2013년 개정세법에 따르면 연금저축 또한 크게 바뀌었습니다. 대체적인 내용으로 연금저축의 저변확대를 위해 18세 미만의 가입연령 제한을 없애고 의무납입기간을 10년에서 5년으로, 수령기간은 5년에서 10년 이상으로 조정하였습니다. 한편 납입기간이 단축된 것은 소비자의 선택권을 넓히긴 하였으나 수령기간을 늘린 것은 꼭 소비자에게 유리하다고 볼 수 없습니다. 그만큼 소득이 있는 기간 동안 연금을 더 많이 불입해야 합니다."

"세무사님, 우리나라에서 가장 높은 세테크 금융보험은 세제적격 연금저축보험이라고 해도 되지 않을까 합니다."

현재 퇴직연금의 개인 부담금을 합산해 400만원까지 공제되는 세제적격 연금저축은 2001년 2월1일 이후 판매개시하였다. 당시 240만원 한도에서 소득공제 혜택을 주는 대신 연금수령시 연금소득에 대하여 5.5%세율로 과세하는 상품이다. 과거 마성숙FR이 세제적격 연금저축을 많이 팔았던 경험을 얘기한다.

"네, 마성숙님이 말씀한 대로 세제적격 연금저축보험은 2014년에 적용할 개정세법상 납부세액에서 12%의 세액공제를 하도록 개정되었습니다. 결국 연간 이자소득이 세후 4%가 안 되는 상황에서 최고의 세테크 금융보험이지 않을까 합니다."

"세무사님, 그동안 세제적격 연금저축상품이 세법상 연간 400만원까지 소득공제 혜택이 커서 고액연봉자들에게는 인기였습니다. 그래서 연금저축보험은 대다수 근로자들이 가입되어 있는 것 같습니다."

마성숙FR이 연금상품으로는 더 이상 팔릴 것이 없다는 듯 말한다.

"마성숙님, 최근 보험연구원이 발표한 바에 의하면 연금가입률은 81.4%로, 연금종류별로 국민연금이 73.5%로 가장 높고, 기타 공적연금이 3.7%, 퇴직연금이 12.8%, 개인연금은 21.4%로 나타났습니다. 개인연금가입율은 전년 38.8%에서 21.4%로 급감한 것이 특징입니다만, 한마디로 아직도 가입대상은 많습니다."

보험연구원은 근로자들의 실질소득 감소의 영향도 있지만 개인연금의 경우 퇴직연금을 합산한 세액공제의 적용과 수익률 감소에 따라 신규 유인 효과가 감소하고 있어 개인연금이 해지되거나 축소되고 있다.

"마성숙님, 불확실한 미래상황에서 용돈밖에 안 되는 국민연금에 의존할 수는 없잖아요. 스웨덴과 같은 복지국가의 경우에도 사적연금의 비중이 상당히 높습니다. 결국 퇴직연금 불입금 중 근로자부담액과 합산해서 연간 400만원까지 12%를 세액공제하지만 향후 공제액은 더 올라갈 것으로 보입니다. 결국 추가납입 시장이 존재한다는 것이죠."

가장으로 하나의 가정을 책임지고 있는 사람들은 가족의 부양과 커가는 아이들의 교육비, 결혼자금 등을 위해 더 많이, 더 빨리 마련해야 한다는 강박관념에 시달린다. 그러나 더 중요한 것은 노후자금이다.

"세무사님 연금소득으로 분류되는 공적연금도 2013년부터 과세대상으로 분류된다고 하는데 이에 대한 설명을 부탁드립니다."

"네, 금융소득종합과세 기준금액이 하향된 것은 물론이거니와 2013년부터 공적연금도 액수와 관계없이 종합과세대상이 됩니다. 공적연금만 받는다면 지급기관에서 연말정산으로 끝날 수 있겠지만, 2000만원을 초과하는 금융소득과 공적연금을 받는 사람은 매년 5월 종합소득신고시에 함께 신고해야 합니다."

2013년에 개정된 연금소득세 세율은 55~70세는 5%, 70~80세는 4%, 80세 이상은 3% 연령대별로 차등 적용한다. 나이가 들수록 세금부담을 줄여 노후부담을 덜어주자는 취지다. 하지만 1200만원이 초과되는 사적연금은 종합소득세 과세대상이 되어 액수와 상관없는 공적연금과 함께 종합소득세 과세대상이다.

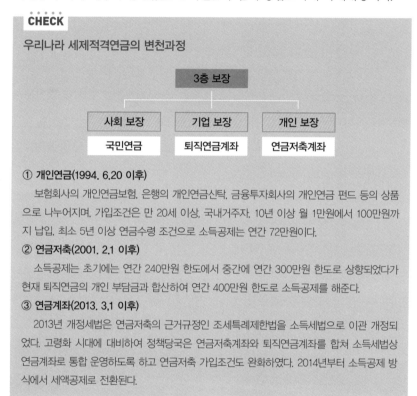

CHECK

우리나라 세제적격연금의 변천과정

```
                        3층 보장

        사회 보장        기업 보장        개인 보장
        국민연금        퇴직연금계좌      연금저축계좌
```

① 개인연금(1994. 6.20 이후)
보험회사의 개인연금보험, 은행의 개인연금신탁, 금융투자회사의 개인연금 펀드 등의 상품으로 나누어지며, 가입조건은 만 20세 이상, 국내거주자, 10년 이상 월 1만원에서 100만원까지 납입, 최소 5년 이상 연금수령 조건으로 소득공제는 연간 72만원이다.

② 연금저축(2001. 2.1 이후)
소득공제는 초기에는 연간 240만원 한도에서 중간에 연간 300만원 한도로 상향되었다가 현재 퇴직연금의 개인 부담금과 합산하여 연간 400만원 한도로 소득공제를 해준다.

③ 연금계좌(2013. 3.1 이후)
2013년 개정세법은 연금저축의 근거규정인 조세특례제한법을 소득세법으로 이관 개정되었다. 고령화 시대에 대비하여 정책당국은 연금저축계좌와 퇴직연금계좌를 합쳐 소득세법상 연금계좌로 통합 운영하도록 하고 연금저축 가입조건도 완화하였다. 2014년부터 소득공제 방식에서 세액공제로 전환된다.

연금소득

2013년 개정세법은 사적연금 활성화를 위해 연금소득의 경우 600만원에서 1200만원까지 분리과세 대상금액을 확대하고 세율 인하 및 연금 수령요건을 강화하였다. 공적연금은 2002. 1.1부터 연금기여금 불입액에 대하여 소득공제를 해주는 대신에 연금 수령액은 소득세를 과세한다. 연금소득은 당해연도에 발생한 다음의 소득으로 한다.

·국민연금법에 따라 받는 각종 연금

·공무원연금법, 군인연금법, 사립학교교직원연금법 또는 별정우체국법에 따라 받는 각종 연금

·퇴직보험의 보험금을 연금형태로 퇴직자가 받는 연금

·연금저축에 가입하고 연금형태로 지급받는 소득 또는 해당 연금저축에 가입하고 저축납입계약 만료 전에 사망하여 계약이 해지되거나 만료 후 사망하여 연금 외의 형태로 받는 소득

·근로자 퇴직급여보장법 또는 과학기술인공제회법에 따라 받는 연금

·국민연금과 직역연금의 연계에 관한 법률에 따라 받는 연계노령연금, 연계퇴직연금

·기타 위와 유사한 소득으로서 연금형태로 지급받는 것

구분		연금소득의 범위	적용례
공적 연금 소득	국민 연금	국민연금법에 의하여 받는 연금	2002.1.1 이후 불입분을 기초로 지급받 는 것부터 연금소득으로 과세
	공무원 연금 등	공무원연금법·군인연금법·사립학교 직원연금법·별정우체국법상 각종 연금	
	연계 연금	국민연금과 직역연금의 연계에 관한 법 률에 따라 받는 연계노령연금 등	2009.12.31이 속하는 과세기간분부터 과세
사적 연금 소득	퇴직 연금	퇴직보험의 보험금을 연금형태로 지급 받는 경우 당해 연금 또는 이와 유사한 것으로서 퇴직자가 받는 연금	2005.1.1 이후 최초로 퇴직함으로써 지 급받는 것부터 연금소득으로 과세
		「근로자퇴직급여 보장법」 또는 「과학 기술인공제회법」에 따라 받는 연금	2006.1.1 이후 최초로 발생하는 소득부 터 과세
	개인 연금	조세특례제한법상 연금저축에 가입하 고 연금형태로 지급받는 소득	2001. 2.1 이후 가입분부터 연금소득으 로 과세

비과세 연금소득

다음의 연금소득에 대하여는 소득세를 과세하지 않는다.

·국민연금법에 따라 받는 유족연금, 장애연금

·공무원연금법, 군인연금법, 사립학교교직원연금법 또는 별정우체국법에

따라 받는 유족연금, 장해연금 또는 상이연금

　·산업재해보상보험법에 따라 받는 각종 연금

　·국민연금과 직역연금의 연계에 관한 법률에 따라 받는 연계노령유족연금
및 연계퇴직유족연금 등

　·국군포로의 송환 및 대우 등에 관한 법률에 따라 국군포로가 받는 연금

다시 그 시간이 온다 해도 연금가입은 필수

"그동안 3번의 연기로 진통을 겪은 가운데 국민건강보험법 시행규칙이 2013
년 8월부터 시행하게 되었습니다. 따라서 연금소득이나 근로소득, 기타소득이
4000만원을 넘는 사람은 건강보험 피부양자 자격을 상실하게 되어 월평균 18만
원 가량의 건강보험료를 납부해야 합니다."

김영진 세무사는 연금소득에 대해 강의를 진행하고 있다. 동시에 고액 연금
수령자를 고객 유인전략을 모색하는 강의시간이다.

"연간 연금수령액이 4000만원 넘는 분은 대부분 은퇴 공무원이나 퇴역군인
들이 해당 됩니다. 이들 중 피부양자는 직장가입자 덕택으로 은퇴 후에도 건보
료 부과대상에서 제외되었지만 2013년 8월부터 지역가입자로 전환되어 가구의
소득이나 재산보유, 자동차 등을 기준으로 부과되는 건강보험료를 매월 납부하
게 됩니다."

사회적으로 경제적능력이 있으면서 자녀 등 부양자에 얹혀 건보료를 내지 않
는 것은 부당하다는 지적이 많았다. 이에따라 사업소득이 있는 자(2000년), 금
융소득 연 4000만원 초과자(2006년), 재산과표 3억원 초과 형제자매(2010년), 재
산과표 9억원 초과자(2011년) 등을 피부양자에서 제외해 왔다. 이어 지난해 8월
부터 연금소득, 근로소득과 기타소득자를 지역가입자로 전환시킴으로써 보험
료 부담의 형평성을 높였다.

"따라서 여러분 고객 중에 연금소득이 4000만원을 초과하는 경우에는 그 나
름대로의 대책을 세울 필요가 있습니다. 한편 그 미만자의 경우에도 노후대책

을 민영연금보험 상품으로 준비할 필요가 있습니다. '인생에서 만약은 없습니다. 다시 그 시간이 온다고 해도 연금을 가입하였을 것이다' 가 정답입니다."

건보료 부과대상 연금소득은 국민연금과 공무원연금과 같은 공적연금이며 민간연금 상품은 해당되지 않는다. 특히 2010년 이후 시작하는 공무원이나 교원의 경우 연금수령 시점이 65세 이후 부족한 소득을 보충하기 위해 젊고 불입 능력이 있을 때 민간연금을 준비해 두는 것이 자신과 미래를 위한 현명한 선택이다.

연금소득금액의 계산

연금소득이 있는 거주자에 대해서는 해당 과세기간에 받은 총연금액(2013년 개정세법은 분리과세 연금소득은 제외)에서 연금소득공제액을 공제한다.

연금소득금액 = 총연금액 − 연금소득공제(연간 900만원 한도)

〈연금소득공제〉

총연금액	공제액
350만원 이하	전액공제
350만원 초과 700만원 이하	350만원 + 350만원 초과분의 40%
700만원 초과 1,400만원 이하	490만원 + 700만원 초과분의 20%
1,400만원 초과	630만원 + 1,400만원 초과분의 10%

연금소득 원천징수세율

100세 시대를 대비하여 고령자를 우대하고 연금의 장기수령을 지원하기 위해 연금소득에 대한 원천징수세율을 인하하고 연령에 따라 차등적용한다. 개정전 사적연금소득은 연령 및 수령방법에 관계없이 5%의 세율로 원천징수 하였으나 2013년도부터는 연령 및 유형에 따라 3~5%가 적용된다.

①	퇴직금을 연금으로 수령하거나, 80세 이후 수령하는 경우	3%
②	종신형으로 연금을 수령하거나, 70세 이후 수령하는 경우	4%
③	기타 연금 수령시	5%

①·②·③이 동시에 적용될 때에는 가장 낮은 세율이 적용된다.

연금저축 수령액 1200만원 초과 종합소득세 과세

국민연금 등 공적연금소득을 종합소득 과세표준을 계산할 때 합산하지 아니하는 분리과세 연금소득의 대상에서 제외하여 종합소득으로 신고하도록 하고 사적연금의 경우 분리과세 연금소득금액의 기준을 연 600만원에서 연 1200만원으로 상향 조정함으로써 연금소득자의 세금부담을 완화하였다. 분리과세는 저율로 과세되어 종합과세보다 유리하다고 볼 수 있으나, 은퇴세대는 종합과세되는 다른 소득없이 연금소득만 있는 경우에는 종합과세가 연금소득공제, 기본공제 등 소득공제를 적용받도록 하여 조세부담이 경감되도록 한 것이다.

2013년 이후 연금소득 과세체계 개선

2013년 개정세법은 과세가 이연(移延)된 퇴직소득 등을 기초로 하는 연금계좌에서 연금형태로 인출하는 소득을 연금소득으로 구분하고, 연금형태가 아닌 일시금 등의 형태로 수령하는 경우에는 기타소득으로 구분하여 과세하도록 하는 등 연금소득세 과세체계를 정비하였다.

〈연금계좌 연금수령 형태〉

① 사용자불입분 ② 과세이연분 퇴직소득 ③ 연금계좌자기불입분 / 소득공제 적용분 · 소득공제 미적용분	운용수익	⇒	연금수령	㉠ 일반연금수령요건 충족연금 ㉡ 종신연금수령요건 충족연금
			연금외수령	㉢ 일시금 형태 수령 ㉣ 위 요건이 아닌 연금형태

사망 등에 따른 연금소득 과세특례

2013년 개정세법은 사망 등 부득이한 사유로 연금계좌에서 연금형태 외의 방식으로 2013. 2.15 이후 수령하는 경우 기타소득으로 보아 현행 100분의 20에서 100분의 15로 원천징수세율을 인하하고 분리과세 하도록 하며, 연금계좌 가입자의 사망으로 해당 연금계좌를 일시금 수령없이 배우자가 승계하는 경우에는 연금계좌의 연금소득을 배우자의 소득금액으로 보아 소득세를 과세하도록 하였다. 2014년에 적용할 개정세법은 사망, 천재지변, 해외이주, 파산 및 가입자 또는 기본공제대상(소득기준 제외) 부양가족이 3개월 이상 요양이 필요한 경우 등 부득이한 사유로 2014. 2.21 이후 수령한 연금에 대해 종합소득합산과세로 세부담이 과도해지는 것을 방지하기 위해 부득이한 사유임을 입증하는 경우 기타소득으로 보아 100분의 15에서 100분의 12로 원천징수세율을 인하하고 분리과세하도록 하였다.

또한 연금으로 노후의료비 지출을 용이하도록 하기 위하여 노인의료 목적으로 인출하는 금액은 수령한도를 넘더라도 연금소득으로 과세(3~5%)한다. 그리고 가입자가 보유한 전체 금융기관 연금계좌 중 1계좌로 한정하여 의료비 인출 전용계좌를 도입하였다.

2013. 2.15 이후 개정된 연금소득 내용

2013년 개정세법상 연금계좌의 연금수령 요건
① 최소 납입기간 5년 경과 후 인출
② 55세 이후 연금개시신청 후 인출
③ 10년 이상 연금수령한도 내 인출

연금소득에 대해 2013년에 소득세법 시행령이 개정되었다. 개정전 사적연금을 개별 근거법에 따라 조세특례제한법상 연금저축, 근로자퇴직급여보장법상 퇴직연금 등으로 구분하였으나 사적연금을 소득세법상 연금계좌에 통합하여 소득원천에 따라 동일하게 취급하였다. 다음으로 연금계좌 납입요건을 완화하여 개정 전에는 만 18세 이상 가입자로서 10년 이상, 연 1200만원(분기

300만원)내에서 납입하는 경우 납입액 중 400만원까지 소득공제하였으나 연령요건을 폐지하고 납입기간을 5년으로 단축, 납입한도 중 분기별 한도는 폐지하고 연간한도는 1800만원으로 확대하였다.

또한 연금수령개시 후 해당 연금계좌에 대한 추가납입이 안되도록 하였다. 또한 연금계좌 수령한도를 신설하여 개정 전 만 55세 이후에 5년 이상 분할 수령하도록 하였으나 만 55세 이후에 매년 연금수령한도 내에서 10년차까지 적용하도록 하였다. 따라서 연금수령한도를 초과하여 인출한 금액은 연금외 수령으로 간주한다. 또한 연금계좌에서 부분 인출시 인출순서를 신설하였다. 부분인출시 납세자에게 유리하도록 인출순서 간주규정을 마련하여 ①과세제외금액(세제비적격 연금저축) → ②이연퇴직소득 → ③기타금액(세제적격 연금저축·운용소득) 순으로 인출된 것으로 간주하도록 하였다.

연금수령한도	
2014. 2.21 이전 가입분	2014. 2.21 이후 가입분
$\dfrac{\text{연금수령개시일}}{(11 - \text{연금수령연차})} \times 120\%$ 현재연금계좌 평가총액	$\dfrac{\text{연금수령신청일 현재}}{(11 - \text{연금수령연차})} \times 120\%$ 연금계좌 평가총액

* 연금수령연차는 최초로 연금을 수령할 수 있는 날이 속하는 과세연도를 1년차(기산연차)로 하여 그 다음 과세기간을 누적 합산한 연차이다.
** 연금수령연차가 11년 이상인 경우 한도가 적용되지 않음

2014년에 적용할 개정세법은 소득세법 시행령 제40조의2를 개정하여 연금수령신청시 2014. 2.21 이후 연금수령신청하는 분부터 연금수령개시년도의 연금수령한도 평가기준일을 위 '연금수령개시일'에서 '연금수령신청일'로 명확화하였다.

2014년에 적용할 개정세법으로 종신형 연금보험 수령한도 신설

일반 연금이외 보험차익이 비과세되는 종신형 연금보험에 대해 장기간 분할 수령을 유도하기 위해 연간 연금수령한도를 도입하였다. 그 적용시기는 시행일인 2014. 2.21 이후 가입하는 분부터 적용한다.

$$\text{연금수령액 한도} = \frac{\text{연금수령개시일 현재 연금계좌 평가액}}{\text{연금수령개시일 현재 기대여명 연수}} \times 3$$

기타소득

기타소득이란 대체로 일시적이고 우발적으로 발생한 소득으로, 이자소득·배당소득·사업소득·근로소득·연금소득·퇴직소득·양도소득 외의 소득세법에서 열거하고 있는 다음의 소득으로 한다.

- 상금·현상금·포상금·보로금 또는 이에 준하는 금품
- 복권, 경품권, 그 밖의 추첨권에 당첨되어 받는 금품
- 일시적인 문예창작소득 : 문예·학술·미술·음악 또는 사진에 속하는 창작품에 대한 원작자로서 받는 원고료, 저작권사용료인 인세(印稅) 등의 소득
- 일시적인 인적용역 제공대가 : 다음 중 어느 하나에 해당하는 인적용역을 일시적으로 제공하고 받는 대가

ⓐ 고용관계 없이 다수인에게 강연을 하고 강연료 등 대가를 받는 용역

ⓑ 라디오·텔레비전방송 등을 통하여 해설·계몽 또는 연기의 심사 등을 하고 보수 또는 이와 유사한 성질의 대가를 받는 용역

ⓒ 변호사·세무사·공인회계사·건축사, 측량사, 변리사, 그 밖에 전문적 지식 또는 특별한 기능을 가진 자가 그 지식 또는 기능을 활용하여 보수 또는 그밖의 대가를 받고 제공하는 용역

ⓓ 그 밖에 고용관계 없이 수당 또는 이와 유사한 성질의 대가를 받고 제공하는 용역

- 광업권, 어업권, 산업재산권, 영업권 등의 양도 또는 대여로 얻은 소득
- 지역권·지상권을 설정 또는 대여하고 받는 금품
- 재산권에 관한 계약의 위약 또는 해약으로 인하여 받는 위약금과 배상금 (타인의 신체의 자유 또는 명예를 해치거나 기타 정신상의 고통 등을 가한 것과 같이 재산권 이외의 손해에 대한 배상이나 위자료로 받는 금액에는 과세

되지 않는다.)

·세제적격 연금저축가입자가 정해진 기간내 해지시

·개당·점당 또는 조당 양도가액이 6천만원 이상인 서화·골동품의 양도로 발생하는 소득(다만, 양도일 현재 생존해 있는 국내 원작자의 작품은 제외)

·연금저축 및 연금계좌 운용실적에 따라 지급받는 연금외 수령한 소득

비과세 기타소득

·국가유공자등예우및지원에관한법률 또는 보훈보상대상자지원에관한법률에 따라 받는 보훈급여금·학습보조비 및 북한이탈주민의보호및정착지원에관한 법률에 따라 받는 정착금·보로금과 그 밖의 금품

·국가보안법에 따라 받는 상금과 보로금

·상훈법에 따른 훈장과 관련하여 받는 부상이나 그 밖에 대통령령으로 정하는 상금과 부상(국민체육진흥법에 의한 체육상의 수상자가 받는 상금과 부상, 국가 또는 지방자치단체로부터 받는 상금과 부상)

·종업원이 발명진흥법 제15조에 따라 사용자로부터 받는 보상금

·대학의 교직원이 소속 대학에 설치된 산업교육진흥및산학연협력촉진에관한 법률에 따른 산학협력단으로부터 같은 법 제32조에 따라 받는 보상금

·국군포로의송환및대우등에관한법률에 따라 국군포로가 받는 위로지원금과 그 밖의 금품

·국가지정문화재로 지정된 서화·골동품의 양도로 발생하는 소득

·서화·골동품을 박물관 또는 미술관에 양도함으로써 발생하는 소득

[관련예규] 소득 −866, 2012.11.29

[제목] 직무발명보상금의 비과세 기타소득 적용범위

[요약]

종업원 등의 직무와 관련한 발명 등이 특허 출원중이거나 출원심사결과 특허 등록되지 않은 경우에, 사용자 등이 동 직무관련발명 등과 관련하여 종업원 등에게 지급한 보상금은 소득세법 제12조 5호 라목의 비과세되는 기타소득에 해당하지 않는 것입니다.

[질의내용]

종업원 직무발명의 특허 등록 여부에 따라 직무발명보상금의 비과세 기타소득 여부가 적용되는 것인지 여부

[회신]

귀 질의의 경우, 직무발명보상금의 비과세 기타소득 적용 범위에 대해서는 기존 해석사례(재소득 46073−181, 2002.12.30)를 참조하시기 바랍니다.

※ 재소득 46073−181, 2002.12.30

종업원 등의 직무와 관련한 발명 등이 특허 출원중이거나 출원심사결과 특허 등록되지 않은 경우에, 사용자 등이 동 직무관련발명 등과 관련하여 종업원 등에게 지급한 보상금은 소득세법 제12조 5호 라목의 비과세되는 기타소득에 해당하지 않는 것입니다.

※발명진흥법 제2조 (정의)

이 법에서 사용하는 용어의 뜻은 다음과 같다.

1. "발명"이란 「특허법」·「실용신안법」 또는 「디자인보호법」에 따라 보호 대상이 되는 발명, 고안 및 창작을 말한다.

2. "직무발명"이란 종업원, 법인의 임원 또는 공무원(이하 "종업원 등"이라 한다)이 그 직무에 관하여 발명한 것이 성질상 사용자·법인 또는 국가나 지방자치단체(이하 "사용자 등"이라 한다)의 업무 범위에 속하고 그 발명을 하게 된 행위가 종업원 등의 현재 또는 과거의 직무에 속하는 발명을 말한다.

기타소득금액의 계산

기타소득이 있는 거주자에 대해서는 해당 과세기간에 받은 총수입금액에서 이에 소요된 필요경비 등을 공제한 금액으로 한다.

> **기타소득금액** = 총수입금액(비과세 또는 분리과세 제외) − 필요경비

기타소득의 필요경비는 해당 과세기간의 총수입금액에 대응하는 실제 소요된 경비의 합계액으로 한다. 다만 다음의 소득은 실제 소요된 경비와 총수입

금액의 80%(단, 보유기간이 10년 이상인 서화·골동품의 경우에는 90%)를 필요경비로 의제한다.

① 공익법인이 주무관청의 승인을 얻어 시상하는 상금과 부상
② 다수가 순위 경쟁하는 대회에서 입상자가 받는 상금과 부상
③ 지역권·지상권을 설정하거나 대여하고 받는 금품
④ 일시적인 인적용역 대가
⑤ 위약금·배상금 중 주택입주지체상금
⑥ 일시적인 문예창작소득
⑦ 각종 무체재산권의 양도·대여 대가로 받는 금품
⑧ 보유기간이 10년 이상인 서화·골동품의 양도로 발생하는 소득

기타소득의 분리과세와 종합과세

·복권 당첨금, 슬롯머신 등에서 받는 당첨금품
·서화 골동품의 양도로 발생하는 소득 등은 무조건 분리과세소득으로 분류된다. 소득세법은 분리과세소득과 비과세소득을 제외한 일반적인 기타소득금액의 합계액이 300만원 이하이면서 원천징수된 세액이 있는 경우, 다른 소득이 적다면 납세자의 선택에 따라 종합과세를 받아 환급을 받을 수 있다.

기타소득의 과세최저한

기타소득금액이 건별로 5만원 이하인 경우에는 기타소득세를 과세하지 않는다. 과세최저한 기준의 건별은 기타소득의 발생근거, 지급사유 등을 고려하여 거래건별로 판단한다. 형식적으로 2개 이상의 계약이 존재하는 경우라 하더라도 실질적으로 1개의 계약에 해당하는 경우 전체를 1건으로 보아 과세최저한 적용여부를 판단한다. 또한 종업원 제안제도에 의한 상금의 경우 제안 1건을 매건으로 보아 과세최저한을 판단한다.

과세최저한(5만원) = 강사료(25만원) − 필요경비(25만원 × 80% = 20만원)

원천징수이행상황신고 및 지급명세서의 제출 등

기타소득을 지급하는 자는 그 소득을 지급할 때에 기타소득금액에 원천징수세율(원칙적으로 20%)을 적용하여 그 지급일이 속하는 달의 다음 달 10일까지 납부하여야 한다. 그리고 원천징수이행상황신고 및 지급명세서를 관할 세무서에 제출해야 한다. 다만, 과세최저한의 경우 소득세가 과세되지 않은 소득을 지급할 때는 원천징수를 하지 않는 것이나 원천징수이행상황신고서에는 원천징수하여 납부할 세액이 없는 자에 대한 것도 포함하여 신고해야 한다. 또한 과세최저한으로 소득세가 과세되지 않은 기타소득은 지급명세서 제출의무가 면제되나, 일시적 문예창작소득과 일시적 인적용역소득의 기타소득은 지급명세서 제출의무가 면제되지 않는다.

양도소득·퇴직소득의 분류과세

사업소득을 비롯해 여타 소득은 종합소득 합산과세를 하는 반면 양도소득과 퇴직소득은 여러기간에 걸쳐 이루어진 소득의 특성을 고려하여 별도의 소득금액을 산출하고 과세기간 등을 고려하여 별도의 세율을 적용하고 있다.

양도소득

양도소득은 제5부 '부동산자산가를 위한 양도소득세' 편에서 설명한다.

퇴직소득

퇴직소득 역시 이 페이지에서는 '퇴직연금'에 대하여 언급하고 제4부 '기업 보험과 법인세' 편에서 설명한다.

연금전환을 유도하기 위한 퇴직소득세 강화

"근로자들의 퇴직금 중간정산이 안 된다고요?"
새로 입사한 박한별FR이 마성숙의 말에 화들짝 놀라서 얘기한다.

"네, 근로자퇴직급여보장법이 2012년 7월26일부터 본격 시행되면서 중간정산 요건이 엄격히 제한되었기 때문입니다."

마성숙FR이 새로 입사한 멘티인 박한별FR에게 멘토로서 얘기한다. 멘토의 어원을 살펴보면 그리스 신화 중의 '오디세이'에 등장한다. 이타카 왕국의 오디세우스 왕의 가장 친한 친구 멘토가 오디세우스 왕이 트로이 전쟁을 치루는 동안 왕의 아들 텔레마쿠스를 훌륭한 사람으로 성장시킨 것에서 유래했다고 한다. 그의 이름 '멘토'를 따온 것이다.

"우리도 퇴직금 받으면 좋겠다."

박한별이 마성숙에게 애교 섞인 말투로 투정한다.

"한별씨, 우리 회사도 수수료중 일부가 5년 후로 이연되어 퇴직금과 같이 받는 제도가 있어요. 오래 근무하면 받을 수 있습니다. 더구나 소득 중 일부를 개인퇴직연금계좌에 가입할 수 있어요!"

"그럼 저도 가입하여야겠습니다."

"앞으로 고객 중 근로자들이 있는 경우 퇴직연금은 강제사항이기 때문에 퇴직연금 제도에 관심을 가져야 할 것입니다. 이 제도에 대해 이해가 부족해 고객의 노후자금을 관리하지 못하는 경우가 없도록 주의를 기울여야 합니다."

마성숙FR이 이름 그대로 '성숙한' 재무전문가가 된 듯이 박한별에게 조언한다. 사람이 외로운 것은 진정한 멘토가 없기 때문이다. 또한 사람은 누구나 변화를 추구하지만 그것이 쉽지 않은 것은 역시 바른 멘토가 없기 때문이다. 김영진 세무사의 퇴직소득 강의가 이어진다.

"세무사님! 아무래도 최근 이슈가 되고 있는 퇴직연금 제도와 최근 개정된 퇴직소득세에 대해 자세한 설명을 부탁드립니다."

"역시 마성숙FR은 꼭 핵심적인 부분을 가르쳐 주라고 하니까 제가 좋아하지 않을 수 없다니까요. 먼저 개정된 소득세법은 퇴직소득 과세표준을 5배수로 곱한 다음 6~38%누진세율이 적용되기 때문에 퇴직소득세가 과거보다 더 많아졌습니다. 앞으로 임원퇴직플랜시 무작정 퇴직소득세가 유리하다고 말할 수는 없을 것입니다."

요즈음 기업은 퇴직연금 등 고용에 따른 부담이 커지고 있어 50세가 되기 전에 명예퇴직을 권고하고 있다. 이는 사회적 손실이다. 보통 45세에서 55세 사이는 경험에 따른 판단력, 위기대처능력, 충성도 등이 가장 높은 나이로 효율성이 높은 나이이기 때문이다.

퇴직금 지급재원 외부 금융기관 적립의무화

과거 근로기준법상의 퇴직금 제도가 상시 4인 이하의 근로자를 사용하는 사업장도 2010년 12월 1일부터 근로자퇴직급여보장법에 옮겨 규정되고 있는 퇴직연금제도는 근로자의 안정적인 노후생활을 보장하기 위한 제도로 사용자가 근로자의 재직기간 중 퇴직금 지급재원을 외부의 금융기관에 적립하고, 이를 사용자 또는 근로자의 지시에 따라 운용하여 근로자 퇴직시 연금 또는 일시금으로 지급하는 제도로 그 종류에는 확정급여형퇴직연금제도(DB)와 확정기여형퇴직연금제도(DC)로 구분된다.

참고로 근로자퇴직급여보장법 개정에 따라 2010.12.1부터 상시 4인 이하 사업장의 근로자도 2010.12.1 이후 1년 이상 동일한 사업장에서 계속 근무하게 되면 퇴직금을 지급받을 수 있도록 연도별 확대되어, 사업주는 근로자가 2010.12.1~2012.12.31까지 1년 이상 근로한 기간에 대하여는 퇴직금의 50%를 2013. 1.1부터는 100%를 적용하여 의무적으로 지급하여야 한다. 만약 퇴직금을 지급하지 아니하거나 퇴직금을 법정수준에 미달하여 지급한 사업주는 근로자 퇴직급여보장법 위반으로 법적 불이익을 받을 수 있다.

구분	확정급여형퇴직연금 (Defined Benefit Retirement Pension)	확정기여형퇴직연금 (Defined Contribution Retirement Pension)	개인퇴직계좌 (Individual Retirement Account)
개념	퇴직시 지급할 급여수준을 노사가 사전에 약정	기업이 부담할 기여금 수준을 노사가 사전에 약정	근로자가 직장 이전시 퇴직연금 유지를 위한 연금 통산장치
	사용자가 적립금 운용방법 결정	근로자가 적립금 운용방법 결정	근로자가 적립금 운용방법 결정
	근로자가 퇴직시 사용자는 사전에 약정된 퇴직급여 지급	근로자가 일정연령에 도달하면 운용결과에 따라 퇴직급여 지급	퇴직일시금 수령자 가입시 등 일시금에 대해 과세이연
기업 부담	적립금 운용결과에 따라 기업부담 변동	매년 기업의 부담금은 근로자 임금의 일정비율로 확정(연간 임금총액의 1/12 이상)	없음(다만, 10인 미만 사업체는 DC형 동일)
퇴직 급여	근로기간과 퇴직시 임금수준에 따라 결정(계속근로기간 1년에 대하여 30일분 평균임금 이상)	자산운용실적에 따라 퇴직급여 수준이 변동	자산운용실적에 따라 퇴직급여 수준이 변동
제도간 이전	퇴직시 IRA로 이전	직장 이동시 이전용이	연금 이전이 용이하다
적합한 기업 및 근로자	도산위험이 없고, 정년이 보장 등 고용이 안정된 기업	연봉제 도입기업, 체불위험이 있는 기업, 직장이동이 빈번한 근로자	퇴직일시금 수령자 및 소규모기업 근로자

100세 시대, 재앙이 아닌 축복으로

"여러분, 앞으로 국민이 오래 사는 것이 정부로서는 곤혹스러운 일이 될 것입니다. 건강보험공단의 발표에 의하면 60세 이후의 의료지출이 많아 건강보험 적자재정에 상당히 큰 영향을 미친다고 합니다. 결국 2013년 개정세법은 퇴직금의 연금전환을 유도하기 위해 퇴직금에 대한 퇴직소득세 부담을 연금소득세보다 높게 조정하였습니다."

2026년이면 우리나라는 초고령사회로 진입한다. 우리나라의 고령화 속도가 빨라도 너무 빠른 것이다. 개정세법은 퇴직연금의 일시금 인출을 방지하기 위해 일시금 수령시 회사불입분은 퇴직소득으로 나머지 자기불입금과 운용수익은 기타소득세로 과세하는 것으로 개정되었다

"휴~ 머리가 어지럽습니다. 앞으로 고객과의 면담시 보험 얘기는 식상하고 또 하나의 무기인 세금을 가지고 얘기하여야 하는데 공부하면 할수록 어려운 것이 세법이네요."

'이 일을 80까지는 하고 싶은데…. 아무래도 100세 시대가 축복이 아닌 재앙이라고 하던데 틀린 말이 아닌가 보다.' 라고 마성숙FR이 혼잣말을 한다. '재앙' 은 아마도 건강과 노후 생활비가 일치되지 않는 이유일 것이다.

"신이 우리에게 장수의 복을 준다고 해도 미래를 준비하지 못한다면 그것은 개인의 책임이자 또 다른 정부의 책임이 될 것입니다."

그래서 정부는 살아있는 동안 노후 생활비를 고르게 가져가도록 하기 위해 2014년에 적용할 개정세법은 비과세되는 종신형 연금보험에 대해 장기간 분할 수령을 유도하기 위해 연간 연금수령한도를 도입하였다. 한편 연금으로 노후의료비 지출을 용이하도록 하기 위하여 노인의료 목적으로 인출하는 금액은 수령한도를 넘더라도 연금소득으로 과세(3~5%)한다.

"세무사님, 미래의 노후소득을 보장하기 위해서는 고객들에게 연금저축이나 저축성보험을 강조해야 하지만 올해 들어 경기여건이 좋지 않아서 그런지 통 여의치가 않습니다."

그동안 시장을 주도했던 저축성보험의 기세는 저금리 기조도 있지만 지난해 2.15세법 시행령이 개정된 이후 확연히 꺾이고 있다. 보험업계에 따르면 2012회계연도 65.9%에 달했던 저축성보험이 작년말 10% 줄었다고 한다.

"그렇습니다. 마성숙님, 아무래도 올해는 내실을 다진다 생각하고 수당체계가 좋은 종신보험이나 순수보장성 정기보험 위주로 상품의 포트폴리오를 조정하시기 바랍니다."

사실 지금과 같이 상품판매가 과거와 같지 않은 상황에서는 수수료 환산율

이 높은 순수보장보험, 종신보험, 변액보험, 연금보험순으로 판매되고 있는 실정이다.

소득공제 등 종합한도 설정과 세액공제로 전환

2013년 개정세법은 조세특례제한법에 소득세 소득공제 등 종합한도 규정을 신설하였다. 한도가 적용되는 소득공제 등 항목은 필요경비 및 공제금액의 합계액이 연간 2천500만원을 초과하는 경우에는 그 초과하는 금액은 없는 것으로 한다. 다음 표는 2014년에 적용할 개정세법상 한도포함, 한도제외되는 소득공제 등 항목이다.

한도포함 소득공제 등	의료비, 교육비, 주택임차차입금등 특별공제, 중소기업창업투자조합출자금 등(벤처기업 등 제외), 소기업·소상공인 공제부금, 청약저축 등, 우리사주조합출자, 장기집합투자증권, (성실사업자)월세액소득공제, 신용카드공제 등
한도제외 소득공제 등	인적공제, 근로소득공제, 보험료공제, 연금저축, 기부금, 장애인 관련비용, 개인의 벤처기업 출자·투자액에 대한 소득공제 등

인적공제

인적공제는 납세의무자의 최저생계비에 해당하는 금액을 과세소득에서 제외시켜 주기 위한 공제항목이다. 2013년까지 인적공제는 기본공제, 추가공제, 다자녀추가공제 등 3가지 항목으로 구성되어 있었으나 2014년에 적용할 개정세법은 추가공제 항목 중 6세이하자공제·출생입양자공제와 다자녀추가공제를 합하여 자녀세액공제로 전환하였다. 현행 기본공제와 추가공제를 인적공제라 하고 인적공제액의 합계액이 종합소득금액을 초과시 공제액은 없는 것으로 한다.

기본공제

종합소득이 있는 거주자에 대해서 다음 어느 하나에 해당하는 사람의 수에 1명당 연 150만원을 곱하여 계산한 금액을 공제한다.

구분	요건
ⓐ 본인공제	종합소득이 있는 거주자 본인
ⓑ 배우자공제	연간 소득금액이 100만원 이하인 자
ⓒ 직계존속공제	(소득금액 위 요건) 60세 이상(1954년생↓)
ⓓ 직계비속·동거입양자공제	(소득금액 위 요건) 20세 이하(1994년생↑)
ⓔ 형제자매공제	(소득금액 위 요건) 60세 이상(1954년생↓) (소득금액 위 요건) 20세 이하(1994년생↑)
ⓕ 가정위탁양육아동공제	(소득금액 위 요건) 18세 미만(1997년생↑)

주」 1. 배우자, 부양가족으로 직계존속 · 직계비속 · 형제자매 · 기초생활수급자 · 가정위탁양육아동은 위 연령 요건에 만족하고, 연간소득금액의 합계액이 100만원 이하. 다만, 일용근로소득만 있는 경우 공제가능하다. 단, 부양가족 중 장애인의 경우 나이제한은 없고 위 소득요건을 충족해야 한다.
　　 2. 형제자매는 주민등록상 동거요건을 필요로 하나, 그 이외 주거 형편상 별거가 허용

추가공제(기본공제대상자로 요건에 부합되는 자)

아래 항목에 해당되는 경우 요건 충족시 해당 공제금액을 공제한다.

구분	요건	공제금액
ⓐ 경로우대공제	70세 이상(1944년생↓)	연 100만원
ⓑ 장애인공제	나이제한 없음	연 200만원
ⓒ 부녀자공제	2014년에 적용할 개정세법은 종합소득금액3천만원(총급여 4천만원 수준)이하인 부양가족이 있는 부녀자세대주이거나 배우자가 있는 여성근로자	연 50만원
ⓓ 한부모공제	배우자가 없고 기본공제대상자인 직계비속 또는 입양자가 있는 자	연 100만원

주」 1. 2014년에 적용할 개정세법은 다자녀공제와 6세이하자공제, 출생입양자공제를 삭제하고 자녀세액공제로 통합 개정하였다.
　　 2. ⓒ 부녀자공제와 ⓓ 한부모공제가 동시에 적용되는 경우 ⓓ 한부모공제를 적용한다.

연금보험료공제

> **공적연금 관련법에 따른 기여금 또는 개인부담금 납입액(연금보험료)**

종합소득이 있는 거주자가 공적연금 관련법에 따른 기여금 또는 개인부담

금을 납입한 경우에는 해당 과세기간의 종합소득금액에서 그 과세기간에 납입한 연금보험료를 공제한다. 2014년에 적용할 개정세법은 연금보험료공제 대상을 공적연금 관련법에 따른 기여금과 개인부담금으로 한정하여 전액공제하고 그동안 같이 공제하였던 연금저축 등 사적연금보험료는 연금계좌세액공제로 전환하였다. 연금보험료공제의 합계액이 종합소득금액을 초과하는 경우 그 초과하는 공제액은 없는 것으로 한다.

주택담보노후연금이자비용공제

금융기관 등 주택담보노후연금 이자비용 상당액(200만원 한도)

연금소득이 있는 거주자가 금융기관의 주택담보노후연금을 받은 경우에는 그 받은 연금에 대해서 해당 과세기간에 발생한 이자비용 상당액을 공제한다. 해당 과세기간 연금소득금액에서 공제할 이자 상당액이 200만원을 초과하는 경우에는 200만원을 공제하고, 연금소득금액을 초과하는 경우 그 초과금액은 없는 것으로 한다. 주택담보노후연금이자비용공제는 해당 거주자가 신청한 경우에 적용한다.

2015년 2월 연말정산, 아는 만큼 절세

"세무사님, 연말정산이란 근로자가 쓴 돈을 매번 정산할 수 없어 내야하는 세금의 기준을 정해놓고 매월 일괄적으로 원천징수의무자가 징수한 뒤 연말에 낸 세금이 더 많으면 돌려받는 제도 아닌가요."

마성숙FR의 질문이다. 마성숙은 현재의 삶을 충실히 하면서 한 단계, 그 다음 단계로 쌓아가고 있다.

"그렇습니다."

"최근 직장인들이 돌려받는 금액은 줄고, 세금을 내야 하는 경우가 더 많다고 하던데요. 그 이유는 무엇일까요?"

"여러분들의 경우 사업소득으로 과세되기 때문에 체감하지는 못하겠지만, 2월 월급봉투에 찍힌 금액을 보고 놀란 직장인들이 많았을 겁니다. 연말정산 환급액을 과거엔 보너스처럼 받아 이것저것 사기도 했지만 올해는 그렇지 못해 아마도 2014년 3월 경기가 최악일 것입니다."

신용카드와 체크카드의 사용비율까지 꼼꼼히 신경 썼지만 받아든 월급봉투는 환급액이 아니고 더 많은 세금이 떨어져 나갔다고 한다. 세법이 개정되어 세금부담이 늘어나는 것은 내년 정도일 거라 생각한 것이다.

"아마도 직장인들은 올해부터 일년 내내 연말정산에 신경써야 할 것입니다. 그래야 '세금폭탄'에 대비할 수 있을 것입니다."

각종 소득공제 항목은 많지만 실상 피부로 느끼는 혜택은 미미한 수준이다. 더구나 개정세법은 2500만원이라는 소득공제 한도마저 설정해 놓은 상태이다. 복지예산을 충당하기 위해 유리알 지갑만 노린다는 비판이다.

"세무사님, 근로자를 위한 연말정산 절세 방안에 대해 연구하는 시간을 가졌으면 합니다."

"그렇게 하지요. 먼저 이번에 세금이 많이 나온 이유에 대해 말씀드리면 그동안 매달 근로자가 내야할 세금의 기준이 되는 간이세액조견표의 세액 수치는 높은 편이었습니다. 여기에는 근로소득공제·기본공제·다자녀추가공제·연금보험료 공제·경로우대공제 등이 반영됩니다."

간이세액조견표란 근로자의 소득과 부양가족 수에 따른 기본공제 혜택 등을 고려해 사업주가 근로자의 매월 분 월급에서 원천징수할 근로소득세를 미리 계산하기 위해 만들어 놓은 표를 말한다.

"다만, 근로자가 실제 부담하는 세액은 여러 가지 공제액을 반영하는 연말정산을 거친 후 확정되는 만큼 간이세액표의 세액과 차이가 있을 수 있습니다. 즉 이러한 조견표에 기준해 많이 걷고 나중에 많이 돌려주었던 것입니다."

그러나 2012년 9월 세법개정 후 간이세액조견표의 금액이 보다 현실적으로 바뀌었다. 원천징수할 세금을 약 10% 가량 줄인 것이다.

"조삼모사로 평달에 덜 걷고 연말정산 때 더 내는 구조로 바뀐 것입니다 그렇기에 직장들이 받을 환급금 또한 줄었던 것입니다."

같은 월급을 받는 사람일지라도 신용카드와 체크카드의 사용 유무, 부양가족의 의료비와 교육비의 차이 그리고 부양가족수에 따라 내야하는 세금도 다르다.

"향후 중요한 것은 2014년에 적용할 개정세법입니다. 올해 소득부터 적용되는 개정된 세법을 살펴보면, 우리가 지금까지 교육비 의료비에 대해 소득공제를 받아 필요경비로 인식해 과세표준이 낮아져 적용되는 세율 자체가 낮아지는 효과가 있었지만 올해는 높은 세율이 적용되는 상태에서 그 항목이 세액공제로 바뀌게 됩니다."

기획재정부는 연봉 7000만원 초과 근로자의 경우 내년 초 연말정산 때 한거번에 많은 세금이 나오지 않도록 4월부터 간이세액표를 조정해 더 많이 원천징수할 예정이다.

"더구나 국세청은 올해부터 근로자들의 연말정산 항목 중 소득공제에 대한 확인을 대폭 강화할 것으로 보입니다. 그러나 개정된 세법을 보면 주택임대료 공제율을 10%로 올리고 직불카드 공제율은 30%로 유지하고 현금영수증 공제율을 20%에서 30%로 올렸습니다."

개정세법은 5000만원 이하 무주택 가구 월세 공제액을 현 50%에서 60%로 높여 저소득층에게 혜택을 주었다. 또 다행인 것은 직장인들 사이에서 가장 흔히 쓰이는 공제 수단 중 하나인 신용카드소득공제가 유지되고 있다는 것이다.

"세무사님, 우리 TFR재무전문가들이 근로소득자들에게 자신의 세금이 어떻게 산출되는지 자세히는 몰라도 세법에 관한 기본교육을 알려드려야 할 의무가 생긴 것 같습니다."

사실 세법이 보다 국민생활에 더 가까워져야 할 필요가 있다. 납세자를 이해시키고 보다 넓은 계층의 국민들이 관련 혜택을 받을 수 있도록 다양한 정보와 서비스를 제공하여야 할 것으로 보인다. 마이더스 손을 통해 신용카드소득공제에 대하여 알아본다.

신용카드소득공제 잘못된 사례 및 관련예규

조세특례제한법 제126조의 2에서 신용카드 등 사용금액에 대한 소득공제 대상이 되는 신용카드는 여신전문금융업법 제2조의 규정에 의하여 신용카드 가맹점에서 사용할 수 있는 신용카드로서 금융감독위원회의 신용카드업 허가를 받은 자가 발행한 카드로 한정하고 있으므로 국외에서 발급받은 신용카드는 소득공제대상이 되지 않는다.(법인46013-423, 2000. 2.14)

잘못된 신용카드소득공제

- 기본공제대상자인 형제·자매의 신용카드 사용금액을 소득공제
- 외국에서 발행한 카드의 사용금액을 소득공제
- 외국에서 신용카드 등을 사용한 금액
- 현금서비스를 받은 신용카드 등 사용금액과 사용취소된 금액
- 사업관련 경비로 처리된 종업원 명의의 신용카드 사용금액을 종업원이 소득공제
- 사업소득과 관련된 비용 및 법인의 비용에 해당하는 사용금액
- 신용카드사용액에서 제외되는 보험료납입 등에 사용한 신용카드금액을 부당하게 공제
- 실거래 없이 신용카드 등의 전표를 교부받거나 실거래액을 초과하여 전표를 교부받은 금액
- 위장가맹점과의 거래분을 신용카드사용액으로 공제
- 신용공여기능과 직불카드기능이 함께 있는 카드(후불교통카드)를 직불카드사용액으로 보아 공제

신용카드소득공제 관련예규

- 신용카드 소득공제대상은 근로자와 생계를 같이하는 직계존비속(형제자매는 제외)이 사용한 신용카드 사용금액이 포함되는 것이며, 이 경우 직계존비속의 연령제한은 없는 것이나 연간소득금액 100만원 이하인 경우만 소득공제대상으로 한다.(서이46013-10660, 2001.12.4)

- 근로소득과 다른 종합소득이 있는 거주자의 소득공제(소득세과-3745, 2008.10.16) 근로소득과 다른 종합소득이 있는 거주자의 종합소득금액 계산에 있어서 근로소득금액에서만 공제되는 금액이 근로소득금액을 초과하는 경우 그 초과하는 금액은 다른 종합소득금액에서 공제할 수 없는 것임

- 신용카드 등으로 리스료를 지급하는 경우 신용카드 등 사용금액에 대한 소득공제대상 해당 여부(서이46013-10189, 2003. 1.24) 조세특례제한법 시행령 제121조의 2 제4항 제5호 신설에 따라 2003. 1.1.부터 신용카드 또는 직불카드를 사용하여 리스료(여객자동차운수사업법에 의한 자동차대여사업의 자동차대여료를 포함)를 지급하는 경우, 동 신용카드 등 사용금액은 조세특례제한법 제126조의 2(신용카드 등 사용금액에 대한 소득공제대상)에 포함되지 아니함

- 신용카드에 의하여 아파트자치관리기구에 납부한 아파트관리비의 신용카드 등 사용금액에 대한 소득공제대상 여부(재경부소득 46073-159, 2002.11.28) 신용카드에 의하여 아파트자치관리기구에 납부한 아파트관리비는 조세특례제한법 제126조의 2 규정에 의한 신용카드 등 사용금액에 대한 소득공제대상에 포함되지 않음

- 상품권을 신용카드로 구입한 경우 신용카드 등 사용금액에 대한 소득공제 적용 여부(서일 46011- 11606, 2002.11.28) 상품권을 신용카드로 구입한 경우 그 구입액에 대하여는 조세특례제한법 제126조의 2(신용카드 등 사용금액에 대한 소득공제)의 규정을 적용하지 않는 것임

- 종업원이 사용자로 지정된 법인 신용카드로 제공된 복리후생비는 종업원의 신용카드 등 사용금액에 포함되지 아니하는 것임(서면1팀-348, 2007. 3.14)

조세특례제한법 제126조의 2의 규정을 적용함에 있어서 법인이 「여신전문금융업법」에 의한 신용카드업자로부터 종업원이 사용자로 지정된 법인신용카드를 발급받아 종업원별로 일정한도를 정하여 복리후생적 목적으로 사용하게 하고 그 대금을 해당 법인이 지급하는 경우 그 사용대가는 해당 종업원의 "신용카드 등 사용금액"에 포함되지 아니하는 것임

  - 복지카드사용액은 신용카드 등 사용금액에 대한 소득공제 및 의료비공제를 적용하는 것임(서면1팀-1705, 2006.12.15) 근로소득에 해당하는 해당 복지카드사용액은 조세특례제한법 제126조의 2 및 같은법시행령 제121조의 2, 소득세법 제52조 제1항 제3호 및 같은 법 시행령 제110조에 의하여 신용카드 등 사용금액에 대한 소득공제 및 의료비공제를 적용하는 것임

  - 국내의 면세판매장에서 재화를 구입하면서 대금으로 결제한 신용카드사용액은 조세특례제한법 제126조의 2의 규정에 의한 신용카드소득공제 대상에 포함된다(법인 46013-82, 2000. 1.12).

소득세법상 특별소득공제

근로소득이 있는 거주자로서 소득공제 신청자의 경우 아래 금액을 공제한다. 해당 거주자가 신청한 경우에 적용하며, 공제액이 종합소득금액을 초과하는 경우 그 초과하는 금액은 없는 것으로 한다. 2014년에 적용할 개정세법은 그동안 특별공제 항목인 보험료, 의료비, 교육비, 기부금 공제 항목을 특별세액공제로 전환하였다.

구분	요건
보험료 공제	근로소득이 있는 거주자(일용근로자는 제외한다)가 해당 과세기간에 국민건강보험법, 고용보험법 또는 노인장기요양보험법에 따라 근로자가 부담하는 보험료를 지급한 경우 그 금액을 해당 과세기간의 근로소득금액에서 공제
주택임차 차입금원 리금상환 액공제	12월 31일 현재 무주택 세대의 세대주(단독세대주 포함)가 국민주택규모(전용면적 85㎡ 이하)의 주택 또는 국민주택규모의 주거용 오피스텔(2013.8.13 이후 지출분부터)을 임차하기 위해 대출기관 등에서 차입한 자금으로 ▶ 주민등록등본상의 동거가족(배우자, 자녀, 부모님, 장인, 장모님 등)을 포함한 세대가 원리금(원금+이자) 상환액의 40%를 주택마련저축(청약저축·주택청약종합저축)공제액·월세액공제액·주택임차차입 금원리금상환공제액의 합계액을 연 300만원 한도로 공제
월세소득 공제*	과세기간 종료일 현재 주택을 소유하지 아니한 세대의 세대주 또는 세대원으로서 근로소득이 있는 거주자가 ▶ 총급여 5000만원 이하(2014년에 적용할 개정세법은 이자배당 등을 합산한 종합소득금액이 4000만원 초과시 배제)인 무주택세대·주택청약저축·주택청약종합저축 납입금액 또는 무주택세대가 국민주택규모의 주택(오피스텔 포함) 임차를 위한 지급금액:저축불입액 또는 지급금액의 50%→)60% 월세소득공제액(연 200만원)을 위 주택임차차입금원리금상환액공제 한도초과금액과 추가하여 공제
주택저당 차입금이 자상환액 소득공제	2014년에 적용할 개정세법은 1주택자의 대체주택 취득을 위한 차입시까지, 주택을 소유하지 아니한 무주택근로자가 15년 이상 장기주택저당차입시 ▶ 세대주의 국민주택규모이하의 주택(1주택에 한함)으로서 2014년에 적용할 개정세법은 기준시가 3억원→)4억원 이하인 주택을 취득하기 위한 장기주택저당차입금의 이자 상환액(연 500만원 한도, 만기 30년 이상의 장기주택저당차입금 이자비용의 경우 합계 1천500만원 한도)

주」 3.8대책으로 정부는 월세소득공제를 세액공제 전환을 예정하고 있다. 지원대상도 부부합산 연소득 5000만원 이하에서 세대주 개인 연소득 7000만원 이하로 확대예정이다. 월세 지급액의 최저 10%인 75만원(공제한도 750만원)의 세액공제 전환 예정이다.

조세특례제한법상 소득공제

항목	요건	공제범위	적용시한
중소기업 창업투자 조합출자등에 대한 소득공제	- 중소기업창업투자조합,한국벤처투자조합, 신기술사업투자조합 또는 부품·소재전문투자조합에 출자 - 벤처기업투자신탁의 수익증권에 투자하는 경우 - 개인투자조합을 통하여 벤처기업에 투자한 경우	- 투자액×10/100 또는 50/100·30/100 (한도액 = 종합소득금액 × 50/100) ※ 투자일이 속하는 과세연도부터 투자후 2년이 되는 날이 속하는 과세연도까지 선택하는 1 과세연도에서 공제	2014.12.31 까지 출자
개인의 벤처기업 출자·투자액에 대한 소득공제	- 벤처기업 - 벤처기업에 준하는 창업후 3년 이내의 중소기업	- 소득공제율 5천만원 이하 : 50% 5천만원 초과 : 30% - 공제한도 : 종합소득금액의 50% - 소득공제 종합한도 적용배제	2014. 1.1 이후 출자 또는 투자
소기업·소상공인공제부금에 대한 소득공제	소기업·소상공인공제에 가입하여 납부	해당연도 공제부금 납부액 (300만원 한도)	일몰규정 없음
우리사주조합 출자금 소득공제	우리사주조합에 출자하는 경우	해당연도 출자금액 (400만원 한도)	
고용유지 중소기업 근로자 소득공제	매출액 또는 생산량 10% 이상 감소 또는 재고량 50% 이상 증가한 중소기업이 고용유지시 상시근로자	(직전 과세연도 상시근로자 연간임금총액 - 해당 과세연도 상시근로자 연간임금총액) × 50/100 (한도액:1,000만원)	2015.12.31 이 속하는 과세연도 까지
자기관리부동산투자회사에 대한 소득공제	- 부동산투자회사가 국민주택을 신축하거나 취득당시 입주된 사실이 없는 국민주택을 매입하여 임대업 경영	국민주택임대소득 × 50/100 ※최초로 소득이 발생한 사업연도와 그후 5년간 공제	2009.12.31 이전에 신축 등
	- 자기관리부동산투자회사가 149㎡이하인 주택을 신축하거나 취득당시 입주된 사실이 없는 149㎡이하인 주택을 매입하여 임대업 경영	국민주택임대소득 × 100/100 ※최초로 소득이 발생한 사업연도와 그후 5년간 공제	2015.12.31 이전에 신축 등

장기주식형 저축에 대한 소득공제	장기주식형저축에 가입하여 저 축금을 납입한 경우	납입금액 × (납입개월에 따라) 20/100·10/100·5/100(납입금 액한도액 1200만원) ※ 개인연금저축소득공제와 중 복적용 배제	2009.12.31 까지 가입
장기펀드 (소장펀드) 소득공제	2014년에 적용할 개정세법상 신 설조항으로 총급여액 5000만원 이하인 근로자가 2014. 1.1 이후 장기집합투자증권저축에 가입 하여 납입한 경우	- 자산총액 40% 이상을 국내주 식에 투자하는 장기적립식펀드 (연 납입한도 600만원, 계약기간 10년 이상) - 10년간 연 납입금액 × 40/100	2015.12.31 까지 가입
목돈 안드는 전세 이자상환액 소득공제	2014년에 적용할 개정세법상 신 설, 부부합산 연소득 6천만원 이 하인 임차인에게 보유주택을 담보로 전세보증금 차입(2013. 8.13 이후)	대출한도 3천만원(수도권 5천만 원)의 주택임차인이 상환한 이자 상환액 × 40/100 (300만원 한도)	2015.12.31 까지 지급
신용카드 등 사용금액에 대한 소득공제	근로소득(일용근로자제외)있는 거주자가 사업자로부터 재화·용 역을 공급받고 신용카드 등 사 용금액으로연간합계액이 총급 여액의 25%를 초과하는 경우	총급여액의 20%와 300만원 중 적은 금액	2014.12.31 까지 사용 분
성실사업자에 대한 소득공제 특례	2014년에 적용할 개정세법은 종 합소득금액이 4천만원 이하인 성실사업자의 주거비용경감 차 원에서 월세액 공제	월세 지급액의 50% (300만원 한도)	2015.12.31 까지 지급 분

주 신용카드소득공제금액 : ①+②+③+④−⑤에 해당하는 금액을 공제한다. 공제한도는: Min(연간 300만원, 총급여액의 20%) 다만, 한도초과 금액이 있는 경우 한도초과금액과 전통 시장사용분, 대중교통이용분의 합계액(①+②)중 적은 금액(①과②의 금액은 각각 연간 100만원을 한도로 함)을 소득공제금액에 추가한다.
① 전통시장 사용분(신용카드 · 현금영수증 · 직불카드 · 선불카드) × 30%
② 대중교통 이용분(신용카드 · 현금영수증 · 직불카드 · 선불카드) × 30%
③ 현금영수증, 직불 · 선불카드 사용분(전통시장, 대중교통비 사용분에 포함된 금액 제외) × 30%
④ 신용카드사용분(현금영수증, 직불 · 선불카드, 전통시장 · 대중교통이용분 제외) × 15%
⑤ 다음의 어느 하나에 해당하는 금액
 · 최저사용금액≤신용카드사용분 : 최저사용금액×15%
 · 최저사용금액>신용카드사용분 : 신용카드사용분×15%+(최저사용금액−신용카드사용분)×30%

싱글족, 노후준비를 위한 재무설계는 필수

"여러분은 세테크와 재테크 두 마리 토끼를 잡기 위해서 이른 아침부터 TFR 재무전문가 교육을 받고 있지요. 우리가 비록 보험상품을 주력으로 안내하고 있지만 이것만은 알고 넘어가야 할 것 같습니다. 2013년 개정세법은 재형저축 비과세로 은행에, 2014년 개정세법은 주식시장에 도움을 주기 위해 장기펀드 소득공제 상품을 만들었습니다."

지난해까지 소득공제 대상이던 연금저축 상품이 올해부터 세액공제로 변경됨에 따라 장기펀드는 신규 가입할 수 있는 유일한 소득공제 금융상품이 다.

"최근 연말정산에서 13월의 보너스가 아닌 세금폭탄을 맞은 직장인들의 관심은 오로지 소득공제 금융상품입니다. 특히 장기펀드 소득공제가 세테크 측면만 고려해도 수익률이 최저세율 6.6% 이상입니다."

"세무사님, 장기펀드가 주가가 상승하면 추가 수익을 기대할 수 있다는 점과 2~30대 젊은 세대와 서민층들이 목돈을 마련할 수 있다는 점이 어필하고 있습니다."

"그렇습니다. 아마도 고객을 만나다보면 문의가 자주 들어올 것입니다. 예를 들어 5000만원 이하 근로소득자가 최대 납입액 600만원을 납입한다면 그 중 240만원을 소득공제를 받아 연말정산 때 15% 기본세율의 적용을 받는다면 지방소득세 포함시 39만6000원을 환급받을 수 있습니다."

장기펀드는 가입시점의 요건만 충족하면 된다. 직전연도 총급여액이 5000만원 이하인 근로소득자만 가입할 수 있다. 올봄에 가입하는 경우 2013년 연간 총급여액이 기준이 된다. 총급여액이란 근로자가 1년 동안 회사에서 받은 전체 급여에서 식대, 차량유지비, 6세 이하 자녀 보육수당, 업무관련 학자금 등 비과세소득을 제외한 금액이다.

"그리고 가입기간 중 급여가 올라 소득이 8000만원으로 늘었다면 연말정산 때 24% 기본세율의 적용을 받아 63만3600원까지 환급액이 더 늘어나게 되어 세테크 수익률은 연 10.56%가 됩니다. 유의할 사항은 가입기간은 최소 5년에서 최장 10년까지입니다. 5년 안에 펀드를 해지하면 총납입액 중 6% 수준의 실제공제받은 소득세액을 추징당합니다. 그리고 장기 적립식 펀드로 손실이 날 가능성이 있는 투자형 상품이라는 것을 고객에게 안내하여야 합니다."

또 한 가지 가입시 유의사항으로 가입 직전 해에 종합소득과세표준에 합산되는 2000만원을 넘는 금융소득이나 300만원을 초과하는 상금, 강사료, 원고료 등 기타소득이 있다면 가입조건이 제한되고 신규 가입은 2015년 12월 31일까지만 가능하다. 그리고 가입 당시 직전 과세기간에 근로소득이 없는 신입사원, 장기휴직자 등은 올해 가입할 수 없다.

"여러분 중에 혹시 싱글족이 있으신가요?"

한편 김영진 세무사가 1인가구 비중이 갈수록 증가되고 있는 상황에서 향후 싱글족의 재무설계를 강조한다.

"높은 연봉을 받는 싱글족이라면 소득공제 중 인적공제 항목이 적어 세금 부담이 많아지고 있습니다. 더구나 기혼자라면 동반자인 배우자가 있어 다소 노후준비가 미흡하더라도 배우자나 자녀를 통해 경제적 지원도 받을 수 있지만, 싱글족은 말 그대로 혼자이기 때문에 결혼은 선택일지 모르겠지만 노후준비를 위한 재무설계는 필수여야 합니다."

통계청 발표 2012년 인구주택 총조사에 따르면 1인가구 비율이 25.3%로 4인가구 비율인 20.9%를 앞지른 것으로 나타났다. 1인가구는 향후 2025년이면 31.3%, 2035년이면 3가구 중 1가구꼴로 34.3%가 된다.

"싱글족은 금전적인 안정이 보장되지 못하면 외로움은 기본이고 가난한 노후만 남습니다. 그래서 소득과 지출 하나하나를 정확히 파악해서 관리해야 합니다."

싱글족은 불필요한 지출 중 보험료를 잘 따져봐야 한다. 예를 들어 형제도 없고 부모가 모두 사망하였다면 정기보험은 불필요할 수 있다. 싱글족은 현재를 즐기면서 미래를 준비하는 멋진 인생이어야 한다.

"세무사님, 그럼 싱글족에게 추천할 수 있는 상품이 있을까요?"

"개인적으로 암보장을 받을 수 있는 보장성보험은 기본적으로 가입하는 것이 좋다고 생각합니다. 그리고 세액공제가 가능한 연금저축상품도 추천할만한 상품입니다."

싱글족은 반드시 실손보험을 가입하고 케어할 수 있는 동반자가 없기 때문에 질병보험이나 암보험, 간병보험 등을 필수적으로 가입해야 한다.

"2014년도부터 소득세법상 최고세율 과세표준 구간을 조정 인하해서 올해 그에 따른 세수효과가 상당할 것으로 파악되고 있습니다. 이번 개정으로 정부 추계상 1억5000만원을 초과하는 최고세율 구간 적용인원이 4만1천명에서 13만2천명으로 증가되고 그 세수효과가 약 4700억원 정도입니다. 근로소득자의 경우 총급여가 3억4000만원인 경우 450만원 정도의 세부담이 증가됩니다."

"이래저래 고액 연봉을 받는다고 하더라도 납부세액이 증가되어 가처분소득이 줄어서 쓸 돈이 없네요!"

근로소득자들은 불확실한 세상에서도 항상 자신의 운명이 좋은 방향으로 움직일 거라고 생각한다. 그러나 현실은 그렇지 않은 것 같다. 향후 세금부담이 많아지는 이유 때문이다.

소득세율 5단계 초과누진세율 구조

소득세 기본세율은 5단계 초과누진세율로 구성되어 있다. 기본세율은 종합소득세는 물론 퇴직소득세와 양도소득세의 기본세율이다. 종합소득 산출세액의 계산과 관련하여 소득세법은 초과누진방식으로 계산하도록 하고 있다. 2014년에 적용할 개정세법은 고소득자에 대한 소득세 과세 강화를 위해 2014년 귀속분부터 최고세율 구간을 3억원 초과에서 1억5천만원 초과로 개정하였다.

소득세 기본세율

2013년 귀속			2014년 귀속		
과세표준	세율	누진공제액	과세표준	세율	누진공제액
1,200만원 이하	6%		1,200만원 이하	6%	
1,200만원 초과 4,600만원 이하	15%	108만원	1,200만원 초과 4,600만원 이하	15%	108만원
4,600만원 초과 8,800만원 이하	24%	522만원	4,600만원 초과 8,800만원 이하	24%	522만원
8,800만원 초과 3억원 이하	35%	1,490만원	8,800만원 초과 1억5천만원 이하	35%	1,490만원
3억원 초과	38%	2,390만원	1억5천만원 초과	38%	1,940만원

주」 과세표준 구간에 세율을 적용한 후 누진공제액을 차감하면 간편하게 소득세액이 산출

금융소득(이자 · 배당) 원천징수세율

구분	종류		원천징수세율
완납적 원천 징수	① 분리과세신청 10년 이상 장기채권·이자		30%
	② 직장공제회초과반환금(1999.1.1. 이후 가입자부터 과세)		기본세율 (6~38%)
	③ 비실명 금융소득	소득지급자가 금융기관인 경우(實名法§ 5)	90%
		소득지급자가 금융기관이 아닌 경우(所法§ 129②)	35%(38%)
		특정 비실명채권의 이자소득(實名法§ 5)	15%
	④ 민사소송법에 의하여 법원의 경락대금 등에서 발생한 이자소득		14%
	⑤ 법인으로 보는 단체외의 단체 중 수익을 구성원에게 배분하지 아니하는 단체로서 단체명을 표기하여 금융거래를 하는 단체가 금융기관으로부터 받는 이자·배당소득		14%
	⑥ 15년 이상인 사회간접자본(SOC)채권 (조특법§ 29) ⑦ 법인별 3억원 초과 인프라펀드 (조특법§ 91의4) ⑧ 임대주택펀드 (조특법§ 91의5)		14%

완납적 원천 징수	⑨ 세금우대종합저축의 이자·배당소득(조특법§ 89)	9%
	⑩ 액면가 5천만원 초과 3억원 이하인 주권상장법인 등의 소액주주가 1년 이상 장기보유하는 경우의 배당(2006.12.31까지 지급받는 분)(조특법§ 91)	5%
	⑪ 고수익고위험투자신탁 등 (조특법§ 91의7) ⑫ 법인별 3억원 이하 인프라펀드 (조특법§ 91의4)	
예납적 원천 징수	① 기타의 일반적인 이자·배당소득(所法§ 129①)	14%
	② 비영업대금의 이익(所法§ 129①1호 나) ③ 출자공동사업자의 배당소득(所法§ 129①2호)	25%
	④ 영농·영어조합법인으로부터 받는 배당소득 중 소득세가 면제되지 않는 배당소득(조특법§ 66 ③, § 67③)	5%

주」 완납적 원천징수란 원천징수로 납세의무를 분리과세로 종결하는 것. 예납적 원천징수란 잠정적으로 원천징수 후 종합과세하는 것을 의미한다.

사업소득 등 원천징수세율

구분	과세대상	세율
사업소득	▸ 의료보건용역 - 의사·치과의사·한의사·조산사·간호사·임상병리사·방사선사·물리치료사·작업치료사·치과기공사 및 치과위생사 제공용역 - 접골사·침사·안마사·수의사 제공용역 - 의약품 조제용역·장의용역·분요의 수집/운반/처리/정화조청소용역 등 ▸ 인적용역 - 가수·감독·설계·직업운동가·보험모집인·상담소·국선변호인 등 - 음악/무용/바둑의 교수·직업운동가 및 운동지도가 등 용역 - 저작권료·강연료· 강사료 및 심사료 등(접대부·댄서는 제외)	3%
근로소득	▸ 월급여자(매월, 연말정산)	간이세액표
	▸ 일용근로소득자	6%
기타소득	▸ 기타소득금액이 1건당 50,000원 초과시 원천징수 - 연간 기타소득금액이 300만원 이하의 경우 원천징수분리과세 선택가능(300만원 초과시 종합소득 합산과세)	20%
	▸ 복권당첨금과 유사 기타소득 중 3억원 초과분	30%
	▸ 2014년에 적용할 개정세법은 - 연금외 수령소득 중(아래 부득이한 사유로 인한 수령 제외)	15%
	- 연금외 수령소득 중 사망 등 부득이한 사유로 인한 수령	12%

봉사료 소득	▸ 봉사료 금액이 공급가액(간이과세자는 공급대가)의 20%를 초과하는 경우의 봉사료	5%
퇴직소득	▸ 퇴직소득금액	기본세율
비 거주자 국내 원천 소득	▸ 선박, 항공기, 등록된 중기나 자동차의 임대소득	2%
	▸ 국내에서 영위하는 사업소득	2%
	▸ 인적용역 제공소득	20%
	▸ 이자 및 신탁의 이익	20%
	(국가·지방자치단체·내국법인의 발행채권에서 발생하는 이자)	(14%)
	▸ 배당소득	20%
	▸ 자산이나 정보의 사용 또는 양도로 인한 소득	20%
	▸ 기타소득	20%
	▸ 유가증권양도 : 수입금액 10%와 소득의 20% 중 적은 금액	10% / 20%

주」 2014년에 적용할 개정세법은 2014년 1월 1일 이후 연금계좌에서 연금으로 받지 못하고 연금외 수령에 수령에
따른 기타소득의 경우, 단순한 과세이연임에도 불구하고 20%로 원천징수함으로 인한 불합리를 시정하기 위해
별도의 저율 원천징수세율로 함

실손보험금 수령, 의료비 세액공제 안 된다

"세무사님, 연말정산은 그야말로 '아는 것이 힘'이 아니라 '아는 것이 돈이
다'라고 하는데 연말정산 소득공제와 세액공제에 대하여 몇 가지 의문나는 부
분에 대해 도움을 주셨으면 합니다."

마성숙 재무전문가가 다음 주에 있을 고객 세미나를 준비하고 있다. 소득과
소비의 수준이 같아도 연말정산 결과가 달라질 수 있다. 한편 공제액이 실제보
다 많으면 나중에 가산세를 부담할 수도 있다. 세미나에서 알쏭달쏭한 연말정
산 규정을 사례별로 풀어볼 예정이다.

"세무사님, 연말정산을 준비하다 보면 아리송할 때가 많습니다. 맞벌이 부부
의 경우 특히 그런데요. 아이들의 교육비를 누가 공제받는 게 유리한지, 따로 받
을 수 있는지, 따로 사는 부모님도 공제가 되는지, 본인이 지불한 배우자의 의
료비는 어느 쪽에 신고해야 하는지 몰라 답답해 합니다. 먼저 맞벌이 부부에게
유리한 소득공제 노하우가 있다는데 말씀해주시죠!"

이렇듯 연말정산은 공제신청 노하우에 따라 환급금이 달라지니 대충할 수

도 없다.

"네, 맞벌이 부부의 경우 부양가족의 인적공제를 누가 받느냐에 따라 환급금에 차이가 날 수 있습니다. 부양가족에는 자녀는 물론 본인과 배우자의 직계존속, 형제자매도 포함됩니다. 이 경우 부부 중 소득이 많아 세율이 높은 쪽에 부양가족에 대한 공제를 몰아주면 효과가 더 큽니다."

의료비세액공제와 신용카드소득공제는 최저사용금액이 있는 경우엔 소득이 적은 배우자가 지출하는 것이 유리하다. 총급여의 일정 수준 이상을 사용해야 공제되기 때문이다. 가족카드의 경우 결제자가 아니라 카드명의자 기준으로 공제된다.

"특히, 자녀의 보장성 보험료는 부양가족으로 등록한 근로자가 납부해야 세액공제를 받을 수 있습니다. 부양가족이 아닌 자녀의 보험료는 공제 대상이 아닙니다."

김영진세무사가 얘기하는 바와 같이 부양가족공제대상과 보험료세액공제가 일치되어야 한다. 보험료는 작년까지는 보험료 소득공제 항목이었으나, 2014년에 적용할 개정세법은 보험료세액공제로 전환되었다.

"그렇다면 자녀의 입학금을 올해 교육비세액공제를 받을 수 있을까요? 정답은 '받을 수 없다' 입니다. 대학 수시모집에 합격해 입학금을 납부했더라도 아직은 대학생이 아니므로 공제 대상이 아니기 때문입니다. 이 부분에 대한 소득공제는 내년에 신청하여야 합니다. 장학금을 받은 경우엔 장학금을 제외하고 실제로 납부한 금액에 대해서만 공제를 받을 수 있습니다."

또한 학원비 공제는 취학 전 아동만 받을 수 있다. 부양가족인 형제자매의 교육비도 공제대상이다. 그러나 주민등록표상 동거가족이어야 하고 연간 소득금액이 100만원 이하여야 한다. 처남과 처제, 즉 배우자의 형제도 공제대상이다.

"세무사님, 최근 상해와 질병으로 인한 비용을 보장하는 실손보험 가입자가 늘고 있습니다. 그렇다면 실손보험 보험금을 받은 경우 의료비를 공제받을 수 있을까요?"

"한마디로 안 됩니다. 의료비를 먼저 지불하고 나중에 보험금을 받았다 해도 보험금에 상당하는 의료비는 세액공제대상에서 제외됩니다. 의료비는 신용카드로 결제하는 것이 유리합니다. 신용카드 소득공제와 의료비세액공제를 모두 받을 수 있어요. 부모님에 대한 의료비는 부양가족으로 등록한 자녀가 지불하여야 합니다. 그래야 의료비 세액공제를 받을 수 있습니다. 장남의 부양가족인 부친의 의료비를 차남이 지불한 경우 장남과 차남 모두 의료비 공제를 받을 수 없다는 얘기입니다."

의료기기 구입비용도 의료비에 포함된다. 안경, 보청기, 장애인 보장구 등이 대표적이다. 안경의 경우 부양가족 1인당 50만원까지 세액공제 대상이 된다. "세무사님, 간병서비스와 산후조리원은 의료기관이 아니기 때문에 간병비나 산후조리원 비용은 의료비 공제 대상이 아니라고 하는데 문제가 있어요. 맞벌이 부부가 많아져서 부모님의 노후 간병비가 많이 들어가고 있고 출산율이 떨어지는 마당에 개선의 여지가 있습니다."

"맞아요! 역시 마성숙님이 정책을 만드는 부서에 가셔야 할 것 같습니다. 이 부분은 제가 세정건의사항에 올려 보겠습니다."

"세무사님, 부모님은 부양가족 대상이라고 하는데, 따로 살고 있는 경우에도 부양가족으로 등록할 수 있을까요?"

"물론입니다. 본인은 물론 배우자의 부모도 부양가족 대상입니다. 연간소득 100만원 이하, 60세 이상이면 가능합니다. 만약 부모님이 장애인인 경우 공제액은 더 늘어납니다. 장애인 추가공제를 받을 수 있기 때문인데요. 70세 이상의 경로우대 대상이라도 추가공제를 받을 수 있습니다. 장애인이면서 경로우대 대상이면 둘 다 받을 수 있습니다."

2014년에 적용할 개정세법은 일부 소득공제 항목이 세액공제로 전환되었다. 재삼 강조하지만 2014년 귀속 연말정산은 세부담이 많아지기 때문에 가까운 재무전문가와 함께 1년 내내 고민하고 그 대응책을 모색해야 할 것이다.

소득세법상 세액공제 및 세액감면

종합소득 과세표준에 소득세법 제55조에 따른 세율을 적용한 산출세액에서 아래의 세액공제와 세액감면을 적용한다.

소득세법상 세액공제

2014년에 적용할 개정세법은 자녀세액공제, 연금계좌세액공제 항목이 추가됨에 따라 아래 세액공제 순서로 산출세액에서 차감한다.

구분	공제대상	세액공제액
배당 세액 공제	종합소득금액에 배당소득금액이 합산된 경우	총수입금액에 가산한 아래 금액 (Gross-up된 배당소득) : 배당소득수입금액×11%
기장 세액 공제	간편장부대상자로서 복식부기에 따라 소득세 확정신고를 한 자	산출세액 × $\dfrac{\text{기장된 사업소득금액}}{\text{종합소득}}$ × 20% (한도 : 100만원)
외국 납부 세액 공제	종합소득금액에 국외원천소득이 합산되어 있는 경우	아래 세액공제방법과 필요경비 산입방법중 선택 (1) 세액공제방법 　세액공제액= ①, ② 중 적은 금액 　① 외국납부세액 　② 공제한도 = 산출세액 × $\dfrac{\text{국외원천소득금액}}{\text{종합소득금액}}$ * 공제한도를 초과하는 경우 5년 동안 이월 공제 (2) 필요경비 산입방법 국외원천소득에 대하여 납부하였거나 납부할 외국소득세액을 소득금액 계산시 필요경비에 산입
재해 손실 세액 공제	사업자가 재해로 인하여 자산총액의 20% 이상에 상당하는 자산을 상실한 경우	(납부하여야 할 소득세액 + 가산금) × 재해상실비율 * 재해상실비율 = $\dfrac{\text{상실자산가액}}{\text{상실 전 자산가액(토지 제외)}}$ (한도 : 재해손실액 범위내)

		(1) 일반근로자의 경우		
근로소득세액공제	근로소득이 있는 거주자	※ 2014년에 적용할 개정세법 세액공제한도		

구분	한도액	비고
총급여 5,500만원 이하	66만원	66만원
총급여 5,500만원 이하 총급여 7,000만원 이하	66만원 + [(총급여액 − 5,500만원) × 1/2]	63만원
총급여 7,000만원 초과	63만원 + [(총급여액 − 7,000만원) × 1/2]	50만원

(2) 일용근로자의 경우
[(일 급여액 − 일 100,000원) × 6%] × 55%

자녀세액공제	종합소득금액이 있는 거주자	2014년에 적용할 개정세법은 다자녀추가공제를 자녀세액공제 방식으로 전환하였다. 2015년부터 시행되는 자녀장려금을 받으면 자녀세액공제를 배제

기본공제 자녀	세액공제액
① 기본공제자녀 1명인 경우	연 15만원
② 기본공제자녀 2명인 경우	연 30만원
③ 기본공제자녀 3명 이상인 경우	연 30만원 + 2명 초과 1명당 20만원

연금계좌세액공제	종합소득금액이 있는 거주자	연금계좌납입액(연 400만원 한도) × 12% 단, 퇴직연금불입액을 포함한다.

특별세액공제

2014년에 적용할 개정세법은 그동안 소득공제를 적용했던 특별공제 항목을 보험료세액공제, 의료비세액공제, 교육비세액공제, 기부금세액공제, 표준세액공제 항목으로 전환하였다.

구분	공제대상	세액공제액
보험료 세액 공제	근로소득이 있는 거주자	본인 또는 소득이 없는 가족명의로 계약한 보험으로서 피보험자를 기본공제대상자로 한 보험료 ① 장애인전용보장성보험료(연 100만원 한도) × 12% ② 보장성보험료(장애인전용보장성보험료 제외하고 연 100만원 한도) × 12%
의료비 세액 공제	근로소득이 있는 거주자 및 성실신고사업자	① 의료비 기본공제 【㉠ 의료비총액-(총급여액 × 3%), ㉡ 700만원】 중 적은 금액 ×15% ② 의료비 추가공제 : ⓐ, ⓑ 중 적은 금액 ×15% ⓐ 의료비 총액 - (총급여액 × 3%) - 700만원 ⓑ 본인, 장애인, 경로우대자를 위한 의료비 지출액
교육비 세액 공제	근로소득이 있는 거주자 및 성실신고사업자	① (배우자·직계비속·형제자매·입양자·위탁아동의 교육비 - 비과세교육비) × 15% ※ 한도액 : 대학생 1명당 연 900만원, 취학전 아동, 초·중·고등학생 1명당 연 300만원 ② (본인 근로자의 교육비-비과세교육비) × 15% ③ (연령과 소득제한 없음)장애인 특수교육비 × 15%
기부금 세액공제	사업소득만 있는 자를 제외한 거주자. 2014년에 적용할 개정세법은 사업자의 경우 세액공제 받지 않고 필요경비에만 산입	① 법정기부금:소득금액 범위 전액 × 15% ② 지정기부금 : (㉠ + ㉡) × 15% ※ 공제대상 기부금(정치자금 포함)이 3천만원 초과시 그 초과분에 대해서는 25%(5년간 이월공제) ㉠종교단체에 기부한 금액이 있는 경우 [종합소득금액 (제62조에 따른 원천징수세율을 적용받는 이자소득 및 배당소득은 제외한다)에서 법정기부금을 뺀 금액을 말하며, 이하 이항에서 '소득금액' 이라 한다] × 100분의 10 + [소득금액의 100분의 20과 종교단체 외에 지급한 금액 중 적은 금액] ㉡ ㉠외의 경우: 소득금액의 100분의 30

표준세액 공제	근로소득자와 사업자	① 근로소득이 있는 거주자로서 특별세액공제 신청을 하지 아니한 자와 성실신고사업자는 연 12만원 ② 근로소득이 없는 거주자로서 종합소득이 있는 거주자는 연 7만원

주」 1. 성실신고사업자의 의료비·교육비세액공제는 2015.12.31까지 적용한다.
   2. 2014년에 적용할 개정세법은 교육비세액공제 대상에 있어 2014. 2.21 이후 방과후수업 교재비를 도서구입비로 제한한다.
   3. 2013년말까지 공제받지 못한 기부금 이월공제금은 종전과 같이 소득공제만 한다.

의료비세액공제액에 대한 사례

[사례] 총급여액이 5,000만원인 근로자 A가 부양가족을 위하여 지급한 의료비가 650만원, 의약품구입비 180만원, 장애인 보장구(의족)구입비 150만원인경우 공제대상 의료비세액공제액은? 단, 의료비 550만원 중에는 장모인 경로우대자에 대한 의료비 130만원과 장애인 모친에 대한 의료비 120만원이 포함되어 있다.

[해제]

(① 700만원 + ② 130만원) ×15%= 124만5000원

① 의료비 기본공제

[㉠의료비총액 980만원 - (총급여액 5,000만원 × 3%) = 830만원, ㉡700만원]
중 적은 금액 700만원

② 의료비 추가공제 : ㉠, ㉡ 중 적은 금액 130만원

공제대상의료비가 공제한도를 초과하여 공제받지 못한 금액 130만원과 장애인·경로우대자를 위한 의료비 중 적은 금액 130만원을 공제한다.

㉠ 의료비 총액 (980만원) - (총급여액 5,000만원 × 3%) - 700만원 = 130만원

㉡ 본인, 장애인, 경로우대자를 위한 의료비 지출액 : 250만원

조세특례제한법상 세액공제와 감면

조세특례제한법에는 중소기업의 성장과 활성화 등 여러 가지 정책목적에 근거하여 세액공제와 세액감면을 규정하고 있다.

구분	요건	공제범위	적용시한
창업중소기업 세액감면	- 수도권과밀억제권역 외의 창업중소기업· 창업보육센터사업자 - 창업벤처중소기업 - 에너지신기술중소기업	최초로 소득이 발생한 과세연도(5년이 되는 날이 속하는 과세연도까지 소득이 발생하지 아니한 경우 그 과세연도)와 그 후 4년간 50/100 감면	2015.12.31 까지 창업 (확인, 해당)
중소기업특별 세액감면	제조, 도·소매업 등 중소기업	① 소기업 - 도매업 등 : 10/100 - 수도권 기타업종 : 20/100 - 수도권외 기타업종 : 30/100 ② 중기업 - 수도권외 지역 도매업 등 : 5/100 - 수도권지식기반산업 : 10/100 - 수도권외 기타업종 : 15/100	2015.12.31 이 속하는 과세연도
	석유판매업(알뜰주유소)을 영위 중소기업	석유판매업 발생소득 : 20/100	2013.12.31 까지 발생 소득
영농조합원의 배당소득 면제	영농조합원이 받는 배당소득	- 농업소득배당분 전액 - 농업소득외소득 배당분 (과세연도별 1,200만원 이하)	2015.12.31 까지 받는 배당 소득
영어조합원의 배당소득 면제	영어조합원이 받는 배당소득	과세연도별 1,200만원 이하	
중소기업 취업자에 대한 근로소득세 감면	청년, 60세 이상의 노인 및 장애인이 중소기업에 취업하는 경우*	취업일로부터 3년이 되는 날이 속하는 달까지 발생한 소득 : 50/100(2013.12.31 이전 취업한 청년 100/100)	2015.12.31 까지 취업

주」 2014년에 적용할 개정세법은 노인·장애인에 대한 중소기업 취업 지원을 위해 중소기업취업 근로자에 대한 세제지원이 확대됐다. 2015년 12월 31일까지 중소기업에 취업하는 청년, 노인 및 장애인에 대해 취업 후 3년간 소득세 50%가 면제된다.

가산세의 종류 및 그 적용대상

소득세와 관련한 가산세는 국세기본법과 소득세법에 따른다. 국세기본법은 신고 및 납부와 관련한 가산세로 무신고가산세·과소신고·초과환급신고가산세·납부·환급불성실가산세 등을 규정하고 있고 소득세법에서는 각종 의무와 관련된 증빙서류불비가산세·무기장가산세 등을 규정하고 있다.

종류	부과사유	가산세액	가산세 적용대상자
신고 불성실 가산세	① 일반적인 무신고·과소신고	가산세대상금액 × 20%(또는 10%)	사업자여부 불문
	② 부당무신고가산세	가산세대상금액 × 40%	사업자여부 불문
	③ 복식부기의무자가 무신고	① 가산세대상금액 × 20% ② 수입금액 × 7/10,000 중 큰 것	사업자(복식부기 의무자)에 한함
	④ 복식부기의무자의 부당 무신고	① 가산세대상금액 × 40% ② 수입금액 × 14/10,000 중 큰 것	사업자(복식부기 의무자)에 한함
납부·환급 불성실 가산세	미납·미달납부, 초과환급	미납·미달납부·초과환급세액 × 기간 × 3/10,000	사업자여부 불문
초과환급 신고가산세	초과환급신고	부당초과환급신고 × 40% + 일반초과환급신고 × 10%	사업자여부 불문
무기장 가산세	무기장·미달기장	산출세액 × $\frac{무기장·미달기장소득금액}{소득금액}$ × 20%	사업자(간편장부 대상자 포함, 소규모 사업자 제외)에 한함
지급명세서 제출불성실 가산세	지급명세서 미제출·불명	미제출·불분명 지급금액 × 2% (지연제출은 1%)	사업자여부 불문
계산서 관련 가산세	계산서 미교부(불명) 계산서합계표미제출 (불명)	계산서 미발급, 가공(위장) 수수 : 공급가액의 2% 기타 : 1%	사업자(복식부기 의무자)에 한함

적격증명서류 관련 가산세	정규증빙 미수취 또는 사실과 다른 증명서류 수취	미수취·불명분 금액 × 2%	사업자(소규모사업자, 추계자 제외)에 한함
영수증수취명세서 미제출 가산세	영수증수취명세서 미제출 또는 불명	미제출·불분명 지급금액 × 1%	사업자(소규모사업자, 추계자 제외)에 한함
사업장현황신고 불성실 가산세	사업장현황미신고·미달신고	미신고·미달신고 수입금액 × 0.5%(신고기한후 1월내 신고시 50% 감면)	사업장현황신고 의무자(의료업자 등)
원천징수납부 불성실 가산세	원천징수세액을 미납·미달납부	미납·미달납부세액 × 기간 × 3/10,000 (최소 5%, 최대 10%)	사업자여부를 불문 하고 원천징수의 무자에게 적용
납세조합 불납 가산세	납세조합이 미납·미달납부	미납·미달납부세액 × 5%	납세조합에만 적용
공동사업장 등록불성실 등 가산세	공동사업장에 대한 허위등록 및 신고내용 무신고·허위신고	－ 미등록·거짓등록시 수입금액의 0.5% － 무신고·거짓신고시 수입금액의 0.1%	공동사업자
현금영수증 관련 가산세	－ 현금영수증가맹점 미가입 － 현금영수증 미발급 또는 사실과 다르게 발급	－ 미가입기간 수입금액 × 0.5% － 미발급·불명분 금액 × 5%와 건별 5천원 중 큰 금액	－ 현금영수증 가맹대상 － 현금영수증 가맹자
신용카드 거부 가산세	신용카드 거부 또는 사실과 다르게 발급	건별 거부·불명분 금액 × 5%와 건별 5천원 중 큰 금액	신용카드 가맹자
사업용계좌 미사용 가산세	－ 사업용계좌를 개설·신고하지 아니한 경우 － 사업용계좌를 미사용	－ 미사용금액의 0.2% － 미개설기간 수입금액 × 0.2%와 미사용 거래금액 합계액 × 0.2% 중 큰 금액	복식부기의무자

현금영수증 미발행 과태료 부과

가입의무대상자는 소비자가 현금영수증 발급을 요청하는 경우 그 발급을 거부하거나 사실과 다르게 발급해서는 안 된다. 2014년에 적용할 개정세법은 현금영수증 의무발행사업자는 2014. 7.1부터 10만원 이상 거래금액에 대하여 그 대금을 현금으로 받은 경우 소비자가 요청하지 않아도 현금영수증을 발급하여야 한다. 단, 사업자에게 (세금)계산서를 발급하는 경우 제외한다.

현금영수증 가맹점 가입의무

소비자 상대업종으로 직전연도 수입금액 2천400만원 이상 사업자
- 의료업·수의업·약사업 등 의료보건 용역을 제공하는 사업자
- 변호사 등 간이과세배제 전문직종 사업자
- 소득세법 시행령 별표에 따라 현금영수증 의무발행업종

적용대상	업종
전문직종	변호사업, 회계사업, 세무사업, 변리사업, 건축사업, 법무사업, 심판변론인업, 경영지도사업, 기술지도사업, 감정평가사업, 손해사정인업,통관업, 기술사업, 측량사업, 공인노무사업(2014년에 적용할 개정세법은 도선사업 제외)
의료업종	병원, 의원, 치과병원, 한의원, 수의업 등 *다만, 의료보험적용 진료거래는 과태료 부과대상에서 제외
기타업종	일반교습학원, 예술학원, 골프장업, 장례식장업, 예식장업, 부동산중개업, 일반유흥주점업(단란주점 포함), 무도유흥주점, 산후조리원

2013년 개정세법은 소득세법 시행령 개정(2013. 6.11)에 따라 2014. 1.1부터 소비자가 요구하지 않아도 아래의 10개 업종은 현금영수증을 의무적으로 발급해야 한다.

시계 및 귀금속 소매, 피부미용업 및 기타 미용관련 서비스업, 실내건축 및 건축마무리 공사업(도배업만 영위하는 경우 제외), 결혼사진 및 비디오 촬영업, 맞선주선 및 결혼상담업, 의류임대업, 포장이사 운송업, 관광숙박업, 운전학원

업종 분류는 통계청의 산업분류를 기준으로 하고 있으나 적용여부에 대한 문의가 많은 주요 업종에 대해서 의무발행 해당여부를 다음과 같이 구분한다.

업종	의무발행 해당	의무발행 제외
피부미용업 및 기타 서비스업	피부관리실, 다이어트센터 등 피부·체형관리	손·발톱관리(네일아트), 미용실, 지압치료, 마사지업
실내건축 및 건축 마무리공사	소비자와 거래가 많은 인테리어업 (국세청코드 452106)	인테리어업 중 도배업만 영위하는 경우
웨딩관련 업종	예식장, 결혼사진촬영, 결혼상담·맞선·중매	돌 및 회갑 등 기타 행사관련 사진 및 비디오 촬영
일반학원	일반교과학원, 외국어학원, 예술학원, 운전학원	태권도학원, 축구교실, 요가학원, 체육입시학원, 바둑교실 등 스포츠 및 레크레이션
의류임대업	결혼·상복·연극의류 등 모든 의류임대업	의류가 아닌 소품임대업
관광숙박업	호텔(관광일반), 여관, 콘도미니엄, 펜션, 민박 등	비교적 장기간 거주하는 하숙·기숙사·고시원
운전학원	자동차운전학원, 중장비운전학원, 선박운전학원	자동차정비학원, 직업훈련학원 (양재·미용 등 기술관련)
골프장운영업	회원제·대중골프장	골프코스가 아닌 야외골프연습장, 스크린골프장, 실내연습장

현금영수증 관련 제재 등

현금영수증을 허위·가공하여 발급하거나 발급받는 경우 해당 공급가액의 2%의 가산세를 부과한다. 또한 소비자가 현금을 지급한 후 현금영수증의 발급을 요청하는 경우 현금영수증 발급거부시 해당금액의 5%를 가산세로 부과한다. 현금영수증 의무발행업종 사업자가 30만원(10만원) 이상의 현금거래에 대하여 현금영수증을 발급하지 아니한 경우 해당금액의 50%를 과태료로 부과한다.

종합소득세 신고시 고객을 컨설팅한다

"세무사님, 매월 5월이면 개인사업자들은 힘들어하더라구요. 바로 5월 종합소득세 신고로 인해 세금 내는 일 때문인 것 같아요."

마성숙 재무전문가와 김영진 세무사는 휴식 시간에 사담을 나누고 있다.

"그러게요. 저나 세무회계사무소 직원들이나 5월이 가야 한해 농사 다 지었다 할 만큼 정신없는 시기이기도 하지만, 한편 납세자 입장에서는 지난해 세금을 확정하고 추가납부하여야 하기 때문에 힘들어 합니다."

"세무사님, 우리와 같은 개인 인적용역 사업자의 경우에도 사업소득에 대해 국세청은 종합소득세 신고기간이 5월31일까지라고 강조하면서 무신고로 인한 가산세 등 불이익을 받지 않도록 꼭 신고할 것을 당부하고 있습니다. 종합소득세 신고시 주의사항 좀 말씀해 주시지요."

"아무래도 잠시 후 시작하는 강의시간에 이번 종합소득세 확정신고시에 유의하여할 사항을 말씀드리는 시간을 가져야겠습니다."

오늘은 목요일 아침 8시 TFR재무전문가 교육시간이다. 김영진 세무사가 바로 강의에 들어간다.

"여러분도 작년 한해 수입금액과 여타 소득에 대해 종합소득세를 5월말까지 신고하여야 할 것입니다. 신고를 하지 않거나 잘못 신고하여 가산세를 부담한 사례와 잘못 생각하기 쉬운 사례 등은 여러분의 고객들에게도 꼭 전달하시어 큰 퍼포먼스를 내시기 바랍니다. 아! 여러분, 2014년 7월 1일부터는 개인사업자의 경우, 직전연도 사업장별 수입금액의 합계액이 3억원 이상인 경우 전자세금계산서를 의무적으로 발행해야 합니다. 따라서 관련 규정이나 방법을 습득해서 알려주시기 바랍니다."

김영진 세무사가 마성숙FR이 부탁한 2014년 5월말까지 신고하여야 할 2013년 귀속 종합소득세 신고시에 유의사항을 강조한다. 5월에는 보험가입 여력이 있는 개인사업자들에게 유익한 종합소득세 신고와 관련한 양질의 정보를 제공할 필요가 있다.

국세청이 소개하는 종합소득세 신고시 유의사항

1. 2013년도 중에 폐업한 경우, 부가가치세 신고만 하면 되는 것으로 알고 종합소득세를 신고하지 않을시에는 신고납부불성실가산세를 부담하기 때문에 부가가치세 신고서상 수입금액을 근거로 하여 종합소득세 신고를 꼭 하여야 한다.

2. 부가가치세 간이과세자 중 부가가치세 과세기간(1년) 매출액이 2400만원 미만으로 납부면제자라 하더라도 종합소득세까지 면제받는 것으로 오인하여 신고하지 않은 경우, 종합소득세는 소득금액이 소득공제액을 초과하는 경우 나올 수 있으므로 반드시 신고하여야 한다.

3. 근로소득자가 2013년도 중에 2곳 이상의 직장에 근무하였으나, 최종 근무지에서 전 근무지의 근로소득을 합산 신고하지 않은 근로소득자는 5월에 종합소득세를 확정신고하여야 한다. 둘 이상의 직장에서 받은 근로소득을 합산하여 종합소득세를 신고하여야 한다. 이 경우 근로소득공제의 중복적용 배제, 누진세율 적용 등으로 산출세액이 달라지게 되므로 원천징수 납부세액(기납부세액)을 공제하고 추가되는 세액을 납부하여야 한다. 또한 누락된 공제액이 있는 경우 신고하면 세액을 환급받을 수 있다.

4. 근로소득과 다른 종합소득(이자·배당·사업·연금·기타소득)이 있는 경우 근로소득과 다른 종합소득을 합산하여 종합소득세를 신고하여야 한다.

5. 외판원, 연예보조출연자, 학원강사, 작가, 채권회수수당 또는 모집수당 등을 받는 인적용역 제공사업자, 직업운동가, 배우 등 인적용역소득자가 원천징수로 세금신고가 끝나는 것으로 알고 있으나 원천징수된 수입금액을 근거로 하여 종합소득세 신고를 꼭 하여야 한다. 이 경우 원천징수된 세금이 산출세액보다 많은 경우 환급받을 수 있다. 단, 보험설계사·방문판매업자 중 사업소득 연말정산을 한 사업자는 다른 소득이 없는 경우 신고하지 않아도 된다.

6. 부동산매매계약 위약 또는 해약에 따라 받는 위약금·해약금은 기타소득의 한 종류이므로 다른 기타소득금액(수입금액에서 필요경비를 차감 금액)과 합하여 300만원을 초과하면 종합소득세 신고를 하여야 한다.

종합소득세 신고납부절차

당해연도 종합소득금액이 있는 거주자는 그 과세표준을 5월 1일부터 5월 31일까지 주소지 관할 세무서장에게 종합소득세를 신고하여야 한다. 다만, 성실신고확인사업자의 경우 6월 31일까지 신고한다.

소득세 신고시 제출서류

① 인적공제 및 특별공제대상임을 증명하는 서류

② 종합소득금액 계산의 기초가 된 총수입금액과 필요경비의 계산에 필요한 서류

③ 사업소득금액을 비치·기장된 장부와 증빙서류에 의하여 계산한 경우에는 기업회계기준을 준용하여 작성한 대차대조표·손익계산서·합계잔액시산표 및 조정계산서. 다만, 간편장부를 기장한 사업자의 경우에는 간편장부소득금액계산서를 제출

④ 필요경비명세서

⑤ 복식부기의무자가 사업과 관련하여 사업자로부터 재화 또는 용역을 공급받고 계산서·세금계산서 및 신용카드매출전표 이외의 증빙을 수취하는 경우에는 영수증수취명세서

⑥ 사업소득금액을 비치·기장한 장부 및 증빙서류에 의하여 계산하지 아니하는 경우에는 추계소득금액계산서

종합소득 확정신고의 예외

다음에 해당하는 자는 종합소득 확정신고를 하지 아니할 수 있다.

① 근로소득·퇴직소득·연금소득 또는 연말정산대상 사업소득만 있는 자

② 근로소득·퇴직소득만 있는 자

③ 퇴직소득·연금소득만 있는 자

④ 퇴직소득·연말정산대상 사업소득만 있는 자

⑤ 분리과세이자소득·분리과세배당소득·분리과세연금소득 및 분리과세기

타소득만 있는 자

　⑥ 위의 ①~④에 해당하는 자로서 ⑤의 소득이 있는 자

종합소득 확정신고의 특례

　① 거주자 사망의 경우 : 상속개시일로부터 6월이 되는 날까지 신고
　② 거주자 출국의 경우 : 출국일 전까지 신고

종합소득 확정신고의 자진납부

　과세표준에 대한 종합소득산출세액·퇴직소득산출세액에서 공제·감면세액과 기납부세액을 차감한 금액을 과세표준 확정신고기한까지 자진납부한다. 납부세액이 1천만원을 초과하는 경우 납부기한 경과 후 2개월 이내에 분납이 가능하다.

분납범위	납부세액이 2천만원 이하인 경우 : 1천만원을 초과하는 금액
	납부세액이 2천만원 초과인 경우 : 그 세액의 1/2 이하의 금액

종합소득세 신고방식

장부기장에 의한 신고

　사업소득자는 복식부기에 의한 장부기장을 하여 이를 근거로 과세표준과 세액을 신고·납부하여야 하고, 무신고시에도 원칙적으로 장부를 근거로 결정한다. 다만, 직전연도 수입금액의 합계액이 도·소매업 및 부동산매매업 등 3억원, 제조업·숙박 및 음식점업 등 1억5000만원, 부동산임대업 및 서비스업 등 7500만원 미만인 소규모사업자의 경우에는 수입 및 지출 등에 관한 간단한 장부만을 기장·보관하고 이를 근거로 간편장부소득금액계산서에 의하여 간편하게 신고가 가능하다.

추계방식에 의한 신고

　과세표준 계산에 필요한 장부와 증빙서류가 없거나 그 중요부분이 미비 또는

허위일 경우에는 기준경비율 및 단순경비율 등에 의하여 추계방식으로 신고 또는 결정한다.

소득세의 결정 또는 경정

소득세는 신고납부결정방식의 세목이기 때문에 납세지 관할세무서장(또는 지방국세청장)은 종합소득·퇴직소득·산림소득의 과세표준 확정신고를 하여야 할 자가 그 신고를 하지 않은 때에는 당해 거주자의 당해연도의 과세표준과 세액을 결정하여야 한다. 또한 납세지 관할세무서장(또는 지방국세청장)은 종합소득·퇴직소득의 과세표준 확정신고를 한 자가 다음 중 어느 하나에 해당하는 경우에는 당해연도의 과세표준과 세액을 경정하여야 한다.

- 신고내용에 탈루 또는 오류가 있는 때
- 원천징수의무자의 소재지가 분명하지 아니한 경우 및 근로자의 퇴직으로 인해 원천징수의무자가 원천징수의무를 이행하기 어려운 경우
- 매출·매입처별계산서합계표 또는 지급조서의 전부 또는 일부를 제출하지 않은 때
- 소득세법 및 부가가치세법의 규정에 의하여 신용카드가맹점 가입대상자 또는 현금영수증가맹점 가입대상자로 지정받은 사업자가 정당한 사유없이 신용카드가맹점 또는 현금영수증가맹점으로 가입하지 않은 경우로서 시설규모나 업황으로 보아 신고내용이 불성실하다고 판단되는 때

소득세 결정·경정의 방법

과세표준과 세액을 결정 또는 경정하는 경우에는 장부 기타 증빙서류를 근거로 하여 실지조사에 의한 방법이어야 한다. 예외적으로 장부 기타 증빙서류에 의하여 소득금액을 계산할 수 없는 경우에는 소득금액을 추계조사 결정할 수 있다.

기준경비율 또는 단순경비율에 의한 방법

표준소득률에 의한 소득금액 추계방법을 대신하여 2002. 1부터 시행되는 방

법으로 기준경비율 또는 단순경비율은 국세청장이 결정한다.

〈기준경비율·단순경비율에 의한 소득금액 계산방법〉

기준경비율 적용대상자(①-②-③-④)	단순경비율 적용대상자*(①-②)
① 수입금액 ② 매입비용과 사업용고정 자산의 임차료 ③ 종업원의 급여와 임금 및 퇴직급여 ④ 수입금액 × 기준경비율	① 수입금액 ② 수입금액 × 단순경비율

주」 단순경비율 적용대상자는 다음과 같다.
· 당해 과세기간에 신규로 사업을 개시한 사업자 중 일정규모 미만 사업자
· 직전 과세기간의 수입금액의 합계액이 일정금액에 미달하는 소규모 사업자로 도·소매업 및 부동산매매업 등 6000만원, 제조업, 숙박 및 음식점업 등 3600만원, 부동산임대업 및 서비스업 등 2400만원이다.

동업자권형에 의한 방법

기준경비율 또는 단순경비율이 결정되지 아니하였거나 천재·지변 기타 불가항력으로 장부 기타 증빙서류가 멸실된 때에는 기장이 가장 정확하다고 인정되는 동일업종의 다른 사업자의 소득금액을 참작하여 그 소득금액을 결정·경정한다.

개인기업을 법인전환하고 기업보험을 유치한다

"세무사님, 개인기업을 하고 계신 저의 고객 중 지난해 종합소득세 신고 때 성실신고확인제도로 인해 세금부담이 많아지고 최근 국세청의 중점관리대상이 되어 어려움에 있습니다. 조언이 될 만한 얘기가 없을까요?"

마성숙FR은 고민이 많다. 최근 경기 상황이 좋지 않은 이유도 있지만 고객들에게 어필할 수 있는 금융보험 상품이 마땅치 않기 때문이다.

"마성숙님 아주 적절한 질문입니다. 그런 분은 개인기업에서 법인기업으로 전환할 타이밍입니다."

"왜 그렇지요? 법인으로 전환하게 되면 법인등기 비용도 발생하고 아무래도 더 투명하게 회계처리 해야 할 부담이 작용할 듯 하는데요."

"혹시 고객께서는 어떤 사업을 하고 계십니까?"

소득세법상 성실신고확인제도는 개인기업에만 적용되기 때문에 법인기업으로 전환하게 되면 소득에 대해 낮은 세율을 적용받을 수 있고 엄격한 세법의 잣대를 피할 수 있다.

"중국으로 자동차 부품을 수출하는 제조업입니다."

"그렇다면 고객님에게 이번 기회에 개인기업에서 법인기업으로 전환하도록 하십시오. 법인으로 전환하게 되면 사용하던 부동산이나 기계장치를 법인명의로 이전해야 하는데, 개인과 법인은 실체가 달라 세금을 과세하는 것이 원칙입니다. 다시말해 법인으로 부동산을 등기이전하는 경우 개인에게 양도소득세를, 건물과 기계장치를 이전하는 경우 부가가치세가 과세되는 것이 맞습니다. 그러나."

"세무사님. 거보세요!"

"마성숙님, 우리나라 말은 본론이 나중에 나오기 때문에 끝까지 들어봐야 합니다. 하!하!하! 조세특례제한법에 따라 처리하면 됩니다. 세법은 개인기업을 투명하게 처리하는 법인기업으로 유도하기 위해 현물출자나 사업양수도방식으로 이전하는 경우 이전 시점에서는 양도소득세를 과세하지 아니하고, 이후 설립된 법인이 다른 기업에게 양도하는 경우에 종전에 인수한 사업용 고정자산에 대한 양도소득세 산출세액 상당액을 법인세로 이월해서 납부하도록 하고 있습니다."

"그럼 세무사님 이전 시점에는 당장 여러 가지 세금 부담이 되지 않네요. 하지만 부동산을 이전하는 경우 거래세인 취득세도 있잖아요?"

"취득세도 역시 이러한 방식으로 법인기업을 설립하는 경우 면제하도록 하고 있습니다. 이렇게 세금을 추가로 납부하지도 않고 기업을 계속하는 경우 세금부담이 전혀 없습니다. 이번 기회에 개인기업의 경우 법인으로 전환하고 개인기업에 오래된 자산을 감정평가기관에서 평가해 법인기업에서 시가로 이전하고 기업의 재무상태변동표를 건전하게 유지하도록 하는 것도 좋은 방법입니다. 그리고 동시에 법인기업으로 전환하고 단체보험이나 대표이사의 가업승계 플랜도 권유하면 고스란히 마성숙님의 수수료 수입이 되지 않을까 생각합니다만."

"네! 세무사님, 당장 이러한 플랜으로 고객에게 안내하겠습니다."

"마성숙님, 제가 법인전환 양도양수플랜 작성에 도움을 드리겠습니다."

"네, 큰 도움이 되겠습니다."

마성숙FR은 갑자기 머리에 섬광이 번뜩이는 느낌을 받았다. 이번 기회에 기업보험을 제대로 유치할 것 같은 느낌이 들었기 때문이다. 김영진 세무사는 다음 강의 시간에 택슈랑스 라운지 소속 TFR재무전문가들에게 '법인전환에 따른 기업보험전략' 파일을 공개할 것을 약속한다.

국세청, 성실신고 이후 고소득전문직 등 세무조사 예고

국세청은 지난해 7월 1일까지 성실신고확인대상자 종합소득세 신고를 앞두고 탈루소득으로 재산만 불린 고소득전문직·부동산임대업자에 대한 세무조사를 실시하였다. 국세청은 그 동안 세금탈루 위험이 높은 전문직종, 현금수입업종 등 고소득 자영업자에 대해 지속적으로 세무조사를 실시하여 왔고, 현금영수증제도 등 과세인프라의 확충에도 노력을 기울여 왔다.

탈루혐의가 크다고 분석되어 조사대상으로 선정된 의사·전문자격사 등 고소득 자영업자에 대한 세무조사 결과, 그 소득적출율이 낮아지는 등 신고성실도가 점차 개선되고 있는 것으로 나타났다. 하지만, 지난해 고소득 자영업자 596명에 대해 기획 세무조사를 실시한 결과, 탈루세금이 3632억원에 이르고 소득적출율도 37.5%로 나타나는 등 아직도 이들의 납세의식이 국민들의 기대수준에 미치지 못하고 있다고 판단하고 있다.

국세청이 밝힌 주요 조사 사례이다.

(사례 1) 성공보수를 차명계좌로 입금받아 신고누락하고 고용변호사를 공동사업자로 허위등록하여 소득금액을 분산한 전관 변호사 적발, 관련세금 9억원 추징

(사례 2) 성형관광 브로커를 통해 외국인 성형환자를 모집하고 수술비는 직원명의 차명계좌로 입금받아 신고누락한 성형외과 적발, 관련세금 16억원 추징

(사례 3) 근무사실이 없는 친인척을 임대관리인으로 꾸며 급여를 지급한 것으로 처리하는 등 인건비를 허위계상하는 방법으로 소득금액을 탈루한 상가 임대업자 적발, 관련세금 14억원 추징

(사례 4) 할인을 조건으로 고액 수술비의 현금결제를 유도하고 현금수입은 직원명의 차명계좌에 입금하여 관리하는 방법으로 신고 누락한 치과 적발, 관련세금 20억원 추징

이에 따라 2011년 귀속 종합소득세 신고와 처음 실시되는 업종별로 수입금액이 일정 규모 이상인 성실신고확인대상자는 세무대리인이 작성한 성실신고확인서를 첨부하여 신고·납부하는 성실신고확인대상자의 6월말 신고를 앞두고 불성실 신고자는 반드시 세무조사를 받는다는 인식을 확산시키기 위해 불성실 신고 혐의가 큰 전문직, 임대업자 등 고소득 자영업자에 대한 기획세무조사를 실시하게 된 것이다.

종합소득세 신고내용을 분석한 결과, 의사, 변호사 등 전문자격사 중 일부는 사회적 책임을 외면한 채, 지능적인 수법으로 여전히 탈세를 하고 탈루한 소득으로 부동산 등 재산을 불린 것으로 나타났다. 특히 부동산 임대업자의 경우 사업상 우월적 지위를 이용하여 임차인에게 이중계약서를 작성하게 하는 등의 방법으로 임대수입을 축소신고하는 것으로 파악되었다. 이에, 국세청은 근로소득자, 성실신고하는 대부분의 전문직 사업자와의 과세형평성을 제고하고 고소득 전문직, 부동산 임대업자의 고질적 탈세 행위에 엄정하게 대응하기 위해 세금 탈루 혐의가 큰 의사·변호사·회계사 등 고소득 전문직, 부동산 임대업자 70명에 대해 세무조사에 착수하였다.

이번 조사대상 70명의 주요 업종 및 탈루 유형은 다음과 같다.
 - 고액의 수임료를 직원 등 타인 명의의 차명계좌로 입금받아 신고누락하고 친인척 명의로 다수의 부동산을 취득한 혐의가 있는 변호사·법무사
 - 불복청구·특허등록 대행수수료를 신고누락하고 비용을 가공계상하는 방법으로 세금을 탈루한 혐의가 있는 회계사·세무사·변리사
 - 성형관광 브로커를 통해 외국인 성형환자를 유치하여 상당한 수입을 올리면서도 수술비를 현금으로 받아 차명계좌로 관리하는 방법으로 소득을 탈루한 혐의가 있는 성형외과
 - 의료보험 적용대상이 아닌 고가의 임플란트·치아교정 수입을 현금으로 받아 직원명의의 차명계좌로 관리하는 방법으로 소득을 탈루한 혐의가 있는

치과

　- 현금결제 유도 실적이 높은 직원은 포상하고 환자는 할인을 해주는 방법으로 현금수입을 신고 누락한 혐의가 있는 피부과

　- 외국인 관광객 증가로 인한 상권의 호황으로 임대료가 상승했음에도 불구하고 이중계약서를 작성하는 방법 등으로 임대수입을 축소신고한 혐의가 있는 상가 임대업자

　- 상가·주택 겸용 건물을 임대하면서 상가 임대수입만 신고하거나 주택임대의 월세수입은 현금으로 받아 신고 누락한 혐의가 있는 임대업자 등임

　조사 결과, 사기 기타 부정한 행위로 세금을 포탈한 사실이 확인되는 경우 조세범처벌법에 따라 엄정하게 처리할 예정으로 국세청은 성실납세자에게는 다양하고 실질적인 우대 혜택을 마련하여 편안하게 사업에만 전념할 수 있도록 세정지원을 계속해 나갈 것이나, 사회적 책임을 다하여야 함에도 세금을 제대로 내지 않는 의사, 변호사 등 전문자격사와 불로소득에 대한 세금까지 탈루하는 부동산 임대업자에 대해서는 세무조사를 더욱 강화해 나갈 것을 밝혔다.

　따라서, 올해 성실신고 확인대상 사업자의 종합소득세 신고가 끝나면 고소득 전문직, 부동산 임대업자 등에 대해서는 탈세정보수집 및 분석을 강화하여 탈세한 고소득 자영업자는 반드시 세무조사를 받는다는 인식을 갖도록 탈루혐의자를 철저히 가려내 조사대상으로 선정하고 엄정한 조사를 실시할 예정이다.

04

PART **FOUR**

제4장

기업보험과
법인세

2012년 법인세 신고법인은 전년보다 2만2000개 늘어난 48만3000개, 총부담 법인세는 전년보다 2조3756억원이 증가한 40조3375억원으로 '2013년판 국세통계연보'에서 밝히고 있다. 한편 법인은 가계·기업·정부라는 국민경제의 3대 축의 핵심이다.

기업보험과
법인세

기업보험 유치를 위해 법인세법 이해하기

"여러분, 기업은 이익극대화 과정이 전부라고 할 수 있어요. 한편 기업은 이러한 영리추구 과정인 생산 및 영업활동을 하면서 국가와 사회 제도의 틀 안에서 정당한 방법과 환경경영, 윤리경영, 사회공헌과 근로자를 비롯한 지역사회 등 공동의 이익을 추구하는 기업의 사회적책임(Corporate Social Responsibility, CSR)을 강조하고 있어요."

제3부 '개인보험과 소득세' 편에서 개인이 얻은 소득에 과세하는 세금을 소득세라 배웠다. 법인세는 법인기업이 얻은 소득에 과세하는 국세로 소득세와 함께 우리나라 직접세의 양대 산맥이다.

"네. 그래서 우리 금융보험사들도 윤리경영을 얘기하는 이유군요."

공부하면 생각하게 되고, 생각하면 말하고 싶어진다. 마성숙FR이 김영진 세무사의 강의에 맞장구를 친다.

"맞습니다. 이제 금융거래는 경제활동의 필수부분이 되었습니다. 우리와 같은 재무전문가는 금융상품에 대한 다양하고 유익한 정보를 가지고 있는 반면 금융소비자들은 그렇지 않거든요. 더구나 우리가 판매하는 상품이 무형의 상품이고 투자상품이기 때문에 윤리경영이 더 강조되어야 합니다."

"세무사님, 법인사업자를 대상으로 보험계약을 체결했다고 해서 좋아할 것은 아닌 것 같습니다. 괜히 나중에 문제가 발생하면 이래저래 머리만 아플 것 같아요."

요즘 고객 타깃을 개인사업자 고객에서 법인사업자 고객으로 옮기고 있는 마성숙이 말한다.

"하하~. 그럴 수도 있습니다. 그러나 법인사업자들의 경우 내부 잉여금이 많아 보험계약 금액이 커지고 있습니다. 특히 가업승계플랜이나 임원플랜을 적용할 수 있는 유효한 보험상품이 많습니다. 세법의 내용을 정확히 이해하면 많은 도움이 될 것입니다. 특히 세법은 경기나 국가경제 상황에 따라 자주 바뀌고 과세당국의 입장도 수시로 바뀔 수 있어 귀를 쫑긋 세워 들으시고 그 세법을 활용해 그들의 자금흐름을 파악해야 할 겁니다. 어느 정도 때가 되면 전반적으로 모든 세금의 내용을 자세히 알면 많은 도움이 될 겁니다."

"세무사님, 설마 저보고 공인회계사 시험을 공부하라는 것은 아니겠죠?"

"그럼요. 재무전문가로서 세금에 대해 전반적인 내용을 공부하면 좋겠지만 그렇게 되기에는 많은 시간이 필요합니다. TFR재무전문가 과정을 단계별로 공부하는 것이 좋습니다. 여러분! 이제부터 기업보험을 유치하기 위해 법인세법을 하나하나 배워봅시다."

2012년 법인세 신고법인은 전년보다 2만2000개 늘어난 48만3000개, 총부담 법인세는 전년보다 2조3756억원이 증가한 40조3375억원으로 '2013년판 국세통계연보'에서 밝히고 있다. 한편 법인은 가계·기업·정부라는 국민경제의 3대 축의 핵심이다.

법인사업자의 과세대상 소득

법인사업자의 과세대상은 법인의 소득이다. 그 소득은 각 사업연도의 소득과 토지 등 양도소득 및 청산소득으로 구분된다.

각 사업연도 소득	토지 등 양도소득	청산소득
계속적인 기업활동을 통하여 법인이 각 사업연도에 얻은 소득	국내소재 주택, 비사업용 토지를 양도함으로써 발생하는 소득	해산으로 인하여 청산할 때 발생하는 소득

법인세 납세의무자

국가와 지방자치단체를 제외하고 모든 법인은 수익사업에서 생긴 소득에 대해서는 우리나라 법인세법의 적용을 받아 법인세를 납부하여야 한다. 국내에 소재하는 경우 내국법인이라 하고 비영리 법인은 다음과 같이 구분되어진다.

· 민법상 사단·재단법인
· 사립학교법 기타 특별법에 의하여 설립된 법인(이익배당법인 제외)
· 국세기본법상 법인으로 보는 단체

법인 구분별 과세범위

구분		각사업연도 소득	청산소득
내국법인	영리법인	모든 소득에 과세	과세
	비영리법인	수익사업 소득에만 과세	
외국법인	영리법인	국내원천소득만 과세	비과세
	비영리법인	국내원천 수익사업 소득만 과세	
국가·지방자치단체		비과세	

주」 비영리법인의 경우 청산시 민법 제80조에 따라 잔여재산을 구성원에게 분배할 수 없고 지정된 자 등 또는 국고에 귀속시키고, 외국법인의 청산은 본점 소재지인 외국에서 청산하므로 법인세를 과세하지 않는다.

법인세 과세체계

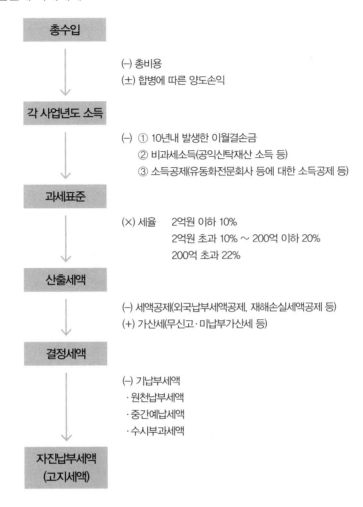

총수입

(−) 총비용
(±) 합병에 따른 양도손익

각 사업년도 소득

(−) ① 10년내 발생한 이월결손금
　　 ② 비과세소득(공익신탁재산 소득 등)
　　 ③ 소득공제(유동화전문회사 등에 대한 소득공제 등)

과세표준

(×) 세율　2억원 이하 10%
　　　　　2억원 초과 10% ~ 200억 이하 20%
　　　　　200억 초과 22%

산출세액

(−) 세액공제(외국납부세액공제, 재해손실세액공제 등)
(+) 가산세(무신고·미납부가산세 등)

결정세액

(−) 기납부세액
　· 원천납부세액
　· 중간예납세액
　· 수시부과세액

자진납부세액
(고지세액)

법인의 잉여금과 현금자산을 활용하는 기업플랜

"대표님은 오랫동안 기업을 유지하시고 계시잖아요."

마성숙FR은 유망 중소기업인 고성장 대표와 저녁식사를 하고 있다. 두 사람의 대화 내용은 최근 화두가 되고 있는 기업상 비용처리와 합리적인 절세 프로그램이다.

"네, 전 아버님께서 일궈놓은 회사를 나이 스물다섯에 물려받아 어느덧 38여 년이 지났네요. 세월이 너무 빨리 지나가고 있어 격세지감입니다."

"그럼, 대표님께서는 창업 2세대가 되시겠네요."

"그렇습니다. 그러나 아버님이 창업을 하셨지만, 저는 아버님과 똑같이 창업을 하는 마음으로 한해 한해를 보내고 있기 때문에 '창업'이라는 단어가 익숙합니다. 특히 각 시대가 요구하는 창업의 개념이 있거든요."

고성장 대표의 말은 맞다. 현재 경제 환경이 수시로 변화하고 있어 경영자의 길은 가시밭길같이 척박하다.

"대표님은 개인적으로 보유한 부동산도 없고, 모두 회사 법인자산으로 보유하고 있는 것만 보더라도 열정을 다해 사업에 전념하고 계시는 것 같습니다."

"사실 제가 부모님으로부터 가업승계 받은 주식까지 포함해 95%주식을 가지고 있고, 나머지 5%는 작년에 증자를 하면서 직원들에게 성과급으로 지급하였습니다."

고성장 대표는 본인의 갑작스런 유고에 대비하기 위해 2014년에 적용할 개정세법에 따라 500억까지 늘어난 가업상속공제를 이용하기 위해 서른한 살의 큰아들에게 대리 직함을 주고 경영수업을 시키고 있다.

한마디로 고성장 대표는 아버지로부터 아들에 이르는 창업 3세대를 준비하고 있다. 가업상속공제 요건은 상속인이 18세 이상으로 상속개시일로부터 2년 이상 회사에 근무하여야 한다.

"그럼 100% 대표님과 종업원 회사로 개인회사나 다름없겠습니다."

"그렇죠. 우리나라 법인기업이 외부에서 사업자금을 투자받는 것이 쉬운 일이 아니기 때문에 개인기업과 다름없습니다."

"대표님, 죄송한 말씀입니다만, 현재 회사에서 매달 급여로 받는 금액은 얼마나 되는지요?"

"사실 창업 2세대로 아버님께서 책정한 월급을 받았고 당시에는 대체적으로 급여를 높게 처리하지 않는 관행이 있었습니다만, 지금은 매출액과 비용이 모두 유리알처럼 투명해지다보니 급여처리를 높게 처리하고 있습니다. 매월 2천만원씩 연간 2억4천만원을 연봉으로 수령하고 있습니다. 그런데 갑근세와 4대보험을 원천징수하면 실수령액은 얼마되지 않습니다."

"아이고 대표님, 그렇게 열심히 일하시고도 택슈랑스 라운지 재무전문가로 활동하고 있는 영업수당보다 못하네요."

"그러니까 말입니다. 그럼 성숙 씨는 얼마나 받습니까? 하하하!"

고성장 대표가 속 넓은 아저씨답게 마성숙의 농담에도 웃음을 짓는다.

"그나저나, 성숙 씨 '회사의 당기순이익이 늘어나 이익잉여금이 증가되고 있지만, 배당소득으로 처리하면 금융소득종합과세에 대한 부담은 커지고 급여로 처리하자니 4대보험을 위시해서 근로소득세가 무섭습니다. 다른 어떤 좋은 방법이 없나요?'

마성숙FR이 만나고 있는 고성장 대표와 같은 고객을 위해 어떠한 플랜이 세후 소득의 극대화를 추구할 수 있을까? '호랑이를 잡으려면 호랑이 굴로 들어가야 하는 것' 처럼 이제부터 무궁무진한 기업보험의 황금밭인 법인세를 공부하러 가자.

각 사업연도의 소득금액 계산

법인의 과세기간을 사업연도라 한다. 이러한 사업연도는 법인이 처음 태생하는 단계에서 작성하는 정관에 정하도록 하고 있다. 따라서 사업연도는 1월부터 12월까지 다양하게 시작되기도 한다. 법인의 각 사업연도 소득금액은 사업연도에 속하는 익금의 총액에서 손금의 총액을 차감하여 남은 것을 소득이라 하고 마이너스가 나오는 경우 결손금이라 한다.

실무적으로 결산서상 당기순손익에 익금산입·손금불산입을 가산하고, 익금불산입·손금산입을 차감하는 세무조정을 통하여 각 사업연도의 소득금액을 계산한다.

결산조정

기업 결산서상 비용으로 처리한 경우에 한하여 법인세법상 익금·손금으로 인정하는 것을 말한다. 특히 결산조정 사항은 현금지출 등이 수반되지 않고 손금계상 여부가 법인의 의사에 따라 반영된다. 만약 결산조정 사항에 대하여 신고조정 항목으로 손금산입을 허용하게 되면 경영자는 비용을 적게 계상하여 당기순이익을 높게 보고하고 손금산입을 통해 각 사업연도 소득금액을 줄여 법인세를 낮출 수 있다. 결산조정 항목은 다음과 같다.

· 감가상각비
· 고유목적사업준비금 단, 외부감사대상법인은 신고조정 가능
· 퇴직급여충당금
· 대손충당금
· 구상채권상각충당금
· 채무자 파산 등으로 인하여 발생한 대손금
· 자산의 평가손익

신고조정

기업 결산서상 비용으로 처리하지 않더라도 법인세 과세표준 신고시 익금·손금의 계상으로 비용처리가 인정되는 것을 말한다. 신고조정 항목이다.

· 인건비, 차입금이자, 퇴직보험료 등 실제 지출된 비용
· 감가상각비 부인액의 손금불산입
· 건설자금이자의 손금불산입
· 손익의 귀속사업연도 차이로 발생하는 익금산입 등

법인세 과세표준의 계산

각 사업연도 소득금액에서 10년 이내(2008년 이전에 발생한 결손금은 5년 이내) 개시한 사업연도에서 발생한 세무상 이월결손금, 비과세소득(현행 법인세법상 공익신탁의 신탁재산에서 생긴 소득), 유동화전문회사 등의 배당소득공제를 차례로 차감한 금액이 법인세 과세표준이 된다.

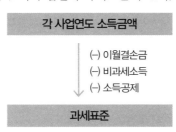

법인세율

(단위 : %)

구분			2009. 1.1~	2010. 1.1~	2012. 1.1~
법인세율	일반법인	과세표준	200억원 초과			22
			22	22	
			2억원 초과~200억원 이하			20
			2억원 이하	11	10	10
	조합법인		9	9	9
원천징수세율			15	14	14

주） 1. 2013년 세법개정으로 조합법인은 2014.12.31까지(2년 연장) 단일세율을 적용하고 과다경비와 업무무관경비 조정사항을 추가하여 복식부기 기장을 의무화하였다.(조합법인은 농협조합, 수협조합, 중소기업협동조합, 신용협동조합, 새마을금고, 산림조합, 엽연초생산협동조합, 소비자생활협동조합을 말한다.)
2. 2014년에 적용할 개정세법으로 조특법상 법인세 과세표준 1000억원 초과 기업의 경우 감면 법인간 형평성 제고와 재정건전성 강화를 위해 최저한세율을 1%p 조정 인상하였다.

과세표준 100억원 이하	100억원~1,000억원	1,000억원 초과
10%	12%	16%→17%

법인이 납부하는 보험료, 비용과 자산의 구분

"마성숙FR님 법인기업이 보험료를 납부하는 경우 계정과목과 회계처리를 어떻게 하여야 할까요?"

"저도 과거 고등학교 다닐 때 상업을 공부하였지만, 그게 자산인지, 비용인지에 대해 정확히 구분하기가 애매하던데요."

사실 금융보험 업무에 대한 이론적인 공부나 재무컨설팅시에 상업적이거나 회계적인 기초가 없는 경우 대체적으로 힘들어 한다.

"여러분들, 이거 몰라도 이제까지는 문제가 없었습니다. 그러나 앞으로는 보험료에 대해 정확한 회계처리를 하여야 하는 문제가 있습니다. 여러분들이 특히 건설업체나 관공서 납품업을 하는 법인대상으로 영업을 하는 경우 입찰 조건인 '경영상태평가' 시 정확한 회계처리를 하지 않는다면 유동비율, 부채비율, 영업이익률, 당기순이익률 등이 왜곡될 수 있기 때문입니다."

실제 저축성보험이라 하더라도 특약 등으로 일부 보장보험이 가미되어 있기 때문에, 보장성 보험료와 사업비는 비용으로 처리하고 적립금은 기말에 평가하여 자산으로 처리되어야 한다. 최근 기업보험으로 저축성보험이 가미된 CEO플랜으로 월 수천만원씩 납입하는 법인이 많아져, 보험료를 어떻게 회계처리를 하느냐에 따라 회사의 당기순이익과 경영상태 비율이 달라진다.

"세무사님, 제가 관리하는 고객 중 경기도 여주에서 골프장에 시설용역서비스업을 하고 계시는 대표님이 계세요. 이 분의 경우 작년에 회사에 당기순이익이 많이 발생되어 이왕이면 보장도 받고 세금을 절약할 수 있는 방법을 부탁받았어요. 어떤 보장자산을 추천할까 고민 중입니다."

"맞습니다. 기업 대표의 경우 현재 건강한 상태에서 보장보험을 가입하는 것이 현명한 방법입니다. 그리고 기업 대표의 유고는 회사에 상당한 리스크가 되기 때문에 회사비용으로 처리되는 것이 바릅니다."

김영진 세무사는 법인기업에게 보험을 판매하는데 있어 주의할 점이 담긴 택슈랑스 파일을 넘겨주며 기업보험 계약형태별 세무처리를 마이더스 손을 통해 소개한다.

마이더스
SON's
TIP

기업보험 계약형태별 세무처리

서면2팀-1631(2006. 8.28) ⇒ 법규과-3439(2006. 8.24)

【질의】

당사는 생명보험을 영위하는 보험회사로서 중소기업을 대상으로 하는 보장성보험(만기환급금이 없음)과 저축성보험을 판매하고 있음.

- 보장성 보험: 정기보험, 종신보험 및 변액유니버셜 종신보험

- 저축성 보험: 변액연금보험, 양로보험 및 연금지급형 양로보험

당사가 상기 보험상품을 판매할 때의 계약 형태는 다음과 같으며, 이중 Case 1(피보험자는 임원이고 계약자 및 수익자는 법인)이 주된 계약 형태임.

구분	Case 1	Case 2	Case 3	Case 4
계약자	법인	법인	법인	법인
피보험자	임원	임원	종업원	종업원
수익자	법인	임원	법인	종업원

주」 상기에서 임원에는 대표이사도 포함되며, 수익자인 임원 및 종업원에는 당해 임원 및 종업원의 가족도 포함되고, 보험료는 보험계약자인 법인이 납부함.

Case 1 : 피보험자는 임원, 수익자는 법인

보험상품이 만기환급금이 없는 보장성보험(정기보험, 종신보험 및 변액유니버셜 종신보험)인 경우 납입 보험료에 대한 세무처리

(질의 1) 피보험자는 임원(대표이사 포함)이고 수익자는 법인인 경우 보험계약자인 법인이 납입하는 보험료의 손금산입 가능 여부

(질의 2) 법인이 납입한 보험료가 피보험자인 임원(대표이사 포함)의 근로소득(소득세 과세) 해당 여부 및 보험상품이 저축성보험(변액연금보험, 양로보험 및 연금지급형 양로보험)인 경우 납입 보험료에 대한 세무처리

(질의 3) 피보험자는 임원(대표이사 포함)이고 수익자는 법인인 경우 보험계

약자인 법인이 납입하는 보험료의 손금산입 가능 여부

(질의 4) 법인이 납입한 보험료가 피보험자인 임원(대표이사 포함)의 근로소득(소득세 과세) 해당 여부

Case 2 : 피보험자 및 수익자는 법인

법인이 피보험자 및 수익자를 임원(대표이사 포함)으로 하여 보장성보험 및 저축성보험에 가입하고 납입하는 보험료의 세무처리

(질의 5) 피보험자 및 수익자가 임원(대표이사 포함)인 경우에 있어서 보험계약자인 법인이 납입하는 보험료의 손금산입 가능 여부

Case 3 : 피보험자는 종업원, 수익자는 법인

종업원이 피보험자이고 법인을 수익자로 하는 보장성보험 및 저축성보험에 법인이 가입하고 납입하는 보험료의 세무처리

(질의 6) 피보험자는 종업원이고 수익자는 법인이 경우에 있어서 보험계약자인 법인이 납입하는 보험료의 손금산입 가능 여부

(질의 7) 법인이 납입한 보험료가 피보험자인 종업원의 근로소득(소득세 과세) 해당 여부

Case 4 : 피보험자 및 수익자는 법인

법인이 피보험자 및 수익자를 종업원으로 하여 보장성보험 및 저축성보험에 가입하고 납입하는 보험료의 세무처리

(질의 8) 피보험자 및 수익자가 종업원인 경우에 있어서 보험계약자인 법인이 납입하는 보험료의 손금산입 가능 여부

【회신】

1. (질의 1,3,6)의 경우, 법인이 피보험자를 임원(대표이사 포함) 또는 종업원으로, 수익자를 법인으로 하여 보장성보험과 저축성보험에 가입한 경우, 법인

이 납입한 보험료 중 만기환급금에 상당하는 보험료 상당액은 자산으로 계상하고, 기타의 부분은 이를 보험기간의 경과에 따라 손금에 산입하는 것임.

2. (질의 2,4,7)의 경우, 법인이 피보험자를 임원(대표이사 포함) 또는 종업원으로 하고, 계약자 및 수익자를 법인으로 하여, 납입한 보험료는 피보험자인 임원 및 종업원의 근로소득으로 볼 수 없는 것임.

3. (질의 5)의 경우, 법인이 보험계약자이고, 임원이 피보험자 또는 수익자인 경우 법인이 납입한 보험료 중 법인세법 시행령 제43조의 규정에 따라 정관, 주주총회 또는 이사회 결의에 의해 결정된 급여지급기준을 초과하는 금액은 손금불산입하여 상여처분하는 것임.

4. (질의 8)의 경우, 법인이 보험계약자이고 종업원이 피보험자 또는 수익자인 경우 법인이 납입한 보험료는 종업원의 급여로 보아 손금에 산입하는 것임.

【요약】

구분	Case 1, 3	Case 2	Case 4
계약자	법인	법인	법인
피보험자	임원(종업원)	임원	종업원
수익자	법인	임원	종업원
납입보험료 세무회계처리	저축성 즉 만기환급금 상당액은 자산처리. 나머지는 보험기간에 따라 비용처리	임원급여 비용처리하나, 지급기준초과시, 손금불산입하고 상여처분	종업원의 급여비용처리
근로소득여부	근로소득으로 보지않음	근로소득(인정상여)	근로소득

법인의 비용으로 인정되지 않는 제도

기부금의 손금불산입

　기부금이란 특수관계인 이외의 자에게 해당 법인의 사업과 직접 관계없이 무상으로 지출하는 재산적 증여의 가액을 말한다. 기부금은 원칙적으로 법인의 사업과 직접적인 관계가 없기 때문에 손금성이 부인된다. 그러나 기업의 사회적 책임과 기업활동의 수행상 불가피하게 필요한 경우나 공익성이 있는 기부금에 대해서는 일정한 한도 범위 내에서 손금으로 인정하고 있다.

손금산입 한도 및 기부대상 단체

구분	손금한도	기부받는 단체
법정 기부금	50%	▸ 국가·지자체 무상 기증 금품, 국방헌금, 위문금품 ▸ 천재·지변으로 생긴 이재민 구호금품 ▸ 사립학교(병원제외)의 시설비, 교육비·장학금·연구비 ▸ 비영리교육재단(사립학교의 신·증축 등에 한정) ▸ 기능대학·원격대학에 대한 시설비·교육비·연구비·장학금 ▸ 기획재정부장관이 정하는 전문모금기관, 공공기관, 한국학교 * 지정현황 : 전문모금기관 2개, 공공기관 46개, 한국학교 14개 (2011.9.30일 현재) ▸ 각 대학병원(사립학교 운영병원 포함) 시설비·교육비·연구비
지정 기부금	10%	▸ 사회복지법인, 불우이웃돕기결연기관을 통한 기부 ▸ 유치원, 초·중·고·대학교, 기능대학, 원격대학 ▸ 정부로부터 인허가를 받은 문화·예술단체 또는 환경보호운동단체 ▸ 종교, 의료법인, 불우이웃성금 ▸ 사립학교 등의 장이 추천한 개인의 교육비·연구비·장학금 ▸ 영업자단체에 대한 특별회비, 임의단체 회비 ▸ 주무부장관의 추천을 받아 기획재정부장관이 지정공고하는 단체 * 지정현황 : 1,841개 지정(2011.9.30일 현재)
비지정 기부금	손금 불인정	▸ 위 열거된 것 외의 기부금

주) 1. 2014년도에 적용할 개정세법은 지정기부금 단체의 지정 요건을 개선하여 지정일이 속하는 연도와 그 직전 연도에 선거운동을 한 것으로 권한 있는 기관이 확인한 사실이 없고 지정 취소 또는 재지정 거부를 받은 경우 3년 이상이 경과해야 지정기부금단체 지정이 가능해진다.

2. 2014년도에 적용할 개정세법은 지정기부금단체의 사후관리 요건을 개선하여 홈페이지와 국세청 정보공개 시스템에 기부금 모금 및 활용 실적을 공개하지 않았거나 선거운동을 한 것으로 권한 있는 기관이 확인한 경우, 수익사업을 제외한 지출액의 80% 이상 고유목적사업에 지출할 의무를 위배한 경우, 정관상 공익목적 인정·잔여재산 국가 등 귀속·인터넷홈페이지 개설 등 지정 요건을 미충족한 경우에는 지정기부금단체 지정이 취소된다.
3. 2014년도에 적용할 개정세법은 기부금단체 지정·점검·취소업무를 조정하여 업무 소관이 점검은 국세청장, 지정취소 건의 국세청장, 지정취소는 기획재정부장관으로 조정된다.

법정·지정기부금의 한도초과액과 비지정기부금의 손금불산입

법인이 지출하는 기부금은 일정범위 내에서 손금에 산입하는 기부금(지정 기부금, 법정기부금)과 손금에 산입하지 않는 기타의 기부금으로 구분되며 손 금산입 범위액을 초과하는 기부금과 기타의 기부금(비지정기부금)은 손금에 산입할 수 없다. 그동안 지정기부금 한도 초과된 금액은 5년(2009.12.31 이전 지출분은 3년)이내, 법정기부금 한도 초과된 금액은 3년(2011.12.31 이전 지출 분은 1년)간 이월공제하였으나 2014년에 적용할 개정세법은 법정기부금 이월 공제기간을 지정기부금과 같이 5년으로 연장하였다. 특수관계자외의 자에게 당해 법인의 사업과 직접 관계없이 무상으로 지출하는 재산적 증여가액이나 '시가의 100분의 30을 가감한 범위내의 가액'인 정상가액에 비하여 저가양 도 또는 고가매입하는 경우 그 차액을 실질적으로 증여한 것으로 인정되는 금액을 기부금이라 한다. 따라서 세법에서 손금으로 용인되는 기부금으로 열 거하고 있지 아니한 비지정기부금(신용협동조합, 새마을금고, 동창회, 향우회, 종친회, 정치자금기부금 등)은 전액 손금불산입한다.

접대비의 손금불산입

접대비란 교제비, 사례금 기타 명목 여하에 불구하고 이와 유사한 성질의 비용으로 법인의 업무와 관련하여 특정인에게 지출한 금액을 말한다. 이러한 접대비는 계정과목의 명칭에 상관하지 않고 그 실질내용에 따라 판단한다. 업 무와 관련없이 지출하는 기부금과 다르고 사업과 관련하여 무상으로 지출한 다는 점에서 유사하나 불특정 다수인을 상대로 구매촉진을 하기 위하여 지출 하는 광고선전비와 또 다른 성격의 지출이다. 한편 접대비와 기부금은 일정한도 범위에서만 손금을 인정하지만, 광고선전비는 손금산입의 한도액이 설정되어 있지 않아 전액을 손금으로 인정한다.

접대비 손금산입한도

법인기업의 경우 다음 금액의 합계액을 접대비 한도액(①+②)으로 한다.

① 일반접대비 한도액(ⓐ+ⓑ)

ⓐ 기본한도	1,200만원(중소기업 1,800만원)×사업연도 월수/12
ⓑ 수입금액 한도	(일반수입금액×적용률)+(특정수입금액×적용률×10%)

수입금액	적용률
100억원 이하	1만분의 20
100억원 초과 500억원 이하	2,000만원+100억원 초과하는 금액의 1만분의 10
500억원 초과	6,000만원+500억원을 초과금액의 1만분의 3

② 문화접대비 한도액

문화접대비란 국내 문화관련 지출(공연·전시회·박물관·체육활동·박람회·문화재 등 입장권, 간행물의 구입비)로서 2014.12.31 이전에 지출한 접대비로 아래 금액을 한도로 한다. 2014년에 적용할 개정세법은 조특법 제136조를 개정하여 아래 한도식에서 ⓐ문화접대비-접대비총액×1%을 삭제하고 일반접대비 한도액(위①) ×10%로 확대 적용한다. 또한 그 적용시기도 2013년 사업연도분부터 적용한다.

Min(ⓐ문화접대비 − 접대비총액 × 1%, ⓑ일반접대비 한도액(위①) × 10%)
*2013년 사업연도부터 ⓑ일반접대비 한도액(위①) × 10%로 확대 적용

접대비의 신용카드 등 사용의무

법인이 지출한 접대비 내용의 투명성을 제고하고, 거래 상대방의 수입금액 양성화를 위해 법인세법은 1회 1만원(경조사비는 20만원) 초과 지출시에는 여신전문금융업법에 의한 신용카드·직불카드, 계산서 또는 세금계산서, 선불카드·현금영수증 등을 사용하여 지출한 접대비만 손금으로 인정한다.

감가상각비의 손금불산입

감가상각비의 의의

고정자산(유형자산 및 무형자산을 말한다)의 취득가액을 내용연수 기간동안 감가상각을 통하여 비용화하는 과정을 말한다. 법인세법상 감가상각 대상이 되는 자산은 법인이 소유하는 사업용 고정자산이다. 다만, 건설중인자산이나 시간의 경과에 따라 가치가 감소되지 않는 토지·서화·골동품 등은 감가상각 대상자산에서 제외한다.

감가상각 대상자산

토지를 제외한 유형고정자산과 무형고정자산이 감가상각 대상이다.

감가상각방법

감가상각방법은 자산 구분별로 하나의 방법을 선택하여 상각한다.

- ·건축물 및 무형고정자산 : 정액법
- ·기타 유형고정자산 : 정률법 또는 정액법중 선택(무신고시 정률법)
- ·광업권 : 생산량비례법 또는 정액법(무신고시 생산량비례법)
- ·광업에 사용하는 고정자산 : 생산량비례법, 정율법, 정액법(무신고시 생산량 비례법)
- ·개발비 : 관련 제품의 판매 또는 사용이 가능한 시점부터 20년 이내의 기간 내에서 연단위로 신고하나 내용연수에 따라 매사업연도별 경과월수에 비례하여 월할상각하는 방법(무신고시 관련 제품의 판매·사용 가능시점부터 5년 동안 매년 균등액 상각)
- ·사용수익기부자산가액 : 사용수익기간(사용수익기간에 관한 특약이 없으면 신고내용연수)에 따라 균등하게 안분한 금액을 월할상각하고, 사용수익기간 또는 신고내용연수기간 중에 멸실·계약해지된 경우 미상각잔액 전액 상각
- ※ 사용수익기부자산가액 : 금전 외의 자산을 국가·지방자치단체, 지정기부금 대상 단체인 법인에게 기부한 후 그 자산을 사용하거나 그 자산으로부

터 수익을 얻는 경우 해당 자산의 장부가액

·주파수이용권, 공항시설관리권 : 주무관청에서 고시하거나 주무관청에 등록한 기간 내에서 사용기간에 따라 균등액을 상각하는 방법

감가상각 내용연수

기업회계기준은 자산의 물리적 수명 또는 자산의 진부화 등을 종합적으로 고려하여 내용연수에 대한 추정을 하도록 하고 있으나, 법인세법은 법인이 임의로 내용연수 선택에 따른 과세소득의 조절을 방지하기 위하여 자산별·업종별로 내용연수와 그에 따른 상각률을 법인세법 시행규칙에서 아래 [별표]처럼 구체적으로 규정하고 있다. 그리고 [별표 5]건축물 등의 내용연수와 [별표 6] 업종별 자산의 내용연수는 그 기준 내용연수의 25%를 가감하여 내용연수 범위 내에서 법인이 선택하여 관할 세무서장에게 연단위로 신고한 내용연수를 적용한다. 2014년에 적용할 개정세법은 국제회계기준(IFRS) 도입에 따른 감가상각비 허용 범위를 조정하여 기존 보유자산 및 동종자산에 한해 다음 ①과 ② 금액 중 큰 금액까지 손금산입을 허용한다.

① 세법상 기준 내용연수를 적용한 감가상각비
② IFRS에 따른 감가상각비 + IFRS 도입으로 감소된 감가상각비의 25%
(적용시기) 2014. 1.1 이후 자산을 취득하는 분부터 적용

[별표 2] 시험연구용자산의 내용연수

적용대상 자산		내용연수
시험연구용 자산	광학기기, 시험기기, 측정기기, 공구, 기타설비	3년
	건물부속설비, 구축물, 기계장치	5년

[별표 3] 무형고정자산의 내용연수

적용대상 자산		내용연수
무형고정자산	영업권, 디자인권, 실용신안권, 상표권	5년
	특허권, 어업권, 해저광물자원채취권, 수리권	10년
	광업권, 전신전화전용시설이용권, 하수종말처리장 시설관리권 등	20년
	댐사용권	50년

[별표 5] 건축물 등의 내용연수

적용대상 자산		내용연수
차량 및 운반구, 공구, 기구 및 비품		5년(4~6년)
선박 및 항공기		12년(9~15년)
건축물 등	연와조, 블록조, 콘크리트조, 토조, 목조 등의 건물과 구축물	20년(15~25년)
	철골·철근콘크리트조, 석조, 철골조 등의 건물과 구축물	40년(30~50년)

[별표 6] 업종별 자산의 내용연수

적용대상 자산		내용연수
업종별 자산*	교육서비스업, 살충제및기타농약제조업, 가죽·가방및신발 제조업	4년
	농업, 임업, 출판·인쇄업, 도·소매업, 금융·보험업	5년
	통신업,전자부품,컴퓨터, 영상,음향 및 통신장비 제조업	6년
	봉제의복·모피제품제조업, 숙박·음식점업, 부동산업, 종합건설업, 수리업	8년
	음식료품제조업, 종이제품제조업 등	10년
	담배제조업, 수상운송업, 항공운송업, 자동차 및 트레일러 제조업	12년
	코크스, 연탄 및 석유정제품 제조업	14년
	전기, 가스, 증기 및 공기조절 공급업	16년
	수도사업	20년

주」 1. 2013년 개정세법은 세법상 상각기간이 경제적 내용연수에 부합하도록 기준내용연수 4개(4년, 6년, 14년, 16년)를 추가하여 기준내용연수 개수를 증가(5개 → 9개)시키고 11개 업종을 조정하였다. 단, 2014. 1.1 이후 취득하는 자산부터 적용한다.

2. 2014년에 적용할 개정세법은 법인세법 시행령 제28조 제6항을 개정하여 2013년 9월 1일부터 2014년 3월 31일까지 취득한 경우에는 자산별·업종별 기준내용연수를 기업에 일임하여 기준내용연수에 50%를 가감할 수 있도록 지원한다. 단, 2013.11.5일이 속하는 사업연도부터 적용한다.

3. 2014년에 적용할 개정세법은 감가상각 내용연수 변경사유를 개선하여 (현행) 사업장의 지리적·환경적 특성, 설비가동률 등을 고려하여 감가상각 내용연수 변경 허용하였으나 (개정) 지리적·환경적 특성에 한정하지 않고 사업장의 모든 특성 (예: 화학약품 사용에 따른 기계의 조기부식 등) 고려하여 기준내용연수의 50%를 가감한 범위에서 변경 (적용시기 2014. 2.21 이후 내용연수 변경을 신청하는 분부터 적용)

감가상각비 시부인계산

법인세법은 과세소득의 적정한 계산과 공평과세의 구현을 위해 법인이 감가상각비를 비용으로 과다하게 계상한 경우, 위 내용연수 기간동안 법인세법에서 정한 상각률에 따라 계산한 상각범위액 내에서만 손금으로 인정하고 그 초과액은 손금불산입한다. 이후 상각부인액은 그 후의 사업연도에 시인부족액이 부족액이 발생하는 경우 손금산입한다.

세금부담이 커진 임원 퇴직소득세

"최근 모 중견기업에서 이사회 회의록을 별 생각없이 관할 세무서에 제출했는데 100억원의 세금이 추징되었다고 얘기하더랍니다."

"네? 100억이요! 어떻게 회의록 한 장으로 그렇게 많은 세금을 추징할 수 있지요?"

마성숙FR이 100억이라는 세금추징에 깜짝 놀라워한다.

"오늘 이 앞전 시간에 법인의 과다경비 손금불산입에서 배운 것처럼 임원 상여금은 정관 등에서 작성된 임원급여지급기준에 따라 지급되어야 합니다. 그러나 이 회사는 일정한 임원급여지급기준 없이 매년 이사회 회의록 한 장으로 수십억원의 상여금을 지급한 것입니다. 결국 세무서는 매년 지급된 임원 상여금을 손금부인하여 법인세를 추징한 것입니다."

"급여나 상여금이나 다 같은 경비일 것 같은데, 세법 참 어렵네요."

"마성숙님, 세법에는 기준과 원칙이 있습니다. 그건 공평과세라는 큰 틀에서 검토하는데요. 법인은 이사회의 결정대로 움직일 수 밖에 없잖아요. 세법은 경영진이 마음대로 하는 것을 방지하기 위한 목적으로 사전에 정관 등에 상여금에 관한 지급한도를 정하도록 하고 있습니다."

법인은 이사회 결의에 의하여 상여금을 지급할 수 있지만 세법상 이익처분에 의하여 지급하는 상여금은 주주인 경우에 배당소득으로 보기 때문에 일반적인 경비로 처리해서는 안 된다.

"네, 무슨 말씀인지 알겠습니다. 배당금은 경비가 아니지요."

"여러분, 중소사업을 하시는 기업가분들을 존경하여야 합니다. 자본을 출자해서 근로자들의 많은 일자리를 만들지만, 무한책임을 지는 경영주로서 중소기업 CEO는 가장 보호를 받아야 하나 실제 퇴직금조차 제대로 보장받지 못하는 근로자보다 못한 존재이기도 합니다."

근로자는 근로자퇴직급여보장법상 퇴직금을 보장받을 수 있지만, 임원의 경우에는 법의 보호를 받지 못하기 때문에 민간보험을 통해 자기 자신을 보호해야 한다.

"오늘은 퇴직금에 대해 공부하는 시간을 가졌으면 합니다. 퇴직소득은 임원을 포함한 근로자가 상당기간을 근속하고 퇴직하는 경우 근로관계의 종료를 사유로 하여 사용자가 지급하는 일시지급금을 말합니다."

세법상 근속기간 중에 월급형태로 받는 소득을 근로소득으로 구분한다. 반면 퇴직소득은 장기간에 발생한 소득으로 퇴직 후 생활자금이 되는 관계로 퇴직공제를 특별히 허용하고 있다. 그러나 최근 세법은 퇴직연금을 활성화하기 위해 퇴직소득에 대해 과거처럼 특별한 우대를 하지는 않는 것으로 개정되었다.

"세무사님, 제가 관리하고 있는 고객 중 10년 이상 기업경영을 하고 있는 최고남 고객이 임원의 퇴직금 제도와 관련하여 답변을 요청해 왔습니다. 이에 대해 자세한 설명을 부탁드립니다."

"네, 개정세법은 퇴직소득에 대한 소득세 부담을 높였습니다. 먼저 2012년도부터는 임원의 경우 퇴직소득한도를 설정하여 퇴직 직전 3년간 총급여 연평균환산액의 10분의 1을 곱한 금액에, 여기에 근속연수를 곱한 금액의 3배수가 초과된 금액은 퇴직소득이 아닌 근로소득으로 보도록 하고 있습니다. 더구나 2013년부터는 퇴직소득에 대한 소득세 산정시 퇴직소득과세표준에 근속연수로 나눈 금액에 먼저 5배수로 곱하여 누진세율을 적용하도록 하여 세액이 과거보다 증가되었습니다."

"세무사님, 그렇게 되면 2013년 2월 15일 이전에 가입했던 기업보험 중 계약자를 법인으로 하여 추후 명의자 변경을 통해 퇴직금으로 지급하는 CEO플랜이 상당한 타격을 받겠습니다."

마성숙FR이 매우 걱정스러운 눈빛을 김영진 세무사에게 던진다.

"그렇지만, 정관 등 임원퇴직금지급규정에 따라 산정된 2011년까지의 퇴직금은 퇴직소득한도의 적용을 받지 않습니다. 한마디로 이제는 세법상 내야 할 세금은 내고 가야 합니다. 법인 저축성보험 가입의 목적은 다양한 니즈가 있겠지만, 이러한 퇴직금이나 긴급자금 재원마련이 가장 큰 목적입니다."

재삼 강조하지만 중소기업의 임원들은 수많은 리스크를 안고 경영일선에서 일하고 있다. 임원을 피보험자로 하여 경영인을 위한 정기보험의 경우 회사비용으로 처리하고 보험사유로 보험금이 지급되는 경우, 회사정관상 퇴직금이나 유족보상금과 같은 지급재원으로 활용할 수 있다. 마성숙FR이 오늘의 주제이기도 하지만, 퇴직소득 중 임원 퇴직금 관련하여 상세한 설명을 주문한다. 이에 마이더스 손이 제시한 축소된 임원의 퇴직금제도 관련 Q&A를 참조하자.

마이더스
SON's
TIP

축소된 법인사업자 임원의 퇴직금제도

Q1. 회사 임원이 사망하게 되는 경우에도 정관에 규정하고 있는 퇴직금을 지급해야 하는지요?

A1. 퇴직사유가 사망으로 인한 것일 뿐 실질 퇴직 사유에 해당하여 유족들에게 임원(피상속인)의 퇴직금이 지급되어야 하는 것이며 동 퇴직금에 대하여는 해당 임원의 퇴직소득이 되며 퇴직소득세가 과세되고 상속재산에 포함되어 상속세가 부과될 수 있습니다.

Q2. 업무상 관련 일을 하다가 사망하게 되었을 때 1000일분에 해당하는 임금만큼 위로금으로 지급할 수 있고 유가족이 별도의 세금을 납부하지 않는지요?

A2. 근로기준법상 근로자의의 업무상 재해 등으로 인한 사망시 법인은 유족들에게 피상속인의 일급여의 1000일분에 해당하는 금전을 위로금으로 지급하여야 하는 것이며 동 위로금은 소득세나 상속세가 부과되지 아니합니다. 다만, 임원의 경우 근로기준법이 적용되지 않는다는 것이 일반적이 해석입니다. 만약 임원에게 업무상 사망을 원인으로 하여 근로기준법상 위로금을 지급할 경우에는 소득세와 상속세를 과세하여야 하는지 여부에 대하여 논란이 될 수 있습니다만, 정관이나 주주총회 결의에 따라 임원유족금지급규정 등에 기재되고 다른 임원들에게 공통적으로 적용되는 위로금 즉 유족보상금이라면 비용처리도 가능할 것으로 판단합니다.

Q3. 사용인이 임원으로 취임하는 경우 퇴직시 근속기간 산정방법은 어떻게 되는지요?

A3. 근속연수는 임원이 실제로 당해 법인에 직접 고용되어 계속 근로를 제공한 기간을 말하는 것으로서, 이 경우 당해 임원이 사용인에서 임원으로 된 때에 퇴직금을 지급하지 아니하는 경우에는 사용인으로 근무한 기간도 당해 근속연수에 합산하는 것입니다. 법문을 보면 현실적인 퇴직은 '법인이 퇴직급여를 실제로 지급한 경우로서 다음 각 호의 어느 하나에 해당하는 경우를 포함하는 것으로 한다.' 라고 규정하고 있습니다.

즉, 사용인이 임원으로 취임한 때는 현실적인 퇴직으로 보는 경우에 해당하나, 실제 퇴직금을 지급하지 않고 퇴직으로 처리하지 않았다면 추후 임원 퇴직시 근속기간은 통산한다는 의미입니다. 참고로「법인세법 시행령 제20조 제1항」에서 규정하는 임원의 범위는 ① 회장, 사장, 부사장, 이사장, 대표이사, 전무이사 및 상무이사 등 이사회 ② 합명회사, 합자회사, 유한회사의 업무집행사원 또는 이사 ③ 감사·그밖에 앞의 항목에 준하는 직무에 종사하는 자 등이다.

Q4. 법인의 실질 지배주주인 법인대표의 경우 사용인과 동일하게 퇴직금을 지급 받을 수 있는지요?

A4. 현행 법인세법은 법인이 정관 등에서 규정하는 적정한 퇴직금지급기준에 따라 퇴직임원에게 퇴직급여를 지급하는 경우 그 지급액 전체를 비용으로 인정합니다. 하지만 퇴직임원은 적정한 정관규정에 의해 퇴직급여를 지급받은 경우라 하더라도 2012년 개정 소득세법은 2012. 1.1 이후 발생한 퇴직소득에 대해서는 '퇴직직전 3년간 총급여의 연평균 환산액×1/10×근속연수×3배' 한도 이내의 금액만 퇴직소득으로 보되 이를 초과하는 금액은 근로소득으로 보아 과세하도록 하고 있습니다.

법인세법은 정관 등에 퇴직금 지급 규정이 없거나 규정되어 있다 하더라도 그 규모가 과도하여 부당행위계산부인 규정이 적용된다면 '퇴직직전 1년간 총급여액 × 1/10 ×근속연수' 를 한도로 하여 법인의 비용으로 인정하고 퇴직임원의 퇴직소득으로 과세하되, 이를 초과하는 금액은 법인의 비용으로 인정되지 못함과 동시에 퇴직임원의 근로소득으로 보아 과세하게 됩니다.

퇴직금은 전체 근속기간에 걸쳐 발생하는 소득이므로 종합소득과는 별도로 분류하여 과세하며, 별도의 계산방식에 따라 세액을 계산하므로 다른 소득에 비해 세부담이 상대적으로 낮습니다. 따라서 법인은 적정 규모의 임원퇴직금지급규정을 갖추어 놓는 것이 필요합니다.

상여금과 퇴직급여의 손금불산입

인건비란 임원 또는 사용인에게 대하여 근로의 대가로서 지급하는 비용으로 급료·보수·임금·수당·상여·퇴직급여 및 기타 이와 유사한 성질의 급여를 말한다. 이러한 인건비는 법인이 사업을 수행하기 위한 비용으로 원칙적으로 손금으로 인정된다. 한편 2014년에 적용할 개정세법은 중소기업인력지원특별법에 따른 핵심인력성과보상기금 납입금을 손비로 인정한다.

그러나 임원에 대한 상여금과 퇴직급여는 임원의 지위를 이용한 과다 인건비의 제한을 위하여 지급기준을 초과하는 금액은 법인이 손비처리 하였다고 하더라도 법인세법상 손금불산입한다.

구분		임원	사용인
상여금	급여지급기준 범위 내	손금인정	손금인정
	급여지급기준 초과금액	손금불인정	손금인정
퇴직급여	퇴직급여기준 범위 내	손금인정	손금인정
	퇴직급여기준 초과금액	손금불인정	손금인정

주」1. 급여(퇴직급여)지급기준은 정관·주주총회·사원총회 및 이사회 결의에 의하여 결정된 내부 규정을 말한다.
  2. 임원이라 함은 다음의 직무에 종사한 자를 말하며, 임원은 직책의 명칭 여하에 불구하고 그 직무로 판단해야 한다.
    – 회장·사장·부사장·이사장·이사 등 이사회 구성원 전원과 청산인
    – 합명회사·합자회사·유한회사의 업무집행사원·이사
    – 유한책임회사의 업무집행자
    – 감사
    – 기타 위에 준하는 직무에 종사하는 자

상여금의 임원급여지급기준 초과액 손금불산입

그러나 임원에게 지급하는 상여금은 임원급여지급기준을 초과하는 경우 그 초과액은 손금불산입한다. 특히, 지배주주 등인 임원·사용인에게 정당한 사유없이 동일 직위에 있는 다른 임원·사용인에게 지급하는 금액을 초과한 금액은 손금불산입한다.

임원 퇴직금의 한도 초과액 손금불산입

임원에게 지급하는 퇴직급여 중 아래 기준 금액을 초과하는 금액은 손금불산입한다.

① 정관 또는 퇴직급여지급규정에 정하여진 금액

② 위 ①에 의한 금액이 없는 경우 다음 산식에 의한 금액

$$\text{해당 임원의 퇴직 직전 1년간 총급여액} \times 10\% \times \text{근속연수}$$

주) 위 산식에서 총급여액은 근로를 제공함으로써 받는 급여·상여·수당 및 이와 유사한 성질의 급여로 한다. 단, 손금불산입된 금액을 제외한다. 또한 근속연수는 월수로 계산하되 1개월 미만의 기간은 절사한다.

세법상 퇴직급여

세법상 퇴직급여로 보는 금액은 다음과 같다.

· 퇴직으로 받는 일시금 : 갑종에 속하는 근로소득이 있는 자가 퇴직으로 인하여 지급받는 소득 중 일시금

· 명예퇴직수당 : 각종 공무원에게 지급되는 명예퇴직수당

· 퇴직보험금 중 일시금 : 종업원의 퇴직을 보험금의 지급사유로 하고 종업원을 피보험자와 수익자로 하는 보험(단체퇴직보험)의 보험금과 퇴직보험 또는 퇴직일시금신탁의 보험금 또는 신탁반환금

· 국민연금법에 의해 지급받는 일시금 또는 사망일시금으로서 2002년 1월 1일 이후 근로의 제공을 기초로 하여 지급받는 일시금

· 공적연금에 따른 일시금

· 기타 불특정다수의 퇴직자에게 적용되는 퇴직급여규정, 취업규칙 또는 노사합의에 의하여 지급받는 퇴직수당·퇴직위로금 기타 이와 유사한 성질의 급여(퇴직급여규정 등에 의하지 않고 지급되는 경우에는 근로소득으로 본다)

퇴직소득공제

퇴직소득공제에는 퇴직급여공제와 근속연수공제가 있다. 이 공제제도는 근로소득공제에 비해 금액적으로 상당히 큰 혜택이다. 참고로 퇴직소득이 있는

거주자가 당해 연도 중에 2회 이상 퇴직함으로써 퇴직급여를 받는 때에는 당해연도의 퇴직급여의 합계액에서 1회에 한하여 퇴직소득공제를 한다.

① 퇴직소득정률공제

퇴직급여액의 100분의 40에 상당하는 금액을 공제한다.

② 근속연수공제

근속연수에 따라 다음의 금액을 추가로 공제한다. 근속연수가 1년 미만의 기간이 있는 때에는 이를 1년으로 본다.

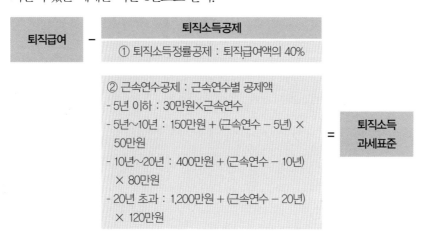

퇴직소득세 계산식

2013년 개정세법은 소득세법 제55조 제2항을 개정하여 2013년 1월 1일 이후 퇴직소득에 대한 소득세 산정시 퇴직소득 과세표준을 5배수로 환산하여 퇴직소득 산출세액을 산정하도록 하여 2012년 12월 31일 이전 퇴직소득보다 세액이 증가되었다. 그러나 소득세법 개정 전에 근무를 시작하여 이 법 시행 후에 퇴직한 자의 경우 부칙규정에 따라 2012년 12월 31일 이전 퇴직소득분 퇴직소득세는 종전의 규정으로 계산한다.

소득세법 제55조 제2항

② 거주자의 퇴직소득에 대한 소득세는 다음 각 호의 순서에 따라 계산한 금액(이하 "퇴직소득 산출세액"이라 한다.)으로 한다.

1. 해당 과세기간의 퇴직소득과세표준을 근속연수로 나눈 금액

2. 제1호에 5를 곱한 금액에 제1항의 세율을 적용하여 계산한 금액

3. 제2호를 5로 나눈 금액에 근속연수를 곱한 금액

[부칙 제22조]

② 이 법 시행 전에 근무를 시작하여 이 법 시행 후에 퇴직한 자의 경우 해당 퇴직소득과세표준에 이 법 시행 전의 근속연수비율(2012년 12월31일까지의 근속연수를 전체 근속연수로 나눈 비율)을 곱하여 계산한 금액에 대해서는 제55조 제2항의 개정규정에도 불구하고 종전의 규정에 따른다.

- 2012년 12월 31일 이전 퇴직소득분 퇴직소득세 산출식

$$\text{과세표준} \times \frac{1}{\text{근속연수}} \times \text{기본세율} \times \text{근속연수} = \text{퇴직소득 산출세액(결정세액)}$$

- 2013년 1월 1일 이후 퇴직소득분 퇴직소득세 산출식

$$\left[\text{과세표준} \times \frac{1}{\text{근속연수}} \times 5 \right] \times \text{기본세율} \div 5 \times \text{근속연수} = \text{퇴직소득 산출세액}$$

2013년 개정세법에 따른 퇴직소득 과세표준 계산사례

[예제1] (주)로스차일드코리아인베스트 전무이사 갑은 2003. 4.1 입사하여 2013.2.28 퇴사하면서 퇴직소득공제 후 퇴직소득과세표준이 1억원인 경우

① 각 근속연수 계산

전체 근속연수 : 9년 11월 → 10년

  ㉠ 2012년 12월 31일까지 근속연수 : 9년 9월 → 10년

  ㉡ 2013년 1월 1일 이후 근속연수(전체근속연수 - ㉠) : 10년 - 10년 = 0년

② 각 근속연수별 과세표준 안분

전체 퇴직소득과세표준 : 1억원

ⓐ 2012년 12월 31일까지 퇴직소득과세표준 : 1억원 × 10/10 = 1억원

ⓑ 2013년 1월 1일 이후 퇴직소득과세표준 : 0원

③ 세액계산

ⓐ 2012년 12월 31일까지 퇴직소득에 대한 세액계산

[{1억원 ÷ 근속연수(10년)} = 1,000만원] × 6% × 근속연수(10년)

= 6,000,000원

ⓑ 2013년 1월 1일 이후 퇴직소득에 대한 세액계산 : 0원

[예제2] (주)로스차일드코리아인베스트 상무이사 을은 2004. 1.1 입사하여 2014. 2.28 퇴사하면서 퇴직소득공제 후 퇴직소득과세표준이 1억 1,000만원인 경우

① 각 근속연수 계산

전체 근속연수 : 10년 2월 → 11년

ⓐ 2012년 12월 31일까지 근속연수 : 9년 → 9년

ⓑ 2013년 1월 1일 이후 근속연수(전체근속연수-ⓐ) : 11년 - 9년 = 2년

② 각 근속연수별 과세표준 안분

전체 퇴직소득 과세표준 : 1억 1,000만원

ⓐ 2012년 12월 31일까지 퇴직소득과세표준

1억 1,000만원 × 9/11 = 9,000만원

ⓑ 2013년 1월 1일 이후 퇴직소득과세표준

1억 1,000만원 × 2/11 = 2,000만원

③ 세액계산

ⓐ 2012년 12월 31일까지 퇴직소득에 대한 세액계산

[{9,000만원 ÷ 근속연수(9년)} = 1,000만원] × 6% × 근속연수(9년)

= 5,400,000원

ⓑ 2013년 1월 1일 이후 퇴직소득에 대한 세액계산

[{2,000만원 ÷ 근속연수(2년)} × 5 = 5,000만원] × [(24% - 522만원) ÷ 5]

$$\times \text{ 근속연수(2년)} = 2,712,000$$

■ 소득세법 시행규칙[별지 제24호 서식(2)] [예제2] 퇴직소득원천징수영수증

구분			(18) 입사일	(19) 기산일	(20) 퇴사일	(21) 지급일	(22) 근속 월수	(23) 제외 월수	(24) 근속 연수
근속 연수 계산	중간지급 근속연수								
	최종 근속연수		2004/ 1/1	2004/ 1/1	2014/ 2/28	2014/ 2/28	122		11
	정산 근속연수			2004/ 1/1	2014/ 2/28		122		11
	안분	2012. 13. 31 이전	2004/ 1/1		2012/ 12/31		108		9
		2013. 1. 1 이후		2013/ 1/1	2013/ 12/31		14		2

	계산내용	중간지급 등	최종	정산
과세 표준 계산	(27) 퇴직소득((17))			191,333,330
	(28) 퇴직소득정률공제			76,533,330
	(29)근속연수공제			4,800,000
	(30) 퇴직소득과세표준((27)-(28)-(29))			110,000,000

	계산내용	2012.12.31 이후	2013.1.1 이후	합계
퇴직 소득 세액 계산	(31) 과세표준안분((30)×각근속연수/ 정산근속연수)	90,000,000	20,000,000	110,000,000
	(32) 연평균과세표준((31)/각근속연수)	10,000,000	10,000,000	
	(33) 환산과세표준((32)×5배)		50,000,000	
	(34) 환산산출세액((33)×세율)		6,780,000	
	(35) 연평균산출세액((34)/5배)	600,000	1,356,000	
	(36) 산출세액((35)×각근속연수)	5,400,000	2,712,000	8,112,000
	(37) 기납부(또는 기과세이연세액)			
	(38) 신고대상세액((36)-(37))	5,400,000	2,712,000	8,112,000

2012년 개정세법에 따른 임원 퇴직급여 한도초과액 근로소득 간주

임원에게 지급하는 퇴직급여는 임원이 현실적으로 퇴직하는 경우에 한하여 손금에 산입한다. 2012년도부터 '임원 퇴직급여 한도 규정'은 임원의 과다한 퇴직금 적립과 지급을 통해 조세회피 행위를 방지하기 위한 것이다. 정관에 퇴직급여로 지급할 금액을 정한 경우 정관에 정한 금액을 손금에 산입하나 단, 퇴직소득금액 중 ①의 금액이 ②의 산식에 따라 계산한 금액을 초과하는 경우 초과액은 근로소득으로 간주한다. 정관에 퇴직급여로 지급할 금액을 정하지 않은 경우에는 1년간 총급여액×1/10×근속연수를 적용한다.

총 퇴직급여 중 근로소득 간주 퇴직급여(①-②)	① 한도적용 대상 퇴직급여의 범위 총 퇴직급여 − 2011.12.31 중간정산을 가정한 퇴직급여 ② 2012년 이후 임원 퇴직급여 한도 퇴직 전 3년간 연평균 급여 × 1/10 × 2012년 이후 근속연수 × 3

[예제] ㈜로스차일드코리아인베스트 대표이사 병은 2009년 1월1일 입사하여 2012년12월31일 퇴사했다. 2009년과 2010년 급여는 1억원, 2011년과 2012년 급여는 1억2,000만원이고 임원퇴직금지급규정에 따르면 [근속기간의 평균급여×근속연수를 적용한 2배로 계산되고 있다. 임원퇴직금지급규정에 따라 8억8,000만원의 퇴직금을 지급하였을 경우 소득세법상 갑의 퇴직금 중 근로소득으로 간주할 금액은 얼마인가?

[해제] 먼저 2011년 12월31일까지 퇴직금을 차감한 한도적용 대상 퇴직급여의 범위를 계산하고 법에 의거한 임원 퇴직급여 한도를 계산한다.

① 한도적용 대상 퇴직급여의 범위 계산

퇴직급여 - 2011.12.31 중간정산해당액

(1억1,000만원×4년×2배 = 8억8,000만원)

- (1억670만원×3년×2배≒6억4,000만원) = 2억4,000만원

② 2012년 이후 임원퇴직급여 한도

퇴직 전 3년간 연평균 급여 × 1/10 × 2012년 이후 근속연수 × 3

(1억1,330만원 × 1/10 × 1년 × 3배 ≒ 3,400만원

∴ ① - ② = 2억600만원

따라서 (주)로스차일드코리아인베스트 대표이사 병이 퇴직시 지급받은 퇴직금 8억8,000만원 중 근로소득으로 과세되어야 할 퇴직급여는 2억600만원이고, 임원퇴직소득으로 과세되는 퇴직급여는 2011년까지 퇴직금 6억4,000만원과 2012년 이후 퇴직금 3,400만원을 더한 6억7,400만원이 퇴직소득으로 과세될 퇴직급여가 된다.

퇴직연금보험료의 손금불산입

확정기여형(DC) 퇴직연금보험료는 전액 손금으로 인정하고, 확정급여형(DB) 퇴직연금보험료는 아래 금액을 초과하는 금액은 손금불산입한다.

퇴직연금보험료의 손금산입 누적한도
Max(① 일시퇴직기준, ② 보험수리기준 추계액) – 손금산입된 퇴직급여충당금 – 직전 사업연도종료일까지 지급한 보험료 * 보험수리기준 : 근로자퇴직급여보장법 제16조제1항제1호에 따른 금액

주」 2014년에 적용할 개정세법은 퇴직연금 미가입자가 있는 경우 미가입분에 대해서는 일시퇴직기준을 적용한다. 퇴직연금 가입자라 하더라도 퇴직연금 미가입기간이 있는 경우에는 해당 미가입 기간분을 포함한다.

퇴직급여충당금 손금불산입

사업자가 퇴직금을 지급하기 위해 사내적립하는 경우 다음 중 적은 금액을 한도로 하고 그 초과금액은 손금불산입한다. 퇴직급여충당금을 설정한 법인이 퇴직금을 지급할 때에는 퇴직급여충당금에서 먼저 지급하는 것으로 한다.

퇴직급여충당금의 손금산입 누적한도
Max(① 일시퇴직기준, ② 보험수리기준 추계액) × 연도별 일정률(2014년 10%) (연도별 일정률은 매년 5% 감소되어 2016년에는 설정률은 0%)

공동경비의 손금불산입

조직·사업을 공동으로 운영·영위하면서 발생·지출된 손비 중 다음의 기준에 의한 분담금액을 초과하는 금액은 손금불산입한다.

- 출자에 의한 공동사업 : 출자총액 중 해당 법인이 출자한 금액의 비율
- 출자에 의한 공동사업 외의 경우

공동사업자간에 특수 관계가 있는 경우	직전 사업연도의 매출액 총액에서 해당 법인의 매출액이 차지하는 비율. 단, 공동행사비·공동구매비 등은 참석인원수·구매 금액 등을 기준으로 가능
공동사업자간에 특수 관계가 없는 경우	약정에 따른 분담비율

업무무관경비 손금불산입

업무무관 부동산, 동산(서화·골동품, 자동차·선박 등)의 취득·관리로 발생되는 비용은 손금불산입한다.

· 업무무관 부동산 판정기준

취득 후 법인의 고유업무에 직접 사용하지 않는 부동산(유예기간은 예외로 건축물 또는 시설물신축용 토지 및 부동산매매업을 주업으로 하는 법인이 취득한 매매용부동산 5년, 기타 2년)

· 업무관련 서화·골동품의 범위

서화·골동품으로서 장석·환경미화 등에 사용하기 위해 사무실·복도 등 여러 시설이 볼 수 있는 공간에 상시비치 하는 것은 업무관련 자산으로 판정

· 업무무관 부동산에 대한 추가 규제

업무무관 자산가액 상당 차입금 지급이자 비용부인

지급이자 손금불산입

다음의 지급이자는 무조건 손금불산입한다.

- 채권자가 불분명한 채권이자

- 지급받은 자가 불분명한 비실명채권·증권의 이자
- 건설 중인 사업용자산의 건설자금이자

> 건설자금이자란 기업이 자산의 건설·제조 등에 소요되는 차입금에서 발생하는 이자비용을 말하며 기업회계기준에서는 발생기간의 비용으로 처리하거나 자산의 취득원가에 산입할 수 있도록 하고 있다. 반면 법인세법에서는 건설자금이자를 자산의 취득원가에 가산하도록 규정하고 있다. 따라서 법인이 건설자금이자를 발생한 사업연도에 비용으로 처리한 경우에는 이를 손금불산입하고 자산의 취득원가에 산입하여야 한다.

- 업무와 직접 관련이 없는 자산의 취득·보유에 관련한 지급이자
- 특수관계자에 대한 업무와 직접 관련이 없이 지급한 업무무관가지급금 등에 대한 이자상당액

대손상각비와 대손충당금의 손금불산입

대손상각비의 의의

대손금이란 거래처가 파산하거나 행방불명 등의 사유로 회수가 불가능한 매출채권 등을 말한다. 법인세법은 대손여부의 판단에 있어 기업의 자의성을 배제하고자 대손요건 및 대손금의 손금산입 시기에 대하여 엄격히 규정하고 있다.

법인세법상 대손사유

법인세법상 대손금은 대손사유를 충족한 경우에 한하여 손금으로 인정된다. 이러한 대손사유는 강제대손과 임의대손으로 구분한다. 강제대손은 채권이 법적으로 소멸된 경우이고, 임의대손은 채권이 법적으로 소멸되지 않았지만 채무자의 재산현황이나 지급능력에 비추어 사실상 회수불능한 경우이다.

구분	강제대손사유	임의대손사유
손금 귀속시기	대손사유가 발생한 날이 속하는 사업 연도의 손금(신고조정)	대손사유가 발생하여 법인이 비용으 로 계상한 날이 속하는 사업연도의 손금(결산조정)
대손사유	① 소멸시효가 완성된 채권으로 일반 적인 매출채권은 3년 ② 법에 의하여 소멸된 채권 − 채무자의 회생 및 파산에 관한 법 률에 따른 회생계획인가결정·법원면 책결정에 따라 회수불능으로 확정된 채권 − 민사집행법에 의하여 채무자의 재 산에 대한 경매가 취소된 압류채권 − 물품수출·국외용역제공으로 인하 여 발생한 채권으로서 외국환거래에 관한 법령에 의하여 한국은행총재·외 국환은행장으로부터 채권회수의무를 면제받은 것	① 부도발생일로부터 6월 이상 지난 수표·어음·중소기업의 외상매출금 (부도발생일 이전의 것에 한정)으로 1,000원을 공제한 금액. 단, 채무자의 재산에 대하여 저당권을 설정하고 있 는 경우는 제외함 ② 채무자의 파산·강제집행·형의집 행·사업폐지·사망·실종·행방불명으 로 회수할 수 없는 채권 ③ 회수기일을 6개월 이상 지난 채권 중 채권가액이 20만원 이하(채무자별 채권가액의 합계액 기준)인 소액채권 ④ 금융회사의 채권 중 감독기관 등 의 대손승인을 받은 채권

법인세법상 대손대상 채권

대손금의 손금산입의 대상이 되는 채권에는 매출채권·선급금 등과 같이 영업거래에서 발생한 채권과 미수금·대여금·보증금 등과 같은 영업거래에서 발생한 채권까지 포함한다. 그러나 특수관계인에 대한 업무무관가지급금·채무보증으로 인하여 발생한 구상채권 등은 대손사유를 충족하더라도 대손금으로 인정하지 않는다.

대손충당금

법인이 정상적인 영업활동에서 발생하는 채권에 대하여 차기 이후의 대손가능성에 대비하여 설정하는 평가계정이다. 법인세법은 채권의 대손에 충당하기 위하여 미리 설정한 대손충당금을 손비로 인정하고 그외 초과되는 금액에 대해서는 손비로 인정하지 않는다. 다음은 설정대상 채권이다.

설정대상채권 및 설정한도

① 설정대상채권 : 외상매출금, 대여금 기타 이에 준하는 채권으로 특수관계자 가지급금, 지급보증 대위변제에 따른 구상채권은 제외한다.

② 설정한도 : 다음 중 큰 금액이 설정한도이다.

> Max(ⓐ 채권잔액의 1%), ⓑ 대손 실적률:당해연도 대손금/전년말 채권잔액)

주」 2013년 개정세법은 채권잔액에 대한 설정률을 금융기관과 일반법인 동일하게 개정

거래유형별 손익의 귀속사업연도

법인의 익금과 손금의 귀속 사업연도는 매우 중요한 의미를 가지고 있다. 그 익금과 손금이 확정된 날이 속하는 사업연도에 귀속되는 것으로 한다. 다음은 거래유형별 손익의 귀속사업연도이다.

① 상품 등의 판매 : 상품 인도일

② 부동산 등의 판매 : 대금 청산일. 다만, 대금을 청산하기 전에 등기하거나 사용수익하는 경우에는 등기일, 인도일 또는 사용수익일 중 빠른 날. 단, 장기할부조건으로 판매·양도시 회수기일도래기준으로 회계처리한 경우 회수기일도래기준 인정

③ 건설·제조 기타 용역(도급공사 및 예약매출 포함) : 목적물의 인도일(용역제공의 경우에는 그 제공을 완료한 날) 그러나 용역의 제공시 작업진행률을 적용한다. 단, 중소기업의 경우 계약기간이 1년 미만인 건설 등의 제공은 인도일 기준으로 할 수 있다.

④ 이자소득은 일반법인의 경우 예·적금의 이자를 지급받은 날, 채권이자를 지급받기로 한 날 등이나, 금융기관의 경우 실제 수입한 날이다.

⑤ 배당소득의 경우 잉여금 처분에 의한 배당은 잉여금 처분일, 집합투자기구로부터의 이익은 이익을 지급받은 날이다.

⑥ 임대료는 임대료의 지급일이 정하여진 경우에는 그 지급일, 임대료의 지급일이 정해지지 아니한 경우에는 그 지급받은 날이다.

결손금 소급공제

법인의 경우 결손금은 향후 10년간 이월하여 각 사업연도 소득금액에서 공제한다. 다만, 중소기업은 결손금을 1년간 소급공제하여 기납부 법인세를 환급하는 결손금 소급공제가 있다. 단, 토지 등 양도소득에 대한 법인세는 제외한다.

중소기업 결손금 소급공제 환급세액(①한도액과 ②계산액 중 적은금액)
① 직전사업연도 법인세 산출세액 − 공제 또는 감면된 법인세액 ② [직전 사업연도 법인세 산출세액] − [(직전 사업연도 과세표준 − 당해 사업연도 결손금 중 소급공제받고자 하는 결손금) × 직전 사업연도 법인세율]

부당행위계산의 부인

법인의 행위 또는 소득금액의 계산이 그 법인과 특수관계있는 자와의 거래로 인하여 그 법인의 소득에 대한 조세부담을 부당히 감소시키는 경우, 그 행위 또는 소득계산을 부당행위라고 한다. 법인세법은 그 법인의 행위 또는 소득 금액 계산에 불구하고 법에 정하는 바에 따라 그 법인의 각 사업연도의 소득금액을 계산하는 것이 부당행위계산의 부인이다.

특수관계자의 범위

실질적 지배자(상법상 사실상 이사 포함)인 주주, 임원·사용인과 계열회사 및 그 임직원 등

부당행위의 유형

① 자산을 시가보다 높거나 낮은 가액으로 거래하는 경우
② 금전을 무상 또는 저리로 대부하는 경우
③ 자산·용역을 무상 또는 저리로 제공·임대하는 경우 등

[예제] (주)로스차일드코리아인베스트는 대표이사가 소유하고 있는 시가 2억원의 토지를 3억원에 매입하고 회계처리를 하였다. 이에 대해 법인세법 부당행위계산부인에 따라 세무조정 하시오
[해제] 손금불산입(상여) 1억 / 손금산입(유보) 토지 1억

기업CEO, 급작스런 유고 기업부담으로 이어진다

"네, 중소기업의 경우 CEO의 갑작스런 사고가 개인 뿐만 아니라 법인에도 심각한 위험이 될 수 있습니다. 특히 대비가 안 된 상태에서 유동성 부족 문제는 법인의 존폐까지 좌우하게 되는 치명적인 문제가 될 수 있습니다."

"세무사님, 제가 아는 지인입니다. 그런손해보험회사에서 근무하고 있을 때인데 자동차 부품업으로 상당한 수익을 올리고 있는 회사의 대표이사가 갑자기 교통사고로 식물인간이 되어 결국, 형제지간 재산싸움으로 인해 임직원들이 힘들어하는 걸 보았습니다."

마성숙FR이 실지 있었던 일을 자기 일인냥 걱정스럽게 얘기한다.

"맞습니다. 회사 소유권 관련 문제도 심각하지요. 그런 문제가 없다고 하더라도 기업은 자금차입시 CEO가 연대보증을 하게 됩니다. 은행은 기업 CEO의 유고를 리스크로 보기 때문에 기업에 자금 유동성에 상당한 압박을 가하게 됩니다. 이러한 문제가 발생하면 대부분 상속인이 보유한 자산을 매각하게 되는데, 부동산의 경우 거래가 어려울 수도 있고 급매로 내놓으면 자산가치의 큰 손실을 감수할 수밖에 없습니다."

"세무사님! 과거 서울에 유명한 예식장이 상속세를 납부할 수 없어 대신 물납으로 납부하게 되어 세무서 건물로 쓰고 있는 것으로 알고 있습니다. 더구나 매매조차 할 수 없는 상황이라면 흑자기업을 접거나 다른 사람에게 넘겨야 하는 상황이 발생할 수도 있겠군요."

이 일은 실제 있었던 사례이다. 물납된 부동산이 현재 서울지방국세청 산하 영등포세무서 청사로 쓰여지고 있다.

"마성숙님 아마 기업보험 유치를 위해서 동분서주 하실 터인데, 이러한 위험에 대비하기 위해서는 금융상품 투자 등을 통해 적정한 유동성 자금을 확보하도록 재무컨설팅이 필요합니다. 이때 단기성 상품에만 투자하면 수익률이 낮아질 수밖에 없으므로 긴급 운영자금이 아니라면 가능한 장기저축성 보험과 같은 중장기 금융상품에 투자하는 것이 바람직합니다."

IMF 구제금융을 받기 전만 하더라도 우리나라 기업들은 재산을 2세 등에게 이전할 때 매출누락이나 가공원가를 계상하는 방식으로 비자금을 만들어 주었으나, 최근 몇 년 동안은 특수법인을 만들어 매출이전 방식과 자본거래를 활용하고 있다. 그러나 이러한 부의 이전에 대하여도 국세청은 제동을 걸고 있어 더욱 더 합법적인 방법이 모색되고 있다. 마이더스 손을 통해 종신보험의 양도양수에 대해 알아본다.

종신보험의 양도·양수

2013. 2.15 이후 계약자변경 등 세법이 개정이 되었다고 하더라도 CEO를 대상으로 하는 종신보험을 활용하는 방법이 있다. 즉, 계약자와 수익자는 법인으로 하고, CEO를 피보험자로 하여 종신보험에 가입하면 CEO가 사망에 준하는 사고를 당하더라도 전업주부인 배우자나 미성년 자녀를 위한 경제적 어려움을 해소하고 사업상 리스크에 따른 법인의 유동성 자금을 확보할 수 있다.

구분	계약시점	수익자변경	보험계약의 양도·양수
계약자	법인	법인	(변경) 배우자 or 자녀
피보험자	CEO	CEO	종업원
수익자	상속자	(변경)법인	(변경) 배우자 or 자녀

퇴직금의 활용

전업주부인 배우자 또는 미성년 자녀가 해당 법인의 임원인 경우 퇴직금으로 해당 보험계약을 인수할 수 있다. 종업원의 경우는 근로자퇴직급여보장법 제8조에서 정하는 사유에 해당하는 경우에만 퇴직금 중간정산이 가능하므로 실제 퇴직하는 경우 외에는 적용이 불가능하다. 따라서, 임원의 경우에 한하여 급여를 연봉제로 전환함에 따라 향후 퇴직급여를 지급하지 아니하는 조건으로 그 때까지의 퇴직급여를 정산하여 지급하는 경우에만 적용이 가능하다.

자산 매각자금 활용

배우자 또는 자녀의 보유 자산을 제3자 매각을 통해 보험계약 인수자금을 확보한다. 해당 법인에게 무수익 자산이 아닌 정상적인 투자자산을 양도하는 경우 법인세법 제52조의 부당행위계산 부인 규정이 적용되지 아니하므로 그 매각자금을 법인계약의 인수자금으로 활용할 수 있다. 만약 불가피하게 무수 익자산을 법인에 매각하게 되는 경우에도 사법상 그 매각행위 자체가 무효가 되는 것이 아니라 해당 법인이 법인세법상 불이익을 받게 되는 것이므로 부득 이 매각자금을 만들기 위한 목적만을 달성하고자 하는 경우라면 활용할 수 는 있다.

상증세법 제34조 규정의 적용

피보험자인 CEO 유고시 사망보험금은 계약자인 배우자 또는 자녀가 실제 부담한 것이므로 상증세법 제34조 규정은 적용되지 아니한다. 다만, 해당 보 험계약의 인수자(=계약자)를 수익자로 특정하도록 하여 계약자와 수익자가 완 전히 일치하여야 수령한 보험금에 대해서는 상증세법상 과세문제가 발생하지 아니한다.

불행한 일은 언제 어디서 발생할지 아무도 예측할 수 없는 일이다. 특히 개 인 자산이 대부분 법인 지분인 CEO의 경우 이러한 위험에 대해 거의 무방비 상태라고 해도 과언이 아니다. 따라서 종신보험의 '소득보전형' 기능을 활용 하여 사망보험금의 50%가 일시금으로 지급되기 때문에 상속세 납부 및 긴급 자금으로 활용이 가능할 뿐만 아니라 보험가입금액의 1%를 월급여금으로 지 정한 은퇴나이까지 매월 지급해 주는 기능도 있어 배우자가 전업주부와 미성 년 자녀를 위해 언제 어디서 발생할지 모르는 위험에 대한 대비책을 미리미리 세워둘 필요가 있다. 더구나 보험금 지급사유가 발생하지 않으면 적립금은 연 금으로 전환해 노후 은퇴자금을 확보할 수 있다.

법인세의 신고와 납부

과세표준의 신고

납세의무가 있는 법인은 각 사업연도 종료일이 속하는 달의 말일부터 3월 이내에 당해 사업연도의 소득에 대한 법인세의 과세표준과 세액을 납세지 관할 세무서장에게 신고한다. 각 사업연도의 소득이 없거나 결손금이 있는 법인의 경우도 포함한다. 단, 법인세 과세표준 및 세액을 전자신고하는 경우 대표자가 서명날인한 신고서를 5년간 보관하여야 한다. 그러나 2013년 개정세법은 외부감사대상 법인에 한해 대표자가 서명날인한 신고서를 서면으로 제출하도록 개정되었다. 법인세 과세표준의 신고시 재무상태표, 포괄손익계산서, 이익잉여금처분계산서(또는 결손금처리계산서), 세무조정계산서, 기타 세무조정계산서 부속서류를 제출하여야 한다.

법인세의 납부와 분납

각 사업연도의 소득에 대한 법인세의 산출세액에서 감면공제세액·중간예납세액·수시부과세액·원천징수세액을 공제한 금액을 각 사업연도의 소득에 대한 법인세 과세표준 신고기한 내에 납부한다. 납부세액이 1천만원을 초과하는 경우 납부기한 경과 후 2개월 이내에 분납이 가능하다.

분납범위	납부세액이 2천만원 이하인 경우 : 1천만원을 초과하는 금액
	납부세액이 2천만원 초과인 경우 : 그 세액의 1/20이하의 금액

중간예납제도

법인세법은 조세수입의 조기확보, 납세부담의 절감 및 조세회피의 방지를 위해 중간예납제도를 두고 있다. 내국법인으로서 각 사업연도의 기간이 6개월을 초과하는 법인은 해당 사업연도 개시일로부터 6개월간을 중간예납기간으로 하여 중간예납세액을 중간예납기간이 지난 날부터 2개월 이내 납부하여야 한다. 이때 중간예납세액은 ① 직전 사업연도 납부실적을 기준으로 계산하는 방법과 ② 중간예납기간의 실적을 기준으로 계산하는 방법 중 선택하여 적용할 수 있다.

토지 등 양도소득에 대한 법인세 할증과세

토지 등 양도소득 = 토지 등의 양도가액 − 양도 당시의 장부가액

2014년에 적용할 개정세법은 아래와 같이 주택 및 비업무용토지 양도차익에 대한 법인세 추가과세 즉 양도소득에 할증과세율을 30%에서 10%로 완화하였다.

구분	2013.12.31 이전	2014. 1.1 이후
① 부동산투기과열지정지역 내 – 주택(부수되는 토지 포함) – 비사업용토지 – 기타 부동산	양도소득에 10% 할증	양도소득에 10% 할증
② 주택(부수되는 토지 포함)	양도소득에 30% 할증 (미등기 40% 할증)	양도소득에 10% 할증 (미등기 40% 할증)
③ 비업무용 토지	양도소득에 30% 할증 (미등기 40% 할증)	양도소득에 10% 할증 (미등기 40% 할증)

주」 1. 2014. 2 현재 국세청 부동산투기과열지정지역 없음.
　　2. 법인세법 제25조 제1항 제1호에 따른 중소기업이 주택 또는 비업무용토지(미등기 토지 등은 제외)를 2014년 12월 31일까지 양도시 10% 할증과세 적용배제

법인세 감면과 세액공제

　법인세의 산출세액에서 공제하는 감면과 세액공제는 조세특례제한법에서 규정하고 있다. 한편, 2014년에 적용할 개정세법은 고소득 작물재배업 농업법인의 경우 2015. 1.1 이후 개시하는 사업연도 분부터 과세로 전환한다. 법인세 감면과 세액공제 항목 중 주요 내용만을 아래에 기술한다.

종전	개정
▢ 농업법인의 작물재배업 소득 – (식량 작물재배업 소득) 면제 – (기타 작물재배업 소득) 면제	▢ 농업법인의 작물재배업 과세 전환 – (좌 동) – (기타 작물재배업 소득) 과세전환 ·(영농조합법인) 조합원당 수입금액 6억원을 초과하는 작물재배업 소득분 ·(농업회사법인) 연간 수입금액 50억원 을 초과하는 작물재배업 소득분

창업중소기업에 대한 세액감면

　조세특례제한법상 창업중소기업에 대한 세액감면은 수도권과밀억제권역외 지역에서 창업한 중소기업, 창업후 3년 이내에 벤처기업으로 확인받은 기업, 창업보육센터사업자 등에 대해 4년간 50% 세액감면 제도이다. 2013년 개정세

법은 일자리 창출을 지원하기 위해 창업중소기업 등에 대한 세액감면 기간을 기존 4년에서 5년으로 확대하고 그 적용기한을 3년간 연장한 2015년 12월 31일까지 연장한다.

중소기업특별세액감면

2014년에 적용할 개정세법은 조세특례제한법 시행령을 개정하여 중소기업특별세액감면 대상에 전시산업, 무형재산권 임대업, 연구개발지원업, 사회서비스업 중 일부 업종을 중소기업 대상 업종 추가하고 여타 물류산업과의 형평성 제고를 위해 중소기업 지원 대상 물류산업의 범위에 도선업을 추가한다.

지역·업종·기업 규모별 중소기업특별세액감면율					
구분	수도권			지방	
	도·소매업, 의료업	제조업, 물류업(37개업종)	지식기반산업	도·소매업, 의료업	제조업, 물류업(37개업종)
중기업	–	–	10%	5%	15%
소기업	10%	20%	20%	10%	30%

주） 1. 2014년에 적용할 개정세법은 조특령을 개정하여 소기업 여부 판단시 업종별로 종업원 수를 (현행) 제조업(100명 미만), 축산업·광업·건설업·출판업·물류산업·여객운송업(50명 미만), 어업 등 기타 업종(10명 미만)에서 (개 정) 작물재배업·어업의 종업원 수 기준을 10명 → 50명 미만으로 확대
2. 2014년에 적용할 개정세법은 조특령을 개정하여 문화산업 지원을 위하여 중소기업특별세액감면 대상 지식기반산업의 범위에 서적·잡지 및 기타 인쇄물출판업, 창작 및 예술관련 서비스업(자영예술가 제외)을 추가 (적용시기) 2014.1.1. 이후 개시하는 과세연도부터 적용

중소기업투자세액공제

중소기업을 경영하는 법인의 경우 아래 자산에 투자(중고품 및 대통령령으로 정하는 리스에 의한 투자는 제외한다)하는 경우에는 해당 투자금액의 100분의 3에 상당하는 금액을 그 투자를 완료한 날이 속하는 과세연도의 법인세에서 공제한다.

·기계장치 등 사업용자산
·유통산업발전법에 따른 판매시점 정보관리 시스템설비
·국가정보화기본법 제3조 제6호에 따른 정보보호시스템에 사용되는 설비

로서 감가상각기간이 2년 이상인 설비

고용창출투자세액공제

2011년까지는 시설투자를 할 경우 투자금액의 4~5%를 임시투자세액공제로 적용하였으나 2012년 세법개정으로 고용창출투자세액공제로 바꿔 자동화 설비 등 고용인원이 많지 않은 투자의 경우 공제액을 축소하였다. 2014년에 적용할 개정세법은 조특령을 개정하여 고용창출투자세액공제 적용대상 업종에 있어 (현행) 제조업, 광업, 건설업 등 39개 업종의 사업용 유형자산(부동산, 선박, 항공기 등 제외), 건설용 차량, 화물자동차·창고·하역장비 등에서 (개정) 항공운송업의 화물운송용 항공기를 추가하였다.

투자 연도	세액공제 구분	수도권과밀 억제권역 밖		수도권 밖		중소기업
		일반	중견	일반	중견	
2012년 이후	합계	5%		6%		7%
	기본공제(고용유지 조건)	3%		4%		4%
	추가공제(고용증가 비례)	2%		2%		3%
2013년 이후	합계	5%		6%		7%
	기본공제(고용유지 조건)	2%		3%		4%
	추가공제(고용증가 비례)	3%		3%		3%
2014년 이후	합계	4%	5%	5%	6%	7%
	기본공제(고용유지 조건)	1%	2%	2%	3%	4%
	추가공제(고용증가 비례)	3%	3%	3%	3%	3%

주」 1. 기본공제는 그동안 고용감소시 배제하였으나, 2013년 개정세법은 중소기업은 고용감소시 축소(감소인원 1명당 1,000만원 차감)개정. 2014년에 적용할 개정세법은 수도권에 투자하는 일반기업에 대해서만 기본세율을 1%로 인하(중소·중견기업은 그대로)개정
2. 추가공제한도는 고용증가인원×(2012년부터 특성화고 등 2,000만원, 청년과 2014년에 적용할 개정세법은 장애인, 60세 이상 노인을 추가하여 1,500만원, 기타 1,000만원).

[예시] 충남 천안에 소재하는 중견 제조업체는 2014년 초 100억원을 투자하고 고용까지 증가(특성화고 3명, 60세 이상 노인 2명)했다면 기본공제로 3억원과

추가공제로 9,000만원(3명×2,000만원+2명×1,500만원)이 추가 공제된다. 당초 추가공제액 3억원 중 한도를 초과한 2억1,000만원은 이월되어 향후 고용 여부에 따라 공제된다.

법인세법상 가산세

법인세와 관련한 가산세는 국세기본법과 법인세법에 따른다. 국세기본법은 신고 및 납부와 관련한 가산세로 무신고가산세·과소신고·초과환급신고가산세·납부·환급불성실가산세 등을 규정하고 있고 법인세법에서는 신고 및 납부를 제외한 법인의 각종 의무와 관련된 증빙서류불비가산세·무기장가산세 등을 규정하고 있다. 특히 '부정한 행위'는 사기나 그 밖의 부정한 행위로서 이중장부의 작성 등 장부의 거짓 기장, 거짓 증빙 또는 거짓 문서의 작성 및 수취, 장부와 기록의 파기, 재산의 은닉, 소득·수익·행위·거래의 조작 또는 은폐, 그 밖의 위계에 의한 행위 또는 부정한 행위 등을 말한다.

구분	적용 가산세
미납부 가산세	미납부세액×일수×0.03%
무신고·신고불성실 가산세	MAX(①,②) ①결정세액× 40%(부당) 또는 20%(일반) ②부당과소신고 수입금액 × 0.0014
지급명세서제출불성실가산세	미제출·불분명 지급금액×2%. 다만, 1월내 제출시는 1%
결합재무제표미제출가산세	MAX(①산출세액×2%, ②수입금액×0.008%)
법정증빙서류미수취가산세	법정증빙서류(신용카드 등)미수취금액×2%
주식등변동상황명세서제출불성실가산세	미제출·누락제출·불분명한 주식의 액면가액×2%. 다만, 1월내 제출시는 1%
계산서·세금계산서합계표불성실가산세	미교부·불분명 또는 합계표미제출·부실기재공급가액×1%. 다만, 1월내 제출시는 0.5%
원천징수불성실가산세	MAX[미납부세액×일수×0.03%(미납부세액의10% 한도), 미달납부 원천징수세액×5%]
기부금영수증불성실교부가산세	·불성실발급금액×2% ·영수증 미작성, 미보관×0.2%

무기장가산세	MAX(산출세액×20%, 수입금액×0.07%)
신용카드매출전표 불성실가산세	발급거부금액·사실과 다르게 발급한 금액 × 5%
현금영수증불성실 가산세	·미가맹시 : 수입금액×0.5% ·발급거부 또는 사실과 다르게 발급한 경우 : 발급거부금액 사실과 다르게 발급한 금액×5% ·허위 또는 가공으로 발급한 경우 : 허위·가공 발급금액×2%

주) 1. 2013년 개정세법은 법정증빙서류미수취가산세와 계산서불성실가산세 중복시 법정증빙서류미수취가산세만 과세하도록 가산세 부담 완화
2. 2013년 개정세법은 부정행위로 인한 세액감면 또는 세액공제를 신청한 경우 그 신청세액의 40%를 부과

소득처분

법인세법상 소득처분은 기업회계에 의거 산출한 결산서상 당기순이익과 법인세법에 의거 계산한 과세소득과의 차이에 대하여 그 귀속을 가려 소득자, 소득의 종류, 소득금액 및 소득의 귀속시기를 확정하는 준법률행위적 행정행위를 말한다. 법인은 신고, 결정·경정시 익금에 산입한 금액은 그 귀속자 등에 따라 아래와 같이 소득처분한다.

소득자 및 소득의 종류	소득처분
·주주에게 귀속되는 경우	배당(배당소득)
·임원·사용인에게 귀속되는 경우	상여(근로소득)
·귀속자가 법인이거나 개인사업자인 경우	기타사외유출
·익금에 산입한 금액이 사외에 유출되지 않은 경우	사내유보
·기부금손금불산입액, 접대비한도초과액 등	기타사외유출

지출증빙서류의 수취·보관

법인은 각 사업연도에 그 사업과 관련된 모든 거래에 관한 증빙서류(신용카드매출전표, 세금계산서, 계산서)를 작성 또는 수취하여 신고기한이 경과한 날부터 5년간 보관한다. 증빙미수취시 손비로는 인정하되, 그 수취하지

아니한 금액의 2%를 가산세로 부과한다. 그러나 다음에 해당하는 자와 거래하는 경우 예외로 한다.

· 국가 및 지방자치단체, 비영리법인(수익사업과 관련된 부분은 제외), 금융·보험업 법인(금융보험용역을 제공하는 경우에 한함), 국내사업장이 없는 외국법인·비거주자, 읍·면지역에 소재하는 간이과세자로 신용카드가맹점이 아닌 사업자

· 건당 3만원 이하 거래, 농·어민과의 직접 거래, 포괄적 사업양도, 방송용역, 전기통신용역 등

법인기업 컨설팅, 자기주식취득 등 개정 상법을 숙지하라!

"세무사님, 2012년 4월 15일 이후 시행되고 있는 개정된 상법에 대해 알기 쉽게 설명하여 주셨으면 합니다."

우리나라 상법은 자유로운 시장경제 활성화와 원활한 기업경영을 지원하기 위하여 수시로 개정되고 있다. 그러나 상법이 개정됨에도 불구하고 충분한 홍보가 되지 않아 개정 상법을 모르는 사람이 많아 마성숙FR이 설명을 요구한다.

"네, 알겠습니다. 개정 전 상법에서는 자본금 감소의 경우 주주간 불공정한 자본감소가 이루어지는 것을 방지하고 채권자 보호를 위해 주주총회 특별결의를 강제하고 있었습니다. 그러나 개정 상법은 결손보전을 위한 자본금 감소의 경우에는 주주총회 보통결의에 의하도록 하고, 채권자 보호절차도 면제하였습니다."

개정 상법은 주주총회 소집과 같은 절차를 간소화하였다. 그 제도의 일환으로 이익배당 결정은 그동안 재무제표 승인과 주주총회에서 결정하도록 하고 있었으나 외부감사인의 의견과 감사 전원의 동의가 있을 경우 이사회에서 재무제표 승인이 가능하도록 하였다.

"세무사님, 개정 전 상법은 다른 회사의 영업전부 양수의 경우 주주총회 특별결의를 필요하도록 하고 있었으나, 회사의 영업에 중대한 영향을 미치는 경

우에만 필요한 것으로 개정되었다고 하던데요?"

법대 출신으로 상법에 정통하여 그동안 정관개정 등을 통해 CEO플랜을 주도했던 최강이 팀장이 개정 상법에 대해 한마디를 한다.

"네, 그렇습니다. 역시 법에 강한 최강이 팀장입니다. 이건 오히려 강화된 내용인데요. 개정 상법에 의하면 이사의 배우자 및 직계존비속 등 일정한 관계에 있는 자와 회사간 거래시에는 이사회의 승인을 필요하도록 하고 그 거래내용도 공정하도록 강제하고 있습니다."

상중세법에서도 증여세 과세로 강화된 내용이지만, 개정 상법은 특수관계 법인과의 거래의 경우 계약이나 단가 등에 있어 합리적인 관계를 유도하고 있다. 또한 개정 상법은 집행임원에게도 주주 대표소송을 도입하여 업계 현실상 다수 존재하고 있는 비등기 임원의 지위와 권한, 책임을 제한하여 회사와 제 3자 보호를 하도록 하고 있다.

"그리고 최근 기업보험 컨설팅 과정에서 조심히 다뤄야 할 내용이지만, 개정 전 상법은 비상장회사가 상법상 자기주식을 취득하려면 자기주식을 소각하는 등의 매우 특별한 경우에만 가능하도록 되어 있었습니다."

"세무사님! 그래서요?"

성공한 팀장이 최근 명의신탁주식과 자기주식 처리와 그 방법에 대해 팀원들과 연구 중이라 매우 관심 있어 한다.

"개정 상법은 회사는 언제든지 맘에 들지 않는 주주가 있는 경우나 회사의 필요에 의해 회사에서 주식을 매수할 수 있도록 개정되었습니다."

개정된 상법 제341조는 기업 재무제표상 순자산액으로부터 자본금, 준비금, 미실현이익 등을 공제한 금액의 한도 내에서는 회사가 자기주식을 취득하는 것이 전면적으로 허용되었다.

"이익배당 절차도 완화되었다고 하던데요?"

"그렇습니다. 개정 상법은 그동안 이익배당을 하려면 주주총회 결의를 필요로 하였습니다. 개정된 상법에 따라 정관으로 정하는 경우 이사회가 배당에 관하여 결정할 수 있고 금전배당 외에 현물배당도 가능하도록 개정되었습니다."

"세무사님, 그럼 주주총회를 열 필요도 없고 배당금으로 줄 자금이 없는 경우 다른 자산이나 주식으로도 줄 수 있다는 거네요?"

"네, 그렇습니다. 그리고 개정 상법에서는 보통주에도 의결권이 없는 무의결권 보통주 발행이 가능하도록 하였습니다. 보통주는 임의로 다른 사람에게 넘어가면 경영권 방어에 문제가 발생할 수 있었습니다. 그러나 상법이 개정되어 의결권 없는 보통주 주식이 다른 사람에게 양도되더라도 새로운 주주가 경영에 간섭할 수 없도록 한 것입니다."

상법이 개정되기 전에도 이익배당 우선주로 의결권이 없는 주식발행이 가능했다. 하지만 우선배당에 따른 자금 부담 때문에 그 발행이 쉽지 않았다. 이제는 보통주에도 의결권 없는 주식발행이 가능해진 것이다. 또한 개정 전 상법은 이사의 최근 1년간 보수액의 6배를 넘지 않은 범위에서만 회사에 대하여 책임지도록 하여 그 배상책임을 완화하였다. 참고로 2009년 5월에 개정된 상법 내용을 첨부한다.

CHECK

2009년 5월 개정된 상법상 10억 미만 주식회사 특례 제도

다음과 같은 '자본금 10억 미만 주식회사 특례' 법규는 2009년 5월28일 개정되어 시행되고 있어 보험과 세금업무에 도움이 될 것으로 소개한다. 자본금 10억 미만은 법정자본금 기준이다.

① 감사선임(상법 제409조 제4항)

자본금의 총액이 10억 미만인 회사의 경우에는 감사를 선임하지 아니할 수 있다.

② 설립시 정관인증 대신 기명날인 또는 서명(상법 제292조, 제543조)

정관은 공증인의 인증을 받음으로써 효력이 생기나 자본금의 총액이 10억 미만인 회사의 경우에는 발기인의 기명날인 등으로 효력이 생긴다. 유한회사도 같다.

③ 발기설립시 자본금 납입금의 금융기관 잔고증명서 대체(상법 제318조 제3항, 제425조)가능하고 개정된 상업등기법에 따라 신주발행으로 인한 변경 등기시에도 주금납입 대신 잔고증명서로 대체할 수 있다.

④ 1~2명의 이사선임(상법 제383조)

주식회사 이사는 3명 이상이어야 하나 자본금의 총액이 10억 미만인 회사의 경우에는 이사를 1명 또는 2명으로 할 수 있다. 이 경우 이사회는 주주총회로 변경되거나 대표이사 권한으로 변경된다.

⑤ 주주총회 소집통지 간소화(상법 제363조 제5항)

주주총회는 주주소집을 2주전에 하여야 한다. 자본금의 총액이 10억 미만인 회사의 경우에는 주주전원의 동의가 있을 경우에는 소집절차 없이 주주총회를 개최할 수 있고 서면에 의한 결의로써 주주총회 결의를 갈음할 수 있다. 이에 해당하는 것 중의 하나가 정관변경이다.

⑥ 정관변경의 방법(상법 제433조 제1항, 제434조)

정관의 변경은 주주총회의 결의에 의한다. 그러나 자본금의 총액이 10억 미만인 회사의 경우에는 개정된 정관과 정관개정에 관한 서면동의서(주주총회를 대신한)는 공증기관의 인증이 필수가 아니므로 회사 경영방침에 따라 운영한다.

택슈랑스 라운지

재무전문가, 중소기업의 2014년 정책자금을 활용하라!

2014년 정책자금의 방향은 경제 활력과 회복, 성장잠재력의 확충이다. 특히 중소기업과 소상공인을 위한 지원이 확대되었다. 2014년 정책자금의 핵심적인 사항을 요약하면 첫째, 중소기업에 대한 지원비중이 6.6%에서 7.0%로 증액되었고 특히 중소기업을 위한 정책자금 지원규모를 13조로 확대하였다. 둘째, 창조경제타운에 114억원이 지원되고 1인 창조기업 비즈니스 센터를 46개에서 61개로 증가시키고 기술혁신 R&D 지원이 강화된다. 셋째, 소상공인 경영안정을 위한 정책자금으로 1,600억원이 증가된 9,150억원을 지원한다. 이렇듯 2014년도는 중소기업 활성화와 창조경제에 대한 지원이 집중된 것임을 알 수 있다.

분야별	2014년 예산액 (억원)	중점 지원방향
창업·벤처	3,467 (24.9% ▲)	- 대학을 창업의 요람으로 육성 - 선순환 벤처·창업 자금 생태계 조성 - 실패 기업인의 재도전 여건 마련
수출·판로	1,291 (9.1% ▲)	- 수출역량별 1:1 맞춤형 지원 강화 - FTA활용 해외시장 개척 - 우수 중기제품 전용판매장 확충
기술혁신	8,547 (4.4% ▲)	- 중소기업 R&D 비중 확대 - 기술혁신형 중소기업 집중 육성
인력양성	938 (9.1% ▲)	- 중소기업 핵심인력 성과보상공제 신설 - 중소기업 특성화고 및 계약학과 운영 확대
중견기업	686 (22.3% ▲)	- 월드클래스 300 프로젝트 확대 - 중견기업 육성 기반 강화

중기 정책금융	38,432 (3.2% ▲)	- 중소기업 정책자금 융자확대 - 매출채권보험 인수규모 확대 - 신용보증 공급규모 확대
소상공인·전통시장	13,875 (8.8% ▲)	- 성장 단계별 맞춤형 지원 강화 - 골목슈퍼를 현대식점포(e-나들가게)로 육성 - ICT융합 전통시장 육성

정부지원 프로그램에 관심을 두라

　정부는 정책자금의 배분과 중점지원을 하는 이유는 대내외 환경에 부합되도록 하기 위함이다. 그러므로 정부는 정책자금에 대한 설명회와 교육을 통해 정부지원 프로그램을 홍보하고 있다. 중소기업이 정책자금을 유익하게 활용하기 위해서는 관련 정부기관인 중소기업청 등의 정부지원 프로그램에 꾸준히 관심을 두어야 한다. 올해에도 소상공인과 전통시장을 위해 1조3천억원이 넘는 금액을 지원하고 있다. 이러한 자금은 대출이나 직접지원 방식으로 조건없이 제공된다. 따라서 법인이나 개인사업주 등 개별 주체들에게 맞는 정부 지원사업과 정책자금을 직접 찾아야 한다.

정책자금을 받기 위해서는 사업계획서 등을 준비해야

　개별 기업에 맞는 정책자금을 찾았다면, 해당 정책자금 부서가 필요로 하는 심사절차 및 기준에 부합되어야 한다. 해당 기업은 사업계획서와 대면평가, 현장평가 등에 따른 심사기준에 맞춰야 한다. 특히 사업계획서는 실제 사업경영은 물론 정책자금을 받기 위해서는 다음과 같은 작성기준을 정확하게 알고 명확하게 제시하여야 한다. 첫째, 신청하는 회사는 누구인가? 인적사항으로 경력·학력·능력 등 창업 및 사업의 준비가 되어있음을 정확히 제시하여야 한다. 둘째, 무엇을 만들것인가? 실현가능한 기술과 제품을 제시하여야 한다. 셋째, 제품과 기술을 어떻게 팔 것인가? 에 대한 명확한 근거를 제시하여야 한다. 마지막으로 해당 정책자금을 왜 받아야 하는지에 대한 당위성을 심사자에게 제시하여야 한다.

재무제표를 꼼꼼히 작성하여야

경기 활성화를 위해 정책자금은 연초에 배정하게 된다. 12월말 법인의 경우 법인결산 역시 매년 3월까지 하게 되는데, 정책자금 담당 경영인은 매 사업연도 재무상태표상 부채비율, 유동비율 등을 체크하고 손익계산서상 영업이익률, 당기순이익률 등을 점검하여야 한다. 또한 대표이사의 신용상태 등을 미리 확인한 후 TFR재무전문가나 정책자금 컨설턴트의 도움을 받는 것도 하나의 방법이다.

(최강이 TFR재무전문가)

Taxurance®

05
PART FIVE

제5장

부동산자산가
를 위한
양도소득세

재무전문가 입장에서는 고객들이 보유하고 있는 부동산이
나 주식을 언제, 누구에게, 어떤 방법으로 처분할 것인가?
하는 상담이 많다. 그리고 재무상담을 하다보면 양도소득세
의 정확한 예측이 필요한 때가 많다. TFR재무전문가와 함께
부동산과 관련된 세금을 정리하는 시간을 가져보자.

제5장 부동산자산가를 위한 양도소득세 중에서

제5장
••••••••••
05 부동산자산가를 위한
양도소득세

부동산 양도대금 연금저축으로 전환해야

"세무사님, 우리나라 국민들은 미국이나 일본에 비교하여 금융자산보다 부동산 자산 비율이 높다고 하던데요."

"그렇습니다. 한미일 3국의 부동산과 금융자산 보유비율을 보면 우리나라는 78:22이고 미국은 36:64, 일본은 41:59 라고 합니다. 아마도 각국의 경제성장 기간이나 속도 면에서 차이가 있어 발생하는 현상이라고 할 수 있습니다."

우리나라 국민들은 개발시대를 거치면서 집 없는 설움에 힘들어서 그런지 몰라도 집하나 가지고 사는 것이 평생 소원일 정도로 부동산에 집착한다. 그러나 요즘 세대는 집은 거주개념이지, 소유나 재테크 수단이 아니라고 생각한다.

"세무사님, 누가 얘기하는데 나이대 별로 금융자산 비율을 높이라고 하던데요. 50대는 50%, 70대는 70%, 80대는 80%…."

"하하…! 나이가 들수록 금융자산 비율을 높이는 것은 당연하고, 미국이나 일본 기준이 아니더라도 현실적으로 금융자산과 부동산의 적정비율은 50:50이 적당하다고 생각합니다."

"세무사님, 고객들과 상담을 하다보면 양도소득세, 상속이나 증여와 관련한 세금상담이 많아지고 있습니다. 아무래도 부동산을 처분해 노후자금을 마련하는 사람이 많아지고 있는 것 같아요. 특히 재무전문가 입장에서는 고객들이 보유하고 있는 부동산이나 주식을 언제, 누구에게, 어떤 방법으로 처분할 것인가? 하는 상담이 많습니다. 그리고 재무상담을 하다 보면 양도소득세의 정확한 예측이 필요한 때가 많습니다. 부동산 관련한 세금을 정리하는 시간을 가졌으면 합니다."

마성숙FR이 이제는 김영진 세무사의 TFR재문전문가 강의를 리드해 가는 느낌이다. 재무전문가는 재산제세와 관련한 세무지식은 필수적이고 자연스럽게 고객의 니즈에 맞는 보험상품이 연계된다.

"세무전문가라 하더라도, 양도소득세를 계산하지 못하면 한 쪽만 젓는 배와 같습니다. 양도소득세는 소득세법의 일부입니다. 그러나 종합과세되는 6가지 소득과 달리 퇴직소득과 같이 별도로 분류과세하고 있습니다. 실제 세무관서에서 수년 동안 재산제세 업무를 본 세무공무원들조차도 수년이 지난 후 양도소득세 업무를 보려하면 힘들어 합니다."

"맞아요. 세무공무원 출신 여러 세무사에게 고객의 양도소득세를 의뢰하여보니 산출세액이 각각 다르더라구요."

"그렇죠! 그래서 양도소득세는 아무에게나 상담을 하는 것이 아니고 재산제세 전문 세무사에게 상담하는 것이 바릅니다."

재산제세 업무는 양도소득세와 상속세, 증여세에 대한 종합적인 사고가 필요하다. 예를 들어 상속이나 증여에 의한 취득가액은 추후 양도시에는 취득가액이 되기 때문에 고객의 양도·상속·증여 플랜시 매우 조심히 다뤄야 한다. 그 이유는 국세의 경우 세율이 높아 많게는 수억원의 오류가 발생할 수 있기 때문이다.

"제가 아는 분인데, 최근 농지를 팔고 여유돈이 생겨 '변액연금보험' 가입을 하겠다 해서 방문하였습니다. 근데 그분께서 양도소득세를 신고해 달라는 것이 별도의 주문이었어요. 그래서 말인데요. 오늘 강의가 저에게는 매우 유익할 것으로 생각됩니다."

"그래요, 아마 이 강의를 잘 들으시면 부동산을 많이 가지고 있는 고객에게 컨설팅 하시는 재무전문가에게는 매우 유익한 강의가 될 것으로 보입니다."

김영진 세무사의 부동산자산가를 위한 양도소득세 강의가 시작된다.

"양도소득세란 여러분들이 소유하고 있는 일정한 자산, 예를 들어 아파트를 다른 사람에게 매도하여 양도차익이 발생되는 경우 납부하는 세금입니다. 만약 손해를 보고 팔았다면 물론 납부할 양도소득세가 없지만 손해보고 팔았다는 것을 증명하기 위해 양도소득세 과세표준 신고는 필수입니다. 다만, 부동산매매업처럼 사업적으로 행해지는 부동산의 판매로 인하여 발생하는 소득은 사업소득세와 부가가치세가 과세됨에 유의하여야 합니다."

OECD국가의 국민임에도 불구하고 개별 주체들의 경제 현실은 녹녹치 않다. 하우스푸어, 베이비푸어, 허니문푸어, 워킹푸어, 카푸어 등 푸어(poor)있는 단어가 요즘 경제용어가 될 정도이다. 특히 감당하지 못할 대출로 주택을 산 하우스푸어의 경우 대출이자를 감안하는 경우 손해를 보았음에도 불구하고 양도소득세 세금이 나오는 경우가 있다. 그 이유는 바로 대출이자는 양도소득세 계산시에 필요경비로 인정받지 못하기 때문이다.

양도소득의 개념

양도란 자산에 대한 등기·등록에 관계없이 매도·교환 또는 법인에 대한 현물출자 등으로 인하여 그 자산이 유상으로 사실상 이전되는 것을 말한다. 개인이 이러한 양도를 통해 부동산이나 주식같은 특정한 자산을 양도함으로써 발생하는 소득을 양도소득이라 한다.

양도로 보지 않는 경우

다음은 설령 자산이 유상으로 소유권이 이전되었다 하더라도 양도로 보지 않는다.

- 환지처분 또는 체비지에 충당

도시개발법 기타 법률에 따른 환지처분으로 지목 또는 지번이 변경되거나 체비지로 충당되는 경우

- 양도담보

양도담보는 비록 소유권이전의 형식을 취하지만 그 실질이 채권담보에 해당하기 때문에 양도로 보지 않는다. 다만, 양도담보 계약을 체결한 후 채무불이행으로 인하여 변제에 충당한 때에는 그 때에 이를 양도한 것으로 본다.

양도소득세 과세대상

① 토지와 건물

토지라 함은 지적법에 따라 지적공부에 등록하여야 할 지목에 해당하는 것을 말한다. 건물에는 건물에 부속된 시설물과 구축물을 포함한다.

② 부동산에 관한 권리

지상권·전세권과 등기된 부동산임차권, 부동산을 취득할 수 있는 권리(아파트 당첨권, 재개발·재건축 입주권 등)

③ 비상장법인 주식과 대주주 상장주식

④ 기타자산

- 특정(과점주주)주식

해당법인의 자산 총액 중 토지·건물 및 부동산에 관한 권리의 가액의 합계액이 50% 이상이고 해당법인의 주식 합계액 중 주주(출자자 포함) 1인과 그 주주 1인과 특수관계에 있는 자가 소유하고 있는 주식 합계액이 50% 이상인 법인의 주식을 주주 1인 및 기타 주주가 해당법인의 주식을 주주 1인 및 기타 주주 외의 자에 양도하는 경우의 해당 주식을 말한다.

- 사업용 고정자산(토지·건물 및 부동산에 관한 권리)과 함께 양도하는 영업권
- 특정시설물이용권

특정시설물이용권·회원권 그밖에 그 명칭에 관계없이 시설물을 배타적으로 이용하거나 일반이용자에 비하여 유리한 조건으로 이용할 수 있도록 약정한 단체의 일원이 된 자에게 부여되는 시설물이용권을 말하는 것으로 골프장회원권, 콘도미니엄회원권, 스키장회원권, 종합체육시설 회원권 등이다.

- 부동산 과다보유 법인의 주식

골프장·스키장·휴양콘도미니엄 또는 전문휴양시설을 건설 또는 취득하여 직접 경영하거나 분양 또는 임대하는 사업을 영위하는 법인의 자산총액 중 토지·건물 및 부동산에 관한 권리의 가액의 합계액이 80% 이상인 법인의 주식

과세대상의 양도·취득시기

양도 또는 취득시기는 원칙적으로 당해 자산의 대금을 청산한 날이다. 그러나 대금청산일이 불분명한 경우 등기부·등록부 또는 명부 등에 기재된 등기·등록접수일 또는 명의개서일이다. 만약 대금을 청산하기 전에 소유권이전등기(등록 및 명의개서를 포함한다)를 한 경우 등기부·등록부 또는 명부 등에 기재된 등기접수일이다.

① 장기할부조건으로 매매하는 경우

소유권이전등기(등록 및 명의개서 포함)접수일·인도일 또는 사용수익일 중 빠른 날이다.

② 자기가 건설한 건축물의 취득시기

사용검사필증 교부일이다. 그러나 사용검사 전에 사실상 사용하거나 가사용 승인을 얻은 경우 그 취득시기는 사실상의 사용일 또는 가사용승인일이다. 건축허가를 받지 아니하고 건축하는 건축물에 있어서는 그 사실상의 사용일을 취득시기로 한다.

③ 완성 또는 확정되지 아니한 자산을 취득 또는 양도한 경우

당해 자산의 대금을 청산한 날까지 그 목적물이 확정되지 아니한 경우에는 그 목적물이 완성 또는 확정된 날이 취득 및 양도시기가 된다.

④ 상속 또는 증여에 따라 취득한 자산의 취득시기

그 상속이 개시된 날 또는 증여를 받은 날이다.

⑤ 도시개발법 등 기타 법률에 의한 환지처분 취득한 토지의 취득시기

환지 전의 토지의 취득일이다. 다만, 교부받은 토지의 면적이 환지처분에 의한 권리면적보다 증가 또는 감소된 경우에는 그 증가 또는 감소된 면적의 토지에

대한 취득시기 또는 양도시기는 환지처분의 공고가 있은 날의 다음날이다.

⑥ 공익사업을 위하여 수용되는 경우

대금을 청산한 날, 수용의 개시일 또는 소유권이전 등기 접수일 중 빠른 날

⑦ 의제취득시기

양도소득세 과세대상 자산 중 토지·건물, 부동산에 관한 권리 및 기타자산으로서 1984.12.31 이전에 취득한 것은 1985. 1.1에 취득한 것으로 본다. 2001. 1.1 이후 양도하는 상장주식으로서 1985.12.31 이전에 취득한 것은 1986. 1.1에 취득한 것으로 본다.

주택 2년 보유! 1세대1주택 비과세!

"주택을 투자대상으로 하는 경우 주택에 관련된 세금을 정확히 알아보고 투자하여야 할 것입니다. 여러분! 주택거래와 관련된 세금은 취득할 때 취득세, 보유단계에서는 재산세와 종합부동산세, 양도시에는 양도소득세 등이 있습니다."

양도소득세는 주택거래시 발생하는 세금 중 가장 많은 세금이 될 수 있어 김영진 세무사의 강의를 더 들어보자.

"마성숙님! 세법에서 말하는 '1세대' 개념을 정확히 알아야 합니다. 특히 주택 관련 양도소득세는 취득세나 재산세와 같은 보유세와 달리 '세대별'로 판단합니다. 실제 많은 사람들이 여건상 법정 주소를 옮기는 경우가 있습니다. 과거에는 이로 인해 예상치 못한 세금을 내는 경우가 있었어요."

"어떻게요?"

마성숙이 흥미를 느낀다. 실제 보험영업을 하다 보면 고객과 다양한 상담이 오가기 때문이다. 특히 주택 양도대금으로 즉시연금을 가입하는 고객이 있어 이러한 세금지식은 유용한 결과를 주기도 한다. 더구나 TFR재무전문가라면 '세금상담'은 기본이기 때문에 김영진 세무사의 교육이 와닿은 이유이기도 하다. 특히 TFR재무전문가 과정이 다양한 세법이론과 실무를 겸비할 수 있기

때문이다.

"자 여러분, 1세대1주택이란 하나의 주택을 보유하고 3년간 보유하고 보유기간 중 종전에는 서울 등 6대 신도시의 경우 2년 이상 거주요건을 필요로 하였습니다. 그러나 2011년 6월 3일부터 거주요건이 폐지되고 이어 최근 2012년 6월29일부터는 3년 보유요건이 2년 보유로 요건이 완화되었습니다."

"아 그러면 1세대1주택의 경우 2년만 보유하면 세금이 없게 되네요."

"물론 그렇습니다. 그러나 무조건 1세대에서만 그렇습니다. 여기서 1세대의 정의는 본인의 배우자, 자녀를 포함하고 본인과 처의 직계존비속(장인, 장모를 포함)과 형제자매(처남, 처제, 시누이, 시동생 등)를 포함합니다. 결국 이런 분들과 같은 세대를 구성하고 있는 경우에 그 세대 구성원이 다른 집을 가지고 있는 경우 1세대 2주택이 되어 1세대1주택 2년 보유 비과세 혜택을 받을 수 없습니다."

부모와 자녀가 각각 주택을 하나씩 가지고 있으면서 농촌과 도시에 따로 거주하고 있으나 건강보험 등의 문제로 주민등록을 직장보험가입이 되어 있는 자녀의 주소로 옮겨놓는 경우가 있다. 그러나 주택을 양도하는 경우에는 주택을 양도하기 전에 분리해 놓는 것이 좋다. 그러나 미처 주소 이전을 하지 못하였다면 따로 살고 있다는 객관적인 증빙자료를 첨부하면 동일 세대원으로 보지 않는다.

"혹시, 세무사님 매형이 처남의 주소에서 세대를 같이하고 있는 경우에는 1세대1주택 적용이 되나요?"

"그건 문제없습니다. 성숙씨, 처남 입장에서는 매형은 누나의 배우자일 뿐입니다. 본인과 배우자의 형제자매는 포함되지만 형제자매의 배우자는 포함되지 않아요. 따라서 동일 주소라 하더라도 독립된 세대로 봅니다."

그러나 처남이 매형의 주소에 있는 것은 정반대다. 양도소득세 예규나 판례를 보면 1세대1주택 비과세 규정을 적용함에 있어 '1세대' 란 거주자 및 그 배우자가 그들과 동일한 주소 또는 거소에서 실질적인 생계를 같이하는 가족과 함께 구성하는 동일세대를 의미하고 있다. 또한 가족은 거주자와 그 배우자의 직계존비속 및 형제자매이며 취학·질병의 요양, 근무상 또는 사업상의 형편으로 본래의 주소 또는 거소를 일시 퇴거한 자도 포함된다.

1세대1주택 비과세

- 2012. 6.29부터 '2년 보유'로 1세대1주택 비과세

1세대가 양도일 현재 국내에 당해 양도주택 하나(9억원 초과 고가주택 제외)만을 보유하고 있는 경우로서 2012년 6월 29일 이전까지는 3년 이상 보유요건을 충족한 주택을 말하며, 이때 주택에 딸린 토지가 도시지역 안에 있으면 주택정착 면적의 5배까지, 도시지역 밖에 있으면 10배까지 양도소득세가 과세되지 않는 1세대1주택에 해당한다. 그러나 최근 거래부진이 지속되고 있는 주택거래 정상화를 위해 1세대1주택 양도소득세 비과세 요건이 완화되었다. 이전에는 1세대1주택은 취득 후 3년 이상 보유한 경우 양도소득세를 비과세하였다.

`•••••`
CHECK

1세대1주택 비과세 보유 및 거주요건 개정연혁

구분	양도시기별 보유·거주요건				
	2003. 9.30 이전	2003.10.1~ 2003.12.31	2004. 1.1 이후	2011. 6.3 이후	2012. 6.29 이후
서울·과천·5대 신도시	3년 이상 보유	3년 이상 보유 1년 이상 거주	3년 이상 보유 2년 이상 거주	3년 이상 보유	2년 이상 보유
기타 신도시	3년 이상 보유				

장기저당담보주택의 비과세 특례

1세대1주택자가 장기저당담보대출계약을 체결하고 소유주택을 담보로 연금식 대출을 받은 경우 그 주택을 양도시에는 1세대1주택 비과세 요건 중 보유요건을 적용하지 아니한다. 다만, 장기저당담보주택을 담보대출계약기간 만료 이전에 양도하면 위 특례규정이 적용되지 아니한다.

- 장기저당담보대출계약 요건(①, ②, ③ 모두 충족)

① 계약체결일 현재 주택담보 제공 가입자가 60세 이상일 것

② 장기저당담보 계약기간이 10년 이상으로서 만기시까지 매월·매분기별 등으로 대출금을 수령하는 조건일 것

③ 만기에 당해 주택을 처분하여 일시 상환하는 계약조건일 것

보유기간의 제한을 받지 않는 주택 비과세

① 취학, 1년 이상 질병의 치료·요양, 근무상 형편으로 1년 이상 살던 주택을 팔고 세대원 모두가 다른 시·군지역으로 이사를 할 경우

② 해외이주법에 따른 해외이주로 세대전원이 출국하는 경우(다만, 출국일 현재 1주택을 보유하는 경우로서 출국 후 2년 이내에 양도하는 경우에 한함)

③ 1년 이상 계속하여 국외거주를 필요로 하는 취학 또는 근무상의 형편으로 세대전원이 출국하는 경우(다만, 출국일 현재 1주택을 보유하는 경우로서 출국 후 2년 이내에 양도하는 경우에 한함)

④ 재개발·재건축사업에 참여한 조합원이 사업시행 기간 중에 일시 취득하여 1년 이상 살던 집을 재개발·재건축된 주택으로 세대전원이 이사(완공 후 2년 이내)하게 되어 팔게 될 경우(다만, 이 경우에는 재개발·재건축주택의 완공 전 또는 완공 후 2년 이내에 양도하고, 완공된 주택에서 1년 이상 거주하여야 함)

⑤ 임대주택법에 의한 건설임대주택을 분양받아 파는 경우로서 당해 주택의 임차일로부터 양도일까지의 거주기간이 5년 이상인 2014년에 적용할 개정세법은 세대전원이 5년 이상 거주한 경우로 비과세 요건을 명확화하였다.

⑥ 공공용지로 협의매수되거나 수용되는 경우(사업인정고시일전 취득한 경우에 한함)

1세대 2주택이라도 양도소득세를 과세하지 않는 경우

① 일시적 2주택 '3년 내' 종전 주택 양도시 1세대1주택 비과세

주택거래 부진을 타개하기 위해 일시적 2주택자가 1세대1주택 비과세를 적

용받기 위한 종전 주택 매각기한도 연장된다. 이전에는 종전 주택 매각 전에 신규 주택(조합원입주권 포함)을 취득해 일시적으로 2주택이 된 경우 1세대1주택 비과세를 적용받기 위해서는 2년 내에 종전 주택을 양도하면 비과세 적용을 받았지만 2012년 6월 29일부터는 3년 내 종전 주택을 양도하면 1세대1주택 비과세 적용을 받을 수 있다. 그러나 이 규정을 적용받기 위해서는 종전주택을 취득한 날로부터 1년이 경과한 다음에 새로운 주택을 취득하여야 한다. 개정전에는 새로운 주택의 취득시기에 관한 제한이 없었는데 처분기간을 2년에서 3년으로 늘려주는 대신 종전주택 취득시기 제한을 둔 것에 유의하여야 한다. 다만, 수도권소재 기업(공공기관)의 지방이전으로 종사자가 이전지역으로 이사하는 경우에는 5년 안에 팔게되면 양도소득세가 과세되지 않는다.

② 상속을 받아 두 채의 집을 갖게 될 경우

1주택 보유자가 1주택을 상속받아 1세대2주택이 된 경우로서 일반주택을 먼저 팔 때에는 상속주택에 관계없이 국내에 1개의 주택을 소유한 것으로 보아 비과세 여부를 판단한다. 그러나, 상속주택을 먼저 팔 때에는 양도소득세가 과세된다. 2014년에 적용할 개정세법은 2014. 2.21 이후 양도하는 분부터 조합원입주권 보유자가 1주택을 상속받은 후 기존 입주권이 주택으로 전환된 경우 그 전환주택 양도시에도 1세대 1주택으로 비과세한다.

③ 한 울타리 안에 두 채의 집이 있을 경우

한 울타리 안에 집이 두 채가 있어도 1세대가 주거용으로 모두를 사용하고 있을 때에는 1세대1주택으로 본다.

④ 집을 사간 사람이 등기이전을 해가지 않아 두 채가 될 경우

양도소득세가 해당되지 않는 1세대1주택을 팔았으나, 집을 사간 사람이 등기이전을 해가지 않아서 공부상 1세대2주택으로 나타난 경우에도 매매계약서 등에 의하여 종전의 주택을 매각한 사실이 확인되면 양도소득세가 과세되지 않는다.

⑤ 직계존속을 모시기 위하여 세대를 합쳐 두 채의 집을 갖게 될 경우

1주택을 소유하고 있는 1세대가1주택을 소유하고 있는 60세 이상의 직계존

속(배우자의 직계존속 포함)을 모시기 위해 세대를 합친 경우에는 합친 날로부터 5년 이내에 먼저 양도하는 주택(비과세 요건을 갖춘 경우에 한함)은 양도소득세가 과세되지 않는다.

⑥ 결혼으로 두 채의 집을 갖게 될 경우

각각 1주택을 소유한 남녀가 결혼하여 1세대2주택이 된 경우에는 혼인한 날로부터 5년 이내에 먼저 양도하는 주택(비과세 요건을 갖춘 경우에 한함)은 양도소득세가 과세되지 않는다.

⑦ 귀농주택을 포함하여 두 채의 집을 갖게 될 경우

1주택을 소유한 1세대가 2014년에 적용할 개정세법은 기준시가가 2억원→4억원 이하 농어촌주택을 취득하여 1세대2주택이 된 이후에 일반주택(비과세 요건을 갖춘 경우에 한함)을 팔면 양도소득세가 과세되지 않는다. 농어촌주택이라 함은 서울·인천·경기도를 제외한 읍·면지역(도시지역 내는 제외)에 소재한 주택을 말한다. 2014년에 적용할 개정세법은 귀농주택 주택의 요건을 강화하여 영농 또는 영어에 종사하고자 하는 자가 세대원 전원이 이주하여 거주하도록 귀농주택의 범위를 명확화하였다.

부동산 양도대금, 노후를 위한 연금보험으로

"세무사님, 최근에 VIP고객들과 상담을 하면서 느낀 것이 있습니다."

마성숙이 김영진 세무사와 커피 브레이크 타임을 갖고 있다.

"무엇입니까? 궁금한데요?"

"궁금하면 500원! 하하! 다름이 아니고요. VIP하면 그래도 현금자산을 10억 이상 가지고 계시는 분들인데, 이 분들은 가지고 있는 부동산이 개발로 인해 수용되거나 양도하신 분들인데, 한 부류는 즉시연금을 가입하신 분들이고, 다른 부류는 그냥 통장에 현금을 보유하고 계신 분들입니다. 그런데 대체로 즉시연금을 가입하신 분들의 얼굴이 더 좋습니다."

"왜 그렇지요?"

"이유는 간단합니다. 연금이 효도 역할을 하는 것 같습니다. 통장에 현금을 가지고 계시는 분들은 월 이자로 이자지급을 받지만, 나중에 금융소득종합과세 문제도 있거니와, 자식들이 사업이나 경제적으로 어려우면 수시로 통장께서 주어야 하는 부담을 가지고 있더라고요. 그런데 아시다시피 즉시연금은 해지할 수 없는 구조를 가지고 있고 금융소득종합과세와 같은 고민이 없어서 그런 것 같습니다."

"참, 의미있는 말씀입니다. 연세가 드신 분의 경우 즉시연금과 같은 저축성 보험이 단순히 이자소득세 비과세나 연금수령과 같은 재무적 기능 이외에 그런 사회적 기능도 있군요."

아침에 '잘 잤다!' 하고 눈을 뜨는 사람은 대체로 행복의 출발선에서 시작한다고 한다. '나, 연금가입 했어!' 하고 말하는 사람도 대체로 그런 것 같다. 말은 파동과 파장으로 우주를 움직이나 보다. 선한 말에는 선(善)의 에너지가 작용한다고 한다. 전자파가 좋지 않다고 하지만 말의 파동은 전자파보다 3300배나 더 강력하다고 한다.

"네. 세무사님, 만약 즉시연금을 계약자와 수익자는 부모로 하고 피보험자를 자녀로 하면 부모가 생존기간 동안 연금으로 생활비를 받을 수 있고 사망시에 나머지 돈을 자녀들이 상속하게 되어 평소 자녀들이 자주 찾아온다고 합니다."

김영진 세무사는 마성숙FR이 어느덧 보험과 세금을 연계하여 설명하는 것을 넘어서 보험의 다른 순기능까지 보는 시각으로 넓어졌다는 게 참으로 대단하게 느껴진다. 특히 재무전문가는 보험에 대한 기본지식을 갖추고 수시로 각종 정보를 습득하려는 노력이 필요하다.

"마성숙님, 앞으로 우리가 효도를 받으려면 끝까지 돈을 가지고 있어야 합니다. 심하게 표현하면 자식들에게 49제를 지내고 유산을 가져가도록 유언을 해 놓아야 합니다."

즉시연금은 자녀에게 효도를 강요하지 않아도 효도를 받을 수 있는 상품이다. 더구나 상속할 때 자녀가 물려받을 돈이 아니라 자녀의 남은 기대수명에 따른 미래가치로 할인한 금액을 상속재산으로 보기 때문에 상속세 절감에도 효과가 있다.

양도소득세가 과세되는 고가주택

고가주택의 범위

고가주택이란 주택 및 이에 부수되는 토지의 양도당시의 실지거래가액의 합계액이 9억원을 초과하는 것을 말한다. 겸용주택의 1세대1주택 판정시 주택의 면적이 주택외의 면적보다 커서 전체를 주택으로 보는 경우에는 주택 외의 부분을 포함한 전체 실거래가액을 가지고 고가주택 여부를 판정한다.

고가주택 1세대1주택 비과세 적용배제

고가주택을 양도하면 보유기간 충족으로 1세대1주택 비과세 요건을 갖추었더라도 양도가액이 9억원을 초과하는 금액은 과세한다.

과세되는 고가주택의 양도소득 계산

고가주택의 양도소득은 다음과 같이 계산한다.

> **·양도차익** = 양도가액 − 필요경비(취득가액 등)
> **·양도소득** = 양도차익* − 장기보유특별공제**

* 과세되는 고가주택의 양도차익

$$\text{전체 양도차익} \times \frac{\text{양도가액} - 9억원}{\text{양도가액}}$$

** 과세되는 고가주택에 적용할 장기보유특별공제액

$$\text{전체 장기보유특별공제액} \times \frac{\text{양도가액} - 9억원}{\text{양도가액}}$$

[예제] 갑돌이는 8년 보유한 1세대1주택으로 취득세를 포함한 취득가 6억원

의 아파트를 양도가 14억원에 팔았을 때 양도차익계산, 장기보유특별공제액, 과세표준, 양도소득세 산출세액을 계산하라.

[해제] 8년간 보유했기 때문에 1세대1주택이다. 그러나 양도가액이 9억원을 초과하므로 그 초과액에 대해서는 과세대상에 포함된다.

① 과세되는 고가주택의 양도차익 계산

$$\text{전체 양도차익(8억원)} \times \frac{\text{양도가액(14억원)} - 9억원}{\text{양도가액(14억원)}} = 2억8,570만원$$

② 고가주택에 적용할 장기보유특별공제액(8~9년 보유 64%)

$$\text{전체 장기보유특별공제액(5억1,200만원)} \times \frac{\text{양도가액(14억원)} - 9억원}{\text{양도가액(14억원)}} = 1억8,285만원$$

③ 과세표준

$$\text{양도소득금액(① 양도차익 - ② 장기보유특별공제액) - 양도소득기본공제}$$
$$(2억8,570만원 - 1억8,285만원) - 250만원 = 1억35만원$$

④ 양도소득세 산출세액

$$1억35만원 \times 35\%(\text{누진세액공제액} 1,490만원) = 2,022만원$$
$$(\text{지방소득세} 10\% \text{ 포함 } 2,224만원)$$

기타 양도소득세가 과세되지 않는 경우

① 점포가 딸린 건물에서 주택부분이 점포보다 클 경우

1세대1주택자가 점포가 딸린 주택(비과세 요건을 갖춘 경우에 한함)을 팔았을 때에는 주택면적이 점포면적보다 큰 경우에는 점포를 주택으로 보아 양도소득세가 과세되지 않는다.

구분	비과세 여부
주택 > 점포	점포를 주택으로 보아 비과세
주택 ≤ 점포	주택부분은 비과세, 점포부분만 과세

② 재개발(재건축) 조합원이 취득한 아파트를 팔았을 경우

보유하던 주택(종전주택)이 재개발(재건축)사업에 의해 헐린 후, 당초 재개발(재건축) 조합원으로서 분양받은 아파트가 완공되어 이를 팔게 되면 다음의 기간을 통산하여 비과세 요건을 갖춘 경우에는 양도소득세가 과세되지 않는다. 재개발(재건축) 주택의 보유기간은 종전주택의 보유기간, 공사기간, 완공주택의 보유기간을 통산한다.

③ 입주권 (재개발·재건축)을 팔았을 경우

보유하던 주택(종전주택)이 재개발(재건축) 사업으로 인해 동 조합원으로서 취득하는 입주자로 선정된 지위(입주권)를 팔 때에는 종전주택이 다음에 해당되는 경우 부동산을 취득할 수 있는 권리임에도 불구하고 양도소득세가 과세되지 않는다. 다음은 비과세 요건으로 종전주택이 관리처분계획인가일과 주택의 철거일 중 빠른날 현재 1세대1주택 비과세 요건을 충족하고 다음의 어느 하나에 해당되는 경우

- 양도일 현재 다른 주택이 없는 경우
- 양도일 현재 당해 조합원입주권 외에 1주택을 소유한 경우로서 1주택을 취득한 날로부터 2년 이내에 조합원입주권을 양도하는 경우

8년 재촌·자경한 농지 양도소득세 감면

농지소재지에 거주하면서 8년 이상 자기가 경작한 사실이 있는 농지를 양도하는 경우에는 양도소득세가 감면된다. '농지소재지' 란 농지가 소재하는 시·군·구(자치구) 안의 지역이나 이와 붙어있는 시·군·구 안의 지역 또는 농지로부터 20㎞ 이내의 지역을 말한다.

대상농지 및 자경기간

감면대상 농지는 거주자가 농지를 취득한 때부터 양도한 때까지 경작한 전·답으로 지적공부상의 지목에 관계없이 실지로 경작에 사용되는 토지로 하며 농지경영에 직접 필요한 농막·퇴비사·양수장·지소·농도·수로 등을 포함

하는 것으로 한다. 그리고 아래 자경기간을 필요로 한다. 경작 개시 당시에는 농지소재지에 해당하였으나 행정구역의 개편 등으로 이에 해당하지 아니한 경우에도 농지소재지에서 경작한 것으로 본다.

구분	자경기간
·일반적인 농지 양도의 경우	8년 이상
·경영이양보조금*의 지급대상이 되는 농지를 한국농촌공사 또는 농업법인(영농조합법인·영농회사법인)에 2015. 12. 31까지 양도하는 경우	3년 이상

주」 2013년 개정세법은 농지유동화 촉진 및 농업구조 개선을 위하여 경영이양보조금 지급대상 농지의 경우 3년으로 완화하였다.

그러나 다음의 농지는 감면되지 않는다.

·시지역(광역시의 군지역, 시의 읍·면지역을 제외)의 주거지역, 상업지역, 공업지역 안에 있는 농지로서 이들 지역(대규모 개발사업지역은 제외)에 편입된 날로부터 3년이 지난 농지

[대규모개발사업지역]
·사업지역 내의 토지 소유자가 1,000명 이상인 지역이거나
·사업시행면적이 100만㎡ 이상인 지역
(택지개발사업 또는 대지조성사업의 경우에는 10만㎡)

·농지 외의 토지로의 환지예정지의 지정이 있는 경우로서 그 환지예정지 지정일로부터 3년이 지난 농지

·또한 농지가 2002. 1.1 이후 국토의 계획 및 이용에 관한 법률에 의하여 주거지역, 상업지역, 공업지역에 편입되거나, 환지예정지로 지정된 때에는 그 편입(지정)된 날로부터 3년이 지나지 않아 감면되는 자경농지의 요건을 갖춘 경우라도 취득일로부터 그 편입(지정)일까지 발생한 양도소득에 대해서만 양도소득세가 감면된다.

·상속인이 상속받은 농지의 경우 피상속인이 경작한 기간은 상속인이 이를 경작한 것으로 본다. 그러나 상속인이 경작하지 않는 경우 상속받은 후 3년이 지난 농지

비거주자 출국 후 2년 경과시 감면 배제

2013년 세법개정으로 8년 자경요건을 갖춘 비거주자가 출국일로부터 2년 이내 양도하는 경우에만 감면을 허용하고 출국 후 2년을 경과한 경우에는 8년 자경농지 양도세 감면특례를 배제한다.

자경의 의의

8년 이상 재촌·자경한 농지(축사용지)의 경우 자경이란 그동안 농민이 소유 농지에서 농작물의 경작 또는 다년성 식물의 재배에 상시 종사하거나 농작업의 1/2 이상을 자기의 노동력에 의하여 경작 또는 재배하는 것을 의미하였으나 2014년에 적용할 개정세법은 자경농민에 대한 지원 취지에 부합되도록 하기 위해 자경기간 계산방법을 보완하여 2014. 7.1 이후 양도분부터 근로소득(총급여)·사업소득(농업·축산업·임업 및 비과세 농가부업소득, 부동산임대소득 제외)이 3,700만원 이상인 경우 해당 연도는 자경하지 않은 것으로 간주한다.

감면 한도액

> 자경농지대토 감면과 합산하여 5년간 3억원(1년간 2억원, 2008. 1.1 이후)

자경농지의 대토 감면

경작상 필요에 의하여 다음과 같이 거주자가 농지소재지에 거주하면서 직접 경작한 농지를 대토한 경우로서 다음 요건 등을 충족하는 경우 양도소득세가 감면된다.

자경농지의 대토 요건

① 4년 이상 종전의 농지소재지에 거주하면서 경작할 것. 2014년에 적용할 개정세법은 2014. 7.1 이후 양도분부터 3년 이상 → 4년 이상으로 개정하고 근

로소득(총급여)·사업소득(농업·축산업·임업 및 비과세 농가부업소득, 부동산임대소득 제외)이 3,700만원 이상인 경우 해당 연도는 자경하지 않은 것으로 간주한다.

② 종전농지 양도일부터 1년 내에 신규농지를 취득할 것. 다만, 신규농지 선취득시 취득일부터 1년 내에 종전농지를 양도할 것. 2014년에 적용할 개정세법은 2014. 7.1 이후 종전농지를 양도하고 신규농지를 취득분부터 신규농지 취득일(신규농지를 선취득한 경우 종전농지 양도일)부터 1년 이내 새로운 농지에서 경작을 개시하여야 한다.

③ 2014년에 적용할 개정세법은 2014. 7.1 이후 종전농지를 양도하고 신규농지를 취득분부터 3년 이상 → 종전의 농지소재지에서 거주하면서 경작한 기간과 새로운 농지소재지에 거주하면서 계속하여 경작한 기간이 합산하여 8년 이상이 되어야 하고 신규농지 경작기간 중 총급여 등의 합계 3,700만원 넘는 과세기간 발생시 '계속하여 경작' 요건 불충족으로 감면세액을 추징하도록 하고 있다.

④ 신규농지가 다음 중 어느 하나를 충족할 것

·2014년에 적용할 개정세법은 2014. 7.1 이후 종전농지를 양도하고 신규농지를 취득분부터 종전농지 면적의 1/2 이상 → 2/3 이상이어야 한다.

·2014년에 적용할 개정세법은 2014. 7.1 이후 종전농지를 양도하고 신규농지를 취득분부터 종전농지 양도 가액의 종전농지 양도가액의 1/3 이상 → 1/2 이상이어야 한다.

[자경농지의 대토감면 2014년에 적용할 개정세법 적용시기]
2014. 7.1 이후 종전농지를 양도하고 신규농지를 취득하는 분부터 적용. 다만, 2014. 6.30 이전에 신규농지를 취득하고 2014. 7.1 이후 종전농지를 양도하는 경우와 2014. 6.30 이전에 종전농지를 양도하고 2014. 7.1 이후 신규농지를 취득하는 경우에는 종전·신규농지 통산 8년 경작 및 신규농지 3,700만원 소득 이상자 경작 불인정 규정을 적용함에 유의한다.

감면 한도액

농지의 교환 양도소득세 비과세

경작상 필요에 의하여 다음과 같이 농지를 교환 또는 분합하는 경우로서 쌍방 토지가액의 차액이 큰 편의 1/4 이하인 경우 발생하는 소득에 대하여는 양도소득세가 과세되지 않는다.

① 국가 또는 지방자치단체가 시행하는 사업으로 인하여 교환 또는 분합하는 농지

② 국가 또는 지방자치단체가 소유하는 토지와 교환 또는 분합하는 농지

③ 경작상 필요에 의하여 교환하는 농지, 다만 교환으로 취득한 농지를 그 농지 소재지에 거주하면서 3년 이상 경작하여야 한다.

④ 농어촌정비법, 농지법, 한국농어촌공사및농지관리기금법 또는 농업협동조합법에 의하여 교환 또는 분합하는 농지

형제 등 특수관계인 주식, 부동산 저가양도 안 된다

"세무사님! 며칠 전 기업보험을 유치하기 위해 평소 알고 지내던 전무님을 만났습니다. 그런데 평소 웃음도 잘 지으시면서 편안하게 대해주시던 그분의 표정이 아니에요. 그래서 제가 '전무님! 무슨 일 있으세요?' 하고 물었죠."

마성숙FR은 최근 상담사례를 김영진 세무사와 얘기 중이다.

"전무님 하는 말이 작년에 회사 비상장주식 정리를 하는 과정에서, 20년 전 법인 설립시에 명의만 해두었던 회장님 동생의 주식을 회장님 명의로 액면가로 거래를 한 것으로 돌렸는데 양도소득세와 증여세가 물경 10억원 정도 나온다는 것입니다."

김영진 세무사는 금방 내용을 파악한다.

"아이고! 소득세법상 특수관계인간 '부당행위계산 부인' 규정과 상증세법상 '고저가 양도에 따른 증여의제' 규정을 검토해야 하는데…."

부당행위계산부인이란 소득금액을 계산함에 있어서 어떤 개인이 특수관계자와 거래가 일반적인 경제거래에 비추어 볼 때 조세부담을 부당히 감소시킨 경우를 말한다.

"그래서 제가 세무회계사무소에 충분한 상담을 하고 넘기지 그랬네요? 하고 아쉬움만 전달하고 말았습니다. 전무님 하는 말씀이 '고문 회계사무소에 질의를 하였고 그냥 증권거래세만 신고하면 된다고 해서 증권거래세만 신고 납부하였는데…' 라고 하더라구요."

1867년 미국의 시워드 국무장관이 720만불을 주고 러시아로부터 사들인 땅은 북아메리카 북서쪽 끝에 있는 미국의 49번째 주 알래스카이다. 세상에서 엄청난 땅을 가장 싼값으로 매입한 사례이다. 19세기 중반 영국, 프랑스, 터키와 크림전쟁을 하고 있던 러시아는 패색이 짙어지자 영국에 알래스카를 뺏길 것을 염려해 미국에 매도한 것이다. 당시 시워드는 평당 2센트에 샀다. 당시 이 땅을 산 시워드는 필요 없는 땅을 샀다며 국민들로부터 성토를 당했다고 한다. 현재 이곳에는 택사스 다음가는 많은 양의 석유자원과 금, 은, 아연, 석탄, 구리 등 엄청난 자원이 있다고 한다. 그럼 알래스카 매매는 고가양수일까? 저가양도일까? 모두 시대 상황에 따라 입장차이일 뿐이다.

부당행위계산의 부인

거주자의 행위 또는 계산이 아래와 같이 그 특수관계인간 거래로 인하여 당해 소득에 대한 조세의 부담을 부당하게 감소시킨 것으로 인정되는 때에는 실질과세원칙 또는 조세부담의 공평원칙에 반하므로 경제적·사회적 합리성의 기준에 의하여 거주자의 행위·계산을 부인하고 거주자의 소득금액을 다시 계산할 수 있다.

거주자가 특수관계자(소득세법 시행령 제98조 제1항 각호에 열거된 자)와 거래하면서 시가를 초과하여 취득하거나, 시가에 미달하게 저가로 양도하여 조세의 부담을 부당히 감소시킨 것으로 인정되는 때에는 거주자의 행위·계산을 부인하고 그 취득가액 또는 양도가액을 시가에 의해 당해 소득금액을 계산한다. 또한 특수관계자에게 자산 증여 후 수증자가 5년 이내 양도한 경우로 증여자가 직접 양도할 경우의 양도세가 수증자의 증여세 및 양도세의 합계보다 큰 경우에는 증여자가 그 자산을 직접 양도한 것으로 간주한다. 단, 수증자에게 양도소득이 실질적으로 귀속된 경우는 제외한다.

특수관계인의 범위
- 6촌 이내의 혈족, 4촌 이내의 인척, 배우자(사실상의 혼인관계에 있는 자를 포함한다), 친생자로서 다른 사람에게 친양자로 입양된 자의 그 배우자·직계비속 - 임원·사용인 등 경제적 연관관계로 그 하나에 해당하는 관계로 임원과 그 밖의 사용인, 본인의 금전이나 그 밖의 재산으로 생계를 유지하는 자 - 위 자들과 생계를 함께하는 친족

배우자 및 직계존비속 증여재산에 대한 이월과세

배우자 및 직계존비속이 이월과세가 적용되는 자산(토지·건물 및 시설물이용권)을 증여받은 후 수증일로부터 5년 이내에 타인에게 양도하는 경우, 증여받은 배우자 및 직계존비속이 납세의무자로서 증여받은 자산의 양도에 따른 양도차익 계산시 증여당시 가액을 공제하는 것이 아니라 증여한 배우자 및 직계존비속의 당초 취득가액을 공제한다. 증여당시에 배우자 관계였다면, 양도일 현재 증여자의 사망 또는 이혼으로 증여자의 배우자가 아니더라도 이월과세를 적용한다. 다만, 공익사업 수용과 배우자 사망의 경우에는 조세를 회피할 목적이 있다고 보기 어려운 점을 감안하여 2011. 1.1 이후 양도분부터 토지 등이 수용되거나 사망으로 인해 양도시에 배우자 관계가 소멸된 경우 이월과세 적용을 배제한다. 또한 양도차익계산시 당초 증여자가 취득한 날부터 양도하는 날까지의 보유기간에 따른 장기보유특별공제율을 적용하고 당초 증여시 기납부한 증여세 상당액을 공제한다. 다만 증여세액 상당액은 양도차익을 한도로 공제한다. 2014년에 적용할 개정세법은 2014. 1.1 이후 양도분부터 수증자가 이월과세 적용으로 1세대1주택 비과세를 적용받는 경우는 제외하도록 하였다.

〈부당행위계산의 부인과 이월과세〉

구분	부당행위계산의 부인	이월과세
관계법령	소득세법 제101조 ②, ③	소득세법 제97조④, ⑥ 소득세법 시행령 제163조 ⑦
적용대상자산	양도소득세 과세대상	토지, 건물 또는 특정시설물이용권에 한함
증여자와 수증자의 관계	특수관계자(증여재산에 대한 이월 과세가 적용되는 경우 제외)	배우자와 직계존비속에 한함 (양도당시 혼인관계소멸 포함)
양도일까지 기간	5년	5년
부당감소여부	세부담의 부당감소가 있는 경우	세부담의 부당감소 묻지 않음
양도소득세 납세의무	당초 증여자 – 직접 양도한 것으로 간주 – 수증자는 연대납세의무	증여받아 양도한 자
취득가액계산	증여자의 취득당시 가액	증여자의 취득당시 가액
필요경비	수증시 부담 취득세·등록세 필요경비 불산입	수증시 부담 취득세·등록세 필요경비 불산입
장기보유특별공제 및 세율	증여자의 취득일부터 양도일까지 의 기간	증여자의 취득일부터 양도일까지 의 기간
기납부증여세의 처리	부과를 취소하고 수증자에 환급	양도차익 필요경비로 공제
연대납세의무	연대납세의무 있음	연대납세의무 없음

가업상속재산에 대한 양도소득세 이월과세

2014년에 적용할 개정세법은 상속인이 가업상속받은 재산을 양도시 취득가액을 종전 상속개시일 현재 시가를 적용하였으나 2014. 1.1 이후 가업상속공제를 적용받은 재산분부터는 피상속인의 취득가액을 적용하도록 개정하였다. 또한 이월과세 후 가업상속공제 사후관리 요건 위반으로 상속세 추징시 기납부한 양도소득세액은 상속세 추징세액에서 차감한다.

양도소득세 과세표준 계산기준

양도소득세 과세체계

양도가액	−	취득가액 등	=	**양도차익**
양도차익	−	장기보유특별공제	=	**양도소득금액**
양도소득금액	−	양도소득기본공제	=	**과세표준**
과세표준	×	세율	=	**산출세액**

2007년부터 전국의 모든 부동산을 양도하는 경우 기준시가 아닌 실거래가액으로 양도소득세를 신고납부하도록 개정되었다. 이를 뒷받침하기 위해 대법원과 행정부는 부동산등기법을 개정하여 2006년 6월부터 매매계약을 체결하여 등기신청시에는 부동산 실거래가를 기재하도록 하였다. 따라서 취득가액은 물론 부동산 보유단계에서 들어간 아래에 열거된 자본적지출액이나 거래비용 역시 실지 소요된 금액만이 필요경비로 공제받을 수 있다. 특히 양도소득세는 양도일로부터 4~5개월 이상 지나야 고지서가 발부되기 때문에 증빙서류를 갖추어 자진신고를 하는 것이 유리하다. 2014년에 적용할 개정세법은 2014. 2.21 이후 결정하는 분부터 국세행정의 효율성 제고를 위하여 등기부기재가액 실가추정 대상을 양도소득세액 50만원에서 300만원 미만으로 확대하였다.

절세하려면 영수증을 챙기고, 구체적으로 입증하라

"참, 마성숙님은 집을 팔아본 적이 있는가요?"

"세무사님, 우리나라 사람의 평균 이사하는 횟수가 몇 번인데요? 아마 저도 지금 나이까지 45평 아파트를 갖기 위해 6번 이사를 했습니다."

마흔살이 되기 전까지 마성숙의 꿈은 40평대 아파트를 갖는 것이었다. 꿈을 이루기 위해서는 노력과 고통이 동반하기 십상이다.

"그런 거 보면 우리나라 경제역사는 '이삿짐역사' 같아요."

"세무사님, 매번 이사할 때마다 양도소득세를 비과세 조건에 맞춰 세금을 내지 않았는데 4년 전에 평촌에서 집을 넓혀 이사갈 때 전에 살던 집이 2년 거주요건이 안 되어 세금을 낸 적이 있습니다."

서울과 과천 및 평촌을 포함한 5대 신도시는 보유기간 3년, 거주기간 2년을 1세대1주택 비과세 요건으로 하였다. 그러다가 주택경기 활성화를 위해 2년 거주요건이 2011. 6.3자로 전격 폐지되었다.

"성숙씨 얼마 냈나요?"

"그때 평촌에 계신 세무사님의 도움을 받아 지방소득세를 포함해 양도소득세를 500만원 정도 납부한 것 같아요."

마성숙은 전에 살던 집에서 수천만원의 양도차익을 보았지만, 그 집이 노후되어 수리비로 상당한 비용이 들어갔다. 당시에 통장으로 공사비를 지출하였기 때문에 지출 사실이 입증되어 관련사진 등을 첨부하여 필요경비로 인정받았다.

필요경비 증빙을 잘 보관해야 절세

① 취득시 실지 매매계약서, 건물 신축시 도급계약서, 대금지급영수증 등

② 취득시 취득세 영수증과 법무사 영수증 다만, 취득세는 영수증이 없더라도 국세청은 인정한다.

③ 취득시 국민주택채권할인액

④ 취득시 공인중개사 부동산중개수수료 영수증

⑤ 양도시 공인중개사 부동산중개수수료 영수증

⑥ 취득보유시 용도변경을 위한 개조비용이나 내벽을 철거하고 베란다확장공사, 방확장공사, 방음창(알루미늄샷시 공사), 마루바닥교체공사 등으로 소요된 비용 그러나 도배, 장판, 싱크대, 조명교체 등 소모성 경비는 원칙적으로 인정되지 않는다.

⑦ 자산을 취득하면서 상대방 소송이 있는 경우 그 소송에 소요된 비용으

로 변호사 선임 소송비용·명도비용·인지대 등

⑧ 개발부담금, 수익자부담금 등 기타 취득시 공과금 필요경비

필요경비 개산공제

실지거래가액 이외의 방법으로 과세시에는 다음과 같은 금액을 개산공제액이라 하여 필요경비로 인정한다.

구분	개산공제액
토지	개별공시지가의 3%(미등기자산 0.3%)
건물(일반건물, 특정 아파트 등)	국세청 기준시가의 3%(미등기자산 0.3%)
지상권·전세권·등기된 부동산임차권	취득시 기준시가의 7%(미등기자산 1%)
상장주식·비상장주식·부동산을 취득할 수 있는 권리·기타자산	취득시 기준시가의 1%

이혼 위자료, 등기원인에 따라 세금이 다르다

"세무사님! 요즘에는 이혼하는 부부가 많이 늘고 있습니다. 위자료 명목으로 넘겨주는 부동산의 경우 조심해야 한다고 하던데요."

위자료는 자신의 잘못없이 이혼하게 되는 당사자가 과실이 있는 상대방 즉 유책 배우자로부터 받는 정신상 고통에 대한 손해배상금을 말한다. 위자료는 유책 배우자는 물론 부당한 대우를 한 시부모, 장인, 장모, 배우자와 간통한 상간남 또는 상간녀에게도 위자료를 청구할 수 있다.

"네, 그렇습니다. 요즘은 '이혼은 필수, 재혼은 선택'이라 할 정도로 여러 가지 이유로 이혼율이 높습니다. 제가 아는 분의 경우 아내와 이혼하면서 아이들을 아내가 부양하는 조건으로 아파트 한 채와 상가의 소유권을 이혼 위자료지급으로 넘겨주었습니다. 6개월 후 세무서로부터 아파트는 1세대1주택 비과세조건에 부합되어 세금은 나오지 않았는데, 상가는 1억원 이상의 세금이 부과되었습니다."

"참으로 황당하겠습니다. 이혼에 세금이라니…. 헐~"

마성숙이 김영진 세무사의 얘기에 남 이야기가 아닌 듯이 걱정스럽게 얘기한다.

"세무사님 이럴 때 어떻게 해야 합니까?"

"설령 이혼을 하더라도 이혼 전에 재산을 넘겨주었다면 부부간 증여재산공제금액이 6억원까지는 가능하기 때문에 세금이 나오지 않을 수 있습니다. 그러나 이혼 후에는 꼭 민법 제839조의2에서 규정하는 '재산분할청구'로 인하여 부동산 소유권이 이전되어야 양도소득세나 증여세 세금이 없습니다. 세법은 부부공동의 노력으로 이룩한 공동재산을 이혼으로 인하여 환원받는 것이므로 양도 또는 증여로 보지 않는 것입니다."

결혼 후 부부가 함께 노력하여 모은 재산을 그 명의가 누구로 되어 있든지 나누어 가질 수 있다. 우선은 당사자간 협의를 통해 재산분할 액수와 방법을 정할 수 있고, 협의가 이뤄지지 않을 때 법원에 청구하면 각자가 노력한 기여도에 따라 분할 액수와 방법을 정해준다. 상속이나 증여받은 재산, 결혼 전 각자 명의로 취득했던 자산은 재산분할 대상이 아니다. 재산분할청구는 이혼과 함께 또는 2년 이내 제기할 수 있다.

"그렇군요!"

"단 한 가지 유의할 점이 있습니다. 재산분할청구로 인해 이전을 받은 경우 추후 매각하는 경우 분할 전 배우자의 취득시기로 다시 소급되어 양도소득세가 더 많아질 수 있습니다. 그래서 6억원 이하의 재산은 부부관계에 있는 상태에서 단순증여로 배우자의 증여재산공제 6억원을 적용하여 시가로 증여세 신고를 하는 것이 유리할 수 있습니다. 그러나 이 경우에도 5년 이내 양도시에는 배우자 이월과세 적용이 되기 때문에 세금 문제는 여러분들이 꼭 상담하여 주시기 바랍니다."

TFR재무전문가라면 위 대화 내용을 숙지하여 '증여', '이혼위자료 지급' 또는 '재산분할청구에 의한 소유권이전'으로 할 것인지 검토 후 이전등기를 하여야 한다. 만약 당사자 간 합의에 의하거나 법원의 확정판결에 의하여 일정액의 위자료를 지급하기로 하고 동 위자료 지급에 갈음하여 당사자 일방이 가지고 있던 부동산의 소유권을 넘겨준 경우에는 세법상 양도한 것으로 본다. 따라서 위 자료 조건이라면 꼭 양도소득세 신고 등 관련의무를 이행해야 한다.

장기보유특별공제와 세액의 계산

적용대상은 3년 이상 보유한 토지·건물이다. 단, 미등기자산, 1세대2주택이상 소유주택, 비사업용 토지는 적용을 배제한다.

1996. 1.1 ~ 2007.12.31	2008. 1.1 이후
·3년 이상 : 양도차익의 10% ·5년 이상 : 양도차익의 15% ·10년 이상 : 양도차익의 30% ·15년 이상 1세대1주택 : 양도차익의 45%(2006년부터)	☐ 일반 부동산으로서 3년 이상 보유시 매년 3%씩 공제 • 3년 : 10% ~ 　　• 10년: 30% ☐ 1세대1주택으로서 3년 이상 보유시 1. 2008. 1.1~2008. 3.20 양도분은 매년 3%씩 공제 • 3년 : 10% ~ 　　• 15년: 45% 2. 2008. 3.21 이후 양도분은 매년 4%씩 공제 • 3년 : 12% ~ 　　• 20년 :80% 3. 2009. 1.1 이후 양도분은 매년 8%씩 공제 • 3년 : 24% ~ 　　• 10년 :80%

양도소득기본공제

토지·건물·부동산에 관한 권리, 주식의 양도소득금액에 대해 각각 연 250만원의 양도소득기본공제를 적용한다. 단, 미등기양도자산은 제외한다.

양도소득세 세율

2014년에 적용할 개정세법은 부동산 시장 정상화를 위해 다주택자 및 비사업용토지 양도소득세 중과제도를 폐지 또는 완화하였다.

〈토지·건물 및 부동산에 관한 권리〉

구분	세율	
	2009. 1.1 ~ 2013.12.31	2014.1.1 이후
1년 미만 보유	50%	(토지) 50% (주택) 40%
1~2년 미만 보유	40%	(토지)40% (주택)기본세율(6~38%)
2년 이상 보유	기본세율(6~38%)	기본세율(6~38%)
일정1세대3주택이상	60%	기본세율(6~38%)
일정1세대2주택	50%	기본세율(6~38%)
비사업용 토지	60%	(2014년)기본세율(6~38%) (2015년)기본세율 + 10%p
미등기전매	70%	70%
투기지역 (3주택·비사업용토지)	기본세율 + 10%p	기본세율 + 10%p

주」 1. 2012년 개정세법은 다주택자·비사업용토지에 대해 양도세 중과제도 적용유예를 1년 연장하여 2013년 말까지 기본세율을 유지한다.
　 2. 투기지역의 경우 추가과세 적용기한을 폐지하고 영구화한다.

〈상장주식 및 비상장주식 등〉

구분		과세대상 주식		세율
개인	대주주	중소기업외 주식으로 1년 미만 보유		30%
		중소기업 주식		10%
		그 외 주식		20%
	소액 주주	상장주식		비과세
		비상장주식	중소기업 주식	10%
			그 외 주식	20%
법인		모든주식		법인소득 과세

주」 2014년에 적용할 개정세법은 코넥스시장을 추가하여 비상장법인의 주식과 주권상장법인 주식이지만, 직전사업연도 종료일 현재 2%(코스닥상장법인·코넥스시장·벤처기업은 4%)이상 또는 시가총액 50억(코스닥상장법인·벤처기업은 40억원, 코넥스시장은 10억원) 이상인 대주주 등(주주 1인과 특수관계인을 포함한다)이 양도하는 주식과 장외거래하는 주식. 단, 주식양도차익 과세대상 대주주의 범위에서 대주주와 친족관계가 없는 임직원 등은 제외한다.

공익사업 수용시 양도세 감면율 조정

2014년에 적용할 개정세법은 수용의 경우 보상수준을 현실화하였기 때문에 양도소득세 감면율을 축소하였다.

구분		2013년 감면율	2014년 감면율
현금보상		20%	15%
일반채권보상		25%	20%
만기보유채권보상	3년 이상	40%	30%
	5년 이상	50%	40%
개발제한구역 내 매수대상 토지			
개발제한구역 지정일 이전 취득		50%	40%
매수청구일로부터 20년 이전 취득		30%	25%
개발제한구역 해제 후 수용토지			
개발제한구역 지정일 이전 취득		50%	40%
사업인정고시일로부터 20년 이전 취득		30%	25%
2년 이상 보유산지 국가 양도시		20%	15%

주」 공익사업에 수용되는 경우에는 현금보상시 20%, 채권보상시 25%의 세액을 감면해 주는 감면제도가 2012.12.31까지 한시적으로 시행되었으나 2013 개정세법은 공익사업의 원활한 진행을 위해 3년간 적용시한을 연장하였다. 단 사업인정고시일로부터 2년 전에 취득하는 경우 감면율을 적용한다.

신축주택 등 취득시 양도소득세 한시감면

2014년에 적용할 개정세법은 2013. 4.1부터 2013.12.31까지 기간 중 실가 6억 원 이하 또는 전용면적 85㎡ 이하의 신축·미분양주택 및 1세대1주택자가 보유한 주택을 취득하는 경우(동 기간에 매매계약을 하여 계약금을 지급한 경우를 포함한다) 취득 후 5년간 발생한 양도소득금액의 100%를 공제한다.

또한 1세대1주택 비과세 및 다주택자 중과 적용시 개정안에 따라 취득한 기존주택 등은 주택수 산정에서 제외한다. 2013. 5.10 이후 양도하는 분부터 소급적용한다.

예정신고납부세액공제

2011년도부터 예정신고세액공제를 폐지하고 오히려, 예정신고 미이행시 20% 무신고가산세와 연간 10.95%를 적용한 무납부가산세를 부과한다.

분납 및 물납

납부기한 경과후 45일 이내 분납한다. 납부할 세액이 2000만원 이하인 경우 1000만원을 초과하는 금액, 납부할 세액이 2000만원을 초과하는 경우 50% 이하의 금액을 분납한다. 또한 납부할 세액이 1000만원을 초과하는 경우로서 공공사업시행자가 발행한 공공용지보상채권으로 물납이 가능하다.

양도차손익의 통산 및 이월공제 배제

과세기간중에 2회 이상 토지 등의 양도로 인하여 발생한 누진세율이 적용되는 양도차손익은 통산하되, 동 제도의 도입취지를 감안하여 통산결과 차손이 발생한 경우 소급공제 및 이월공제를 배제한다.

구분		통산여부
양도차익만 발생한 경우	① 누진세율 + 단일세율	×
	② 누진세율 + 누진세율	○
	③ 단일세율 + 단일세율	×
양도차익과 양도차손이 발생한 경우	④ 양도차익 + 양도차손	○
	⑤ 양도차손 + 비과세 양도차익	×

한정상속, 재산 매각시 양도소득세 부담

"최근 조세심판원의 심판례 하나를 소개할까 합니다. 상속한정승인할 때 양도소득세를 간과해서는 안 됩니다. 여러분 열심히 일하던 가장이 빚만 남겨두고 사망하는 경우 남은 상속인들은 어찌어찌하여 상속포기도 아닌 상속한정승인을 하게 됩니다."

"세무사님, 상속포기와 상속한정승인을 구분하여 주셨으면 합니다."

마성숙FR이 최근 불의의 사고로 보험료 납입여력이 없어 '보험료 납입면제' 도움을 드렸던 한정식 고객을 떠올린다. 그 고객은 자산에 비해 빚이 많은 케이스다.

"네, 피상속인 아버지의 재산상 권리와 의무는 상속인의 의사와 관계없이 법률상 상속인에게 승계됩니다. 상속인은 재산을 상속받는 것뿐만 아니라 부채도 상속받아야 합니다. 일반적으로 상속재산이 부채보다 많을 때는 문제가 없으나, 부채가 상속재산보다 많은 경우에는 결국 상속인이 갖고 있는 재산으로 부채를 갚아야 하는 상황이 발생합니다. 민법에서는 이런 경우 상속인의 고유재산을 보호하기 위해 상속포기와 한정승인이란 제도가 있습니다."

상속포기는 남겨진 빚이 너무 많아 물려준 재산과 채무를 모두 포기하는 것이고 상속한정승인은 부채가 상속재산보다 더 많은지 알 수 없는 경우 또는 현재 확인된 부채 외에 다른 부채가 있는지 알 수 없는 경우에는 한정승인을 통해 상속을 받으면 된다.

"민법상 상속한정승인은 상속인이 상속받은 재산을 한도로 해서 부채를 부담할 것을 조건으로 상속을 승인하는 것을 말합니다."

"그런데, 이게 양도소득세와 무슨 관계가 있습니까? 상속세라면 몰라도 말입니다."

"네, 심판례 사건을 들여다보면 빌딩건물이 상속한정승인을 한 상속인들에게 상속등기를 거쳐 지난해 임의경매절차에 의해 매각됐습니다. 매각대금은 전액 채권자들에게 배당됐고 부동산이 팔리고도 땡전 한 푼도 받지 못한 피상속인들은 양도소득세 신고를 하지 않았습니다. 그러나 국세청은 '상속인이 상속재산의 경락대금을 배당받지 못했다고 하더라도 상속인이 상속재산을 상속하는 것과 상속재산에 대해 양도차익이 발생한 사실에는 변함이 없다. 상속받은 재산의 양도차익에 대해 상속인이 양도세 납세의무가 있다.' 고 과세처분을 하게 되고 조세심판원도 이에 손을 들어준 것입니다."

조세심판원은 결정문에서 '세법에서 말하는 양도는 자산이 유상으로 사실상 이전되는 것'이라며 이때 '자산의 처분이 소유자의 자의에 의한 것인지 경매 등과 같이 자의에 의한 것이 아닌지 여부는 양도에 해당하는지 여부를 판단하는데 아무런 영향을 미치지 않는다.'고 밝혔다.

"참으로 안타까운 일이네요. 상속인들이 빚잔치를 하고도 세금까지 내라고 하니 말입니다. 그나저나 세무사님 이제 부동산을 가지고 있다는 것이 애물단지인 시대가 된 것 같아요."

마성숙이 최근 종합부동산세를 비롯해 재산보유단계에서 세금부담이 많아 보험료를 불입하기 힘들다는 고객들의 반응 때문에 한마디 한다.

"마성숙님. 꼭 그렇지는 않습니다. 최근 한국은행 발표에 의하면 앞으로 하이퍼인플레이션 시대가 도래할 것으로 예측하고 있습니다. 이럴 때일수록 실물은 중요한 부의 수단이 될 것입니다. 마지막까지 놓칠 수 없는 제1의 원칙은 재산의 포트폴리오입니다. 향후 개발지역과 위치를 고려한 부동산 취득은 유효한 투자수단이 될 것입니다."

미국은 최근 글로벌 금융위기 이후 주택·고용부문에서 회복이 빨라지고 임금 상승도 이미 시작되었다고 분석한다. 향후 물가·금리가 급속도로 인상예상이라 한다. 한국은행도 이러한 맥락에서 발표한 것으로 보인다.

"네, 그렇군요. 그런데 매년 국세청과 국토해양부에서는 주택가격과 토지가격이 고시되고 있습니다. 그런데 한 해 동안 땅값과 집값에 대한 발표가 수차례 언론을 통해서 보도되는데, 공시지가, 기준시가 등 알다가도 모를 용어들이 너무 많습니다. 각종 부동산 가격의 의미를 알아보고 고객상담에 어떻게 활용할 수 있을지 말씀 좀 해주십시오."

"여러분, 간단하게 공시지가는 일반 토지에 대하여 정부에서 정하는 가격이라 생각하시고, 기준시가는 오피스텔, 집합건물의 경우 매년 고시되는 가격을 말합니다."

김영진 세무사는 마이더스 손을 통해 교육생들에게 정부에서 정하는 기준시가에 대한 교육을 통해 그 맥락을 잡아준다.

기준시가 공시시점을 활용한다

기준시가는 소득세법에 의한 양도소득세 계산시 양도가액 및 취득가액의 산정과 상속세 및 증여세법에 의한 상속재산(또는 증여재산)가액 산정의 기준이 되는 정부가 정한 가액을 말한다. 아파트 등 공동주택은 공동주택가격, 토지는 개별공시지가, 건물은 상업용/오피스텔 기준시가 및 건물기준시가를 기준시가로 활용한다. 현재 양도소득세는 실지거래가액이, 상속세(증여세)는 시가가 원칙이나 원칙적용이 불가능할 경우 보충적으로 기준시가를 활용한다.

일반 투자수익률로 부동산가격을 추산한다

구분			일정(조사·평가·산정·결정·고시)	비고
주택	공동주택	공동주택가격	1월1일(6월1일)을 기준 조사·산정하여 4월30일(9월30일)결정고시	부동산가격 공시및감정 평가에관한 법률
	단독주택	표준주택가격	1월1일을 기준으로 조사·평가하여 공시(1월 말경 공지)	
		개별주택가격	1월1일(6월1일)을 기준 조사·산정하여 4월30일(9월30일)결정고시	
토지	표준지 공시지가		1월1일을 기준으로 조사·평가하여 공시(2월 말경 공지)	
	개별토지 공시지가		1월1일(7월1일)을 표준지 공시지가를 기준으로 조사·산정하여 5월31일(10월31일)까지 결정고시	
건물	상업용건물· 오피스텔		보통 전년 9월 1일을 기준으로 매년 1월초 고시	소득세법 상증세법
	건물기준시가		보통 전년 9월 1일을 기준으로 매년 1월초 고시	

보유한 부동산이 임대수익을 발생하는 부동산일 경우 '수익률법'을 활용해서 개략적으로 파악해 볼 수 있다. 해당 부동산에서 발생하는 연간 임대수

익을 파악하여, 시장의 일반적인 부동산 투자수익률을 적용하여 대충의 부동산의 가치를 추산해 볼 수 있다.

예를 들면 현재 부동산시장의 투자수익률을 약 5%수준으로 볼 때, 월 1000만원의 임대수입이 발생한다고 하면 (1000만원 × 12월) ÷ 5% = 24억원이라는 가격을 산출 할 수 있다. 물론 위에서 산출된 가격이 거래가격으로 형성되지는 않는다. 거래가격이란 시장의 상황, 해당 물건소재지의 지역적 상황, 매수자 매도자간의 협상과정 등에서 정해지기 때문이다. 하지만 기본적으로 고객의 부동산 가격을 위와 같이 추정하여 자산의 규모를 개략적으로 가늠해 보아야 한다.

더구나 정부에서 정한 기준시가가 종합부동산세 세금부과의 기준이 되기 때문에 부동산의 추산가격을 산출해 보아서 너무 높은 과세표준을 유지하고 있으면 이의신청을 하여야 한다. 또한 기준시가 공시일을 활용해 과세표준이 낮아지는 시점에 증여플랜을 실시할 경우 상대적으로 세금부담을 덜면서 자산의 승계를 실현할 수 있다.

한편 토지의 경우 1월1일 기준 개별공시지가에 대한 열람 및 의견제출 기간을 매년 4월11일부터 4월30일까지, 이의신청기간을 결정·공시일인 5월30일부터 6월30일까지 운영하고 있다. 객관적인 오류, 즉 부적정한 비교표준지 선정, 부정확한 토지특성 반영, 정당한 사유 없는 지가 불균형 등을 고려한다. 민원인의 의견제출과 이의신청된 건은 모두 감정평가업자의 검증과 시군구 부동산평가위원회의 심의를 거쳐 반영된다.

택슈랑스 라운지

매년 발표하는 국세청의 국세통계연보를 활용하라

국세청은 국세행정에 대한 국민들의 이해를 돕고 조세정책 수립 및 연구를 지원하기 위해 국세통계를 공개해 오고 있다. 2013년도에도 정보 개방과 공유를 통한 행정의 효율성 및 국민 편익 증진을 추구하는 범정부 추진과제인 '정부3.0' 정책에 맞추어 국민 생활에 실질적으로 도움이 되는 2012년 통계연보를 발표하였다. 그 중 일부를 요약하여 소개한다.

2012년 귀속 종합소득세 과세표준은 전년보다 11.4% 증가한 93.7조원

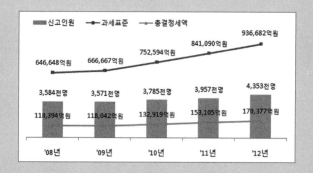

2012년 귀속 종합소득세 과세표준은 93조 6,682억원으로 전년(84조 1,090억원)보다 11.4% 증가하여 최근 3년간(2010년 12.9%, 2011년 11.8%) 두 자리수 증가율을 보이고 있다. 이는 신고인원 증가율(10.0%) 보다 높은 것으로 나타났다. 한편 2012년 귀속 종합소득세 총결정세액은 2011년(15조 3,105억원) 대비 11.3% 증가한 17조 377억원이며, 2008년보다는 43.9%가 증가했다.

금융소득이 있는 종합소득세 신고자의 평균소득은 366백만원

2012년 귀속 종합소득세 신고자 중 금융소득종합과세자의 평균 소득은

366백만원이고, 금융소득 평균 점유율은 52.2%이다. 금융소득 규모가 커질수록 종합소득금액에서 차지하는 금융소득 비율은 높아지며, 연도별 평균소득 증감은 일정하지 않았다.

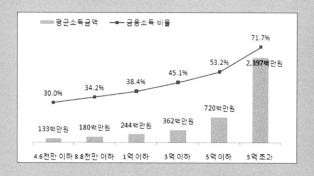

총급여액 1억원 초과자는 415천명으로 2011년보다 53천명 늘어

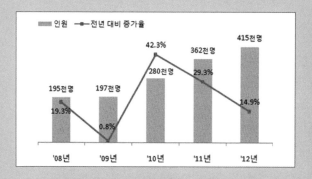

총급여액 1억원 초과자는 2011년 362천명에서 2012년 415천명으로 14.9%가 증가하였고 전체 연말정산 근로자(15,768천명) 중에서 차지하는 비율도 2.6%로 2011년(2.3%)보다 증가하였다. 전체 연말정산 근로자 중 총급여액 1억원 초과자의 총급여액과 결정세액 점유비는 각각 13.4%, 47.2%이다.

근로소득 과세대상자 중 여성비율은 33.6%로 매년 증가 추세

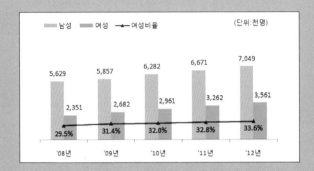

2012년 근로소득 과세대상자 중 남성은 7,049천명, 여성은 3,561천명으로 여성비율은 33.6%이다. 과세대상자 여성의 비율은 2008년 29.5% → 2009년 31.4% → 2010년 32.0% → 2011년 32.8% → 2012년 33.6%로 매년 꾸준히 증가하는 추세이다.

근로소득 연말정산자의 평균 급여액은 2천960만원

2012년 근로소득 연말정산자는 1,577만명이고 총급여액은 467조원, 평균 급여는 29.6백만원이다. 시·도별 평균 급여액이 높은 곳은 울산, 서울, 경기 순이며, 낮은 곳은 제주, 인천, 대구 순이다.

연금저축 소득공제액은 전년보다 6,835억원 증가

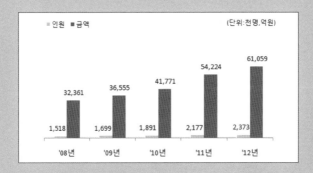

2012년 연금저축 소득공제액은 6조 1,059억원으로 2011년(5조 4,224억원)보다 6,835억원이 증가하였고, 인원도 196천명이 증가하였다. 2011년과 2012년의 소득공제액 증가는 연금저축불입액에 대한 소득공제 확대(한도 : 300만원 → 400만원) 등에 기인한 것으로 분석된다.

2012년 말 현재 총 사업자는 5,919천명으로 매년 증가 추세

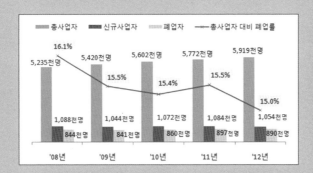

총 사업자는 전년보다 147천명이 증가한 5,919천명으로 매년 꾸준히 증가하고 있다. 매년 100만명 이상 개업하고 80만명 이상 폐업하고 있으며, 총사업자 대비 폐업자의 비율은 연도별로 증감변동이 있으나, 2008년 16.1%에서 2012년 15.0%로 낮아지고 있는 추세이다.

신규사업자 중 40대의 비율은 32.2%로 40대의 개업이 가장 활발해

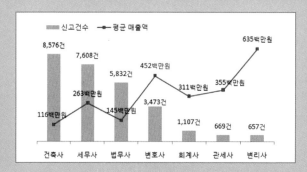

2012년에 개업한 사업자 1,052천명 중 40대의 비율은 32.2%로 가장 높고, 30대(26.6%), 50대(23.1%), 30대미만(9.5%), 60대이상(8.6%) 순이다.

사업자 유형 중에서 40대와 50대는 법인사업자에서 개업 비율이 높고, 30대는 개인 일반사업자에서, 20대는 간이사업자에서 개업한 비율이 높았다.

(「2013년 국세통계연보」 발간 참조)

Taxurance®

06
06
06

PART **SIX**

제6장

은퇴와
노후설계를 위한
상속세 및 증여세

인생에서 사람답게 살려면 세 가지가 여유로워야 한다고 한다. 첫째는 하루 중 저녁에, 둘째는 1년 중 겨울에, 셋째는 노후가 편안해야 한다. 노후준비의 기본은 '경제적 준비' 라고 한다. 실제 안정된 노후를 보내고 있는 분들의 공통점은 젊어서 열심히 일하고 일찍 연금을 불입한 것이라고 한다. 연 3%의 물가상승률을 고려할 경우 25년 후면 현재 100만원은 47만원이다.

은퇴와 노후설계를 위한 상속세 및 증여세

건강한 노후! 너무 빨리 나눠주지 마라(?)

"의과학 기술의 발달과 식생활 개선으로 평균 수명이 늘어나고 있습니다. 앞으로 2세기를 걸쳐 살지 않으면 그건 인생도 아닙니다. 건강한 100세 노후를 위해서는 연금이 최고입니다."

김영진 세무사가 상중세법 강의에 앞서 노후를 대비하는 연금의 필요성을 강조한다.

"세무사님! 그러나 어영부영하다 노후를 준비하지 않고 살다 재수없으면 고달픈 삶을 살며 100세까지 살 수 있다는 생각이 듭니다."

2011년 통계에 의하면 일본은 혼자 사는 인구가 465만 명으로 전체 노인의 16%이지만, 우리나라는 전체 노인의 20%인 112만 명이라고 한다. 노후대비가 절실한 시점이다.

"그렇습니다. 건강하게 오래 사는 것은 분명 축복일 수 있지만, 경제적 자립이 없는 노후는 생각보다 어려움 속에서 길고 지루할 수 있습니다."

인생에서 사람답게 살려면 세 가지가 여유로워야 한다고 한다. 첫째는 하루 중 저녁에, 둘째는 1년 중 겨울에, 셋째는 노후가 편안해야 한다. 노후준비의 기본은 '경제적 준비'라고 한다. 실제 안정된 노후를 보내고 있는 분들의 공통점은 젊어서 열심히 일하고 일찍 연금을 불입한 것이라고 한다. 연 3%의 물가상승률을 고려할 경우 25년 후면 현재 100만원은 47만원이다.

"세무사님, 자식들에게 재산을 너무 빨리 나눠주어선 안 될 것 같아요. 제가 아는 분의 경우 증여를 통해 자식들에게 재산을 너무 빨리 나눠줘 외롭고 힘들게 사는 것을 보았습니다."

향후 정년퇴직 하고 국민연금 받기까지 5년 정도 공백이 생기는데 이 공백을 어떻게 극복하는가가 관건이다. 과거에는 자식들이 무조건 부모 봉양한다는 개념이었는데 요즘은 그렇지도 않다.

"그렇긴 하지만, 사전증여는 적절한 시기에 할 필요가 있습니다. 그래서 하는 말인데요. 우스갯소리로 들릴지 모르지만, 첫째에게 어떤 재산을 준다고 해놓고 그 첫째의 효도가 부족하면 그 약속을 철회하고 더 잘하는 셋째에게 준다고 유언을 변경하시면 됩니다."

김영진 세무사의 말처럼 약속만 하고 추후에 더 잘하는 자식이 있으면 유언을 변경하여야 한다. 한번 한 유언이라도 언제든지 철회할 수 있다.

"세무사님, 상증세법을 공부하기 전에 민법의 상속편을 공부해야 한다고 하던데요."

평소 상속포기 절차나 재산분할에 관심이 많은 이대로FR이 민법에 관심을 표명한다.

"네, 고객 중에 자산관리 자문이 들어오는 경우 민법상 여러 가지 주의사항을 체크해야 합니다. 아마 오늘부터 배우시게 될 상증세법을 공부하다 보면, 민법의 상속편을 같이 공부하기 때문에 고객의 자산관리에 많은 도움이 될 것입니다."

최근 고액자산가가 어떤 학교재단에 재산기부를 하도록 유서를 남겼다. 그러나 고인이 그 유서에 서명을 하였으나 날인을 하지 않아 사후에 공익적인 유서가 무효가 된 경우이다. 이렇듯 민법상 유서는 엄격한 형식을 요구한다. 유서의 경우 그 절차와 형식이 민법에 따르지 않아 무효가 된 사례이다.

"그리고 피상속인의 유언이 없는 경우 상속인간 협의가 잘 되지 않아요. 설사 유언이 있다 하더라도 상속인간 재산분할이 쉽지 않습니다. 또한 상속인

전원이 동의하지 않으면 협의분할을 할 수 없어요. 그리고 최초 상속협의분할이 됐다고 하더라도 등기등록이나 신고기한이 끝난 후 상속인간에 지분이 바뀌는 경우에 증여세나 양도소득세가 발생할 수 있습니다. 이런 문제를 사전에 예방하는 것이 여러분의 일이기도 합니다."

상속 이전 등기시에 재산가치 상승 요인이 많은 부동산인 경우 배우자보다는 더 어린 자녀가 상속을 받게 하는 것이 더 유리할 수 있다. 이렇듯 민법의 상속편과 상증세법을 제대로 이해하여야 고액자산가의 자산관리에 도움을 줄 수 있다.

고액자산가의 재무설계를 위한 핵심세법

재산이 무상으로 이전될 때 세금을 과세하게 되는데, 상속세는 사망으로 인하여 피상속인의 재산을 무상으로 취득하는 경우 그 취득재산의 가액에 대하여 상속인에게 과세하는 세금이다. 또한 증여세는 재산을 가진 사람이 살아 생전에 그 재산을 자식 등 타인에게 아무런 대가없이 주는 경우에 납부하는 세금이지만 일정 기간 내에 증여자가 사망하는 경우에는 다시 상속세를 내야 한다. 이렇듯 상속세와 증여세는 단일세법으로 되어있는 바와 같이 서로 연계되어 있는 세금이다.

상속과 증여 과세의 유형

상속과세의 유형은 피상속인을 기준으로 유산전체를 과세하느냐, 아니면 각 상속인별로 취득한 상속재산을 과세단위로 하느냐에 따라 유산과세형과 취득과세형으로 구분되고 있다. 우리나라 상속세는 전자의 유산과세형을 채택하여 피상속인의 유산 전체를 과세대상으로 하는 반면, 증여세는 수증인이 증여에 의해 취득하는 증여재산에 대하여 과세하는 취득과세형이다. 따라서 상속세는 피상속인 기준이고 증여세는 수증자 기준으로 납세지가 결정된다.

완전포괄주의 과세

상속세및증여세법은 완전포괄주의를 표방하고 있다. 지난 2013년 개정세법은 특히 증여에 대한 과세권이 강화되었다. 그 중 차명계좌 증여추정 규정이 신설되었다. 그동안 세무공무원이 자금출처 조사를 하다보면, 본인의 자금출처이력이 없거나 증여신고를 하지 않은 금융재산 등은 조사과정에서 증여가 아닌 차명계좌로 입증한다면 증여세를 부과하지 않았다. 결국 차명계좌는 실제 금전소유자의 금융소득으로 귀속시켜서 금융소득종합과세 대상자가 아니라면, 추가적인 세부담이 발생하지 않았다. 이번 차명계좌 증여추정으로 국세청은 일단 차명계좌에 대해 과세범위로 포함하였지만, 증여의제가 아닌 추정규정이기 때문에 납세자가 차명계좌임을 적극적으로 입증을 하면 증여세는 과세되지 않는다. 문제는 차명계좌로 기록이 남으면 모두 국세청 '차명재산관리시스템'에 등록되어 특별관리 된다는 점이다.

국세청, 금융정보분석원의 금융거래 세무조사 활용

"세무사님! 요즘 들어 증여와 관련 질문이 부쩍 많아졌답니다."

마성숙 재무전문가는 지난 주 강의에 이어 일주일만에 만난 김영진 세무사에게 이야기 보따리를 푼다. 손해보험의 경우 갱신주기가 2년 이상이면 장기손해보험으로 분류된다. 국민의 평균 수명이 늘면서 사망자가 감소해 보험금 지급액이 줄어들어 보험료마저 인하되는 추세이다. 역시 세금도 수명이 늘어 상속보다는 생전 증여에 관한 상담이 많아지고 있다.

"마성숙씨, 세금을 전문으로 하는 TFR재무전문가의 길이 얼마나 힘든 과정인지 절감하지요. 특히 재무전문가는 보험모집종사자의 윤리에서 강조하듯이 새로운 시장 개척은 물론 계약의 최접점에서 고객의 현 상황을 바르게 진단하고 수행해야 합니다."

결국 세법으로 무장해서 고액자산가를 위한 상담력을 키워야 합니다. 2013년 3월 통계청 자료에 의하면 우리나라의 가구당 자산이 3억2000만원인데 비하여 같은 시기에 1차 베이비부머(1955~1963년생)의 가구당 평균 자산은 4억 2000만원이라고 한다. 우리나라 자산의 60%를 가지고 있는 베이비부머 세대를 위한 맞춤컨설팅을 위해서는 세법이 최고의 무기이다.

"산 넘어 산입니다. 세법만 알면 되겠지 하면 민법도 알아야 하고… 휴! 세무사님, 올해 개정된 차명계좌 증여추정 규정인데요, 만약 자녀 명의로 통장을 만들어 놓은 경우 어떻게 입증해야 차명계좌 증여추정에서 증여세 부과를 취소할 수 있지요?"

"네, 차명계좌 증여추정 원칙에 따라 적발된다면 가산세를 포함하여 증여세를 부과 받습니다. 다만 세무당국에 증여 의도가 없었다고 밝히고 해당 계좌를 만든 은행에 가서 통장을 만들 때 썼던 자필로 된 통장 개설 서류 등을 제출하면 증여세 부과를 피할 수 있습니다. 그렇지만 자녀가 받았던 이자소득은 아버지에게 귀속되고 늘어난 금융소득만큼 종합소득세로 부과를 받게 됩니다."

2013년 개정세법은 금융소득종합과세 기준금액이 2000만원으로 떨어져 금융자산가들이 예금을 자녀명의로 이체하는 경우가 많다. 2013년 하반기부터 국세청은 세무조사시 언제든지 금융정보분석원의 금융거래 내역을 볼 수 있다. 앞으로 가족간 계좌이체는 조심해야 한다.

"결국 올해는 더 많은 정보를 국세청에서 활용할 것으로 예측이 되는군요. 세무사님, 보험금도 상속세나 증여세를 부담하는 것은 알겠는데… 일목요연하게 정리를 부탁드립니다."

"그래요, 사실 매달 내는 보험료를 누가 냈느냐에 따라 상속인이 받는 보험금에 대해 세금이 달라집니다. 우선적으로 보험금을 지급하는 보험회사는 보험료 불입자와 보험금 수령자들의 인적사항과 수령금액을 분기별로 국세청에 지급명세서로 보고하도록 규정되어 있습니다."

상증세법 시행령 제84조에는 그 지급일이 속하는 분기종료일의 다음 달 말일까지 본점 또는 주된 사무소의 소재지를 관할하는 세무서장에게 제출하여야 한다. 다만, 법 제82조 제1항 제1호의 규정을 적용함에 있어서 보험금 수취인과 보험료 불입자가 같은 경우로 보험금 지급 누계액이 1000만원 미만인 경우에는 제출하지 않아도 된다.

은퇴준비, 단순 저축만으로 안 된다!

"세무사님! 상속받은 재산으로 보험료를 불입한 경우 상속세나 증여세 문제가 없는 것으로 알고 있습니다."

"물론입니다. 자녀가 사망한 부친으로부터 상속받은 재산을 원천으로 보험료를 불입한 경우 세법상 자금출처가 확실한 상속재산에 해당되기 때문에 세금문제가 전혀 없습니다."

"고액자산가나 전문직 종사자들에게 사망을 담보로 하는 정기보험이나 여러 가지 종신보험 상품 가입을 권유하는 이유가 있네요."

"그렇습니다. 아무래도 여성이 남성보다 더 오래 사는 것은 경험생명표를 보아도 알 수 있잖아요? 상속인으로 배우자가 있는 경우에는 최고 30억원까지 배우자공제 제도를 최대한 활용할 필요가 있습니다. 더구나 본인이 납부할 상속세와 자녀가 내야 할 상속세를 대신 납부한 경우 증여세도 면제되고 더구나 수년이 지나 어머니의 사망으로 재상속이 개시되어도 어머니가 납부한 그 상속세만큼은 재상속이 되지 않으므로 재상속에 따른 상속세를 절세할 수 있습니다."

현재 법무부는 2014년 민법 상속편 개정과 관련하여 배우자 지분을 확대하는 방안을 검토하고 있다. 민법상 배우자 지분 확대에 따른 상속세부담 변동은 상속재산 규모별로 1차, 2차 상속 시기 및 배분에 따른 전체 세부담을 비교·분석할 필요가 있다. 배우자 공제를 확대하는 경우에 배우자의 세부담만 경감되는 것이 아니고 전체 상속세액이 줄어드는 효과가 발생된다.

"세무사님, 최근에 저는 고민이 많습니다."

"마성숙님, 무엇입니까?"

"네, 재무전문가 공부를 하다 보면 은퇴 후 원하는 수준의 생활을 하려면 은퇴 전 소득의 50% 이상이 되어야 한다고 하는데, 현재 소득의 절반을 저축한다고 해도 저금리 상황에서 그 투자수익률이나 이자율이 20년 동안의 물가상승률을 따라가지 못할 것 같아요."

"그래서 개인의 투자성향에 맞춰 장기저축성보험이나 예금, 채권, 주식, 부동산 등 다양한 자산에 투자해야 합니다. 특히 저 같은 경우에도 장기저축성보험을 기본으로 깔고 대표적인 위험자산인 주식의 경우 글로벌 자산배분펀드와 섹터펀드를 통해 지역별, 업종별로 분산투자를 하고 있습니다."

안정적인 노후생활을 위해서는 은퇴자산을 다변화하게 포트폴리오를 구성해야 한다. 적정한 수준의 안정적 자산을 유지하면서 조금 더 높은 투자수익률을 올릴 수 있는 자산에 투자해야 한다.

"특히 세테크가 가능한 상품이면 금상첨화입니다. 재무전문가가 고객에게 컨설팅을 한다는 것은 재산의 보유형태 뿐만 아니라 가족구성, 건강상태를 아는 것은 기본입니다. 우리나라 세법은 매년 개정되기 때문에 관련 세법에 맞취 컨설팅은 필수적이고 한번 컨설팅을 했다고 해서 그것으로 끝나서는 안 됩니다."

시간이 지남에 따라 상속재산이 변동되고 매년 세법은 물론 대상자의 연령이 바뀌기 때문이다. 따라서 어렵게 맺은 고객의 상황변화에 따라 세금계획은 수정되어야 한다. 보험의 경우에도 마찬가지이다. 보험상품은 종류가 다양하고 회사마다 보험료 책정방식도 다르고 보장대상과 그 목적, 보장금액이 달라 고객이 처한 상황에서 필요한 보장이 무엇인지 판단하고 상품별로 유불리를 제고하여야 한다.

죽어도 내야하는 상속세

상속세 납세의무자

상속세는 피상속인의 유산총액을 기준으로 과세한다. 상속인·수유자(사인증여의 수증자 포함)는 상속세에 대하여 상속재산(상속재산에 가산하는 증여재산 중 상속인 또는 수유자가 받은 증여재산을 포함) 중 각자가 받았거나 받을 재산의 비율에 따라 상속세를 납부할 의무가 있다.

상속인별 상속세 부담비율

상속인(수유자 및 특별연고자를 포함한다.) 중 일부가 상속포기를 하더라도 상속세 납세의무자가 될 수 있으나 다음과 같이 상속인별로 상속을 받은 비율에 따라 상속세를 부담하도록 하고 있다.

상속인별 상속세 부담비율
상속인별 상속세 과세표준 상당액
상속세 과세표준 – 가산한 증여재산 중 상속인·수유자가 아닌 자에게 증여한 재산에 대한 과세표준

그동안 특별연고자 또는 수유자가 영리법인인 경우에는 상속세를 면제하였으나 2014년에 적용할 개정세법은 영리법인을 이용한 변칙상속에 대한 과

세를 강화하기 위하여 그 영리법인의 주주 또는 출자자 중 상속인과 그 직계
비속이 있는 경우 영리법인에게 면제된 상속세 중 그 지분상당액의 상속세를
납부할 의무가 있도록 개정하였다.

〈영리법인의 주주 상속인이 납부할 지분상당액의 계산〉

$$\left[\begin{array}{c} \text{영리법인에게} \\ \text{면제된 상속세} \end{array} - \begin{array}{c} \text{유증 재산에} \\ \text{대한 법인세} \end{array} \right] \times \begin{array}{c} \text{상속인의} \\ \text{주식 등의 비율} \end{array}$$

유증재산에 대한 법인세는 영리법인이 유증받은 상속재산에 Gross-up 제도
를 감안하여 10%를 적용한 금액을 말한다.

CHECK

영리법인 주주가 납부한 상속세 이중과세 조정

2014년에 적용할 개정세법은 영리법인에게 면제된 상속세 중 주주가 납부한 상속세의 경우 이
중과세를 조정하기 위해 소득세법 시행령 제163조 제1항을 신설하여 다음 금액을 가산한 금액
을 상속인 보유주식의 취득원가에 가산하여 추후 주식양도시 양도차익에서 조정한다.

취득원가 가산액 = 영리법인이 유증받은 상속재산 × 상속인의 지분율

상속인 등의 연대납세의무와 증여세 면제

상속세는 상속인 또는 수유자가 각자가 받았거나 받을 재산을 한도로 연대
하여 납부할 의무를 진다. 연대납세의무자로서 각자가 받았거나 받을 상속재
산의 한도 내에서 다른 상속인이 납부해야 할 상속세를 대신 납부한 경우에
도 증여세가 부과되지 않는다.(서면4팀-2005, 2004.12.9)

상속포기시, 종신보험 등 보험금 수령가능

"세무사님, 상속세와 증여세의 핵심적인 절세 방법을 말씀해주세요."

이대로FR이 강의를 듣기 전에 성급한 질문을 한다.

"네, 상속세와 증여세율은 5단계 초과누진세율 구조라는 것을 알고 계시지

요. 그 초과누진세율을 피하는 방법은 먼저 과세표준을 줄이는 방법입니다. 그렇기 위해서는 미리미리 증여를 하면 됩니다."

"세무사님, 사전 증여를 하는 것은 상속인의 경우 10년 이내 증여재산은 합산되면 아무 의미가 없잖아요."

"그렇습니다. 하지만, 향후 10년 이상 사실 것을 고려한다면 그 이상 기간에 증여한 재산은 포함되지 않고, 부동산 가격이 오를 것을 감안한다면 상속세 신고시에는 합산시점이 아닌 증여시점의 재산가액이 포함되기 때문에 과세표준이 줄어듭니다. 이 시간부터 배우는 추정상속재산 제도를 활용할 경우 도움이 될 것입니다."

"세무사님, 피상속인 즉 고인이 빚이 많아 상속인들이 상속포기를 하더라도 사망보험금은 수령할 수 있나요?"

마성숙FR이 최근 고객 중 사업을 하다 상당한 빚을 안고 사망하였으나 작년 이 즈음에 사망보험을 주계약으로 하고 건강과 재해를 특약으로 설계된 종신보험에 가입되어 있어 10억원의 사망보험금을 수령하게 된 사례에 대해 질문한다.

"물론입니다. 법정상속인이 보험금을 수령하도록 되어 있는 사망보험금의 경우 상속인이 상속을 포기해도 보험수익자가 상속인으로 되어있는 경우 그 보험금은 상속인의 고유재산에 해당되어 사망보험금을 수령할 수 있습니다."

대법원 판례(대판 2001.12.24, 2001다65755)는 아버지가 자녀를 수익자로 하여 종신보험에 가입하고 그 아버지의 사망으로 보험회사가 자녀들에게 보험금을 지급하는 경우 그 보험금은 민법상 아버지의 상속재산에 해당되지 않는다고 판시하고 있다.

"세무사님, 그럼 그 보험금에 채권자들이 강제집행도 할 수 없다는 말씀인가요?"

"네. 그렇습니다. 하나 더 말씀드리면 생명보험은 물론이고 상해보험도 상속인들이 상속포기를 하더라도 보험금을 수령할 수 있습니다."

다만, 상증세법상 피상속인이 불입한 보험계약에 의해 받는 보험금은 상속재산으로 간주하고 있기 때문에 상속세 과세대상이다. 또 상속포기를 한 경우 아버지의 채무를 승계하지 않았기 때문에 그 채무는 상속재산에서 차감할 수 없다.

"세무사님, 최근 돌아가신 아버지로부터 재산을 상속받은 고객인데요. 세무서장을 상대로 낸 상속세부과처분 취소소송에서 사실상 채권을 회수할 수 없는 채권은 상속재산에 포함시킬 수 없다고 소송을 제기했습니다. 승소할 수 있을까요?"

최근 마성숙의 고객이 아버지의 사망으로 재산을 상속받고, 아버지가 대주주로 있는 회사의 주주차입금인 채권을 부득이하게 상속재산으로 포함시키고, 상속세를 신고·납부 후 회사 사정으로 받을 수 없는 채권이기에 소송을 제기한 것이다.

"가능하겠는데요. 과거에 판례도 있습니다만, 자산보다 빚이 많아 자본이 잠식된 상태에 있는 회사에 빌려준 돈을 회수할 수 없는 상황이라면 사실상 채권을 회수할 수 없는 상황에 있는 것이 객관적으로 인정될 수 있는 경우 상속채권은 상속재산에 포함시킬 수 없다고 보고 있습니다. 이와 관련된 판례 사본을 하나 드릴 터이니 강의 끝난 후 가져가세요."

"감사합니다. 휴~ 그 분이 경제적으로 어려우신 분인데 다행입니다."

판례는 상속채권의 채무자에게 상속개시 당시 파산, 회사정리, 사업폐쇄 등의 사유가 발생하지 않았다고 하더라도 사실상 채권을 회수할 수 없는 상황에 있는 것이 객관적으로 인정될 수 있는 경우 상속채권은 상속재산에 포함시킬 수 없다고 판시하고 있다.

상속세 과세체계

| 상속재산가액 | | 상속재산 | ·본래의 상속재산
·간주상속재산
·추정상속재산 |
| | (−) | 과세제외재산 | ·비과세 재산
·과세가액불산입 재산 |

상속세 과세가액
(−) ① 공과금　② 장례비용　③ 채무
상속세 과세가액 (+) ·사전 증여재산 가산액(상속개시일 전 10년,5년 이내)

과세표준계산
(−) 상속공제등
·기초공제
·배우자공제
·인적공제 및 일괄공제
·금융재산 상속공제
·재해손실공제
·동거주택상속공제
·감정평가수수료

상속세 과세표준

산출세액계산
(×) 세율
상속세 산출세액 (+) 세대생략 상속 할증세액

결정세액계산
(−) ① 기납부 증여세액공제　② 외국납부 세액공제　③ 단기재상속 세액공제　④ 문화재 등 징수유예세액　⑤ 신고 세액공제
(신고) 결정세액 + 신고·납부불성실가산세

총결정세액계산
총결정세액 − 연부연납, 물납 자진납부(분납)세액 = 고지세액

상속재산의 범위

구분	상속세 과세대상
거주자가 사망한 경우	거주자의 모든 상속재산
비거주자가 사망한 경우	비거주자의 국내에 있는 모든 상속재산

주」 거주자는 국내에 주소를 두거나 1년 이상 거소를 둔 자를 말한다.

본래의 상속재산

금전으로 환가할 수 있는 경제적 가치가 있는 모든 물건과 재산적 가치가 있는 법률상·사실상의 모든 권리를 말한다. 다만, 상속재산 중 피상속인의 일신에 전속하는 것으로 피상속인의 사망으로 인하여 소멸되는 것은 상속재산으로 보지 않는다.

간주상속재산

간주상속재산이란 피상속인의 사망으로 인하여 상속인이 받는 ①보험금 ②신탁재산 ③퇴직금 등을 말한다. 간주상속재산은 당초 상속인이 바로 받는 고유의 재산으로 민법상 상속재산은 아니지만, 경제적 실질이 상속재산과 동일하게 취급하여 상속세및증여세법에서는 상속재산으로 본다.

> **〈상속재산으로 보는 보험금〉**
> – 피상속인의 사망으로 지급받는 생명보험 또는 손해보험의 보험금으로 피상속인이 보험계약자인 경우
> – 보험계약자가 피상속인외의 자인 경우에도 피상속인이 실질적으로 보험료를 지불한 경우

피상속인에게 지급될 퇴직금, 퇴직수당, 공로금, 연금 또는 이와 유사한 것이 피상속인의 사망으로 인하여 지급되는 경우 그 금액은 상속재산으로 본다. 다만, 다음 각 호의 어느 하나에 해당하는 것은 상속재산으로 보지 아니한다.

- 국민연금법에 따라 지급되는 유족연금 또는 사망으로 인하여 지급되는 반환일시금

- 공무원연금법 또는 사립학교교직원연금법에 따라 지급되는 유족연금, 유족연금부가금, 유족연금일시금, 유족일시금 또는 유족보상금

- 군인연금법에 따라 지급되는 유족연금, 유족연금부가금, 유족연금일시금, 유족일시금 또는 재해보상금

- 산업재해보상보험법에 따라 지급되는 유족보상연금·유족보상일시금·유족특별급여 또는 진폐유족연금

- 근로자의 업무상 사망으로 인하여 근로기준법 등을 준용하여 사업자가 그 근로자의 유족에게 지급하는 유족보상금 또는 재해보상금과 그 밖에 이와 유사한 것
- 제1호부터 제5호까지와 유사한 것으로서 대통령령으로 정하는 것

CHECK

상증, 재산세과-166, 2011.03.30
[제목] 근로기준법상 근로자가 지급받는 유족보상금은 상속재산에 해당되지 않음
[요지] 근로자의 업무상 사망으로 인하여 「근로기준법」 등을 준용하여 사업자가 그 근로자의 유족에게 지급하는 유족보상금 또는 재해보상금과 그 밖에 이와 유사한 것에 해당하는 금액의 경우 상속재산으로 보지 아니하는 것임
[회신] 「상속세 및 증여세법」 제10조제5호의 규정에 따라, 근로자의 업무상 사망으로 인하여 「근로기준법」 등을 준용하여 사업자가 그 근로자의 유족에게 지급하는 유족보상금 또는 재해보상금과 그 밖에 이와 유사한 것에 해당하는 금액의 경우 상속재산으로 보지 아니하는 것입니다. 귀 질의의 경우는 해당 임원의 선임경위, 수행하는 업무, 사용자와의 관계 등으로 보아 「근로기준법」상 근로자에 해당하는지 여부를 구체적으로 확인하여 판단할 사항입니다.
[관련법령] 상속세및증여세법 제1조【상속세 과세대상】

추정상속재산

상속개시일 전 처분한 재산가액 또는 부담한 채무가 상속개시일 전 재산종류별(①현금·예금·유가증권 ②부동산 및 부동산에 관한 권리 ③그 밖의 재산 ④채무부담액 등으로 구분)로 1년 이내 2억원 이상, 2년 이내 5억원 이상인 경우로서 용도가 객관적으로 명백하지 않은 금액

추정상속재산	미소명금액(인출액·재산처분액·채무부담액 – 용도 입증액) – Min(처분재산가액 등 × 20%, 2억원)

[예제] 상속개시일은 2013년 10월 1일이다. 피상속인이 상속개시일 전에 처분한 재산의 내역은 다음과 같다. 상증세법상 추정상속재산은 얼마인가?

재산내역	처분일	처분(인출)금액	용도입증금액
예금	2013. 1.20	180,000,000	-
유가증권	2012.12.24	120,000,000	100,000,000
토지	2012.12.10	180,000,000	
건물	2011.12.10	320,000,000	200,000,000
로스차일드B 채무부담액	2012.12.20	500,000,000	400,000,000

[해제]

① 현금·예금·유가증권 종류 (유가증권과 예금을 합한 금액이 3억원으로 1년내 2억원 이상 인출하여 소명대상에 해당)

(3억 - 1억) - Min(3억×20%, 2억) = 1억4천만원

② 부동산 및 부동산에 관한 권리 종류(토지와 건물 등 부동산 처분가액이 5억원으로 2년 내 5억원 이상 인출하여 소명대상에 해당)

(5억 - 2억) - Min(5억×20%, 2억) = 2억원

③ 로스차일드B 채무부담액(채무부담액이 5억원으로 1년 내 2억원 이상 부담하여 소명대상에 해당)

(5억- 4억) - Min(5억×20%, 2억) = 0억원

따라서 추정상속재산가액은 ①1억4천만원 ②2억원을 더한 3억4천만원이다.

과세제외 상속재산

비과세 상속재산

다음 중 어느 하나에 해당하는 금액은 상속세를 부과하지 않는다.

· 국가·지방자치단체·공공단체에 피상속인이 유증·사인증여 등을 한 재산

· 문화재보호법에 따른 국가지정문화재 및 시·도지정문화재와 해당 문화재 또는 문화재 자료가 속하여 있는 보호구역의 토지

· 민법상 제사를 주재하는 상속인을 기준으로 분묘에 속한 금양임야(9,900m² 이내), 분묘에 속한 묘토인 농지(1,980m² 이내), 족보 및 제구. 단, 금양임야 및 묘토는 2억원을 한도로 하고, 2013년 개정세법은 족보와 제구 역시 1,000만원 한도로 비과세 조항을 신설하였다.

· 정당법에 따른 정당에 유증·사인증여한 재산

· 사내근로복지기금·우리사주조합·근로복지진흥기금에 유증·사인증여한 재산

· 사회통념상 인정되는 이재구호금품, 치료비 또는 불우한 자를 돕기 위하여 유증한 재산

· 상속재산 중 상속인이 상속세과세표준 신고기한 이내에 국가·지방자치단체 또는 공공단체에 증여한 재산

과세가액불산입 재산

다음의 재산가액은 상속세과세가액에 산입하지 않는다. 피상속인의 유언뿐만 아니라 상속인이 출연·신탁하는 경우에도 적용한다.

· 공익법인출연재산 : 상속재산 중 피상속인이나 상속인이 공익법인 등(종교·자선·학술 기타 공익을 목적으로 하는 사업을 영위하는 자)에게 출연한 재산의 가액으로서 상속세과세표준 신고기한 이내에 출연한 경우

· 공익신탁재산 : 상속재산 중 피상속인 또는 상속인이 공익신탁을 통하여 공익법인 등에 출연하는 재산의 가액

상속재산에서 차감하는 공과금 등

피상속인이 거주자인 경우에는 상속재산가액에서 다음의 금액을 차감한다. 단, 2013년 개정세법은 상속재산에서 공제하는 공과금 등은 상속재산가액(본래의 상속재산과 간주상속재산가액을 더한 금액)을 한도로 한다.

구분	내용
공과금	상속개시일 현재 피상속인이 납부할 의무가 있는 것으로 상속인에게 승계된 피상속인의 조세·공공요금 기타 이와 유사한 공과금. 단, 상속인의 귀책사유로 발생하는 가산금 등은 제외한다.
장례비용	일반 장례비용으로 피상속인의 사망일로부터 장례일까지 직접 소요된 금액으로 최소 500만원(입증되지 않더라도 최소 500만원은 공제) 최대 1,000만원 범위 내에서 인정한다. 또한 봉안시설 또는 자연장지의 사용에 소요될 금액 500만원을 한도로 추가로 공제한다. 따라서 장례비용은 봉안시설 포함시 1,500만원까지 공제한다. 단, 비거주자의 장례비용은 차감하지 아니한다.
채무	국가·지방자치단체·금융기관 등에 대한 채무로서 상속개시일 현재 피상속인이 부담할 것으로 확정된 것을 공제한다. 단, 상속인 10년 (상속인 이외의 자 5년) 이내 증여채무는 제외한다.

공제되는 일반 장례비용	
500만원 미만	500만원
500만원 이상 1,000만원 이하	전액
1,000만원 초과	1,000만원

사전증여재산 가산액

피상속인이 사망하기 전 일정기간 내에 증여한 재산의 가액은 상속세 과세가액에 가산한다. 이때 상속재산의 가액에 가산하는 증여재산의 가액은 증여일 현재의 시가에 의하며 이미 납부한 증여세액은 이중과세 조정을 위하여 산출세액에서 공제한다.

상속개시일 전 10년 이내	피상속인이 상속인에게 증여한 재산가액
상속개시일 전 5년 이내	피상속인이 상속인이 아닌 자에게 증여재산 가액

그러나 창업자금 또는 가업승계용 중소기업주식 등의 증여재산은 증여시기와 관계없이 상속세 과세가액에 가산한다. 한편 비과세 되는 증여재산, 영농자녀가 증여받은 증여세감면농지는 가산하지 않는다.

사위나 며느리도 가업상속공제 혜택

"여러분! 국세청과 세무서는 변칙적인 증여나 상속을 통해 재산취득을 하는 사람을 수시로 선정하여 예비조사를 하게 됩니다. 만약 그 취득자산에 대해 충분한 소명을 하지 못하면 본조사에 착수하게 됩니다."

국세청은 그동안 투기지역의 부동산 자산취득만 검토대상이었으나, 향후 FIU금융정보분석원 자료를 활용하여 1~2년 이내의 금융자산도 정상적인 재산형성 여부를 따질 것으로 보인다.

"세무사님은 사전증여하는 것이 유리하다고 하는데 왜 그러지요?"

요즘 고액자산가들이 관심을 가지는 절세효과에 대한 마성숙의 질문이다.

"증여세는 사전에 내는 세금이라 당장 부담될 수 있지만, 상속세가 많이 나올 것으로 예상되는 고객들의 경우, 사전증여 하는 것이 유리합니다. 왜냐하면 10년 이내에 사전증여재산은 상속세 신고시에 포함되도록 하고 있습니다. 그런데 사전증여재산의 시가는 증여일 현황에 따르도록 하고 있습니다."

"그래도 당장 증여세를 납부하게 되는데…"

"마성숙님, 우리나라 부동산은 올라가게 되어 있습니다. 5년 전 부동산 시가와 지금의 부동산 가액을 생각해보세요. 5년 전 증여일 당시의 증여재산가액이므로 상속세 과세표준이 줄어듭니다. 그리고 추후 상속세 합산시에도 신고세액공제 전 증여세 산출세액이 기납부세액으로 차감되어 유리합니다."

"알겠습니다. 세무사님! 상증세법상 올해 개정된 가업상속공제 제도에 대해 설명부탁드립니다."

오늘은 TFR재무전문가 과정 중 상증세법과 관련한 세번째 강의시간이다. 본 강의에 앞서 마성숙 재무전문가가 김영진 세무사에게 최근 가업상속과 관련하여 설명을 요구한다.

"마성숙FR님, 성질도 급하십니다. 오늘 강의 시간에 말씀 드리려고 자료도 준비했습니다."

김영진 세무사가 2014년에 적용할 개정세법 중 상증세법 핵심 개정사항이 반영된 교육 자료를 나눠준다.

"앞으로 중소기업 오너의 사위나 며느리도 가업상속공제 혜택을 받을 수 있게 됩니다. 정부가 상중세법을 개정해 가업상속공제 적용 대상을 매출액 2000억원 이하에서 3000억원 미만으로 확대한 데 이어 상중세법 시행령도 손질해 수혜 대상을 넓혔기 때문입니다."

2014년에 적용할 개정세법은 상중세법을 개정해 가업상속공제 대상 기업을 확대하고 그동안 피상속인은 '가업기간 중 60% 이상 또는 상속개시일부터 소급하여 10년 중 8년 이상을 대표자로 재직' 해야 했던 요건을 '가업기간 중 10년 이상 또는 50% 이상, 또는 상속개시일부터 소급하여 10년 중 5년 이상을 대표자로 재직' 하는 것으로 완화했다.

"또한 피상속인이 천재지변·인재 등으로 부득이하게 사망하는 때만 인정하던 예외 사유도 피상속인이 60세 이전에 사망하는 경우까지로 그 폭을 넓혔습니다."

상속세는 상속세과세표준 규모가 30억원 이상일 때 최대 세율 50%를 적용한다. 하지만 이번 2014년에 적용할 개정세법으로 기업 매출 규모와 피상속인과 상속인 요건, 향후 관리 요건 등 조건을 갖춰 가업상속공제를 받으면 가업 유지 연수(10~20년)에 따라 상속세 전액을 면제받을 수 있다.

"세무사님! 이번 개정된 내용 중에 가업상속공제 후 사후관리와 관련하여 개선된 내용이 있던데요."

마성숙 재무전문가가 최근 가업상속공제에 관심이 많다. 고객 중에 연간 1000억원 규모의 제조업 공장의 오너가 연로하기 때문이다.

"네, 사후관리 위반에 대한 추징세액도 단계적으로 경감됩니다. 자산 보유, 상속지분 유지, 고용인원 유지 등 사후관리 요건이 위배되면 감면세액 전액이 추징되었으나, 2014년부터는 8년차부터 10년차까지 경감된 추징률이 적용됩니다."

2014년에 적용할 개정세법은 사후관리 요건 위반시 7년 이내 100% 추징되나 8년차부터 10%씩 경감하여 추징한다. 김영진 세무사는 가업상속공제에 대해 여러 가지 사례중심으로 설명을 마친 후 상중세법에서 중요한 특수관계인의 범위에 대해 마이더스 손을 통해 설명한다.

마이더스 SON's TIP

상증세법상 특수관계인의 범위

상증세법은 특수관계인의 범위를 시행령 제12조의 2에서 규정하고 있다. 2014년에 적용할 개정세법은 특수관계인의 범위를 혈족간 부계와 모계를 구분하지 않아 특수관계인의 범위를 확대하였다.

1. 국세기본법 시행령 제1조의 2 제1항 제1호부터 제4호까지의 어느 하나에 해당하는 자(이하 "친족" 이라 한다) 및 직계비속의 배우자의 2촌 이내의 혈족과 그 배우자

국세기본법 시행령 제1조의 2 제1항 제1호부터 제4호

1. 6촌 이내의 혈족
2. 4촌 이내의 인척
3. 배우자(사실상의 혼인관계에 있는 자를 포함한다)
4. 친생자로서 다른 사람에게 친양자 입양된 자 및 그 배우자·직계비속

---

2. 사용인(출자에 의하여 지배하고 있는 법인의 사용인을 포함한다. 이하 같다)이나 사용인 외의 자로서 본인의 재산으로 생계를 유지하는 자. 사용인이란 임원, 상업사용인, 그밖에 고용계약관계에 있는 자를 말한다. 또한 "출자에 의하여 지배하고 있는 법인" 이란 다음 각 호의 어느 하나에 해당하는 법인을 말한다.

– 아래 제6호에 해당하는 법인
– 아래 제7호에 해당하는 법인
– 위 제1호부터 제7호까지에 해당하는 자가 발행주식총수등의 100분의 50 이상을 출자하고 있는 법인

---

3. 다음 각 목의 어느 하나에 해당하는 자

가. 본인이 개인인 경우: 본인이 직접 또는 본인과 제1호에 해당하는 관계에 있는 자가 임원에 대한 임면권의 행사 및 사업방침의 결정 등을 통하여 그 경영에 관하여 사실상의 영향력을 행사하고 있는 기획재정부령으로 정하는 기업집단의 소속 기업[해당 기업의 임원(법인세법 시행령 제20조 제1항 제4호에 따른 임원과 퇴직 후 5년이 지나지 아니한 그 임원이었던 사람을 말한다. 이하 같다)을 포함한다]

2014년에 적용할 개정세법은 시행령을 개정하여 퇴직한지 5년 이내인 전직 임원의 경우 단서 규정을 신설하여 회사의 상무에 종사하지 않는 사외이사였던 자가 퇴임한 경우는 제외한다. 본 단서 규정은 2014. 2.21 이후 결정하는 분부터 적용한다.

나. 본인이 법인인 경우 : 본인이 속한 기획재정부령으로 정하는 기업집단의 소속 기업(해당 기업의 임원을 포함한다)과 해당 기업의 임원에 대한 임면권의 행사 및 사업방침의 결정 등을 통하여 그 경영에 관하여 사실상의 영향력을 행사하고 있는 자 및 그와 제1호에 해당하는 관계에 있는 자

4. 본인, 제1호부터 제3호까지의 자 또는 본인과 제1호부터 제3호까지의 자가 공동으로 재산을 출연하여 설립하거나 이사의 과반수를 차지하는 비영리법인

5. 제3호에 해당하는 기업의 임원이 이사장인 비영리법인

6. 본인, 제1호부터 제5호까지의 자 또는 본인과 제1호부터 제5호까지의 자가 공동으로 발행주식총수 또는 출자총액(이하 "발행주식총수등"이라 한다)의 100분의 30 이상을 출자하고 있는 법인

7. 본인, 제1호부터 제6호까지의 자 또는 본인과 제1호부터 제6호까지의 자가 공동으로 발행주식총수등의 100분의 50 이상을 출자하고 있는 법인

8. 본인, 제1호부터 제7호까지의 자 또는 본인과 제1호부터 제7호까지의 자가 공동으로 재산을 출연하여 설립하거나 이사의 과반수를 차지하는 비영리법인

상증세법상 상속공제액

상속공제는 상속세과세표준을 계산할 때 차감하는 공제항목으로 인적공제와 물적공제가 있다. 이는 피상속인의 사망으로 인한 경제적 어려움을 해소하고 의식주와 관련하여 기본적인 생활을 유지하도록 하기 위함이다.

인적공제	·[기초공제 + 그 밖의 인적공제] 또는 일괄공제 ·배우자상속공제
물적공제	금융재산상속공제 · 가업상속공제 · 영농상속공제 · 재해손실공제 · 동거주택상속공제

구분	항목	공제내용	한도
기초공제		2억원	
인적공제	– 자녀공제 – 미성년자공제 – 연로자공제 – 장애자공제	1인당 3000만원 500만원 × 20세까지의 잔여연수 1인당 3000만원 500만원 × (상속개시일 현재 통계청장이 고시하는 통계표에 따른 기대여명의 연수)	
	– 배우자공제	법정상속지분내 실제상속받은 가액	최소 5억, 30억한도
일괄공제 *		5억	
가업상속공제	가업상속재산가액 개인 : 사업용자산 법인 : 주식	가업상속재산가액의 100% 피상속인의 가업영위기간에 따라 10년 이상 100억원 15년 이상 300억원 20년 이상 500억원	최대500억원
영농상속공제		농지·초지·산지·어선·어업권·농업법인의 주식(2013년도부터)	5억원
금융재산공제	순금융재산가액이 – 2000만원이하 – 2000만원~1억원 – 1억원초과	순금융재산=(금융재산−금융부채) 전액 2000만원 순금융재산가액×20%	2억원

재해손실 공제	신고기한 이내에 화재·폭발·자연재해 등으로 인하여 상속재산이 멸실·훼손된 경우 당해 손실가액을 상속세 과세가액에서 공제
동거주택* 상속공제	피상속인과 10년 이상 계속하여 동거한 주택을 무주택자로서 피상속인과 동거한 상속인이 상속받은 경우 주택가액의 40%를 5억원 한도내에서 공제
감정평가 수수료공제	상속세를 신고납부하기 위하여 상속재산을 평가하기 위하여 발생한 감정평가수수료는 500만원을 한도로 상속세가액에서 공제

주」 1. 거주자의 사망으로 상속이 개시되는 경우에 상속인이나 수유자는 기초공제+인적공제(배우자공제는 제외)와
   5억원의 일괄공제 중 큰 금액으로 선택하여 공제할 수 있다. 다만, 상속세과세표준 신고가 없는 경우에는
   5억원을 공제
   2. 2013년 개정세법은 '상속개시일 현재 1세대1주택인 경우로서 10년 기간 중 피상속인이 무주택인 경우에도
   공제를 허용' 하고 상속개시일 현재 피상속인과 동거중인 무주택자가 상속하도록 공제요건을 개정하고
   2014년에 적용할 개정세법은 상속인에 봉양요건에 해당하지 않은 배우자를 제외하도록 개정

인적공제

기초공제

거주자 또는 비거주자의 사망으로 상속이 개시되는 경우, 상속세 과세가액에서 2억원을 공제한다. 비거주자의 경우 기초공제만을 적용한다.

그 밖의 인적공제

거주자의 사망으로 상속이 개시되는 경우, 자녀공제·미성년자공제·연로자공제·장애인공제를 통해 법정 금액을 상속세 과세가액에서 공제한다. 중복적용을 배제하나, 자녀공제와 미성년자공제는 중복적용하고 장애인공제는 모두 중복적용 가능하다.

일괄공제

거주자의 사망으로 상속이 개시되는 경우, 상속인이나 수유자는 기초공제액과 그 밖의 인적공제액을 합한 금액과 일괄공제액 5억원과 비교하여 큰 금액으로 공제한다. 또한 상속세 과세표준 신고가 없는 경우 일괄공제한다. 다만, 배우자 단독상속인 경우 일괄공제는 적용하지 않는다.

배우자상속공제

거주자의 사망시 배우자가 있는 경우, 상속세 과세가액에서 배우자의 법정 상속재산가액 범위 내에서 배우자공제를 적용한다. 다만, 배우자가 실제 상속 받은 금액이 없거나 실제 상속받은 금액이 5억원 미만인 경우에는 상속세 신 고 여부와 관계없이 최소 5억원을 공제한다. 다만, 배우자공제로 고액자산가 의 세부담이 줄어드는 점을 고려하여 최대 30억원을 한도로 설정하고 있다.

배우자상속공제
Min(① 배우자가 실제 상속받은 금액 ② 배우자의 법정상속재산가액*)   * (상속재산가액 × 배우자법정상속분) − 상속재산에 가산한 증여재산가액 중 배우자에게 증여한 재산에 대한 증여세과세표준

다만, 배우자가 실제 상속받은 금액을 30억원을 한도로 공제받기 위해서는 배우자상속재산분할기한(상속세 신고기한일로부터 6월)까지 배우자 상속재 산을 신고한 경우로서 당해 분할기한까지 배우자 명의로 등기·등록·명의개 서 등이 되어야 한다. 2014년에 적용할 개정세법은 소송이나 심판청구 등 정 당한 사유가 있는 경우 소송 또는 심판청구가 종료된 날 경과 후 6개월(상속 세과세표준 결정이 이 기간을 초과하는 경우 그 결정일)까지 상속재산을 분 할하여 신고시 배우자상속재산 분할기간 이내 분할한 것으로 본다. 2014년 2 월 현재 법무부는 민법 상속편 개정과 관련하여 배우자 상속지분을 확대 검 토중이다. 현행 배우자상속공제는 법정지분내 실제 상속재산 전액을 최대 30 억원까지 공제하고 있어, 민법상 배우자 지분을 늘리는 경우 1차 상속세는 대 부분 감소한다.

물적공제

금융재산공제

거주자의 사망으로 상속이 개시되는 경우, 상속개시일 현재 상속재산가액 중 순금융재산의 가액을 상속세 과세가액에서 공제한다. 현행 상속재산 중 부동산은 시가파악이 어려워 개별공시지가 등에 의해 평가되고 그 평가액은 시가의 80% 수준인데 반해 금융자산은 100% 평가되기 때문에 상속재산 종류간 평가의 불균형을 해소하기 위해 순금융재산의 가액의 일부를 공제한다.

순금융재산가액	금융재산공제액
2000만원 이하	순금융재산가액 전액
2000만원 초과	순금융재산가액 × 20% (단, 공제액이 2000만원 미만이면 2000만원, 2억원을 초과하면 2억원을 공제한다.)

금융재산공제액 계산시 순금융재산가액이란 금융재산가액에서 금융채무가액을 차감한 금액이다. 또한 금융재산가액에는 금융기관이 취급하는 예금·적금·부금·계금·출자금·금전신탁재산·보험금·공제금·주식·채권·수익증권·어음등이 포함되며 금융채무가액은 해당 금융기관의 채무임을 확인할 수 있는 서류에 의하여 입증된 금융기관의 채무를 말한다. 단 최대주주가 보유하는 주식은 제외한다.

가업상속공제

가업상속공제는 중소기업 등의 원활한 가업승계를 지원하기 위하여 거주자인 피상속인이 영위한 중소기업 등을 상속인에게 승계한 경우, 최대 500억원까지 상속공제를 하여 가업승계에 따른 세부담을 경감시켜 주는 제도이다.

- 가업상속공제 대상기업

피상속인이 10년 이상 계속하여 경영한 기업이어야 한다. 2014년에 적용할 개정세법은 가업상속공제 대상기업을 중소기업은 물론 3000억원(2013년까지는 2000억원 이하) 미만의 중견기업(상호출자제한기업집단내 기업 제외)으로 확대하였다.

- 가업상속공제액의 한도

2014년에 적용할 개정세법은 가업상속재산의 100%(2013년까지는 70%) 피상속인의 가업영위기간에 따라 500억원까지 공제금액을 증액하였다. 단, 가업상속재산가액이 2억원에 미달시 그 가업상속재산가액을 공제한다.

피상속인의 가업영위기간	2013년	2014년
피상속인이 10년 이상 계속하여 경영	100억원	100억원
피상속인이 15년 이상 계속하여 경영	150억원	300억원
피상속인이 20년 이상 계속하여 경영	300억원	500억원

- 가업상속재산

개인가업	상속재산 중 기업에 직접 사용되는 토지, 건축물, 기계장치 등 사업용자산
법인가업	상속재산 중 기업에 해당하는 법인의 주식

- 피상속인의 대표자 재직요건

그동안 피상속인이 가업기간 중 60% 이상 또는 상속개시일로부터 소급하여 10년 중 8년 이상을 대표자로 재직요건으로 하였으나 2014년에 적용할 개정세법은 2014. 2.21 이후 상속개시하는 분부터 아래 요건으로 완화하였다.

ⓐ	피상속인이 가업기간 중 10년 이상 또는 50% 이상
ⓑ	상속개시일로부터 소급하여 10년 중 5년 이상을 대표자
ⓒ	(신설조항으로) 가업기간 중 10년 이상 재직 후 상속인이 승계한 경우

- 상속인 또는 그 배우자의 요건

상속개시일 현재 18세 이상이고 그동안 상속인이 상속개시 2년 전부터 계속 가업을 영위요건(단, 피상속인이 천재지변·인재 등으로 부득이하게 사망하는 경우 예외)이었으나, 2014년에 적용할 개정세법은 2014. 2.21 이후 상속개시하는 분부터 배우자를 포함하여 상속인이 상속개시 전 2년 이상의 기간동안 가업을 영위하도록 요건을 완화하였다.

ⓐ	상속개시일 현재 18세 이상
ⓑ	상속개시 전 가업에 종사한 기간이 2년 이상
ⓒ	상속인 1인이 전부 상속
ⓓ	상속세 신고기한까지 임원에 취임하고, 상속세 신고기한부터 2년 이내 대표이사에 취임

주) 1. 2014년에 적용할 개정세법은 ⓑ의 경우 피상속인이 60세 이전에 사망하는 경우를 포함하여 천재지변, 인재 등으로 부득이하게 사망한 경우 예외로 인정하였다. 또한 상속개시 2년 전부터 계속 가업에 종사한 상속인의 병역의무, 질병요양, 취학 등 기간도 가업에 종사한 기간으로 간주한다.
2. 2014년에 적용할 개정세법은 ⓒ 상속인 1인 전부 상속요건에 있어 그동안 상속인 1인이 가업상속재산 전부를 상속요건으로 하고 있으나 2014. 2.21 이후 상속개시하는 분부터 상속인 1인이 전부 상속받되, 유류분반환청구에 따라 다른 상속인이 부득이하게 상속받은 경우에는 공동상속을 허용하도록 완화하였다.

재무전문가, 가업상속공제제도 바로알기

"세무사님! 저의 고객 중에 중소기업을 운영하는 김가업 대표께서는 고령에 접어들면서 가업승계를 계획하고 있습니다. 그러나 많은 경영인의 고민처럼 김대표님도 세금을 걱정하고 있습니다. 그동안 배운 바에 의하면 현행 세법은 생전에 자녀에게 사업을 물려줄 때는 증여세를, 사후에 상속할 때는 상속세를 부담하게 됩니다. 이에 대해 대책과 그 설명을 부탁드립니다."

증여세와 상속세는 재산가액에 따라 최고 50%의 세율이 적용되므로, 사전에 절세 방안과 납부 재원을 마련하지 않으면 막대한 세금 부담은 물론 가업 존립마저 위협받을 수 있는 게 현실이다.

"네, 김대표님의 고민처럼 가업승계시 발생하는 과도한 세금 부담을 덜어주기 위해 현행 세법은 두 가지 세제지원 제도를 두고 있습니다. 하나는 승계할 기업 주식을 생전에 증여할 때 10%의 낮은 세율로 과세하는 증여세 과세특례 제도이고, 다른 하나는 돌아가신 사후에 가업을 승계할 때 가업상속재산가액을 상속세 과세가액에서 공제해주는 가업상속공제제도입니다. 여기서 중요한 것은 10년 이상 피상속인이 경영한 기업을 2년 이상 기간 동안 경영자 수업을 받은 상속인이 가업에 종사하여야 합니다."

2014년에 적용할 개정세법은 배우자를 포함하여 상속인이 가업에 종사할 수 있도록 완화되었다. 또한 가업상속공제 공제율이 기존 70%에서 100%로 상향됨에 따라 더 까다로워진 가업상속공제 제도에 대한 사후관리의 중요성을 설명한다.

"그런데 가업상속공제 100%에만 집중하다 보면, 문제가 한 가지 있습니다. 가업상속으로 100% 공제해 주기 때문에 세금을 전혀 내지 않는다고 생각하면 큰 오산입니다. 바로 가업상속재산에 대해서만 100%를 공제한다는 것이지 그 외 자산 업무와 관련없는 부동산임대업 관련 자산은 아닙니다."

현행 세법은 업무무관자산과 타인에게 임대하고 있는 부동산 등은 가업상속재산에서 제외하기 때문에 가업상속공제 혜택을 받지 못하도록 하고 있다. 즉 최고 50% 세율을 적용받을 수도 있다. 상증세법상 가업승계지원제도를 정확히 이해하고 있어야 한다.

"네, 세무사님! 아무래도 가업상속공제제도에 대하여 정확한 분석이 필요할 것 같습니다."

마성숙FR의 고객인 김대표도 공장 일부를 지인에게 임대하고 있었지만 임대 부동산에 대해 가업상속공제 혜택을 받지 못한다는 것은 모르고 있었다.

"그럼 세무사님! 부동산을 임대하지 않고 모두 공장사업용으로만 사용하는 것이 이득일까요?"

"반드시 그런 것은 아닙니다. 부동산임대소득이 가업상속공제 절세혜택과 비교해야 하지 않을까요."

그러나 마성숙FR이 이미 검토한 바에 의하면 고객인 김대표는 고액의 임대료를 받는 것이 가업상속공제에 따른 상속세 절감액 15억원보다 더 유리할 것이라고 판단하고 있다. 그러나 향후 김대표가 15년을 더 생존할 것을 고려한다면 가업상속공제가 더 유리할 것으로 판단하고 있다. 왜냐하면 현재의 공장부지의 가격이 더 상승하여 상속재산가액이 높아지고 현행 가업상속공제액이 500억원까지 높아졌기 때문이다.

"2014년에 적용할 개정세법에서 보듯이 우리나라 가업승계지원제도는 그 혜택 범위가 점차 증가하고 있습니다. 사회적으로 가업승계의 중요성이 증대됨에 따라 세법 또한 그에 맞게 변하고 있습니다. 따라서 재산변동 상황과 세법개정의 추이를 면밀히 검토할 필요가 있습니다."

"세무사님! 그러나 고용유지요건 등 사후관리가 강화되고 있어 이래저래 힘들다고 하던데…"

그러나 공제 폭이 커지는 만큼 까다로운 적용 요건과 사후 관리가 요구되고 있다.

"그래서 TFR재무전문가 교육과정이 중요하지 않나요. 여러분! 공부해서 고객여러분들에게 도움이 되는 재무전문가가 되시기 바랍니다."

세법은 현실을 따라가기 힘들기도 하지만, 세상은 거기에 발맞춰가야 한다. 가업 승계를 준비할 때 세제 지원 요건을 꼼꼼히 따져보고 아래와 같은 사후관리에 어긋나지 않도록 각자 업종에 맞게 승계 전략을 마련해야 할 것이다.

- 가업상속 사후관리 요건 강화
가업상속공제의 사후관리 기간을 10년으로 한다. 다음은 위반사례이다.

(가)	해당 가업용 자산의 100분의 20(상속개시일부터는 5년 이내에는 100분의 10) 이상을 처분한 경우
(나)	해당 상속인이 가업에 종사하지 아니한 경우
(다)	주식 등을 상속받은 상속인의 지분이 감소한 경우. 다만, 상속인이 최대주주인 경우 물납으로 인한 감소는 제외한다.
(라)	각 사업연도의 정규직 근로자 수의 평균이 상속이 개시된 사업연도의 직전 2개 사업연도의 정규직 근로자 수의 평균('기준 고용인원')의 80% 미달시
(마)	상속이 개시된 사업연도말부터 10년간 정규직 근로자 수의 전체 평균이 기준고용인원의 100%(규모의 확대 등으로 중소기업에 해당하지 아니하게 된 기업의 경우 120%)에 미달하는 경우

위 (나) 가업에 계속 종사의 경우 그동안 해석상 한국표준산업 분류상 세세분류 내 변경은 허용한다. 위 (다) 지분율 유지(단, 합병·분할 등 조직변경, 유상증자 주식배정 등에 따른 지분감소는 예외 인정) 등 업종 및 지분유지의무

를 부여하고 있으나 2014년에 적용할 개정세법은 시행령에서 2014.2.21 이후 업종변경 및 지분감소시부터 세분류 내에서의 업종변경, 기업공개요건 충족을 위한 지분 감소 허용 등 사후관리 요건의 예외를 인정한다. 현행 기업공개요건은 소액주주가 1천명(코스닥 500명)이상이고, 지분율 합계는 25% 이상일 것을 요구하고 있다.

또한 2014년에 적용할 개정세법은 상증세법 시행령에서 2014. 2.21 이후 전체 고용유지(10년 경과 후 고용평균 인원이 상속개시 전 2개 사업연도 평균기준인원의 100%/중견기업 120% 이상) 위반시 추징률 제도를 신설하여 위반시 100% 추징하는 것을 원칙으로 하고 예외로 각 기간별 (8·9·10년) 누적평균 고용인원이 100·120% 이상인 경우 해당 기간의 추징률을 적용하도록 하였다.

- 사후관리 위반시 추징세액 경감제도 도입

현행 사후관리 기간 중 사후관리 요건 위반시 공제받은 가업상속공제액 전액을 과세가액에 산입하여 상속세액을 추징하고 있으나 2014년에 적용할 개정세법은 상증세법 시행령을 개정하여 2014. 2.21 이후 사후관리 요건을 위반하는 분부터 아래 위반기간에 따라 추징세액을 차등하여 적용한다.

상속후 7년 이내	7년 초과 ~8년 이내	8년 초과 ~9년 이내	9년 초과 ~10년 이내	10년 초과후
100%	90%	80%	70%	0%

주) 사후관리 기산일(상속개시일 또는 상속이 개시된 사업연도 말일)부터 위반일까지의 기간(1년 미만의 기간은 1년)

.....
CHECK

가업상속공제와 (가업)증여세 과세특례 비교

구분	가업상속공제	(가업)증여세 과세특례
지원대상	① 개인·법인 모두 가능 ② 조특법상 중소기업(음식점 포함) 등으로 3,000억원 미만 기업	① 법인만 가능 ② 조특법상 중소기업(음식점 포함)
공제한도	– 가업상속재산의 100%(500억) – 가업상속재산 판정 ① 가업에 직접 사용된 토지·건축물· 기계장치 등 사업용자산 ② 가업에 해당하는 법인의 주식등	① 5억원 공제 후 ② 25억원까지 10% 저율과세 ③ 25억원 초과 정상세율 ④ 상속시 상속세과세가액에 합산 후 정산
가업기간	① 가업영위기간 10년 이상 ② 가업영위기간 중 50% 이상 또는 상 속직전 10년 중 5년 이상 대표자 재직 ③ 가업영위기간중 10년 이상 재직	가업영위기간 10년 이상
최대주주 지분율	50% 이상 보유(상장주식 30%)	50% 이상 보유(상장주식 30%)
피상속인 자격요건	60세 이상 부모	60세 이상 부모
상속인 자격요건	① 상속개시일 현재 18세 이상 ② 상속개시일 전 2년 가업종사 ③ 상속인 1인이 가업전부상속 ④ 신고기한(6개월내)임원 취임 ⑤ 신고기한부터 2년이내 대표이사 취임(공동 대표이사 가능)	① 증여일 현재 18세 이상 자녀1인 ② 신고기한(3개월내)가업 종사 ③ 증여일 이후 5년내 대표이사 취임, 10년간 가업에 종사
사후관리 (10년간)	① 가업용자산 80% 이상 유지 ② 상속인 가업 및 종사 유지 ③ 상속지분 유지 ④ 정규직 근로자수 1.0배 유지 (중견기업은 1.2배 유지)	① 수증자 가업 및 종사유지 ② 증여지분 유지 ※지분. 가업유지시 가업상속공제적용

영농상속공제

피상속인이 영농·영어·영림 등에 종사한 경우로서 상속재산 가액에서 당해 영농상속재산가액 중 5억원을 한도로 하여 공제한다.

- 영농상속공제 대상

영농상속 이라 함은 피상속인이 상속개시일 2년 전부터 영농 등에 사용한

다음 각 호의 어느 하나에 해당하는 재산의 전부를 상속인 중 영농에 종사하는 상속인이 상속받는 것을 말한다.

- 농지법 제2조 제1호 가목에 따른 농지
- 초지법의 규정에 의한 초지
- 산지관리법에 의한 보전산지 등에 새로이 조림한 기간이 5년 이상인 산림지(보안림·채종림 및 산림유전자원보호림의 산림지를 포함한다. 이하 이 조에서 같다)
- 어선법의 규정에 의한 어선
- 내수면어업법 또는 수산업법의 규정에 의한 어업권(수산업법 제8조 제1항 제6호 및 제7호에 따른 마을어업 및 협동양식어업의 면허는 제외한다)

- 영농상속공제 요건

피상속인은 상속개시일 2년 전부터 계속하여 직접 영농에 종사한 경우로서 다음 각호의 요건에 해당하는 자를 말한다.

- 농지·초지·산림지 등이 소재하는 시·군·구, 그와 연접한 시·군·구 또는 해당 농지 등으로부터 직선거리 20킬로미터 이내에 거주하는 자. 산림지의 경우에는 통상적으로 직접 경영할 수 있는 지역을 포함한다.
- 어선의 선적지 또는 어장에 가장 가까운 연안의 시·군·구, 그와 연접한 시·군·구 또는 해당 선적지나 연안으로부터 직선거리 20킬로미터 이내에 거주하는 자

또한 영농에 종사하는 상속인은 다음 각호의 요건을 모두 갖춘 자와 기획재정부령이 정하는 영농·영어 및 임업후계자를 말한다.

- 상속개시일 현재 18세 이상인 자로서 상속개시일 2년 전부터 계속하여 직접 영농에 종사할 것
- 농지·초지·산림지 등이 소재하는 시·군·구, 그와 연접한 시·군·구 또는 해당 농지 등으로부터 직선거리 20킬로미터 이내에 거주하는 자. 산림지의 경우에는 통상적으로 직접 경영할 수 있는 지역에 거주할 것

- 영농상속공제의 사후관리

사후관리 기간 중 영농에 종사하지 않거나 처분하는 경우 등 사후관리 요건 위반시 공제받은 가업상속공제액 전액을 과세가액에 산입하여 상속세액을

추정한다. 사후관리 결과 상속세를 부과하는 때에는 소득세법에 따라 납부하였거나 납부할 양도소득세가 있는 경우에는 상응하는 양도소득세 상당액을 상속세 산출세액에서 공제한다.

재해손실공제

거주자의 사망으로 상속이 개시되는 경우, 상속세과세표준 신고기한 이내에 화재·붕괴·폭발·환경오염사고 및 자연재해 등으로 인한 재난으로 인하여 상속재산이 멸실되거나 훼손된 경우에는 그 손실가액을 상속세 과세가액에서 공제한다. 다만, 보험금 또는 구상권 청구에 따라 수령금액은 제외한다.

재해손실공제액 = 재해손실재산가액 − 보험금수령액 또는 구상권행사로 인한 보전가능액

동거주택상속공제

거주자의 사망으로 상속이 개시되는 경우 피상속인과 상속인이 상속개시일부터 소급하여 10년 이상 계속하여 하나의 주택에서 다음의 금액을 상속세과세가액에서 공제한다.

동거주택상속공제 = Min(①동거주택가액 × 40%, ②5억원)

단, 동거주택상속공제는 다음의 요건을 필요로 한다.

① 피상속인과 상속인이 상속개시일부터 소급하여 10년 이상 계속하여 하나의 주택에서 동거할 것

② 피상속인과 상속인이 동거주택 판정기간에 계속하여 1세대를 구성해야 하고, 1세대1주택일 것(상속개시일 현재 1세대1주택인 경우로서 동거주택 판정기간 중 무주택인 기간이 있는 경우에는 해당 기간은 1세대1주택 기간에 포함). 고가주택도 공제대상에 포함한다.

③ 상속개시일 현재 무주택자로서 피상속인과 동거한 상속인(2014년에 적용할 개정세법은 배우자가 상속을 받는 경우에도 동거주택상속공제를 받을 수

있는 것으로 오인되어 봉양요건에 해당하지 않은 배우자를 제외한 직계비속인 경우로 한정한다)이 상속받은 주택일 것

감정평가수수료공제

상속세를 신고납부하기 위하여 부동산을 평가하기 위하여 발생한 감정평가법인의 평가수수료는 500만원을 한도로 상속세 과세가액에서 공제한다. 다만, 상속세 납부목적용으로 감정을 실시하고 평가된 가액으로 상속세를 신고납부하는 경우에만 공제한다. 비상장주식의 경우 평가대상 법인을 여러 세무법인 등에 평가하는 경우 평가대상 법인별, 평가전문기관별로 1000만원을 한도로 한다. 2014년에 적용할 개정세법은 시행령을 개정하여 서화·골동품 등 예술적 가치가 있는 유형재산에 대한 감정전문가 평가수수료의 경우에도 500만원을 한도로 공제한다.

택슈랑스
라운지

고액자산가의 상속재산 어떻게 나눠야 하나?

고액자산가일수록 상속세에 관한 고민은 클 수밖에 없다. 만약 상속재산 분배를 고민 중이라면 실제 사례를 통해 상속세 절세 전략의 힌트를 얻어보자. 부자들의 최대 관심사 중 하나는 다름아닌 '세금'일 것이다. 특히 자신이 축적해 놓은 부(富)를 최대한 절세하면서 자녀들에게 물려줄 수 있는 방법, 즉 상속세와 증여세를 고민하는 경우가 많다. 상속세와 증여세는 '부의 무상이전'이라는 점에서 비슷해 보이지만, 부모가 생전에 물려주는지 사후에 물려주는지에 따라 구분된다.

상속재산 분배에 따라 크게 달라지는 상속세

2011년 기준으로 상속세 과세대상 약 27만명 가운데 실제로 상속세를 낸 사람은 약 5,720명으로 2.07%에 불과했다. 배우자가 살아 있으면 최소 10억원, 배우자가 없는 경우에도 최소 5억원은 공제되는 등 상속세에는 각종 공제혜택이 있기 때문이다. 동일 금액의 상속재산을 물려받더라도 상속공제 혜택을 얼마나 받느냐에 따라 상속세 금액은 크게 달라질 수 있다. 다음 사례를 통해 상속재산 분배에 따라 상속세가 어떻게 달라지는지 살펴보자.

이환(42세) 씨는 얼마 전 부친께서 돌아가시자 어머니, 여동생 이민화 씨와 함께 상속재산을 어떻게 나눠야 할지 고민이다. 아버지가 남긴 재산은 주택 한 채(7억원)와 상가(13억원), 금융재산(5억원)으로 총 25억원 가량이다. 이 씨 남매는 이미 주택을 한 채씩 보유하고 있고 어머니 명의로는 예금이 약간 있을 뿐이다. 상속인들간 재산분배에 따라 세금이 어떻게 달라지는지, 그리고 어떤 방식으로 분배하는 것이 유리한지 궁금하다.

상속공제에 따라 세금 차이 커질 수 있어

상속세는 상속공제를 얼마 받느냐에 따라 세금의 차이가 커질 수 있다. 상속공제 중에는 누가 상속을 받든 관계없이 동일하게 적용되는 공제도 있지만, 상속인에 따라 공제액이 달라지는 경우도 있다. 따라서 상속을 받는 사람들 간 상속재산을 분할하기 전, 각 케이스 별로 예상되는 상속세를 미리 계산해보고 최선의 방안을 선택하는 것이 중요하다.

배우자공제 현명하게 받으려면

일단 상속인에 영향을 받지 않는 상속공제는 일괄공제 5억원과 금융재산상속공제 1억원(금융재산의 20%)이 있다. 그렇다면 상속재산 분배시 고려해야 하는 공제는 무엇일까? 배우자인 어머니가 실제로 상속받는 금액은 배우자의 법정상속지분 한도 내에서 배우자공제를 받을 수 있다. 단, 공제금액은 30억원을 넘지 못한다. 이씨 가족의 경우 상속인은 어머니와 이휜, 이민화 등 자녀 2명으로, 어머니의 법정지분은 1.5/3.5(어머니 1.5: 이휜 1: 이민화 1)로 약 10억원이다. 따라서 어머니가 10억원을 실제로 상속받는다면 배우자공제로 10억원을 모두 공제받을 수 있다. 하지만 어머니가 실제로 상속받는 금액이 5억원 미만이라면 최소공제액 5억원밖에 받을 수 없다.

상속개시 후 6개월 이내 상속재산 양도하지 말아야

상속재산은 상속개시일 전·후 6개월 동안(소위 '평가기간'이라 한다)의 매매가액, 2이상의 감정가액, 공매·수용·경매가액이 있는 경우 그 가격을 시가로 보아 평가한다. 그러나 이러한 가액이 없는 경우 보충적인 평가방법인 기준시가로 상속재산을 평가하게 된다. 현행 기준시가는 실제 매매가액의 70~90%로 저평가 되어 있어 상속세과세표준이 낮아지는 효과가 있다. 따라서 상속세를 절감하려면 상속개시 후 6개월 이내 양도를 하지않아야 한다. 여기서 상속개시일 전·후 6개월 이내인지 여부는 다음에 해당하는 날을 기준으로 한다.

　·매매 : 거래가액이 확정되는 계약일

　·감정 : 감정가액평가서를 작성한 날

　·공매·수용·경매 : 보상가액이 결정된 날

상속세는 대신 내줘도 증여로 보지 않아

　마지막으로 상속세는 어머니가 납부하는 것이 절세측면에서 유리하다. 상속세는 연대납세의무가 있어 어머니가 전부 납부하더라도 자녀들이 내야 할 상속세를 대신 내준 것에 대해 추가 증여세가 없기 때문이다.

(미래에셋증권 이은하세무사)

상속세 신고기한 내 재분할등기 증여세 비과세

"세무사님, 최근 돌아가신 아버지로부터 20억원 상당의 재산을 상속받은 분이 계세요. 어머니와 남동생과 함께 합의를 통해 물려받은 재산을 문제없이 나눠 가졌다고 합니다. 7억원 상당의 예적금은 상속세를 내는 조건으로 어머니께 드리고 13억원 상당의 빌딩은 동생과 공동 상속받기로 했다고 하네요. 그런데 생뚱스럽게 양도소득세가 나왔다고 합니다."

마성숙FR이 김영진 세무사와 고객관련 상담을 하고 있다.

"마성숙님, 더 구체적으로 말씀해 보세요."

"네, 사업을 하고 있던 동생이 부동산 상속지분을 포기하고 고객이 부동산을 단독 상속등기하는 대신 동생에게 6억원의 현금을 대출받아 주기로 약속했다고 합니다."

"그렇군요. 이런 경우 동생이 상속지분을 형에게 양도한 것과 다를 바가 없어 동생이 받아간 현금에 대해 양도소득세가 과세되는 케이스입니다. 세법은 공동상속인 중 일방이 상속지분을 포기한 대가로 현금을 받은 경우, 포기한 지분만큼의 부동산은 자산이 유상으로 사실상 이전된 것으로 봅니다."

현행 세법에 따르면 양도란 자산에 대한 등기 또는 등록과 관계없이 매도·교환 등으로 인해 그 자산이 유상으로 사실상 이전되는 경우 과세대상으로 보고 있다.

"동생의 부동산 상속지분 포기분에 대해 6억원의 현금 지급을 약속한 상황은 동생의 상속지분이 대가성을 갖고 형에게 양도한 것이 되어 당연히 양도소득세를 내야 합니다."

"세무사님, 부모님이 유언을 하지 않고 사망하면 민법규정에 따라 공동상속인들이 협의하여 상속재산을 분할하는 경우가 있는데 고객의 케이스와는 어떤 차이가 있습니까?"

"협의분할을 하게 되면 지분에 변동이 생기는데 지분 변동분에 대해 상속재산을 가지고 분할하는 경우 문제가 없습니다. 마성숙님 고객의 경우는 상속등기를 마친 후 상속재산을 가지고 대출받아 현금을 준 경우라 양도소득세 과세대상이 되는 거지요."

상속등기를 하기 전 협의분할을 하는 경우 특정상속인이 법정상속분을 초과하여 상속재산을 취득하게 되더라도 이는 공동상속인으로부터 증여받은 것으로 보지 않고 부모님으로부터 상속받은 것으로 보므로 증여세 문제가 없다.

"세무사님, 법정상속지분 대로 상속등기를 하였다가 상속인간 협의에 의해 상속분을 재확정하는 경우에는 어떤 문제가 있습니까?"

"네, 상속재산을 협의분할 하고자 하는 경우에는 등기나 등록, 명의개서 등을 하기 전에 분할하는 것은 문제가 없습니다만, 등기 등을 마친 후 재분할 할 수 있지 않습니까? 이런 경우 상속세 신고기한 이내에 경정등기를 하고 상속세신고를 마치면 협의분할에 의한 상속등기 이전으로 보아 증여세 문제가 없습니다."

"아 그렇군요. 그럼 제 고객의 경우는 아마도 상속이 모두 마쳐지고 상속세를 신고한 후에 대출받아 이루어진 케이스라고 할 수 있겠습니다."

세상에는 많으면 많을수록 좋은 게 참으로 많다. 그러나 상속재산의 경우는 예외인 것으로 보인다. 부모가 돌아가신 후 형제자매 사이에 상속재산을 둘러싼 다툼이 많아지고 있는 것이 현실이다. 법원 통계에 의하면 일정한 상속인을 위해 반드시 남겨둬야 할 유류분 사건이 10년 새 8.5배가 증가했다고 한다.

받으면 내야하는 증여세

증여세 납세의무자

증여세는 타인으로부터 무상으로 재산을 취득하는 경우, 취득자에게 무상으로 받은 재산가액을 기준으로 하여 부과하는 세금이다. 특히 증여세 과세대상은 민법상 증여 뿐만 아니라 거래의 명칭, 형식, 목적 등에도 불구하고 경제적 실질이 무상이전인 경우를 포함한다. 따라서 증여세의 납세의무자는 수증자이다. 그러나 증여자는 수증자가 다음 중 어느 하나에 해당하는 경우에는 수증자가 납부할 증여세에 대해 연대하여 납부의무를 진다.

- 주소 또는 거소가 분명하지 않은 경우로서 조세채권 확보가 곤란한 경우

- 증여세를 납부할 능력이 없다고 인정되는 경우로서 체납처분을 하여도 조세채권 확보가 곤란한 경우

- 2013년 개정세법은 비거주자가 거주자로부터 해외에 있는 재산을 증여받은 경우 증여세 과세대상으로 포함하고 조세채권 확보가 곤란한 경우

다만, 채무면제에 따른 증여의제, 금전대부에 따른 증여의제 등으로 수증자가 납부할 능력이 없는 경우 증여세를 면제한다.

증여재산의 범위

금전으로 환가할 수 있는 경제적 가치가 있는 모든 물건과 재산적 가치가 있는 법률상·사실상의 모든 권리와 행위 또는 거래의 명칭·형식·목적에 불구하고 타인으로부터 재산의 직·간접 무상이전(저렴한 대가에 의한 이전포함), 타인의 기여에 의한 재산가치 증가에 증여세를 과세한다. 2013년 개정세법은 증여세 완전포괄주의 실효성을 제고하기 위해 증여재산의 범위에 '경제적 이익'을 추가하였다.

> **상속세및증여세법 제4조의2(경제적 실질에 따른 과세)**
> 제3자를 통한 간접적인 방법이나 둘 이상의 행위 또는 거래를 거치는 방법으로 상속세나 증여세를 부당하게 감소시킨 것으로 인정되는 경우에는 그 행위 또는 거래의 명칭이나 형식에 관계없이 그 경제적 실질 내용에 따라 당사자가 직접 거래한 것으로 보거나 연속된 하나의 행위 또는 거래로 보아 이 법에서 정하는 바에 따라 상속세나 증여세를 부과한다.

증여재산의 반환

증여를 받은 자가 증여계약의 해제 등에 의하여 증여받은 재산을 증여자에게 반환하거나 다시 증여하는 경우 증여세 과세는 다음 과세방식에 따른다.

① 증여세 신고기한 이내 반환

증여를 받은 후 그 증여받은 재산(금전을 제외한다)을 당사자 간의 합의에 따라 증여세 신고기한 이내 반환하는 경우에는 처음부터 증여가 없었던 것으로 본다.

② 증여세 신고기한이 지난 후 3개월 이내 반환

수증자가 증여받은 재산(금전을 제외한다)을 증여세 신고기한이 지난 후 3개월 이내에 증여자에게 반환하거나 증여자에게 다시 증여하는 경우에는 그 반환하거나 다시 증여하는 것에 대하여는 증여세를 과세하지 않고, 당초 증여는 증여세를 과세한다. 다만, 금전의 경우 그 시기에 관계없이 당초 증여는 물론 반환 모두 증여세를 과세한다. 금전은 그 시기와 반환여부를 현실적으로 파악하기 어렵기 때문이다.

증여세 과세대상

구분	증여세 과세대상
거주자인 경우	증여받은 모든 증여재산
비거주자인 경우	증여받은 재산 중 국내에 있는 모든 재산과 거주자의 국외소재 재산으로 2013년 개정세법은 거주자로부터 증여받은 해외금융계좌, 국내소재재산을 50%이상 보유한 해외현지법인의 주식도 포함하였다.

증여세 비과세 재산가액

다음 각 호의 어느 하나에 해당하는 금액에 대해서는 증여세를 부과하지 아니한다.

① 국가나 지방자치단체로부터 증여받은 재산의 가액

② 내국법인의 종업원으로서 대통령령으로 정하는 요건을 갖춘 종업원단체 (이하 "우리사주조합" 이라 한다)에 가입한 자가 해당 법인의 주식을 우리사주조합을 통하여 취득한 경우로서 그 조합원이 대통령령으로 정하는 소액주주의 기준에 해당하는 경우 그 주식의 취득가액과 시가의 차액으로 인하여

받은 이익에 상당하는 가액

③ 정당법에 따른 정당이 증여받은 재산의 가액

④ 근로복지기본법에 따른 사내근로복지기금이나 그 밖에 이와 유사한 것으로서 대통령령으로 정하는 단체가 증여받은 재산의 가액

⑤ 사회통념상 인정되는 이재구호금품, 치료비, 피부양자의 생활비, 교육비, 그 밖에 이와 유사한 것으로서 대통령령으로 정하는 것

⑥ 신용보증기금법에 따라 설립된 신용보증기금이나 그 밖에 이와 유사한 것으로서 대통령령으로 정하는 단체가 증여받은 재산의 가액

⑦ 국가, 지방자치단체 또는 공공단체가 증여받은 재산의 가액

⑧ 장애인을 보험금 수령인으로 하는 보험으로서 대통령령으로 정하는 보험의 보험금

:::: CHECK ::::

기본통칙 46-35…1【비과세 증여재산의 범위】

① 법 제46조 제5호에 따른 증여세가 비과세되는 생활비 또는 교육비는 필요시마다 직접 이러한 비용에 충당하기 위하여 증여로 취득한 재산을 말하는 것이며, 생활비 또는 교육비의 명목으로 취득한 재산의 경우에도 그 재산을 정기예금·적금 등에 사용하거나 주식, 토지, 주택 등의 매입자금 등으로 사용하는 경우에는 증여세가 비과세되는 생활비 또는 교육비로 보지 아니한다.〈개정 2011.05.20.〉

② 영 제35조 제3항 제3호에서 규정하는 기념품, 축하금, 부의금은 그 물품 또는 금액을 지급한 자별로 사회통념상 인정되는 물품 또는 금액을 기준으로 한다.〈개정 1998.02.25〉

③ 영 제35조 제4항 제4호에 규정하는 통상 필요하다고 인정하는 혼수용품은 일상생활에 필요한 가사용품에 한하며, 호화·사치용품이나 주택·차량 등은 포함하지 아니한다.〈개정 2008.07.25〉

사실혼 관계 생활비 증여세 비과세일까? 과세일까!

"여러분, 재미있는 얘기 하나 해드릴까요! 증여세 비과세 재산가액 중의 하나인 생활비가 있습니다. 사실혼 관계에 있는 남녀 사이에 생활비는 과세가 될까요?"

부양의무가 있는 배우자 사이에는 생활비에 증여세를 부과하지 않도록 법에 규정돼 있다. 그러나 사실혼 관계에 있는 사람에게는 적용되지 않는다.

"세무사님, 아무래도 안 될 것 같은데요! 사실혼이라면 아무래도 애인 사이일 것 같은데, 그런 사람에게는 세금을 물려야 합니다. 더구나 법에 명문으로 피부양자의 생활비로 되어 있잖아요."

"그래서 그런지, 최근 판례에 의하면 역삼세무서장을 상대로 낸 증여세부과처분취소소송에서 사실혼 관계에 있더라도 생활비로 받은 돈에 증여세를 부과하는 것이 정당하다며 원고가 패소하였습니다."

"거 보세요. 그런 사람에게는 세금 물려야 한다니까요."

마성숙이 맞장구를 친다. 이 사건의 원고인 유부남은 모 여인과 5년에 걸쳐 내연에 관계로 약 16억원 가량의 돈을 지급하였다. 과세당국은 내연녀에게 증여세를 과세한 것이다.

"증여세 연대납세의무자인 유부남은 내연녀와 약 52개월 동안 사실혼 관계를 유지했는데 그중 매월 500만원은 생활비조로 지급했기 때문에 2억6천만원은 과세대상에서 빼줘야 한다고 과세당국에 요청한 것입니다."

"헐~ 말도 안 돼요!"

"법원은 이에 대해 '보통은 부양받는 사람의 생활비에 대해서는 증여세가 없고, 배우자 사이에는 부양의무가 있어 생활비에 과세하지 않도록 법에 규정되어 있다' 고 밝히며 '두 사람의 관계는 법률상 배우자가 아니어서 둘 사이에 서로 부양 의무가 있다고 볼 수 없다' 고 세무서장에게 손을 들어 주었습니다."

법원은 서로 부양의무가 없으므로 생활비를 줬다 하더라도 이는 증여세를 부과하지 않는 피부양자의 생활비로 볼 수 없다며 세무서장의 증여세 부과에 잘못이 없다고 한다.

"여러분 여기서 핵심은 사실혼 관계를 유지했다고 하더라도 이는 민법이 허용하지 않는 중혼적 사실혼이라는 것입니다. 만약 중혼이 아니고 실제 부부관계였다면 그래도 세금을 부과해야 할까요?"

"그건 아닐 것 같은데요!"

"이제 TFR재무전문가가 다 되신 것 같은데요. 더 공부하여 봅시다."

사실혼은 사실상 혼인상태에 있지만 형식적인 요건을 갖추지 않은 상태를 말한다. 사실혼 상태에서도 동거·부양·정조의무 등 부부공동생활을 전제로 하는 일반적인 혼인효과가 인정되고 있어 이혼소송과 마찬가지로 결혼생활 유지기간, 재산형성 과정에서의 기여도, 혼인생활 정도, 현재의 생활상황을 고려하여 위자료소송과 재산분할청구가 가능하다. 그러나 상증세법은 배우자 상속공제가 가능한 배우자라 함은 피상속인의 호적상의 배우자로 등재된 자를 말한다.(서일46014-11880,2003.12.23)

부담부증여시 채무인수액의 차감

부담부증여란 수증자가 일정한 채무를 부담하는 조건으로 증여를 받는 것을 말한다. 증여세 과세가액은 증여일 현재 증여재산가액에서 그 증여재산에 담보된 채무로서 수증자가 인수한 금액을 뺀 금액으로 한다. 그러나 배우자 간 또는 직계존비속 간의 부담부증여에 대해서는 수증자가 증여자의 채무를 인수한 경우에도 그 채무액은 수증자에게 인수되지 아니한 것으로 추정한다. 다만, 그 채무액이 국가 및 지방자치단체에 대한 채무 등으로 객관적으로 인정되는 것인 경우에는 그러하지 아니하다.

증여세 과세가액불산입 등

공익법인 등이 출연받은 재산의 과세가액불산입

사회복지 및 공익을 목적으로 하는 공익법인 등이 출연받은 재산에 대하여는 증여세를 과세하지 않는다. 다만, 일정한 요건과 규제조항을 두어 조건부로 과세가액에 불산입한 후 이에 저촉시에는 증여세를 징수한다.

장애인이 증여받은 재산의 과세가액불산입

장애인이 직계존비속과 친족(배우자 제외)으로부터 증여받은 금전·부동산·유가증권을 증여세 신고기한 이내에 자본시장법에 의한 신탁회사에 신탁하여 그 신탁의 이익 전부를 해당 장애인이 지급받을 때에는 5억원까지 증여세가 과세되지 않는다. 장애인 신탁제도는 상속개시전 10년 이내에 증여한 것일지라도 상속세를 비과세(과세가액 불산입)하는 혜택이다. 또한 장애인 신탁제도는 증여자가 사망하기 전 날까지 증여하더라도 아래 요건만 충족하는 경우 상속세 및 증여세가 과세되지 않는다.

① 금전·부동산·유가증권을 직접 증여받는 것이 아니라 자본시장과금융투자업에관한법률에 따른 신탁업자에게 신탁할 것
② 그 장애인이 신탁의 이익 전부를 받는 수익자일 것
③ 신탁기간이 그 장애인이 사망할 때까지로 되어 있을 것. 다만, 장애인이 사망하기 전에 신탁기간이 끝나는 경우에는 신탁기간을 장애인이 사망할 때까지 계속 연장할 것

한편 장애인 신탁과 관련하여 신탁이 해지되거나, 신탁기간 중 수익자를 변경하거나, 신탁한 재산이 감소하거나, 이익의 전부 또는 일부가 장애인 이외의 자에게 귀속되는 경우에는 증여세를 추징한다. 다음은 신탁관련 상품 내용이다. 또한 장애인을 수익자로 한 보험의 보험금으로 비과세되는 보험금은 연간 4000만원을 한도로 한다. 보험료 불입자나 보험의 종류를 무관한다.

다음은 장애인의 범위이다.

- 장애인복지법 제32조에 따라 등록한 장애인

- 국가유공자등예우및지원에관한법률 제6조에 따라 등록한 상이자 및 이와 유사한 자로서 근로능력이 없는 자

- (지병에 의해 평상시 치료를 요하고 취학·취업이 곤란한 상태에 있는)항시 치료를 요하는 중증환자

·항시 치료를 요하는 중증환자란 중풍환자, 말기암환자, 만성신부전증환자, 백혈병환자, 고엽제후유증환자 등 계속적으로 병원을 내원하여 치료를 받고 있는 상태의 환자

·항시 치료를 요하는 중증환자 인정방법으로 의료기관에서 발급한 장애인증명서에 의하여 항시 치료를 요하는 중증환자임이 확인

장애인 자녀를 위한 '일석이조' 종신형 즉시연금

"세무사님, 저의 고객 중 장애인을 두고 있는 부모님이 계세요. 항상 장애인 자녀에 대한 고민이 많으신 분입니다. 이분들을 위한 고객 컨설팅을 제안하려고 합니다. 이와 관련한 설명을 부탁드립니다."

'내 아이보다 하루만 더 살고 싶다'는 발달장애인 부모들의 심정이라고 한다. 누구보다 상대방의 어려움을 이해한다는 사람조차도, 장애인의 부모 심정을 헤아리는 것은 불가능하다고 한다.

"네 장애인에게 재산을 증여하고자 하는 경우 상증세법상 두 가지 방법이 있습니다. 먼저 장애인을 보험금 수취인으로 하는 연간 4000만원까지 비과세 하는 보험금에 대한 증여세 비과세제도와 생존기간 동안 증여받은 재산가액을 기준으로 5억원을 한도로 하는 증여세 과세가액불산입제도가 있어요."

"세무사님, 저는 그 제도를 활용하여 종신형 즉시연금을 소개할까 합니다."

"네 아주 좋은 상품입니다. 연금보험의 경우에는 매년 연금수령액 기준으로 4000만원까지는 증여세를 비과세 받을 수 있습니다."

여유가 있는 장애인 부모의 경우 재산을 증여하거나 보험가입을 통해 자녀의 미래를 조금이나마 보장할 수 있지만, 그렇지 못한 장애인 부모를 위한 장애인 지원 관련법이 필요한 시점이다.

"세무사님 한 가지 더 묻겠습니다. 암환우의 경우에도 '항시 치료를 요하는 중증환자'로 포함되어 증여세가 면제되는 장애인에 해당됩니까?"

"물론입니다. 말씀하신 대로 암환우가 장애인으로 재산을 증여받은 경우 증여세과세가액에 불산입됩니다. 더구나 일정기간이 지난 후에 장애가 완치되어 장애인 요건에 해당되지 않을 경우에도 증여세가 추징되지 않는다는 국세청 해석도 있습니다."

이러한 비과세 증여재산 또는 증여세과세가액 불산입재산은 이후 증여자가 사망한 경우에도 상속세 과세가액에 산입되지 않아 상속세도 절감할 수 있다. 마이더스 손을 통해 장애인을 위한 증여세 비과세 종신보험 상품을 알아보자.

마이더스
SON's
TIP   **장애인을 위한 증여세 비과세 종신보험**

　한국보건사회연구원, 「장애인 실태조사」에 의하면 2005년 기준 전국 장애인 추정수는 210만명으로 전 국민의 4.59%에 이른다. 22명 중에 1명이므로 4인가족의 두 자녀가 결혼하여 2명의 자녀를 갖는 2가구가 있을 경우 약 1명의 장애인 출현을 추정할 수 있다.

　45세 중소기업을 운영하는 K고객은 자산관리를 꼼꼼하게 해온 덕에 남부럽지 않은 자산을 보유하고 있었다. 해마다 늘어나는 자산 만큼이나 장애가 있는 자녀를 위한 준비도 해오고 있다. 5년 전 미성년 자녀에게 1500만원의 현금증여를 실행하였고 5년 후 추가적인 증여를 계획 중에 있다. 상증세법 제46조 제8항, 동법 시행령 제35조 제6항을 살펴보면 장애인을 보험금 수취인으로 하는 보험으로 대통령령이 정하는 보험의 보험금은 증여세를 부과하지 않는다.

　이때 비과세되는 보험금은 연간 4000만원을 한도로 하고 있다. 일반적인 보험계약에 있어서 보험료를 내는 계약자와 보험금을 지급받는 수익자가 다르면(계약자 ≠ 수익자) 지급받는 보험금에 증여세가 발생한다. 보험금의 증여세 비과세 적용시 장애인의 범위는 장애인복지법 제32조에 따라 등록한 장애인, 국가 유공자등예우및지원에관한법률 제6조의 규정에 의하여 등록한 상이자는 물론 기타 항시 치료를 요하는 중증환자로 규정하고 있다.

　직계존비속간 미성년 2000만원(성년 5000만원)의 증여재산공제는 위에서 소개된 비과세 보험금 연간 4000만원에 영향을 미치지 않는다. 연 4000만원의 보험금이 지급되려면 45세인 K고객이 15년간 300만원의 보험료를 납부할 경우 K고객 60세부터 연간 보험금 약 4000만원(S생명 연금보험 무배당, 15년 납, 4.7% 공시이율이 지속 가정시, 종신20회 보증지급형)이 30세가 된 자녀에게 지급될 수 있다.

보험계약자 = 보험료 납부자	K고객
피보험자	K고객
수익자	K고객 자녀
증여세	연간 4000만원 한도 비과세

장애인 관련 세제혜택을 적극 활용한 자산관리 대응책은 완벽해야 한다. 보험료를 납부하던 중 K고객에게 예기치 못한 질병이나 사고가 발생하여 보험료를 납부하지 못한다면 비과세 보험금의 수령은 불가능할 수 있다. 보험료 납부중 K고객의 유고를 대비한 보험설계를 수정해보면 K고객의 사망을 담보하는 종신보험에 가입할 경우 60세 이전 K고객의 유고시를 대비하고 60세 이후 연금전환으로 보험금 수령을 계획할 수 있다.

기본안의 연금보험료를 297만원에서 198만원으로 줄이고 96.6만원으로 종신보험에 가입할 경우 연금보험료 납입완료 전 K고객의 유고를 대비할 수 있다. 보험설계 수정안의 경우 매년 받게 되는 연금액은 기본안에 비해 446만원 줄어들지만 종신보험의 보험가입금액 3억원의 50%인 1억5000만원이 바로 지급되고 보험가입금액의 1%인 300만원은 60세시점까지(변경가능)매월 지급되므로 연금보험료의 납부 걱정은 없어지고 잉여자금은 생활비에 보탤 수 있다. 단, 연금연액은 이자율의 변동에 따라 달라질 수 있다. 장애인을 위한 증여세 비과세 종신보험 설계시 세법상 사후관리요건을 위배한 때에는 그 때 증여받은 것으로 증여세를 부과될 수 있다는 사실을 가입자에게 고지하여야 한다.

무능력자 현금증여말고, 직접 변제하라

"오빠, 예전에 시골에서 옆집 살던 홍씨 아저씨 있잖아요?"

"그래! 큰 감나무집 말하는 거제."

김영진 세무사와 마성숙FR이 쉬는 시간을 이용해 사담을 나눈다.

"그 홍씨 아저씨 서울에 올라와 큰 돈 벌었더라. 오빠 첫사랑 홍진주 가가 내 친구잖아. 어제 만났는데 가시나 여전히 이쁘더라."

"그래?"

"오빠, 얼굴 빨개지는 것 보소! 한번 만나볼래?"

"씰데없는 짓 하지 마라! 근데 와?"

"말들어보니 홍씨 아저씨 그동안 타향살이하며 이것저것 안해 본 일 없이 고생해 수십억원의 재산을 벌었는데 큰 아들 진만이 오빠가 이 사업 저 사업 한다며 그 많은 아저씨 재산 말아먹고 있나 보더라."

성인주의력결핍증이란게 있다. 성인이 되어도 씀씀이가 헤프고 금전개념이 희박한 일종의 정신질환이다. 이런 사람들은 대체로 여기저기 빚을 지고도 상황의 심각성을 깨닫지 못한다. 홍진만이가 그런 케이스다.

"그분 시골에서도 부지런하셨는데…."

"진주가 걱정이 이만저만이 아니더라고, 친정 재산을 오빠 혼자 다 해먹는 다고! 더구나 최근에는 세무서에서 친정아버지에게 증여세까지 나왔더라는거야. 홍씨 아저씨가 진만이 오빠에게 돈을 줘 빚을 갚게 해주었는데 홍씨 아저씨에게 세금이 나왔다네. 오빠, 이럴 수 있나?"

"응, 증여세는 현금을 증여받은 수증자가 내야 하지만, 수증자가 납세능력이 없으면 증여자에게 연대납세의무를 부과하거든. 미리 세무상담을 해서 홍씨 아저씨가 직접 채무를 변제했으면 피할 수 있었을 터인데…. 안타깝네!"

민법 제554조에 따르면 증여는 당사자 일방이 무상으로 재산을 상대방에 수여하는 의사를 표시하고 상대방이 이를 승낙함으로써 그 효력이 생긴다. 그런데 타인에게 재산을 무상으로 이전하지 않고도 타인이 지고있는 채무를 면제 또는 인수하거나 대신 변제해주는 경우 금전채무상당액을 증여한 것과 동일한 효과가 발생한다. 또한 2003.12.31 이전에는 증여의제로 과세하고 채무를 대신 변제해 준 증여자에게 연대납세의무를 부여해 증여세를 징수하였다. 그러나 2004. 1.1부터는 완전포괄주의 도입으로 상증세법을 개정해 채무면제에 대한 이익의 증여 등을 증여예시 규정으로 바꾸고 수증자가 무재산자로 납세능력이 없는 경우에는 증여세를 면제하고 있다. 또한 수증자가 면제받은 증여세의 전부 또는 일부에 대하여 증여자에게 연대납세의무를 부여하지 않는다.

"그러게 말이야! 아무래도 오빠가 진주와 상담 좀 해야겠다."

수증자가 무재산으로 납세능력이 없다면 채무자에게 직접 변제하여 주어야 증여세도 없고 연대납세의무도 없다.

증여예시

2003.12.31 이전에는 증여세 과세대상을 민법상 증여, 유·무형의 재산을 직간접적으로 증여받은 경우의 일반적인 증여의제, 14개 유형으로 구분한 개별적인 증여의제, 개별 증여의제 유형과 유사한 거래·행위로 인한 이익의 증여의제 그리고 증여추정으로 그 유형을 구분하여 시행하였다. 2004.1.1 이후에는 상증세법 제2조 제3항에서 증여의 개념을 포괄적으로 정의하여 실질상 유·무형의 재산을 직간접적으로 무상이전, 현저한 저가이전, 타인의 기여에 의한 재산가치 증가 등을 포함하여 증여세 포괄주의를 도입 시행하였다.

일반적 증여예시

신탁이익의 증여

신탁계약에 따라 위탁자가 타인을 신탁의 이익을 받을 수익자로 지정하는 경우 신탁의 이익을 받을 권리의 가액을 수익자의 증여재산가액으로 한다. 이는 신탁계약으로 수익자가 무상으로 얻은 신탁이익은 재산의 무상이전으로 실질 증여에 해당한다.

그러나 명의신탁은 공부 등 재산의 소유명의가 수탁자로 표시되지만 실질

소유자가 그 재산을 관리처분할 권리가 가지고 있으므로 무상이전 효과가 발생하지 아니하여 실질증여에 해당하지 아니한다. 그러나 명의신탁주식은 실질과세의 원칙에 예외로 상증세법상 증여의제로 본다. 한편, 부동산실권리자 명의등기에 관한 법률에 의하여 부동산의 명의신탁은 무효이고 위반시에는 벌금·과태료 등이 부과된다.

보험, 계약 전 상증세법을 검토해야

"세무사님, 부모가 빚이 많으면 재산을 상속받으면 안 된다고 하던데요. 이런 경우 어떻게 해야 하지요?"

"그렇습니다. 상속이란 재산 뿐만 아니라 부채도 받도록 되어 있어요. 한마디로 빚만 받게 되는 경우 상속개시를 안 날로부터 3개월 이내에 상속포기 또는 한정승인을 신청하면 됩니다."

상속포기는 형제자매를 포함해 모든 상속인으로부터 상속포기서를 받아야 하기 때문에 한정승인를 받는 것이 수월하다.

"세무사님, 제가 아는 분은 실질적으로 보험료를 불입할 능력이 안 되는 분이 있어요. 그러나 노후를 위해 보험을 가입하고자 합니다. 어떻게 해야 할까요"

이대로FR이 최근 상담이 진행되고 있는 신불자 씨의 얘기를 한다.

"보험금의 증여에 대한 현재 규정은 상증세법 제2조 제3항 및 제4항, 상증세법 제34조 제1항, 상증세법 제42조 제4항입니다. 이 3개의 조항을 뜯어 연결하면 보험금 증여가 풀리게 됩니다."

현재 우리나라 상증세법은 완전 포괄주의 과세방식을 취하고 있기 때문에 상증세법 제2조 규정에 따라 그 행위 또는 거래의 명칭·형식·목적 등과 관계없이 경제적 가치를 계산할 수 있는 유형·무형의 재산을 직접 또는 간접적인 방법으로 타인에게 무상으로 이전하는 경우 증여세를 과세하도록 하고 있다.

"여러분, '복잡할수록 단순하게' 라는 말처럼, 보험금 증여는 상증세법 제34조에 따라 '보험사고가 발생할 때 즉, 연금을 수령하거나 해지해약금 또는 보험금을 수령' 하게 되면 증여세 납세의무가 성립한다고 보시면 됩니다."

　2003. 1.1 이후 타인으로부터 증여받은 금전이나 금전 외 유가증권 등의 재산을 증여받고 이를 양도하여 마련한 금전 등으로 보험료를 불입하는 자가 보험사고 발생시 보험금을 수취하는 경우에는 상증세법(2002.12.18 법률 제6780호로 개정된) 제34조 및 제42조 제1항의 규정에 의하여 보험금 상당액에서 당해 보험료불입액을 차감한 가액을 당초 금전이나 유가증권 등을 증여한 자가 보험금수취인에게 증여한 것으로 보아 증여세를 과세하도록 하고 있다.

　"결국, 보험계약 전·후 상관하지 않고 미성년자 등이 보험료 불입능력이 없는 자가 추후 보험금을 수령하는 경우, 증여세 신고여부와 관계없이 보험료를 불입하거나 증여한 사람이 보험금 수령자에게 증여한 것으로 보아 과세합니다."

　자녀를 계약자로 할 경우 보험금 수령 시점에 증여세가 과세되지 않도록 사전에 자녀명의 부동산 임대소득이나 주식증여 후 배당소득 등의 자금출처를 마련해 놓아야 한다.

　"최근 2014년에 적용할 개정세법인 상증세법 개정에 따라 보험사의 명의변경을 취급하는 담당자는 보험계약자 명의변경 명세서를 분기 종료일의 다음 달 말일까지 전산매체로 제출하도록 강제하고 있습니다. 결국 국세청이 계약자나 수익자 변경을 통해 보험금의 증여 사항을 수시로 체크하겠다는 것입니다."

　"세무사님! 갈수록 첩첩산중에 태산이 막혀 있네요."

　최근 즉시연금과 같은 고액보험이 예치되는 보험업계에서 이러한 납입보험료 취득자금에 대한 증여세 과세 문제가 대두되고 있는 것이 현실이다. '재산취득자금의 증여추정'을 비롯한 상증세법상의 증여세 과세대상은 TFR재무전문가의 핵심적인 연구대상 분야이다.

보험금의 증여

　보험금이란 보험계약에 의하여 보험사고 등으로 보험금 지급사유가 발생하여 보험회사가 보험수익자에게 지급하는 금액을 말한다. 이는 보험계약에 의하여 보험료의 실제 납부자와 보험금액의 수령인이 서로 다르다면 보험금의 수령인은 당해 보험금액을 무상으로 취득한 결과를 갖게 되므로 실질 증여에 해당되어 증여세 과세대상이다. 또한, 상증세법 제34조는 보험료 납부자와 보험금 수령인이 서로 같은 경우라도 해당 보험료를 타인으로부터 증여받아 납부하면 역시 보험금 수령인에게 실질적으로 무상이전으로 보아 증여세 과세대상이다. 그리고 상증세법 제 42조 제4항에 의하면 미성년자 등이 재산을 증여받아 보험에 가입한 후 보험사고의 발생 등으로 재산가치가 증가한 경우에도 타인의 기여에 의해 보험이익이 발생되는 것이므로 증여세를 과세한다.

보험료 납부자와 보험금 수령인이 다른 경우

생명보험 또는 손해보험에 있어서 보험금 수령인과 보험료 납부자가 다른 경우에는 보험사고가 발생한 때에 보험금상당액을 보험금 수령인의 증여재산가액으로 한다. 다만, 보험금이 상속세 과세대상 자산인 경우에는 증여세를 과세하지 않는다.

- 증여시기 : 보험사고가 발생한 때이다. 즉 보험금액의 수령시점이 증여시기가 아니다. 보험사고에는 만기보험금 지급의 경우를 포함하고 보험계약의 해제나 중도해지 등을 포함한다.

- 증여재산가액

$$\text{증여재산가액} = \text{보험금} \times \frac{\text{보험금 수령인 이외의 자가 납부한 보험료}}{\text{총 보험료 합계액}}$$

[예제] 보험계약자 및 수익자인 子는 2012.11.1 父를 피보험자로 하여 총 보험료 1억원(子가 납부한 보험료는 5천만원)이고 수령인 子가 만기 수령한 보험금이 1억3천만원인 경우 증여재산가액은?

[해제] 1억3천만원 × (5천만원/1억원) = 6천5백만원

타인으로부터 재산을 증여받아 보험료를 불입한 경우

2002.12.31 이전에는 보험금 수령인이 증여받은 금전으로 보험료를 납입 후 보험금을 수령한 경우에는 보험료 불입자와 수령인이 동일하므로 보험금에 대해 증여세를 과세할 수 없었다. 그러나 2003.1.1 이후부터는 보험금 수령인이 금전을 증여받아 보험료를 납부한 경우에도 증여세 과세대상으로 포함하였다. 2004.1.1. 이후부터는 금전 뿐만 아니라 재산을 증여받아 납부한 경우에도 과세대상이 된다. 보험계약기간에 보험금 수령인이 타인으로부터 재산을 증여받아 보험료를 납부한 경우에는 보험료납부액에 대한 보험금상당액에서 그 보험료납부액을 뺀 가액을 보험금 수령인의 증여재산가액으로 한다.

- 보험계약기간내 재산을 증여받아 불입한 경우 증여재산가액

$$증여재산가액 = 보험금 \times \frac{재산을\ 증여받아\ 납부한\ 보험료}{총\ 보험료\ 합계액} - 증여받아\ 납부한\ 보험료$$

[예제] 보험계약자 및 수익자인 子는 2008. 1.10 父를 피보험자로 하여 보험계약을 체결하는 과정에서 증여받은 재산 1억원과 본인의 소득 5천만원으로 보험료를 불입하고 보험사고가 발생하여 보험금 2억1천만원을 수령한 경우 증여재산가액은?

[해제] 2억1천만원 × (1억원/1억5천만원) - 1억원 = 4천만원

- 보험계약기간 밖에 재산을 증여받아 불입한 경우 증여재산가액

보험계약기간 밖에 보험금수취인이 타인으로부터 재산을 증여받아 보험료를 불입한 경우에도 보험금 수령인의 증여재산으로 한다.(서면4팀-1186, 2007.4.11)

[관련예규] 상증, 재산세과—616, 2011.12.26

[제목] 금전을 증여받은 후 보험료를 불입한 경우 보험금의 증여 해당여부

[요지] 보험금 수취인이 재산을 먼저 증여받아 보험료를 불입한 경우로서 당해 증여 및 보험계약의 구체적인 내용과 경제적인 실질이 보험계약기간 중에 재산을 증여받아 보험료를 불입하는 경우와 유사한 경우에도 이를 보험금수취인의 증여재산가액으로 하는 것임

[회신] 생명보험 또는 손해보험에 있어서 보험계약기간 안에 타인으로부터 재산을 증여받아 보험료를 불입하는 자가 보험사고(만기 보험금 지급의 경우를 포함)의 발생으로 보험금을 수취하는 경우에는 「상속세 및 증여세법」제34조 제1항의 규정에 따라 그 보험료불입액에 대한 보험금 상당액에서 당해 보험료불입액을 차감한 금액을 보험금수취인의 증여재산가액으로 하는 것이며, 보험금 수취인이 재산을 먼저 증여받아 보험료를 불입한 경우로서 당해 증여 및 보험계약의 구체적인 내용과 경제적인 실질이 이와 유사한 경우에도 같은 법 제2조 제3항 및 제4항의 규정에 의하여 이를 보험금수취인의 증여재산가액으로 하는 것입니다.

[관련법령] 상속세및증여세법 제2조 【증여세 과세대상】

보험금 증여 관련 해석사례

(1) 재산을 먼저 증여받은 후 보험계약을 체결하는 등 그 경제적인 실질이 증여에 해당하면 상증법 제2조 제3항 및 제4항의 규정에 의하여 이를 보험금수취인의 증여재산가액으로 한다.(서면4팀—1186, 2007.4.11)

(2) 생명보험 또는 손해보험에 있어서 보험금 수취인이 재산을 증여받아 보험료를 불입한 경우에는 당해 증여 및 보험계약의 구체적인 내용 및 경제적 실질에 따라 상증법 제2조·제34조·제42조의 규정이 적용되는 것이다.(재재산—1239, 2007.10.11)

(3) 새마을금고연합회가 취급하는 생명공제금 등도 보험금 증여 규정에 해당하는 보험금에 포함된다.(서면4팀—1491, 2004.9.22)

(4) 2003.1.1. 이후 타인으로부터 증여받은 금전이나 금전 외 유가증권 등의
재산을 증여받고 이를 양도하여 마련한 금전 등으로 보험료를 불입하는 자가 보험사고 발생시 보험금을 수취하는 경우에는 보험금 상당액에서 해당 보험료불입액을 차감한 가액을 애초 금전이나 유가증권 등을 증여한 자가 보험금수취인에게 증여한 것으로 보아 증여세를 과세하는 것이다. 이 경우 보험금상당액에서 차감하는 보험료불입액은 증여세가 과세되는 금전 등으로 불입한 것이 확인되는 보험료를 말하는 것이다. (서면1팀46014—10682, 2003.5.28)

즉시연금 평가, 상속·증여시 평가액이 줄어든다

"세무사님, 고객들에게 즉시연금 가입을 권유할 때 어떻게 설계하느냐에 따라 상속가액이 달라지더라구요. 상증세법과 어떤 관계인지 설명을 부탁드립니다."

마성숙이 김영진 세무사에게 즉시연금에 대한 정기금 평가에 대하여 질문한다.

"어제, 전주의 서하진세무사무소 택슈랑스 라운지 김이슬FR로부터 메일 질문을 받은 내용인데 같은 내용이니 설명드리겠습니다."

김영진 세무사는 작년 한해 즉시연금에 대한 질문을 많이 받았다. 특히 과세당국에서도 즉시연금에 대해 정확한 답을 내리지 않고 있었기 때문이다. 그러나 2013년도부터는 세법 개정으로 정리되었다.

"재무전문가들께서 연금상품 가입을 권유할 때 어떠한 연금형태로 지급받을 것인가는 고객의 자금상태, 건강, 자녀의 상황까지 고려해야 합니다. 또한 자금출처 부분까지 고려하는 분은 상당한 실력의 재무전문가적인 능력의 소유자입니다. 만약, 계약자 기준으로 계약자가 사망하더라도 일정한 연수 10년, 20년을 확정하여 지급받는 확정형 즉시연금이 있고, 피보험자 기준으로 피보험자의 생존시까지만 연금이 지급되는 종신형 즉시연금이 있습니다. 마지막으로 피보험자의 생존시까지만 연금을 지급하다가 피보험자의 사망시 수익자에게 책임준비금인 원금을 지급하는 상속형 즉시연금이 있습니다."

최근 ①제로금리시대 ②체감물가 10% ③소득세 40% 육박 ④집값은 반토막 ⑤100세 시대 등 이러한 다섯가지를 은퇴 5적(敵)이라고 한다. '돈은 들고 있는 게 리스크다.' 보험업계에서 하는 말이다. 가진 돈으로 섣불리 주식에 투자했다 손실을 보면 큰 낭패다. 하나밖에 없는 집이나 상가를 부득이하게 매각하는 경우 수입이 끊어지는 경우이다. 특히 노후준비가 되어 있지 않거나 퇴직금으로 생활하는 베이비부머 은퇴세대가 목돈을 날리는 경우가 허다하다. 따라서 금융자산을 보유하고 있지만 노후 준비가 늦은 사람을 위해 즉시연금보험을 권유하고 있다.

"마성숙FR님, 초호화 실버타운에 어떠한 직업군이 많을까요?"

"세무사님, 아마도 변호사, 의사와 같은 전문직 직업군이 아닐까요."

"하하. 그렇게 생각하는 분이 많지만, 실제는 공무원과 교사입니다. 은퇴 후에도 이분들은 매월 꼬박꼬박 나오는 연금이 있기 때문입니다."

김영진 세무사가 연금에 대해 강조한다. 사실 부동산은 시세에 따라 가치가 변하고 그에 따라 가격이 떨어지기도 한다. 또한 현금은 유동성이 높아 언제 어디로 누구에게 움직일지 모른다. 많은 부모세대들이 은퇴 이후 퇴직금을 자녀의 사업자금으로 돌리다가 힘든 시간을 보내고 있기 때문이다.

"여러분, 2012년에 가장 많이 판 상품이 무엇입니까? 즉시연금 아니겠어요. 이 상품은 목돈을 한꺼번에 보험료로 납부하고, 그 다음 달부터 일정액을 매달 연금으로 받습니다."

종신형 연금은 사망할 때까지 매달 연금을 지급받는 형태이다. 또한 가입자가 일찍 사망해도 연금을 지급하는 보증기간, 만약 연금을 받다가 이 기간 중에 사망하면 보증기간 만료시까지의 미지급 연금을 가족들이 받을 수 있다.

"단, 주의해야 할 점도 있습니다. 종신형 연금은 연금이 개시되면 해약이 안됩니다. 상속형은 물론 해약이 가능하나 다만 계약 기간 도중에 중도 해약한다면 그동안 감면받은 세금을 내야 합니다. 또 상속형은 원금을 보존한다는 장점이 있지만 원금의 일부와 이자가 매달 지급되는 종신형과 달리 이자만 연금으로 지급되므로 매달 받을 수 있는 금액이 적습니다."

"세무사님, 즉시연금이 상속이나 증여재산가액 평가시 유리하다고 하는데 이 부분에 대해 설명을 부탁드립니다."

"네, 상속재산을 평가할 때 정기금의 경우 '통계청장이 승인하여 고시하는 통계표에 따른 성별·연령별 기대여명의 연수까지의 기간 중 각 연도에 받을 정기금액을 기준으로 기획재정부령이 정하는 바에 따라 계산한 금액의 합계액' 이라고 한 바 있습니다."

관련 예규는 '연금과 적립금의 평가는 유기정기금의 평가방법에 의하며, 적립금은 계약기간의 마지막 연도에 받을 정기금에 포함해 평가한다.(재산-605, 2010. 6.18)' 또한 '종신정기금을 매월 단위로 지급받는 경우 정기금을 받을 권리의 평가는 첫회 수령일부터 1년 미만의 기간 중 지급 받을 금액의 단순합계액과 첫회 수령일로부터 1년 이후부터 수령할 금액을 평가한 가액을 합계하는 방식으로 평가한다. 또 각 연도에 받을 정기금액은 1년 동안 지급받을 금액의 합계액을 적용하며 경과연수(n)는 1년을 차감한 연수를 적용해 계산한다.(재산-313, 2011.6.29)' 고 하고 있다.

"만약 아버지가 계약자가 되고 자녀가 수익자로 하는 즉시연금으로 10억원 연 4% 연금을 수령하기로 하는 경우 상중세법에 따라 유기정기금평가를 하였을 경우 증여재산가액은 10억원이 아니라 8억6130만원으로 계산이 됩니다. 결국 증여세는 1억7046만원이 됩니다. 현금 10억원을 증여해 즉시연금상품에 가입하는 것보다 증여세 3744만원이 절세되는 것입니다."

보험금의 증여시기는 보험사고가 발생하는 시점으로 즉시연금의 경우 증여시기는 첫 회 연금 지급받을 때이다. 즉시연금과 같이 매월, 매년 받는 정기금에 대한 평가는 상중세법 시행령 제62조에 규정하고 있는데 유기정기금의 경우 20년 이상 연금을 받는다 하더라도 20년을 초과하지 않는다.

"그 이유는 현행 기획재정부장관이 고시하는 이자율 6.5%는 시장이자율보다 높기 때문에 즉시연금의 경우 현재가치로 할인하는 평가액은 더 적은 금액이 됩니다."

종신정기금의 경우에는 2010.12.30 이후에는 통계청장이 승인하고 고시하는 연령별 기대여명의 연수까지로 확대되어 상속세 과세금액을 평가한다. 가령 자녀가 95세나 105세까지 생존한다고 하여도 상속금액은 통계청장이 고시는 기대여명(약 85세)까지만 고려하여 상속가액을 계산하고 여기에 자녀가 실제받는 연금액이 아니라 할인하면 상속가액이 줄어든다. 연금현가계산은 부록 '화폐의 시간적 가치' 를 참고한다.

즉시연금보험 보험상품에 대한 증여세 과세

 - 증여시기 : 계약자를 변경할 때 변경된 계약자에게 증여세를 과세한다. 2003. 1.1 이후 계약자 변경분에 대하여 적용한다.(상증세법 제34조 단서 신설).

 - 과세방법 : 보험계약의 계약자 변경시 변경된 계약자에게 1차 증여세를 과세한다. 이후 계약자와 수익자가 동일하여 연금개시시 상증세법 제34조를 적용하여 수익자에게 증여세를 과세하고 계약자 변경시 과세된 증여재산가액은 차감한다. 만약 계약자와 수익자가 다른 경우 정기금평가액을 증여재산가액으로 하여 수익자에게 증여세를 과세하고 계약자에게 과세된 증여재산은 차감하지 않는다.

[예제] 어머니가 상속형 즉시연금보험에 가입한 후 연금지급 개시 전에 계약자와 수익자를 자녀 명의로 변경하는 경우 증여재산가액은?

[해제] 즉시연금보험의 계약자가 연금이 개시되기 전에 변경되는 경우에는 변경된 계약자에게 납입보험료와 이자상당액을 증여재산가액으로 하여 증여세 과세 후 계약자와 연금 수령자가 동일한 경우 해약환급금과 정기금평가액 중 큰 금액을 증여재산가액으로 한다.

CHECK

[관련해석] 즉시연금보험의 계약자 변경

갑(甲)이 상속형 즉시연금보험의 계약자 및 수익자를 갑(甲)으로 하여 보험에 가입하고 보험료를 일시에 납부한 후 그 보험의 연금지급이 개시되기 전에 보험계약의 계약자와 수익자를 을(乙)로 변경하는 경우에는 상증세법 제2조에 따라 을(乙)에게 증여세가 과세되는 것이며, 이 경우 증여재산가액은 계약자 변경시까지 불입한 보험료와 이자상당액의 합계액으로 평가하는 것이다. 이후 생명보험이나 손해보험에 해당하는 즉시연금보험의 연금의 지급이 개시되는 경우에는 같은 법 제34조 제1항 후단에 따라 연금개시 당시 그 연금보험의 평가액에서 보험료 납부액을 차감한 가액을 연금 수령자(을)의 증여재산가액으로 하는 것이며, 이 경우 연금개시 당시 해당 연금보험의 평가는 같은 법 시행령 제62조(정기금을 받을 권리의 평가)에 따라 평가하는 것이다. 다만, 귀 질의와 같이 해당 연금보험의 연금개시 당시 계약자와 수익자가 동일한 경우에는 그 보험의 해약환급금 상당액으로 평가할 수 있는 것이다(서면법규-166, 2013.02.14).

저가양수·고가 양도에 따른 이익의 증여

2003.12.31 이전에는 특수관계자간의 저가·고가 거래에 대하여만 증여세 과세대상이었으나 2004. 1.1 이후 양도분부터는 특수관계인이 아닌 자 간의 거래에 대하여도 거래의 관행상 정당한 사유가 없이 현저하게 저가·고가 거래를 한 경우에는 아래 이익을 증여재산가액으로 한다.

·특수관계자간 고·저가 양도에 따른 이익의 증여

구분	수증자	과세요건	증여재산가액
저가 양수	양수자	(시가-대가)가 시가의 30% 이상 또는 3억원 이상	(시가-대가) - Min(시가×30%, 3억원)
고가 양수	양도자	(대가-시가)가 시가의 30% 이상 또는 3억원 이상	(대가-시가) - Min(시가×30%, 3억원)

·특수관계자 외의 자간 고·저가 양도

구분	수증자	과세요건	증여재산가액
저가 양수	양수자	(시가-대가)가 시가의 30% 이상	(시가 - 대가) - 3억원
고가 양수	양도자	(대가-시가)가 시가의 30% 이상	(대가 - 시가) - 3억원

특수관계자간 거래에 대해서는 당해 거래 뿐 아니라, 당해 거래 등을 한 날부터 소급하여 1년 이내에 동일한 거래 등이 있는 경우에는 각각의 거래 등에 따른 이익을 해당이익별로 합산하여 계산한다.

[예제] 2014년 7월1일 5억원(시가 6억원)의 토지, 2013년 10월 12일 7억원(시가 9억원)의 건물, 2013년 8월 10일 5억원(시가 6억5천만원)의 주식을 父가 子의 배우자에게 양도하였다. 증여세 과세여부와 증여재산가액은?

[해제] 각 재산별로는 다음과 같이 과세제외되나 통산시에는 차액이 4억5천만원으로 과세대상이다.

양도일자	합계	2014. 7.1	2013.10.12	2013. 8.10
양도자산		토지	건물	주식
시가	21억5천만원	6억원	9억원	6억5천만원
대가	17억원	5억원	7억원	5억원
차액	4억5천만원	1억원	2억원	1억5천만원

채무면제 등에 따른 이익의 증여

채권자로부터 채무의 면제를 받거나 제3자로부터 채무의 인수 또는 변제를 받은 경우 그 면제·인수 또는 변제로 인한 이익에 상당하는 금액을 그 이익을 얻은 자의 증여재산가액으로 한다. 남편을 대신하여 시어머니가 며느리에게 이혼위자료로 부동산을 증여한 경우에는 상속세 및 증여세법 제36조에 따라 남편이 그의 어머니로부터 그 부동산의 가액에 상당하는 위자료채무를 인수 또는 변제받은 것으로서 남편에게 증여세가 과세된다.(재산세과-453, 2012.12.20)

부동산무상사용에 따른 이익의 증여

특수관계자의 토지 위에 건물을 신축(당해 부동산 소유자와 함께 거주하는 주택과 그에 딸린 토지 제외)하여 사용하는 경우로 아래 계산에 의한 토지 사용료 상당액이 1억원 이상인 경우 무상사용을 개시한 날에 당해 이익에 상당하는 가액을 부동산 무상사용자의 증여재산가액으로 한다. 2004. 1.1 이후부터는 토지뿐만 아니라 다른 부동산에도 과세한다.

$$\text{부동산무상사용이익} = \sum_{n=1}^{5} \frac{\text{각 연도 부동산 무상사용이익*}}{(1 + 10\%)^n}$$

* 각 연도 부동산무상사용이익 = 부동산가액 × 연간 사용요율(2%)

당초 증여시기로부터 5년이 경과한 후에도 계속하여 부동산을 무상으로 사용하는 경우에도 계속하여 사용시 5년이 되는 날의 다음 날 새로이 다시 계산한다.

[예제] 시가 15억원의 토지(소유자:父)에 子가 건물을 신축하여 당해 토지를 무상사용하는 경우 증여재산가액은? (부록 부표-3 현가이자요소 적용)

[해제] 113,721,000원(1차+2차+3차+4차+5차)

1차년도 : 15억원×2%/(1+0.1)1 = 27,273,000

2차년도 : 15억원×2%/(1+0.1)2 = 24,792,000

3차년도 : 15억원×2%/(1+0.1)3 = 22,539,000

4차년도 : 15억원×2%/(1+0.1)4 = 20,490,000

5차년도 : 15억원×2%/(1+0.1)5 = 18,627,000

금전무상대부 등에 따른 이익의 증여

타인(202.12.31 이전에는 특수관계인)으로부터 1년 이내에 1억원 이상의 금전을 무상 또는 적정이자율보다 낮은 이자율로 대출받는 경우 그 금전을 대출받는 날에 적정이자율과의 차액을 그 금전을 대출받는 자의 증여재산가액으로 한다.

증여재산가액 = 대부금액 × 적정이자율* − 실제 지급한 이자상당액

적정이자율이란 금융실명거래 및 비밀보장에 관한 법률 제2조 제1호에 따른 금융회사가 보증한 3년 만기 회사채의 유통수익률을 고려하여 기획재정부 장관(2010.2.17. 이전은 국세청장)이 정하여 고시하는 이자율을 말한다. 현재 기획재정부 고시 제2010-18호(2010.11.5)에 따라 2010.11.5 이후 8.5%이다. 한편 2014년에 적용할 개정세법은 개인이 법인으로부터 대출받은 경우 법인세법상 시가인 가중평균차입이자율 등 적정이자율로 개정하였다.

자본거래관련 증여예시

자본거래관련 증여예시는 각 예시별로 이론적인 내용과 사례를 홈페이지(www.taxurance.kr)를 통해 구체적으로 게재한다.

- 증자시의 증여
  · 저가발행 실권주의 재배정·불배정
  · 고가발행 실권주의 재배정·불배정
  · 고·저가 발행 신주의 불균등배정
- 현물출자시 증여
- 전환사채 등에 대한 증여
  · 전환사채 등을 인수·취득함으로써 이익을 얻는 경우
  · 전환사채 등을 주식으로 전환하거나 양도함으로써 이익을 얻는 경우
- 합병시의 증여
- 증·감자시의 증여
- 특정법인과의 거래를 통한 이익의 증여

2014년에 적용할 개정세법은 상증세법 시행령을 개정하여 결손, 휴폐업 법인은 물론 특정법인의 범위에 지배주주와 그 친족이 50% 이상 출자한 흑자법인을 추가하여 특정법인과의 무상거래 등을 통한 변칙증여에 대해 특정법인의 최대 주주에게 증여세를 과세한다.

- 주식 등의 상장시 증여
- 합병에 따른 상장시 증여

그 밖의 증여

2004. 1.1 이후 종전 증여의제 규정은 예시규정으로 전환하였다. 증여로 예시되지 아니한 재산 용역의 무상이전 등에 대한 증여세 예시규정을 신설하였다. 새로운 예시규정에는 기존의 예시규정 및 증여추정 외에 재산 또는 용역의 무상이전 및 자본거래로 인한 경제적 이익과 타인 기여에 의한 재산가치 증가분에 대한 과세가 포함되었다.

- 재산 용역의 무상 또는 저가 고가 사용 등에 따른 이익의 증여

- 자본거래 등으로 인한 그밖의 이익의 증여

- 타인의 기여에 의한 재산가치의 증가에 대한 과세

미성년자 등 자기의 계산으로 형질변경 등의 행위를 할 수 없다고 인정되는 자가 타인의 증여, 기업경영에 관한 내부정보 이용, 특수관계인의 담보 등으로 재산을 취득한 후 5년 이내에 개발사업의 시행 등 재산가치 증가사유로 인한 재산가치 증가에 따른 이익이 3억원 이상이거나 당해 자산의 취득가액 등의 30% 이상인 경우 그 이익을 얻은 자의 증여재산가액으로 한다. 미성년자 등이란 미성년자 또는 그 직업·연령·소득·재산 상태로 보아 자신의 계산으로 당해 행위를 할 수 없다고 인정되는 자이어야 한다.

합산배제 증여재산

합산배제 증여재산이란 증여시기에 관계없이 증여재산가액에 가산하지 않는 증여재산이다. 또한, 증여자가 사망한 경우에도 증여시기에 관계없이 당해 재산은 상속세 과세가액에 가산하지 않는다(2004. 1.1 이후 적용). 단, 합산배제 증여재산의 과세표준은 당해 증여재산가액에서 3천만원과 감정평가수수료공제만을 적용한다.

- 전환사채 등의 주식전환 등에 따른 이익의 증여
- 주식 등의 상장 등에 따른 이익의 증여
- 합병에 따른 상장 등 이익의 증여
- 타인의 기여에 의한 재산가치증가분의 증여
- 특수관계법인과의 거래를 통한 이익의 증여의제(3천만원 공제하지 않음)

차명계좌 입증책임 납세의무자에게 있다

"세무사님, 2013년 귀속부터 금융소득종합과세 기준금액이 2000만원으로 인하되어 종합소득세 최고세율을 피하기 위해 자녀명의로 돌리는 경우가 많

습니다. 이 경우 조심해야 할 부분을 말씀해 주십시오."

이대로FR이 최근 고객들과의 상담내용 중 많은 부분을 차지하고 있는 차명계좌에 대해 얘기를 듣고자 한다.

"네, 앞에서도 강조된 내용이지만 다시 강조해서 말씀드리겠습니다. 2013년에 적용할 개정세법 중에 소득세법상 금융소득종합과세 기준금액 인하 규정과 상증세법상 차명계좌 증여추정 관련 규정은 매우 상관관계가 있습니다."

기존에는 가족명의 등으로 차명계좌를 만들어 자금을 분산해서 관리할 수 있었다. 과세당국에서도 개정 전에는 '차명자산 명의자가 자금을 인출해 사용한 경우'로 한정해 과세하였다.

"개정세법은 단순 차명계좌라는 것을 입증하지 못하면 증여로 추정돼 높은 세율의 세금이 부과됩니다. 금융소득종합과세에 따른 소득세를 피하려다 더 큰 낭패를 볼 수 있다는 것이죠."

증여추정은 차명계좌의 명의자가 단순 차명임을 입증하지 못하면 금융계좌에 돈이 입금되는 시점을 기준으로 과세당국이 증여세를 추징할 수 있다.

"기존에는 단순 차명계좌인지, 증여한 계좌인지 과세당국이 실지조사를 통해 과세하였지만 이젠 납세자가 입증 부담을 지게 됩니다. 만약 증여세 신고를 하지 않은 경우 51%에 이르는 신고납부불성실가산세까지 세금을 더 내게 되므로 주의해야 합니다."

정기예금·저축예금 등 금융상품의 이자소득이 발생할 때마다 국세청에 통보된다. 통보되는 내용에는 이자소득세 원천징수영수증(지급조서)에는 원금과 이자소득 등 최초 예금일자가 표시되고 예금주가 특별한 소득이 없는 경우 증여임이 100% 노출된다고 볼 수 있다. 차명예금계좌 자체를 계속 보유하는 경우 증여세를 내든지 아니면 금융소득종합과세를 선택하여야 한다.

"세무사님, 기본적으로 차명계좌를 만들지 않는 것이 좋겠습니다. 10년 비과세저축성보험을 통해 증여세와 금융소득종합과세를 피하는 것이 가장 효과적인 방법이겠습니다."

"네, 이대로님. 투명해진 차명계좌보다 아무래도 상대적으로 소득세율이 낮은 해외 주식투자도 고려해 볼 수 있고, 일시에 이자소득이 몰리지 않도록 만기일에 따라 분산 예치하는 금융상품 등으로 종합과세 부담을 줄일 수 있습니다. 또한 장기 유지에 따른 복리효과로 시간이 지날수록 원금이 커지는 변액적립보험도 추천할 만합니다."

보험은 보험사고가 발생할 때 증여로 보기 때문에 일단 증여세나 금융소득종합과세를 과세이연 즉, 현행 세법에 따른 과세를 연기시킬 수 있다. 보험은 만기시 보험사고가 발생할 때 증여로 본다.

증여추정

증여추정은 납세자의 반증이 없는 한 증여로 추정하는 것으로 현행 상속세 및 증여세법에서는 배우자 등에 대한 양도시의 증여추정, 재산취득자금 등의 증여추정이었으나 2013년 개정세법으로 차명계좌 증여추정을 추가하였다.

배우자 등에 대한 양도시 증여추정

배우자 또는 직계존비속에게 양도하는 경우 및 특수관계자에게 양도한 재산을 특수관계자가 3년 이내에 당초 양도자의 배우자 또는 직계존비속에게 양도한 경우 배우자 등이 증여받은 것으로 추정한다. 다만, 양도한 사실이 명백한 아래와 같은 경우는 제외한다.
- 법원의 결정으로 경매절차에 의하여 처분된 경우
- 파산선고로 인하여 처분된 경우
- 자본시장과 금융투자업에 관한 법률에 다른 증권시장을 통하여 유가증권이 처분된 경우. 다만, 불특정 다수인간의 거래에 의하여 처분된 것으로 볼 수 없는 경우에는 제외한다.
- 배우자 등에게 대가를 지급받고 양도한 사실이 명백히 인정되는 경우

재산취득자금 등의 증여추정

직업·연령·소득 및 재산상태 등으로 보아 재산을 자력으로 취득하였다고

인정하기 어려운 경우로서 자금출처로 입증된 금액이 취득재산가액에 미달하는 경우 해당 재산의 취득자금을 그 재산의 취득자가 증여받은 것으로 추정한다. 다만, 입증되지 아니하는 금액이 취득재산가액의 20%와 2억원 중 적은 금액에 미달하는 경우는 제외한다. 입증된 금액은 아래와 같다.

  - 신고하였거나 과세(비과세 감면 포함)받은 소득금액
  - 신고하였거나 과세(비과세 감면 포함)받은 상속 또는 수증재산의 가액
  - 재산을 처분한 대가로 받은 금전이나 부채를 부담하고 받은 금전으로 당해 재산의 취득 또는 당해 채무의 상환에 직접 사용한 금액

CHECK

자금출처로 인정되는 경우(상증통칙 45-34-1)
① 본인 소유재산의 처분사실이 증빙에 의하여 확인되는 경우 그 처분금액
(그 금액이 불분명한 경우에는 상증법 제60조 내지 제66조의 규정에 의하여 평가한 가액)에서 양도소득세 등 공과금 상당액을 뺀 금액
② 기타 신고하였거나 과세받은 소득금액은 그 소득에 대한 소득세 등 공과금 상당액을 뺀 금액
③ 농지경작소득
④ 재산취득일 이전에 차용한 부채로서 상증령 제10조 규정의 방법에 따라 입증된 금액. 다만, 원칙적으로 배우자 및 직계존비속간의 소비대차는 인정하지 아니한다.
⑤ 재산취득일 이전에 자기재산의 대여로서 받은 전세금 및 보증금
⑥ 1) 내지 5) 이외의 경우로서 자금출처가 명백하게 확인되는 금액

재산취득일 전 또는 채무상환일 전 10년 이내에 당해 재산취득자금 또는 당해 채무상환자금의 합계액이 3천만원 이상으로서 연령 세대주 직업 재산상태 사회경제적 지위 등을 참작하여 국세청장이 정하는 금액을 말한다. 국세청장이 정하는 상속세및증여세사무처리규정의 증여추정 배제기준은 아래와 같다.

구분	취득재산		채무상환	총액한도
	주택	기타자산		
(가) 세대주인 경우				
− 30세 이상인 자	2억원	5000만원	5000만원	2억5000만원
− 40세 이상인 자	4억원	1억원		5억원
(나) 세대주가 아닌 경우				
− 30세 이상인 자	1억원	5000만원	5000만원	1억5000만원
− 40세 이상인 자	2억원	1억원		3억원
(다) 30세 미만인 자	5000만원	3000만원	3000만원	8000만원

차명계좌 명의자 증여추정

차명계좌에 대해서는 그동안 자력으로 재산을 취득하거나 채무를 상환했다고 인정하기 어려운 경우로 보아 증여로 추정하여 과세한다고 규정하고 있었다. 그동안 차명금융재산의 경우 재산 취득시기는 명의자가 자금을 인출하여 사용한 경우에 과세함에 따라 명확하지 못한 부분이 있었다.

[개정이유] 차명계좌를 이용한 변칙 증여에 대해 과세강화
→ 대법원 판례적용(대법 96누3272, 97.2.11선고)
→ 부인명의의 정기예금은 증여에 해당됨
〈적용시기〉 2013.1.1 이후 신고하거나 경정 또는 결정하는 분부터 적용

2013년 개정세법은 차명계좌 증여추정을 신설하여 금융계좌에 자산이 입금되는 시점에 계좌의 명의자가 재산을 취득한 것으로 추정하여 차명계좌를 이용한 변칙 증여에 대해 과세권을 강화하였다. 다만, 명의자가 차명재산임을 입증하는 경우에는 과세제외한다. 또한 개정세법에는 수증자 명의로 되어 있는 증여자의 금융자산(50억원 초과)을 수증자가 사용·수익한 경우 해당 재산의 증여를 안 날로부터 1년 이내 부과가 가능하도록 하여 증여세 부과제척기간을 연장하였다.

증여의제

증여의제란 증여에는 해당되지 아니하지만 조세정책적인 목적을 달성하기 위하여 법에 의해 증여로 의제하는 것을 말한다. 증여의제는 납세자가 반증이 있다 하더라도 증여로 본다. 상증세법상 증여의제 규정으로는 명의신탁재산의 증여의제와 2012년 개정세법으로 신설된 특수관계법인과의 거래를 통한 이익의 증여의제가 있다.

명의신탁재산의 증여의제

권리의 이전이나 그 행사에 등기 등(등기·등록·명의개서 등)을 요하는 재산(토지와 건물은 제외)에 있어서 실제소유자와 명의자가 다른 경우에는 그 명의자로 등기 등을 한 날에 그 재산의 가액을 그 명의자가 실제소유자로부터 증여받은 것으로 본다. 그러나 명의자가 영리법인이 되어 증여세가 부과할 수 없는 경우에는 실제소유자가 납세의무자가 된다.

명의신탁된 주식의 경우

명의신탁된 주식의 경우 증여의제규정에 의거 증여세 과세대상이 된다. 증여의제 가액은 증여의제 시기를 평가기준일로 하여 상속세및증여세법 제60조 내지 제66조의 규정에 의하여 평가한 가액으로 하며 명의신탁 해지를 원인으로 한 명의개서 완료의 경우 당초 명의신탁 시점에 대하여 증여세가 과세된다. 명의신탁 해지를 통해 지분을 찾아오기 위해서는 신탁자와 수탁자 간의 명의신탁계약서, 금융거래 등 명의신탁에 대한 사실이 객관적으로 확인되어야 한다.

명의신탁주식 여부 (서면4팀-1384, 2008.6.10)

피상속인이 명의수탁한 주식을 상속개시후 상속인(명의수탁자의 상속인을 말한다. 이하 같다)명의로 명의개서한 경우에는 당초 피상속인 명의로 명의개서한 때와 그 상속인 명의로 명의개서한 때에 각각 그 명의자가 실제소유자로부터 증여받은 것으로 보아 명의신탁 증여의제 규정을 적용하는 것임. 다만, 실제 소유자와 상속인간에 새로운 명의신탁의 약정이 없었다고 인정되는 경우에는 그러하지 아니하는 것이며, 귀 질의의 경우가 이에 해당하는지는 당해 주식을 상속인 명의로 명의개서한 경위 등 구체적인 사실관계에 따라 판단할 사항임

타인의 명의로 재산의 등기 등을 한 경우

이 경우 조세란 국세, 지방세, 관세를 말한다. 타인의 명의로 재산의 등기 등을 한 경우로서 실명전환 유예기간(1997.1.1~1998.12.31) 중에 주식 등의 명의를 실제소유자 명의로 전환하지 아니하는 경우에는 조세회피목적이 있는 것으로 추정된다. 차명주식에 대해 조세회피목적이 있는 것으로 추정되는 경우 명의자가 이러한 추정을 벗어나기 위하여는 그가 조세회피 목적이 없었다는 점에 대해 주장하거나 입증할 책임을 진다(대법원2005두3882, 2005.7.22).

소유권을 취득하였으나 실소유자 명의로 이전하지 않은 경우로서 양도자가 신고하는 경우

소유권을 취득한 자가 실제소유자 명의로 명의개서를 하지 아니하고 종전 소유자 명의로 두고 있는 경우에도 양도자가 양도세 예정신고 및 확정신고에 따른 양도소득세 과세표준 신고 또는 증권거래세를 신고납부와 함께 소유권 변경내용을 신고하는 경우에는 과세제외한다. 양도자가 국세기본법에 따라 기한후 과세표준신고서를 소유권 양도일이 속하는 연도의 다음연도 말일까지 제출한 경우에는 과세제외 함(재산-1408, 2009. 7.10).

실명전환 유예기간 중에 주식 등을 실명 전환한 경우

주식 등 중 1996.12.31 이전에 신탁 또는 약정에 따라 타인명의로 주주명부

또는 사원명부에 기재되어 있거나 명의개서 되어있는 주식 등에 대하여 1997. 1.1부터 1998.12.31까지의 기간(유예기간) 중 실제소유자 명의로 전환한 경우에는 증여세를 부과하지 않는다. 다만, 당해 주식 등을 발행한 법인의 주주와 특수관계자 및 1997. 1.1 현재 미성년자인 자의 명의로 전환하는 경우에는 그러하지 아니한다.

명의신탁 증여시기 의제

> ·소유권을 취득한 자가 타인명의로 명의개서 한 경우 그 명의개서일 ('갑'이 '을'로부터 취득하여 '병' 명의로 개서)
> ·소유권을 취득했으나 종전소유자 명의를 그대로 유지한 경우 취득일이 속하는 해의 다음 해 말일의 다음날
> ('갑'이 '을'로부터 취득한 주식을 '을' 명의 그대로 둔 경우)

등기 등록 또는 명의개서를 한 날에 실제소유자가 그 명의자에게 증여한 것으로 의제한다. 그러나 주식 등 명의개서를 필요로 하는 재산의 소유권을 취득한 자가 본인의 명의로 명의개서를 하지 않고 종전소유자의 명의로 두고 있는 경우에는 그 소유권 취득일이 속하는 연도의 다음연도 말 일의 다음날에 종전 소유자에게 명의신탁한 것으로 보아 증여세를 과세한다. 즉, 주식을 취득한 자가 장기간 본인명의로 주식을 명의개서하지 않은 경우 실질상 명의신탁임에도 과세관청에서는 이를 인지하기 어려우므로 이를 방지하기 위하여 별도의 증여시기를 2002.12.18 개정하여 명문화한 것이다.

[예제] 2002.12.31 이전에 '갑'이 소유권을 취득하고 2003. 1.1. 현재 명의개서를 하지 아니한 경우에는 2003.1.1에 소유권을 취득한 것으로 보아 다음연도 말일의 다음 날인 2005. 1.1에 명의신탁 증여한 것으로 본다. 또한 2003. 1.1 이후에는 2009. 3.1 을이 소유권을 취득하고 실소유자 명의로 명의개서를 하지 않은 경우에는 소유권을 취득한 날이 속하는 연도의 다음연도 말일의 다음 날인 2011. 1.1에 명의자에게 명의신탁한 것으로 보아 증여세를 과세한다.

명의신탁 재산가액의 평가

증여의제일 현재를 기준으로 상증법 60조부터 제66조까지의 규정에 의하여 평가한 가액에 의한다. 명의신탁재산의 증여의제에 있어서는 당해 명의신탁재산의 금액에서 감정평가수수료를 뺀 금액을 증여세 과세표준으로 한다. 명의신탁재산은 최대 주주 주식에 해당하는 경우에는 할증평가의 규정이 적용된다(재경부재산46014-39, 2002.2.15). 단, 2005.1.1부터 2014.12.31까지 기간에는 중소기업 주식에 대해서는 할증평가를 배제한다.

CHECK

명의신탁주식에 대한 유상증자를 한 경우 증여시기

명의신탁재산의 증여의제 규정을 적용할 때, 유상증자로 인하여 교부받은 신주를 실제 소유자가 아닌 제3자 명의로 명의개서한 경우 명의신탁재산의 증여시기는 그 제3자 명의로 명의개서한 날이 되는 것이며, 주식의 가액은 그 명의개서한 날을 기준으로 상증법 제60조 및 제63조의 규정에 의하여 평가한 가액이다(서면4팀-109, 2008.1.14).

택슈랑스 라운지 잠시 빌려준 차명주식 알고보니 세금폭탄!

　수원에서 제조업을 하고 있는 K대표는 2년 전 퇴사한 직원에게 돌려받은 주식 때문에 1억여원의 세금폭탄을 맞았다. 2001년 개정된 상법에서는 발기인 1인만으로 법인 설립이 가능해졌지만 1996년 이전에는 7인 이상, 2001년 이전에는 3인 이상의 발기인이 필요했었다.

　1993년에 법인을 설립한 K대표는 당시 가족과 일부 직원들을 포함시켜 주식을 명의신탁 했다. 그리고 시간이 흘러 2011년 K대표는 일부 주식을 명의신탁 받았던 직원으로부터 주식을 돌려받았다. 이에 과세당국은 이 주식을 퇴사한 직원이 K대표에게 증여한 것으로 보고 증여세를 과세한 것.

　이렇게 K대표처럼 과거 법인설립 시점에 상법상 발기인 수를 채우기 위해 주식을 명의신탁했다가 적절한 시기에 환원하지 못해 골머리를 앓고 있는 CEO를 종종 보게 된다. 현행 상속세 및 증여세법은 주식의 실제소유자와 명의자가 다르면 조세회피 목적이 있는 것으로 추정되는 경우 이름을 빌려준 사람이 주식을 증여받은 것으로 간주돼 증여세를 납부해야 한다.

　조세회피 목적이 있는 것으로 추정되는 경우는 타인의 명의로 재산의 등기를 하거나 실제소유자 명의로 명의개서를 하지 않은 경우, 지난 1997년부터 1998년까지 유예기간 중 실제 소유자 명의로 전환하지 않은 경우 등이다.

　통상 주식 명의신탁은 부동산과 달리 주주명부에 명의등재만으로 소유권이 이전되기 때문에 양도세나 증여세를 과세할 수 없지만 이를 방치하면 증여세 회피를 위한 변칙 증여 수단으로 사용될 우려가 있어 현행 세법에서는 명의신탁된 차명주식에 대해 증여세를 과세하고 있다.

　조세회피 목적이 없는 경우에는 증여세를 납부하지 않아도 되지만 이를 증명할 방법은 쉽지 않다. 조세를 회피할 목적이 있었는지의 여부를 판단하는 문제는 납세자가 우선 판단하여 세무서장에게 제출하면 이를 근거로 세무서장이 판단하게 되는데 둘 사이 의견이 상충되면 법원의 판단에 맡길 수밖에 없다.

국세청 발표에 따르면 2006년부터 2010년까지 주식 명의신탁에 대해 1조원이 넘는 증여세가 추징된 바 있다. 증여세 뿐만 아니라 배당이 있을 때 종합소득 누진과세에 따른 소득세, 실소유자가 사망한 경우 상속세까지 추징될 수 있으므로 명의신탁 주식은 언제 터질지 모를 세금폭탄과 같다고 할 수 있다. 국세청이 주식명의신탁에 대해 철저히 조사하고 엄중한 관리를 하겠다고 밝힌 현 상황에서 차명주식이 있는 회사라면 증여세, 취득세, 배당소득세 등 세무적인 문제를 좀더 면밀히 검토해야 할 것이다. 한편 머니위크 중소기업 지원 센터에서는 명의신탁해지 및 가지급금 해결 방안 등을 제공하고 있으며 무료 상담도 가능하다.

(머니위크 중소기업 지원 센터)

Taxurance®

특수관계법인과의 거래를 통한 증여의제

특수관계법인을 이용하여 부를 이전하는 사례에 대한 증여세 과세를 위해 특수관계법인간의 일감 몰아주기로 발생한 이익을 증여로 의제하는 규정으로 2011.12.31 신설하여 2012.1.1 이후 개시하는 사업연도 거래분부터 적용한다.

세후영업이익의 계산

일감몰아주기 증여의제 이익계산시 세후영업이익은 기업회계기준에 따른 영업손익에 감가상각비손금불산입, 퇴직급여충당금손금산입, 대손충당금손금산입, 손익의 귀속 사업연도, 자산의 취득가액, 퇴직보험료 등 손금산입에 관한 조정사항 및 (2014년에 적용할 개정세법상 추가)재고자산평가손익을 반영하고 법인세액×(세법상 영업손익/각 사업연도 소득금액) 차감하여 계산한다.

일감몰아주기 증여의제 계산식
세후영업이익 × 초과거래비율(특수관계법인과의 거래비율 − 정상거래비율30%/50%) × 초과지분율(수혜법인 주식보유비율 − 3%/ 10%)

2013년 개정세법은 수혜법인이 외국법인이면 일감몰아주기 과세에서 제외한다. 이는 일감몰아주기 수혜법인이 외국법인이면 거래내역 파악 등 세원관리의 어려움을 고려해 과세하지 않는다. 또한 일감을 몰아준 특수관계법인이 수혜법인에 100% 출자한 경우 해당 거래는 동일 주주간으로 증여세 과세에서 제외한다.

2014년에 적용할 개정세법 중소기업간 거래 제외

2014년에 적용할 개정세법은 정상거래비율을 개정하여 일반법인간 30%, 중소·중견법인간 50%로 차등하였다. 또한 수혜법인 주식보유비율도 일반법인 3%, 중소·중견법인 10%로 차등하여 개정 완화하였다. 중소·중견법인은 조특법상 중소기업과 중견기업은 매출액 5천억원 미만 기업을 말한다. 또한 2014년에 적용할 개정세법은 중소기업간 매출, 중소·중견기업의 수출목적 국내

거래(간접수출) 등을 과세대상에서 제외된다.

특수관계법인간 매출제외 거래
① 중소기업인 수혜법인의 중소기업인 특수관계법인에 대한 매출액 전액
② 수혜법인의 주식보유비율이 50% 이상인 법인 자회사에 대한 매출
③ 50% 미만 출자한 법인과의 매출액 중 지분율 상당액
④ 지주회사인 수혜법인의 자·손 회사의 매출액
⑤ 수출목적의 국외거래 단, 중소·중견기업은 수출목적의 국내거래도 제외
⑥ 법률에 따른 의무적 거래

주」 2014. 1.1 이후 신고기한 도래분부터 중소기업간 거래, 자기증여발생거래 등을 과세대상매출액의 범위에서
   제외한다. 단 수출 목적의 국외거래와 법률에 따른 의무적거래는 2014. 1.1 이후 개시하는 사업연도 분부터 적용

특수관계법인과의 거래 증여의제 증여세 신고 및 납부기한의 특례

특수관계법인과의 거래를 통한 이익의 증여의제에 해당하는 경우 증여세
과세표준 신고 및 납부기한은 수혜법인의 법인세법 제60조 제1항에 따른 과
세표준의 신고기한이 속하는 달의 말일부터 3개월이 되는 날이다.

명의신탁과 과점주주 그리고 간주취득세

　자신의 자산을 타인명의로 맡겨놓은 것을 명의신탁이라고 하는데, 찾아오는 것을 '명의신탁해지'라고 한다. 그런데 명의신탁 관련해서는 여러 가지 위험이 따를 수 있다. 예를 들어 신탁자(자산의 지분을 타인명의로 맡긴 사람)가 불의의 사고를 당해 사망할 경우 수탁자(타인 지분을 자신의 지분으로 맡은 사람)가 마음을 바꿔 먹을 수도 있고, 반대로 수탁자가 사망할 경우 수탁자의 상속인과 신탁자 간에 소유권 다툼이 생길 소지가 있기 때문이다. 특히 회사가 성장할수록 명의신탁해지를 통한 주식환원이 더욱 어려울 수 있으므로 가능한 한 빨리 명의신탁 자산을 찾아오는 것이 바람직하다.

명의신탁해지시 간주취득세

　지방세법 제105조 제6항에서 법인의 주식 또는 지분을 취득함으로써 과점주주가 된 경우에는 과점주주의 간주취득세 납세의무가 성립된다고 규정하고 있다. 명의신탁해지로 인하여 주식명의를 회복하는 것은 주식의 취득에 해당하지 않으므로 그에 따라 과점주주가 되는 경우는 과점주주 간주취득세 납세의무가 성립되었다고 볼 수 없다. 실질적인 주주가 주주명부에 명의대여자로 등재하였다고 하여도 주식을 인수하고 대금을 납부한 실질소유자가 주주가 되지 단순히 명의를 대여한 자는 명의만을 대여한 것에 불과하며, 주주명부의 등재가 권리를 대외적으로 공시하는 방법도 아니어서 본래 의미의 명의신탁이 인정되지 않으므로 주주명부에 명의대여자를 주주로 볼 수 없으며(대판97다50619, 1998. 4. 10 참조) 따라서, 명의신탁자가 실질적으로 주식의 소유자가 아닌 명의수탁자로부터 주주명부상의 명의만 회복하는 명의신탁 해지는 주식을 취득한 것으로 볼 수 없다고 판단하고 있다. (대판2009두8601, 2009.8.27 참조)

과점주주의 의무사항

　과점주주는 주주 1인과 그와 친족, 기타 특수관계에 있는 사람들이 소유한 주식의 합계가 해당 법인이 발행한 주식 총수의 50%를 초과하여 소유한 경우를 말한다. 이러한 과점주주에 대해서는 다음과 같은 2가지 세무적인 의무사항이 적용된다. 첫째, 법인이 국세 또는 지방세를 체납하는 경우 그 부족액에 대해 과점주주가 2차 납세의무를 지게 된다. 둘째, 과점주주가 된 경우에는 실질적으로 그 법인에 대한 지배권을 장악하기 때문에 해당 법인이 보유한 과세대상 자산에 대해 과점주주가 다시 한 번 취득세를 내야하는 간주취득세 문제가 발생한다. 다만 법인설립 당시에 발행한 주식 또는 지분을 취득하여 처음부터 과점주주가 된 경우에는 해당되지 않는다. 2014년에 적용할 개정세법은 지방세법을 개정하여 과점주주에 따른 간주취득세의 경우 연대납세의무를 신설하였다. 한편 특수관계인간의 증여를 통한 지분이동의 경우에는 '신규 과점주주'가 되는 것이 아니므로 간주취득세 문제가 발생하지 않는다. 몇 가지 사례를 들어 지분취득 형식에 따른 간주취득 비율을 살펴보면 다음 표와 같다.

구분		지분비율변동	간주취득세 과세여부
사례1	설립시부터 과점주주	52%	과세안함
사례2	과점주주 후 지분변동	52% ▶ 62%	10% 간주취득세 과세
사례3	일반주에서 과점주주	40% ▶ 60%	60% 간주취득세 과세
사례4	주주차입금 출자전환	"	"
사례5	기존법인의 경영권인수	40% ▶ 51%	51% 간주취득세 과세
사례6	지분감소후 지분취득	70% ▶ 40% ▶ 60%	과세안함
사례7	지분감소후 지분증가	70% ▶ 40% ▶ 80%	10% 간주취득세 과세

　표의 내용 중 (사례2)는 이미 과점주주인 주주가 해당 법인의 주식을 추가로 취득하여 지분비율이 증가한 경우이다. 이 경우에는 해당 주식 증가분을 취득한 것으로 간주하여 과세한다. 다만 (사례6)과 같이 증가된 지분율이 해당 과점주주가 가지고 있던 주식의 최고비율보다 증가하지 않은 경우에는 과

세하지 않는다. (사례3)은 과점주주가 아닌 일반주주가 다른 주주의 주식을 취득함으로써 과점주주가 된 경우이다. 이 경우에는 최초로 과점주주가 된 날에 해당 과점주주가 소유하고 있는 법인의 주식을 모두 취득한 것으로 보아 취득세를 부과한다. 주식의 지분 이동 전에 이동과정의 세금을 추정하여 불필요한 세금이 과세되지 않도록 전문가의 도움을 받는 것이 필요하다.

증여재산공제

상증세법상 증여세 면세점인 증여재산공제는 10년마다 배우자는 6억원, 2014년에 적용할 개정세법은 직계존속이 성인 자녀에게 증여시 5000만원(미성년자 2000만원), 직계비속이 직계존속에게 증여하는 경우 3000만원, 기타 친족간에 증여가 이루어진 경우 500만원을 공제한다. 상증세법 기본통칙53-46…1에 따르면 배우자라 함은 '민법상 혼인으로 인정되는 혼인관계에 있는 배우자'를 말하고 미성년자라 함은 민법 제4조에 따른 성년기(2011. 3.7 이후 '사람은 19세로 성년에 이르게 된다'로 개정)가 도래하지 아니한 자를 말한다. 즉 미성년자는 19세 미만이다.

〈2013년 증여재산공제〉

증여자	수증자		공제액
배우자	배우자		6억원
직계존속	비속	성년	3천만원
		미성년	1천500만원
직계비속	직계존속		3천만원
기타친족	기타친족		5백만원

〈2014년 증여재산공제〉

증여자	수증자		공제액
배우자	배우자		6억원
직계존속	비속	성년	5천만원
		미성년	2천만원
직계비속	직계존속		3천만원
기타친족	기타친족		5백만원

주」 1. 2007.12.31일 이전에는 배우자공제액이 3억원에서 2008. 1.1 이후 6억원으로 상향 개정
2. 2014년에 적용할 개정세법은 직계존속에서 직계비속으로의 증여재산공제액을 3천만원에서 5천만원(미성년자의 경우 1천500만원에서 2천만원)으로 상향 개정
3. 증여재산공제액은 10년간 공제금액의 합계액

직계존비속간 증여시 계부·계모가 자녀에게 증여하는 경우도 포함한다. 다만, 수증자를 기준으로 당해 증여전 10년 이내에 공제받은 금액과 해당 증여에서 공제받을 금액의 합계액은 위의 공제금액을 한도로 한다. 즉, 아버지로부터 여러 번에 걸쳐 재산을 증여받은 경우 수증자 기준으로 10년 이내의 증여재산가액 중 1000만원을 초과한 금액을 합산한 금액에서 5000만원만 공제한다. 또한 아들이 아버지와 어머니로부터 각각 재산을 증여받은 경우 아버지로부터 증여받은 재산가액과 어머니로부터 증여받은 재산가액의 합계액에

서 5000만원을 공제한다. 그러나 비거주자인 자녀는 거주자인 부모로부터 증여 받는 경우 증여재산공제가 불가능하다.

한편, 둘 이상의 증여가 그 증여시기를 달리하는 경우에는 둘 이상의 증여 중 최초의 증여과세가액에서부터 순차로 공제하고, 둘 이상의 증여가 동시에 있는 경우에는 각각의 증여세 과세가액에 대하여 안분 공제한다.

재해손실공제

거주자가 타인으로부터 재산을 증여받은 경우, 증여세 과세표준 신고기한 이내에 화재·붕괴·폭발·환경오염사고 및 자연재해 등으로 인한 재난으로 인하여 증여재산이 멸실되거나 훼손된 경우에는 그 손실가액을 증여세 과세가액에서 공제한다.

재해손실공제액
= 재해손실재산가액 − 보험금수령액 또는 구상권행사로 인한 보전가능액

감정평가수수료공제

증여세를 신고납부하기 위하여 부동산의 증여재산을 평가하기 위하여 발생한 감정평가법인의 평가수수료는 500만원을 한도로 증여세 과세가액에서 공제한다. 다만, 증여세 납부목적용으로 감정을 실시하고 평가된 가액으로 증여세를 신고납부하는 경우에만 공제한다. 주식의 경우 감정평가대상 법인을 여러 세무법인 등에 평가하는 경우 해당 주식의 법인과 전문기관별로 각 1000만원을 한도로 한다.

부부간 생활비 증여세 과세여부 체크하라

"세무사님! 최근 잠실에서 개인사업을 하는 남편을 둔 50대 주부가 국세청으로부터 증여세 8000만원을 납부하라는 통지서를 받았다고 합니다. 내용인즉 생활비와 관련하여 증여세를 받았다고 하더라고요."

마성숙 재무전문가가 얘기하는 것은 강남의 모 주부가 최근 5년간 특별한 소득없이 재산이 크게 늘었는데 자금출처를 입증하는 과정에서 발생한 일이다.

"네. 최근 국세청은 부부간 계좌이체에 대해 증여세를 과세하고 있습니다. 마성숙씨가 말씀하시는 얘기도 마찬가지입니다. 한마디로 부부간 주고받은 돈에 대해 증여세 추징이 잇따르고 있습니다. 일반적으로 부부간 계좌이체는 남편 급여를 생활비로 쓰기 위해 자신의 계좌로 옮기는 경우가 많아 지금까지 국세청도 엄격하게 들여다보지 않았는데요. 문제는 부부간 증여재산공제액 6억원을 초과하는 경우입니다."

상증세법은 배우자간 10년간 6억원까지는 증여세를 과세하지 않는다. 하지만 박근혜정부 출범을 전후로 국세청의 징세행정이 대폭 강화되면서 분위기가 달라지고 있다. 그동안 한 번도 증여세를 내지 않았던 억대 연봉자나 고소득 개인사업자들에게 고지서가 날아들고 있는 것이다.

"이 주부의 경우에도 남편으로부터 매달 2000만원 정도를 받아 1000만원 정도를 생활비로 쓰고 나머지는 저축을 하거나 주식투자를 했습니다. 결국 부부간 지난 5년간 받은 돈은 10억원 정도입니다. 부부는 생활비라고 주장했지만 국세청은 생활비 카드 결제금액이 남편 통장에서 별도로 빠져나간 점과 계좌이체로 받은 돈 대부분을 주식투자 및 저축, 대출금 상환 등에 사용한 점을 들어 생활비가 아니라 자산 형성에 사용됐다고 판단한 것입니다."

국세청은 최근 억대 고소득자가 부쩍 늘면서 부부간 증여재산공제 한도를 초과하는 계좌이체가 증가하고 있다고 판단하고 사회 통념상 생활비로 볼 만한 규모를 제외하고는 모두 증여로 간주되기 때문에 주의해야 한다 2013년 기준 억대연봉자 숫자는 41만5000명으로 2009년(19만7000명)의 두 배 넘게 늘어났다.

"한마디로 이제 계좌이체로 받은 돈을 주식·부동산 투자에 활용해 수익이 나거나 예금에 넣어 이자소득이 발생할 경우 조심해야겠는데요."

부부간 한쪽 계좌에서 현금을 인출해서 그 돈이 어디로 흘러가고 있는지 국세청은 꼼꼼히 챙기고 있다는 것을 잊어서는 안 된다. 소득이 없는 배우자나 자녀의 재산이 갑자기 늘어나면 과세당국의 감시망이 작동하도록 돼 있다고 보면 된다.

"맞습니다. 차라리 목돈을 증여하는 게 낫습니다. 증여재산공제 한도인 6억원 이내에서 목돈을 증여하면 배우자가 이를 투자해 거둔 수익은 증여세 대상에서 제외되기 때문입니다."

국세청은 2014년에도 지하경제 양성화 차원에서 고소득 자영업자나 전문직 종사자, 주요 기업체의 억대 연봉자 등을 대상으로 가족 간 증여세 탈루 가능성을 입체적으로 추적한다는 방침이다. 국세청은 재산세과를 상속증여세과로 개편하는 한편 조사인력을 확충해 자본거래 감시 기능을 강화하고 있다.

증여세 과세체계

증여세 과세표준의 산출은 일반적으로 증여세과세가액에서 증여재산공제와 재해손실공제 및 감정평가수수료공제를 차감 후 산출하나, 합산배제증여재산가액은 일괄적으로 3000만원과 감정평가수수료공제 후 산출한다. 또한 명의신탁증여의제와 일감몰아주기증여의제 경우 증여재산공제를 차감하지 않고 감정평가수수료공제만 적용 후 산출한다.

증여 재산 가액	**증여재산** ———	· 본래의 증여재산 · 증여의제 재산 등
	(−) 증여세 과세가액 불산입재산 ———	· 비과세 재산 · 불산입 재산
	(−) 채무부담액	

증여세 과세 가액	**증여세 과세가액**	
	(+) 10년 내 재차증여가산액	
	(−) 증여재산공제 등 ———	· 인적공제 · 재해손실공제 · 감정평가수수료

| 산출
세액
계산 | **증여세 과세표준** | |
| | (×) 세율 | |

결정 세액 계산	**증여세 산출세액** + 세대생략 상속 할증세액	
	(−) 조특법상 면제세액 등 ———	· 영농자녀 증여세 면제 · 문화재 등 징수유예세액
	(−) 세액 공제 ———	· 기납부(증여) 세액공제 · 외국납부세액공제 · 신고세액공제

총결정 세액 계산	**결정세액**	
	(+) · 신고 · 납부불성실가산세 · 공익법인의 보고서 제출 불성실가산세 · 공익법인의 주식보유 한도초과 가산세 · 공익법인의 무기장 등 가산세	
	총 결정세액 (−) 연부연납, 물납 자진납부세액 (=) 고지세액	

5만원권이나 채권으로 상속하면 알까! 모를까?

"세무사님, 상담하다 보면 어떤 분들은 살아생전 부동산을 매각해서 5만원권이나 채권을 사서 자녀에게 증여하거나 상속하면 상속세가 덜 납부할 것이라고 생각하고 있어요. 이런 분들에게 어떻게 설명하면 좋을까요?"

금융보험을 영업하는 스타일에는 열심히 사람을 만나러 다니는 개미형, 부자가 다니는 길목에다 거미줄을 치는 거미형 두 가지이다. 최근 거미형으로 바뀐 마성숙FR이 김영진 세무사에게 질문한다.

"사실 최근의 세무행정과 조사에 대해 정확한 이해를 하지 못하신 분이 많습니다. 국세청이나 세무서의 상속세 조사는 금융거래가 핵심입니다. 돌아가신 분 즉 고인과 직계존비속의 금융계좌를 추적하여 사망 전 2년 이내 금융거래 내역을 조사합니다. 특히 고인과 상속자 간에 재산권의 이동, 사전증여 사항을 조사하기 위해 사망 10년 전부터 사망일까지 직계존속, 배우자, 자녀들의 재산증감 변동사항은 국세청 전산자료에 주민등록번호만 넣고 엔터키를 누르면 모든 재산상황이 조회됩니다. 설령 부동산을 매각해서 금괴나 5만원권으로 바꾼다 한들 부동산 매각 자금을 조사하면 상속재산이 파악됩니다."

"네, 우리나라 국세청과 세무서는 철두철미하군요."

"특히 상속세 조사공무원은 살아생전 고인 즉 피상속인의 계좌에서 상속인들의 계좌로 수시로 입출금되는 경우에는 차명계좌인지 체크하고 특히, 정해진 날짜에 일정금액이 입금되는 경우에는 임대료로 볼 수 있어 상속재산으로 누락된 부동산까지 파악되어 부동산임대소득 누락에 따른 부가가치세와 종합소득세까지 추징합니다."

상증세법은 피상속인의 재산을 처분하여 받거나 피상속인의 재산에서 인출한 금액이 재산종류별로 사망하기 전 1년 이내에 2억원 이상인 경우와 사망하기 전 2년 이내에 5억원 이상인 경우로서 용도가 객관적으로 명백하지 아니한 경우와 피상속인이 부담한 채무의 합계액이 사망하기 전 1년 이내에 2억원 이상인 경우와 2년 이내에 5억원 이상인 경우로서 용도가 객관적으로 명백하지 아니한 경우에 피상속인의 상속재산으로 보아 과세한다.

"한마디로 상속세 조사는 망자에 대한 마지막 결정판이네요."

상속세조사는 마성숙의 말처럼, 고인에 대한 마지막 배려(?)이다. 통상 49제와 같은 천도제를 지내야 좋은 세상으로 간다고 하지만, 상속세 조사가 끝나야 마음 편하게 저 세상으로 떠난다고 할 수 있다. 특히 부동산을 처분했거나 고액의 보상금을 받았던 사람의 경우에는 상속세 조사가 끝났다고 하더라도 일정기간 상속인의 재산변동상황을 국세청이 사후관리하고 있다.

"국세청이나 세무서에서 상속세 조사를 하다가, 망자의 재산을 상속인들에게 찾아준 사례도 있습니다."

"세무사님! 어떻게요?"

"국세청의 전산자료에는 망자의 생전재산 뿐만 아니라 근저당이나 가등기 자료까지 다 나오게 되어 있습니다. 이때 가등기는 보통 부동산을 거래하는 과정에서 대금을 모두 지급하였으나 행정적인 절차 문제로 취득이전 등기 전에 부득이하게 하는 절차입니다. 바로 형식상 등기 소유권은 없으나 실질적으로는 망자의 소유재산과 다를 바 없습니다. 이때 과세당국에서는 관련 누락된 재산에 대해 피상속인의 상속재산으로 보아 세금을 추징하지만 상속인의 입장에서는 생각지도 못한 재산을 찾게 됩니다."

국세청은 고액자산을 보유하고 있는 예비 상속세 납부자들의 재산을 관리하고 있기 때문에 상속받은 사람은 상속개시일 즉 사망일이 속하는 달의 말일로부터 6개월(피상속인 또는 상속인 모두가 외국에 주소를 둔 경우는 9개월) 안에 성실하게 상속세 신고를 하고 자진납부하는 것이 답이다.

상속 및 증여재산의 평가

상증세법상 상속과 증여재산의 평가의 기본원칙은 상속 또는 증여 당시 시가에 의해 평가하는 것을 원칙으로 한다.

① 상속개시일 또는 증여일 현재의 '시가'를 기준으로 평가한다.

② 시가란 불특정다수인 사이에 자유로이 거래가 이루어지는 경우 통상적으로 성립된다고 인정되는 가액이다.

③ 상속개시일 전·후 6개월(증여일 전·후 3개월) 이내에 상속 및 증여재산의 매매거래가액·둘 이상의 감정기관이 평가한 감정가액의 평균액·수용·경매·공매가액이 있는 경우 그 가액은 시가로 인정한다. 2014년에 적용할 개정세법은 상증세법 시행령을 개정하여 평가기준일 전 후 6개월(3개월) 기간 밖의 가액이라도 평가기준일 전 2년 이내라면 국세청 재산평가위원의 자문을 거쳐 시가로 인정 가능하도록 법령화하였다. 2014. 2.21 이후 평가하는 분부터 적용한다.

또한 2014년에 적용할 개정세법은 시가로 보는 감정가액의 경우 가격산정기준일과 감정평가서 작성일 모두 평가기관 이내일 것을 법령화하여 소급감정방지를 위해 요건을 강화하였다. 2014. 2.21 이후 평가하는 분부터 적용한다.

한편, 평가대상재산과 면적·위치·용도·종목 및 기준시가가 동일한 유사재산의 경우에는 2011년부터는 보충적으로만 사용하도록 하였다.

2014년에 적용할 개정세법상 시가 보완규정
① 평가기준일 전 2년 이내 시가, 국세청 재산평가위원 자문 후 시가 인정 가능
② 감정가액의 경우 가격산정기준일과 감정평가서 작성일 모두 평가기관 이내
③ 평가기준일까지 자본적지출이 확인되는 경우 해당 지출액을 시가에 포함

④ 시가를 산정하기 어려운 경우에는 재산의 종류, 규모, 거래상황 등을 감안하여 보충적 평가방법을 적용한다.

증여재산가액 계산의 일반원칙

2013년 개정세법은 증여재산가액 계산의 일반원칙을 다음과 같이 신설하였다. 증여재산가액 계산의 일반원칙은 현재 예시된 규정만으로 과세할 수 없는 경우에 한하여 보완적으로 적용한다.

① 무상이전 : 증여받은 재산의 시가

② 기존의 증여예시규정 : 예시규정에 따라 계산한 금액

③ ①·②외의 경우 : 상증세법 시행령에서 정하는 기준 이상의 이익을 얻은 경우

- 고가 양도와 저가 매입 : 시가와 대가의 차이

- 타인의 기여에 의한 이익 : 개발사업시행, 형질변경, 공유물분할, 사업의 인허가, 상장 등으로 재산가치 증가사유가 발생하기 전과 후의 시가의 차액으로 시가와 대가의 차이 또는 타인에 의한 재산가치증가액이 3억원 이상 또는 30% 이상

기여에 의한 이익의 재산가치증가액 계산방법
재산가치 증가사유 발생시점 재산가액 − (취득가액 + 통상적 가치상승분 + 가치상승기여분)

주」 2014년에 적용할 개정세법은 토지 주택의 기여에 따른 평가방법을 보완하여 재산가치증가 사유 발생일 현재 고시가액에 증가액이 반영되지 않은 경우 국세청장 평가액으로 하도록 개정.

기준시가가 새로 고시되기 전에 증여하라!

"세무사님, 부동산에 대한 평가는 시가로 평가하는 것은 이해하겠어요. 그러나 시가를 산정하기 어려운 경우에는 어떻게 평가합니까?"

이대로FR이 상증세법상 부동산에 대한 평가 중 보충적평가방법에 대해 질의한다. 김영진 세무사는 수강생들의 TFR재무전문가 과정에 대한 열공 모드에 고마움을 표시한다.

"네. 시가를 산정하기 어려운 경우에는 토지는 개별공시지가, 주택은 주택가격, 주택 이외의 건물은 국세청 기준시가로 부동산가액을 평가하도록 하고 있습니다. 따라서 동일한 연도에 똑같은 부동산을 평가하더라도 기준가격이 고시 전과 고시 후의 가격은 달라질 수 밖에 없습니다."

개별공시지가는 매년 5월말까지, 오피스텔 및 상업용건물의 경우에는 매년 1회 이상 국세청장이 토지와 건물에 대해 일괄하여 산정·고시한다.

"결국 부동산 가격이 하락하는 등 특별한 사유가 없는 한 기준가격이 높게 결정될 것으로 판단되면 기준가격이 고시되기 전에 증여하면 증여가액을 낮출 수가 있습니다."

"그런데 세무사님, 매매되는 시가가 기준시가 보다 높은 경우가 있다는 것

으로 알고 있습니다. 이때는 어떻게 해야 합니까?"

실제 보충적 평가방법으로 평가하는 경우 시세보다 높은 경우가 있다. 이런 경우에는 상속재산의 정당한 평가를 위해 감정평가 제도가 있다.

"기준시가가 없는 경우 즉 행정상의 오류로 누락되어 없는 경우에는 국세청이나 세무서에서 감정을 의뢰하는 경우가 있습니다. 거꾸로 상속인이 기준시가가 너무 높아 감정을 의뢰하는 경우도 있습니다. 이때 둘 이상의 감정기관에 의뢰하여 감정평가액을 받아 그 평균액을 시가로 인정합니다."

Chance favors only the prepared mind! 상속세 역시 준비된 사람에게만 기회가 온다. 그리고 준비없는 노후와 계획없는 상속·증여가 행복의 걸림돌이 되는 경우를 자주 보게 된다. 마이더스 손을 통해 사례형식을 빌어 소개한다.

준비없는 노후와 계획없는 상속·증여는 행복의 걸림돌

Q1) 상속재산의 종류에 따라 평가방법이 다르다고 들었습니다. 구체적으로 어떤 차이가 있는 건가요?

A1) 상속재산은 원칙적으로 시가를 기준으로 평가합니다. 하지만 농지와 같이 시가 확인이 어려운 경우에는 보충적 평가방법을 활용하는데, 일반적으로 시가보다 낮은 개별공시지가를 기준으로 평가합니다. 금융재산의 경우에는 상속개시일 현재 상속인 명의로 되어 있는 순금융재산이 시가대로 평가되기 때문에 재산종류별 형평을 맞추기 위해 평가금액의 20%, 최고 2억원까지 금융재산상속공제를 받을 수 있습니다.

Q2) 50억대의 부동산을 가지고 있는 사람과 50억대의 현금자산을 보유한 사람이 사망한다면 어느 가족들이 더 많은 상속세를 부담하게 될까?

A2) 다음 사례를 통해 어떠한 차이가 있는지 살펴보자.

서울 강남에서 같은 아파트에 살고 있는 60대의 이만평 씨와 김은동 씨. 두 사람은 절친한 친구 사이였지만 재산을 운용하는 방식은 사뭇 달랐다. 이씨는 20년 전 아버지로부터 물려받은 땅을 기반으로 열심히 땅을 사들여 50억대의 부동산을 소유한 반면, 자수성가한 사업가인 김씨는 같은 50억대의 돈을 모두 은행에 예치하고 있다. 이렇게 재산 보유 방식이 다르다 보니 두 사람은 틈만 나면 티격태격하기 일쑤였다.

"아니 자네는 무슨 놈의 땅을 그리 사들이나? 왜 땅 따먹기라도 하려고…?"

"그럼 자네는 동전치기할 생각으로 그리 현금을 모아대나?"

그러던 어느 주말, 두 사람은 함께 차를 타고 골프를 하러 가던 중 그만 중앙선을 넘어온 차와 부딪쳐 동시에 사망하고 말았다. 두 사람의 장례를 치르고 양쪽 집안이 모여 서로를 위로하던 중 김은동 씨의 부인은 이만평 씨 부인이 자기보다 훨씬 적은 상속세를 냈다는 사실을 알고 깜짝 놀랐다.

"아니, 왜 우리만 억울하게 상속세가 많이 나온 거야? 이 영감탱이 살아있을 때도 수전노처럼 돈 한푼 안 쓰면서 도움이 안 되더만…."

위 사례에서 김은동 씨의 가족(상속인)이 이만평 씨 가족보다 상속세를 많이 낸 이유는 무엇일까? 지금부터 설명할 상속재산을 평가하는 방법에 차이가 있기 때문이다.

보충적 평가방법

부동산 등

토지	① 원칙 : 개별공시지가(매년 5.31.고시) ② 지정지역안의 토지 : 개별공시지가 × 배율
건물	건물의 신축가격·구조·용도·위치·신축연도 등을 참작하여 매년 1회 이상 국세청장이 산정·고시하는 가액
국세청장 지정지역 오피스텔 및 상업용 건물	매년 1회 이상 국세청장이 토지와 건물에 대하여 일괄하여 산정·고시한 가액
주택	공동주택	국토해양부장관이 결정·공시한 공동주택가격(다만, 국세청장이 결정·고시한 가격이 있는 때에는 그 가격)
	단독주택	시장·군수·구청장이 결정·공시한 개별주택가격
지상권	$\Sigma \dfrac{\text{지상권이 설정되어 있는 토지의 가액} \times 2\%}{(1 + 10\%)^n}$ * n : 해당 지상권의 잔존연수
부동산을 취득할 수 있는 권리 및 특정시설물 이용권	평가기준일까지 불입 금액 + 평기준일 현재 프리미엄 다만, 특정시설물 이용권에 대해 국세청장이 정하는 방법에 따라 평가한 가액이 있는 경우는 당해 가액

주」 2014년에 적용할 개정세법은 주택가격 고시 후 주택의 대수선 또는 리모델링이 있는 경우 재산가치 증가분을 국세청장이 평가하여 반영한다.

- 오피스텔·상업용 건물 기준시가의 정기고시

국세청은 오피스텔·상업용 건물의 양도·상속·증여세 과세시 활용하는 기준시가를 소득세법 제99조와 상증세법 제61조에 따라 이해관계자의 열람을 거쳐 고시한다.

- 주거용 건물 과세시 활용하는 건물신축가격기준액의 정기고시

국세청은 비주거용 건물의 양도·상속·증여세 과세시 활용하는 기준시가 산정방법을 소득세법 제99조와 상증세법 제61조에 따라 정기고시해 매년 1월 1일부터 적용한다.

- 기타의 유형재산

시설물 및 구축물	재취득가액 – 설치일부터 평가기준일까지 감가상각비
선박·항공기·차량·기계 장비 및 입목	처분할 경우 다시 취득할 수 있다고 예상되는 가액. * 다만 가액이 확인되지 않는 경우는 장부가액
상품·제품·반제품·재공품 ·원재료 등	처분할 경우 다시 취득할 수 있다고 예상되는 가액. * 다만 가액이 확인되지 않는 경우는 장부가액
판매용이 아닌 서화·골동품	MAX [2 이상의 감정가액의 평균액 / 감정평가심의회에서 감정한 감정가액]

주식 및 출자지분의 평가

- 상장주식의 평가

코스닥 주식을 포함한 상장주식의 평가는 평가기준일인 사망일이나 증여일 전후 2개월간 즉 총 4개월간의 한국증권거래소의 매일 종가액을 합산해서 영업일수로 나눈 금액을 1주당 평가액으로 한다.

- 비상장주식의 평가

비상장주식의 경우 평가기준일 전후 6월(증여재산의 경우 3월)이내의 기간 중 불특정다수인간에 자유로이 거래된 매매거래가액, 공매·경매가액 등을 시가로 평가하고 있다. 그러나 비상장주식의 거래가액이 없는 경우가 통상적이다. 따라서 상증세법에는 1주당 최근 3년간의 순손익가치와 1주당 순자산가치를 각각 3과 2의 가중평균한 가액으로 평가하도록 하고 있다. 부동산과다보유법인이 경우 거꾸로 각각 2와 3의 비율로 가중평균한다.

비상장주식의 보충적 평가액

$$\text{1주당 평가액} = \frac{(\text{1주당 손순익가치평가액} \times 3) + (\text{1주당 순자산가치평가액} \times 2)}{5}$$

비상장주식의 1주당 순손익가치의 계산

 순손익가치(수익가치)는 계속기업을 전제로 한다. 즉 당해 법인이 사업을 계속 영위하는 것으로 가정하여 평가한다. 상증세법상 1주당 순손익가치는 최근 3년간의 순손익액을 가중평균한 금액에 대하여 순손익가치환원율로 환원하여 평가한다.

$$\text{1주당 손순익가치평가액} = \frac{\text{1주당 최근 3년간의 순손익액의 가중평균액}}{\text{순손익가치환원율(10\%)*}}$$

* 3년만기 회사채의 유통수익률을 감안하여 기획재정부장관이 고시하는 이자율

$$\text{1주당 최근 3년간 순손익액의 가중평균액} = \frac{(A\times3) + (B\times2) + (C\times1)}{6}$$

* A : 평가기준일 이전 1년이 되는 사업연도의 1주당 순손익액
  B : 평가기준일 이전 2년이 되는 사업연도의 1주당 순손익액
  C : 평가기준일 이전 3년이 되는 사업연도의 1주당 순손익액

법인세법상 각 사업연도 소득

+

가산	국세 및 지방세 과오납금환급금이자

−

	㉠ 벌금,과료,과태료,가산금 체납처분비
	㉡ 손금용인되지 않는 공과금
	㉢ 업무와 관련없는 지출
	㉣ 각 세법에 규정하는 징수불이행납부세액
차감	㉤ 기부금 한도초과액
	㉥ 접대비 손금불산입
	㉦ 과다경비 등의 손금불산입액
	㉧ 지급이자의 손금불산입액
	㉨ 법인세 등의 총결정세액 (산출세액—공제·감면세액 +가산세액)

=

손순익액

2014년에 적용할 개정세법은 기업의 실질가치를 평가하기 위하여 실제 계상 여부와 관계없이 세법상 감가상각비를 인정하여 차감하도록 개정하였다. 적용시기는 2014. 2.21 이후 평가하는 분부터 적용한다.

한편 순손익가치를 산정할 때 평가대상 주식을 발행한 법인이 일시 우발적 사건에 의하여 최근 3년간 순손익액이 비정상적으로 증가하는 등은 상증세법 시행규칙 제17조의 3 제1항 각호의 사유이다.

① 기업회계기준의 자산수증이익, 채무면제이익, 보험차익 및 재해손실(이하 이 조에서 "자산수증이익 등" 이라 한다)의 합계액에 대한 최근 3년간 가중평균액이 법인세 차감전 손익에서 자산수증이익 등을 뺀 금액에 대한 최근 3년 간 가중평균액의 50퍼센트를 초과하는 경우

② 평가기준일 전 3년이 되는 날이 속하는 사업연도 개시일부터 평가기준일까지의 기간 중 합병·분할·증자 또는 감자를 하였거나 주요 업종이 바뀐 경우

③ 합병에 따른 증여받은 이익을 산정하기 위하여 합병당사법인의 주식가액을 산정하는 경우

④ 최근 3개 사업연도중 1년 이상 휴업한 사실이 있는 경우

⑤ 기업회계기준상 유가증권·유형자산의 처분손익과 자산수증이익 등의 합계액에 대한 최근 3년간 가중평균액이 법인세 차감전 손익에 대한 최근 3년 간 가중평균액의 50퍼센트를 초과하는 경우

⑥ 주요 업종(당해 법인이 영위하는 사업중 직접 사용하는 유형고정자산의 가액이 가장 큰 업종을 말한다)에 있어서 정상적인 매출발생 기간이 3년 미만 인 경우

⑦ 제1호부터 제7호까지와 유사한 경우로서 기획재정부장관이 정하여 고시하는 사유에 해당하는 경우 위와 같은 사유가 있어 1주당 최근 3년간의 순손익액의 가중평균액으로 순손익가치를 산정하기 어려운 경우에는 아래와 같이 둘 이상의 신용평가전문기관 또는 세무법인, 회계법인이 산출한 1주당 추정이익의 평균가액을 환산한 금액을 순손익가치로 평가할 수 있다.

이러한 1주당 추정이익의 평균가액에 의한 순손익가치를 계산하기 위해서

는 3가지 요건을 모두 충족하여야 한다.

①	상속세과세표준 또는 증여세과세표준 신고기한 이내에 신고
②	1주당 추정이익의 산정기준일과 평가서작성일이 과세표준 신고기한 이내, 즉 평가기준일 전 후 6개월(증여재산 3월) 이내 이어야 한다.
③	산정기준일과 상속개시일 또는 증여일(평가기준일)이 같은 연도

만약, 1주당 순손익가치를 '1주당 최근 3년간 순손익액의 가중평균액'과 '세무법인 등의 1주당 추정이익의 평균가액' 중 선택하여 평가할 수 있는 사유가 있는 법인은 유리한 방법을 선택한다.

비상장주식의 1주당 순자산가치 계산

순자산가치는 당해 법인을 청산한다고 가정하였을 때 잔여재산 분배가액을 나타내는 것이다. 순자산가치는 평가기준일 현재 당해 법인의 자산을 상증세법 제60조 내지 제66조의 규정에 의하여 평가한 자산총액에서 부채총액을 차감한 가액으로 한다. 현행 상증세법상 1주당 순자산가치는 다음과 같은 산식에 의해 계산한다.

$$\text{1주당 순자산가치 평가액} = \frac{\text{당해 법인의 순자산가치}}{\text{발행주식총수}}$$

대차대조표상 자산가액				
자산 총액 의 계산	가 산	⊙ 평가차액(상증세법상 제66조 내지 제66조의 규정에 의하여 평가한 가액과 대차대조표상 자산가액과의 차액)		
		ⓒ 법인세법상 유보금액		ⓐ 자산관련 유보금액
				ⓑ 무형고정자산 유보금액
				ⓒ 충당금, 준비금 유보금액
				ⓓ 익금불산입 유보금액(미수이자)
		ⓒ 유상증자금액		
		② 자기주식(주식소각, 자본감소 목적인 경우 제외)		
		⑩ 기타 대차대조표상 계상되지 아니한 자산		
	차 감	⊙ 선급비용(평가기준일 현재 비용으로 확정된 금액)		
		ⓒ 무형고정자산(개발비에 한정)		
		ⓒ 이연법인세차(회계상의 이익과 법인세법상의 과세소득간의 일시적 차이로 계상된 금액)		
① 자산총액				
대차대조표상 부채가액				
부채 총액 의 계산	가 산	부채로 미계상된 법인세 등		
		이익처분으로 확정된 배당금·상여금 및 기타 확정된 의무		
		퇴직금 추계액		
		법인세법상 책임준비금, 비상위험준비금		
	차 감	이연법인세대(회계상의 이익과 법인세법상의 과세소득간의 일시적 차이로 계상된 부채)		
		보증채무		
② 부채총액				
순자산가치 = ①자산총액 − ②부채총액				

  순자산가치만으로 평가하는 예외적 평가규정은 다음과 같은 주식이다.

  ① 상속세 및 증여세 신고기한 이내에 평가대상법인의 청산절차가 진행 중이거나 사업자의 사망 등으로 인하여 사업의 계속이 곤란하다고 인정되는 법인의 주식 등

② 사업개시 전의 법인의 주식 등

③ 사업개시 후 3년 미만의 법인과 휴·폐업 중에 있는 법인의 주식 등

④ 평가기준일이 속하는 사업연도 전 3년 내의 사업연도부터 계속하여 법인세법상 각 사업연도 소득 결손법인의 주식 등

⑤ 평가대상 법인의 자산총액 중 토지와 건물, 부동산에 관한 권리가액의 합계액이 차지하는 비율이 100분의 80 이상인 법인의 주식 등

2014.12.31까지 중소기업 보유주식에 대한 할증평가 면제

상증세법상 최대주주가 소유하고 주식에 대하여는 주식가치 이외에 회사를 지배할 수 있는 경영권 프리미엄이 포함되어 있기 때문에 지분율에 따라 할증율을 차등 적용한다. 최대주주 등의 판정기준은 ① 주주 1인과 특수관계자의 보유주식 등을 합하여 최대주주 등에 해당하는 경우에는 주주 1인 및 그와 특수관계에 있는 자 모두를 최대주주 등으로 본다. ② ①에 의한 보유주식의 합계가 동일한 최대주주 등이 2 이상인 경우에는 모두를 최대주주 등으로 본다.

〈최대주주 등의 지분비율별 할증비율〉

최대주주 등의 배율	할증비율		비고
	일반법인	중소기업	
50% 이하	20%	10%	중소기업은 평가기준일 현재 중소기업법 제2조 규정에 기업
50% 초과	30%	15%	

그러나 조세특례제한법 제101조(중소기업 최대주주 등의 주식 할증평가 적용특례)에는 상증세법 제63조를 적용하는 경우 같은 법 제63조 제3항에 따른 중소기업의 최대주주 또는 최대 출자자 및 그와 특수관계에 있는 주주 또는 출자자의 주식 또는 출자지분을 2014년 12월 31일 이전에 상속받거나 증여받는 경우에는 같은 법 제63조 제3항에도 불구하고 할증비율을 적용하지 않고 같은 법 제63조 제1항 제1호 및 제2항에 따라 평가한 가액에 따르도록

2013년 개정세법은 2년 더 연장하였다. 할증평가가 면제되는 중소기업은 평가기준일 현재 중소기업기본법 제2조의 규정에 의한 중소기업에 해당하는 기업을 말한다.

기타의 재산

국·공채 및 사채		① 한국거래소에서 거래되는 것 : MAX(㉠, ㉡) 　㉠ 평가기준일 이전 2월간 최종시세가액 평균액 　㉡ 평가기준일 이전 최근일의 최종시세가액 ② 기타의 것 　㉠ 타인으로부터 매입한 것 : 매입가액 + 미수이자 　㉡ 기타의 것 : 처분예상금액
대부금·외상매출금 및 받을어음 등의 채권		① 일반적인 경우 : 원본가액 + 미수이자 ② 원본의 회수기간이 5년을 초과하는 경우 : 각 연도에 회수할 금액(원본 + 이자상당액)을 적정할인율로 할인한 가액
예금·저금·적금 등		▶ 평가기준일 현재의 예입총액 + 미수이자 – 원천징수액
매입한 무체재산권		▶ 매입가액 – 매입일부터 평가기준일까지의 감가상각비
기타 무체재 산권	영업권 등	▶ 초과이익금액을 평가기준일 이후의 영업권지속연수(원칙적으로 5년)를 감안하여 환산한 가격 ▶ $\sum \dfrac{\text{지상권이 설정되어 있는 토지의 가액} \times 2\%}{(1 + 10\%)^n}$
	특허권 등	▶ 각 연도의 보상금을 현재가치로 환산한 금액의 합계액
	광업권 등	▶ 평가기준일 이후의 채굴가능연수에 대해 평가기준일 전 3년간 평균소득을 현재가치로 환산한 금액의 합계액
정기금	유기정기금	▶ 각 연도에 받을 정기금액을 기준으로 기획재정부령이 정하는 바에 따라 계산한 금액의 합계액 ＊ 다만, 1년분 정기금의 20배를 초과할 수 없음
	무기정기금	▶ 1년분 정기금 × 20배
	종신정기금	▶ 통계청장이 승인하여 고시하는 통계표에 따른 성별·연령별 기대여명의 연수까지의 기간 중 각 연도에 받을 정기금액을 기준으로 기획재정부령이 정하는 바에 따라 계산한 금액의 합계액

주」 정기금 평가는 기획재정부령이 정하는 바에 따라 계산한 금액이다.

각 연도에 받을 정기금액

$$\frac{\text{각 연도에 받을 정기금액}}{[1+\text{금융기관이 보증한 3년만기 회사채 유통수익률을 감안하여 기획재정부장관이 정하여 고시하는 이자율}(6.5\%)]^n}$$

n : 평가기준일부터의 경과연수

• • • • •

CHECK

[관련예규] 상증, 재산세과—541, 2010.7.26

[제목] 연금 및 적립금을 받을 권리의 평가

[요지] 불입자가 사망시까지 연금을 수령하며, 피보험자 사망시 적립금을 수익자에 지급하는 연금보험의 연금 및 적립금을 받을 권리는 종신정기금 평가방법에 의하며, 당해 적립금은 75세가 되는 때에 받을 정기금액에 포함됨

[회신]

○ 귀 질의의 경우 기존 질의회신문(서면4팀—3121, 2007.10.31)을 참고 하시기 바람

(서면4팀—3121, 2007.10.31)피보험자 사망시까지 수익자가 연금을 수령하며, 피보험자 사망시 적립금을 수익자에 지급하는 연금보험에 있어서, 연금보험의 불입자 및 피보험자가 남편이고 수익자가 배우자인 경우 연금 및 적립금을 받을 권리는 상속세 및 증여세법 시행령 제62조 제3호의 규정에 의하여 평가하는 것이며, 당해 적립금은 피보험자가 75세가 되는 때에 받을 정기금액에 포함되는 것입니다.

[관련법령] 상속세 및 증여세법 제65조【그 밖의 조건부권리 등의 평가】

상속세 및 증여세법 시행령 제62조【정기금을 받을 권리의 평가】

【관련 참고자료】

사실관계

– 금융상품 : 거치형(일시납) 연금상품

– 해당 금융상품은 거치형 연금상품으로 가입시점에 일시에 목돈을 불입하여 10년 동안은 일시불입액의 이자를 수령하고 10년 이후에는 연금을 수령하는 연금상품임

계약자	피보험자	수익자	사망시 수익자
아버지(60세)	아들(36세)	아버지(60세)	손자(6세)

– 계약자는 연금의 수령형태를 상속형연금으로 선택

– 상속형연금은 피보험자인 아들의 사망시까지 상속형연금을 지급하다가 피보험자가 사망하면 피보험자의 상속인에게 적립금을 상속일시금으로 지급

– 계약자인 아버지는 가입시점부터 이자와 연금을 수령하다가 계약자인 아버지가 사망하게 되면 아들이 상속형연금을 수령하게 됨

질의내용

– 계약자가 사망하여 아들이 상속형연금을 수령하게 되는 경우 연금 및 적립금을 받을 권리의 평가방법

증여재산평가, 유기정기금 평가방법이 유리하다

"세무사님, 요즘은 자녀의 미래를 위해 자녀의 명의로 정기적금이나 적립식 펀드에 가입하고 매월 일정 금액을 입금하는 경우가 있습니다. 이때 어떻게 세무처리하는 것이 좋을까요?"

마성숙FR이 최근 상담한 마취통증의학과 원장님이 질문한 내용에 대하여 답을 듣고자 한다.

"네, 좋은 질문입니다. 자녀를 위해 입금한 돈이 미성년자인 경우 2014년 1월1일부터는 2000만원 증여재산공제액에 미달하는 경우에도 입금한 시점을 증여시기로 인정받고자 하는 경우에는 입금할 때마다 3개월 이내의 증여세 신고기한 이내에 증여세를 신고한 경우에는 입금 시점을 증여시기로 인정받을 수 있습니다."

"세무사님, 그렇게 하면 증여일 이후에 발생한 정기예금이자나 펀드운영수익에 대하여 별도로 신고할 필요가 없습니까?"

"네, 그렇습니다. 그러나 신고기한 이내에 신고하지 아니한 경우에는 적금이나 펀드 만기해약 시점에 금전을 인출해 자녀가 사용하는 시점을 증여시기로 하여 그 예금이자나 운용수익을 포함해 증여세를 과세하게 됩니다."

증여목적으로 자녀명의의 정기적금이나 적립식 펀드에 1회에 한해 일시금을 입금한 경우에는 한번으로 증여세를 신고할 수 있으나 매월 불입하는 펀드나 적금의 경우에는 불입할 때마다 증여세 신고하는 것은 보통 번거로운 일이 아니다. 국세청 예규(서면4팀-1137, 2008.5.8.)에 따르면 자녀와 사전증여 계약을 체결하여 적금이나 펀드에 일정기간 동안 일정금액을 매회 불입하기로 약정하고 입금하는 경우에는 최초 불입일이 속하는 달의 말일부터 3개월 이내에 상증세법 시행령 제62조 제1호에 의한 유기정기금의 평가방법에 의한 평가액으로 증여세 신고를 하면 한 번의 신고로 끝낼 수 있다.

"세무사님. 예를 들어 설명을 부탁드립니다."

"네, 부모가 미성년자인 자녀 명의로 매월 100만원씩 3년간 정기적금에 불입하는 경우 증여재산가액은 다음과 같이 33,847,510원으로 계산됩니다. 이렇듯 유기정기금에 의한 평가방법으로 증여재산가액을 계산하는 경우 현재가치로 할인하고 1년분의 정기금액의 20배를 초과할 수 없어 자녀가 실제 증여받은 총액보다 적은 금액으로 평가되어 증여세 세테크가 가능하게 됩니다."

정기적금에 따른 증여재산가액(①+②+③) = 33,847,510원
① 1년 이내 정기적금액 : 1200만원
② 2년 이내 정기적금액 : 1200만원÷(1+0.065)1 = 11,267,600원
③ 3년 이내 정기적금액 : 1200만원÷(1+0.065)2 = 10,579,910원

중소기업 가업승계에 대한 증여세 과세특례제도

조세특례제한법 제30조의6 제1항에 따른 10년 이상 가업을 유지해 온 60세 이상 부모가 일정요건을 갖춘 법인 주식을 18세 이상 자녀에게 증여할 때 30억원을 한도로 5억원 공제와 10% 단일 세율로 증여세를 신고납부 후 상속시에 정산하는 제도이다.

가업의 승계에 대한 증여세 과세특례 제도는 중소기업 경영자의 고령화에 따라 생전에 자녀에게 계획적으로 증여하도록 하여 중소기업의 영속성을 유지하고 경제활력을 도모하기 위해 도입한 제도이다. 2014년에 적용할 개정세법은 적용기한을 폐지하여 영구화하였다. 가업승계에 따른 증여세 과세특례를 적용하기 위해서는 다음 요건을 모두 충족해야 한다.

수증자 요건

① 증여일 현재 18세 이상으로서 거주자인 자녀이어야 한다.

② 가업주식을 증여받은 수증자가 증여세 신고기한까지 가업에 종사하고 증여일로부터 5년 이내에 대표이사에 취임하여야 한다.

③ 증여세 과세특례는 최대주주 등의 자녀 1인에게만 적용한다.

[관련예규]
- 가업승계에 대한 증여세 과세특례는 수증자가 가업의 승계를 목적으로 주식 등을 증여받기 전에 해당 기업의 대표이사로 취임한 경우에도 적용되는 것임(재산-2389, 2008.8.22.)
- 가업승계에 대한 증여세 과세특례는 수증자가 증여세 과세표준 신고기한까지 가업에 종사하고 증여일로부터 5년 이내에 공동대표이사에 취임하는 경우에도 적용됨(재산-2081, 2008.8.1.)
- 가업승계에 대한 과세특례 적용시 증여자의 대표이사 요건은 필요치 않으나 증여일 전 10년 이상 계속하여 해당 기업을 영위한 것으로 확인되어야 하는 것이며, 다른 요건을 모두 충족했다면 수증자가 가업의 승계를 목적으로 주식 등을 증여받기 전에 해당 기업의 대표이사로 취임한 경우에도 적용되는 것임(재산-328, 2010.5.25.)

증여자 요건

① 증여일 현재 중소기업인 가업을 10년 이상 계속하여 경영한 60세 이상인 수증자의 부모(증여 당시 부모가 사망한 경우에는 그 사망한 부모의 부모를 포함)이어야 한다.

② 10년 이상 계속하여 경영한 중소기업으로서 증여자와 그의 친족 등 특수관계에 있는 자의 주식 등을 합하여 해당 법인의 발행주식 총수 또는 출자총액의 50%(상장법인은 30%) 이상의 주식 등을 소유하여야 한다.

[관련예규]
- 개인사업체의 경우에는 가업의 승계에 대한 증여세 과세특례규정이 적용되지 아니한다.(재산-1556, 2009.7.27.)
- 증여자의 가업영위 기간 중 대표이사 재직요건을 요하지는 않으나 증여일 전 10년 이상 계속하여 해당가업을 실제 영위한 것으로 확인되어야 하는 것이다.(재산-779, 2009.11.19.)
- 가업을 10년 이상 계속하여 영위하였는지를 판단할 때, 증여자가 개인사업자로서 영위하던 가업을 동일한 업종의 법인으로 전환된 경우로서 증여자가 법인설립일 이후 계속하여 당해 법인의 최대주주 등에 해당하는 경우에는 개인사업자로서 가업을 영위한 기간을 포함하여 계산하는 것이다.(재산-625, 2009.3.25, 서면4팀-998, 2008.4.22.)

충족요건	사후관리	특례내용
·가업상속요건 충족 (사업영위기간 10년 이상) ·수증자가 증여일로부터 3개월 이내에 가업 종사 ·수증자가 증여일로부터 5년 이내에 대표이사 취임	·10년간 지분율 유지 ·10년간 가업유지	·증여시 5억원 공제 ·10% 단일 증여세율로 증여세 산출 ·추후 상속시 정산

주) 상증세법 집행기준 30의6-27의6-6 [가업승계에 따른 과세특례대상 주식증여 후 상속이 개시되는 경우]
증여세 특례대상인 주식 등을 증여받은 후 상속이 개시되는 경우 상속개시일 현재 다음의 요건을 모두 갖춘
경우에는 가업상속으로 보아 관련규정을 적용한다.(2012.07.27 개정)
① 상증령 §15③에 따른 가업에 해당할 것(단, 피상속인이 가업의 영위기간 중 일정기간을 대표이사로
재직해야 하는 요건은 미적용)
② 상증령 §15①에 따른 중소기업에 해당할 것
③수증자가 증여받은 주식 등을 처분하거나 지분율이 낮아지지 아니한 경우로서 가업에 종사하거나
대표이사로 재직하고 있을 것

증여시기와 신청요건

부모로부터 2회 이상 증여받거나 부모로부터 각각 증여받는 경우에는 합산
하여 적용한다. 증여세 신고기한까지 과세표준 신고서와 함께 「가업승계주식
등 증여세 과세특례 적용신청서」를 납세지 관할세무서장에게 제출하여야 한
다. 만약 신고기한까지 신청하지 아니하면 과세특례를 적용받을 수 없다.

증여가액의 계산

증여가액 계산은 증여한 주식 등의 가액이었으나 2014년에 적용할 개정세
법은 증여재산 중 가업과 관련된 사업용 자산에 한정하여 지원하도록 다음과
같은 가액을 증여가액으로 한다. 2014. 1.1 이후 증여받는 분부터 적용한다.

증여가액의 계산
증여한 주식가액 × $\left(1 - \dfrac{\text{업무무관 자산가액}}{\text{총 자산가액}}\right)$

과세특례시 유의사항

① 증여세 과세시 가업주식(30억원 한도)의 과세가액에서 5억원을 공제한 후 10% 세율을 적용하여 증여세를 계산한다. 이 경우 당해 증여 전에 이미 부모로부터 동일한 가업 주식을 증여받은 가액은 합산해야 하고 30억원을 초과한 가액은 과세특례가 적용되지 않으므로 누진세율을 적용하여 계산한다.

② 가업승계에 따른 과세특례를 적용받은 경우에는 증여세신고세액공제를 받을 수 없고 연부연납제도를 이용할 수 없다.

③ 일반적으로 증여재산은 10년 이내 증여분만 상속세 과세가액에 합산하나 가업주식의 증여세 과세특례가 적용된 증여재산가액은 증여기한에 관계없이 모두 상속세 과세가액에 가산하여 상속세로 정산하여 납부하여야 한다.

④ 상속세 계산시 인적·물적 상속공제액은 상속공제 종합한도액의 범위 내에서 공제하고 있다. 이 경우 상속공제 종합한도액은 상속개시 전 증여재산이 있는 경우에는 상속세 과세가액에서 상속재산에 가산한 증여재산의 과세표준 등을 차감하여 계산한다. 그러나 증여세 과세특례를 적용받은 가업주식 등의 가액은 가산하는 증여재산으로 보지 아니하고 공제한도액을 계산하게 된다.

⑤ 가업승계 과세특례와 창업자금 과세특례는 중복하여 적용받을 수 없고 하나만 선택하여 적용받아야 한다.

⑥ 과세특례 적용대상 주식 등을 증여받은 후 주식 또는 출자지분의 상장 등에 따른 이익의 증여(상증세법 제41조의 3), 합병에 따른 상장 등 이익의 증여(상증세법 제41조의 5), 기타이익의 증여 등(상증세법 제42조)에 따른 증여이익은 증여세 과세특례 대상 주식 등의 과세가액과 합산하여 30억원까지 납세자의 선택에 따라 특례를 적용받을 수 있다.

적용대상 기업

가업승계에 대한 증여세 과세특례 대상 법인은 중소기업인 법인으로 조세특례제한법 제5조 제1항의 적용을 받는 기업으로 다음 각 호의 기준을 모두 갖춘 기업으로 한다.

① 해당 기업이 영위하는 업종별로 상시 근로자 수 또는 매출액(자본금) 기준 중 하나의 조건을 충족시킬 것. 다만, 다음 각 목의 어느 하나에 해당하는 경우 중견기업 이상기업으로 제외한다.

- 상시 근로자 수가 1천명 이상인 기업
- 자산총액이 5,000억원 이상인 기업
- 자기자본이 1,000억원 이상인 기업
- 직전 3개 사업연도의 평균 매출액이 1,500억원 이상인 기업

제조업	상시 근로자 수 300명 미만 또는 자본금 80억원 이하
광업, 건설업, 운수업	상시 근로자 수 300명 미만 또는 자본금 30억원 이하
출판, 영상, 방송통신 및 정보서비스업, 사업시설관리 및 사업지원서비스업, 전문, 과학 및 기술 서비스업, 보건 및 사회복지사업	상시 근로자 수 300명 미만 또는 매출액 300억원 이하
농업, 임업 및 어업, 전기, 가스, 증기 및 수도사업, 도매 및 소매업, 숙박 및 음식점업, 금융 및 보험업, 예술, 스포츠 및 여가관련사업	상시 근로자 수 200명 미만 또는 매출액 200억원 이하
하수처리, 폐기물 처리 및 환경 복원업, 교육 서비스업, 수리 및 기타 서비스업	상시 근로자 수 100명 미만 또는 매출액 100억원 이하
부동산업 및 임대업	상시 근로자 수 50명 미만 또는 매출액 50억원 이하

② 소유와 경영의 실질적인 독립성이 인정되는 기업으로 다음 중 어느 하나에 해당하지 아니할 것

- 상호출자 제한기업 집단에 속하는 회사
- 자산총액 5,000억원 이상인 법인(외국법인 포함)이 주식 등의 30% 이상을 직접적 또는 간접적으로 소유하면서 최다출자자인 기업
- 관계기업에 속하는 기업의 경우에는 출자 비율에 해당하는 상시 근로자

수, 매출액 등을 합산하여 규모기준을 미충족하는 기업

[유사사례] 재산 -3770, 2008.11.14

[제목] 가업의 승계에 대한 증여세 과세특례 및 가업상속공제 해당여부

1 「조세특례제한법」제30조의6 제1항에 따른 증여세 과세특례 대상인 주식 등을 증여받은 후 상속이 개시되는 경우로서 상속개시일 현재 같은 법 시행령 제27조의6 제8항에 따른 요건을 모두 갖춘 경우에는 「상속세 및 증여세법」제18조 제2항 제1호에 따른 가업상속으로 보는 것임

2. 「상속세 및 증여세법」제18조의 규정에 의한 가업상속공제는 피상속인이 상속개시일 현재 10년 이상 계속하여 경영한 사업의 전부를 상속개시일 현재 18세 이상인 경우로서 상속개시일 2년 전부터 계속하여 직접 당해 가업에 종사한 상속인이 상속받은 것이 확인되는 경우 적용되는 것으로 귀 질의 "2" 의 경우 가업상속공제 대상에 해당하지 않는 것임

[질의내용]

– 본인은 전남 담양소재 ○○양곡가공 영리 중소법인의 대표임

– 본 회사는 1953년에 설립하여 저의 부친이 61.4%의 출자지분으로 대표자를 역임하다 2009.11.5.부터 본인이 대표자로 있으며 상속개시일(2011.4.26.)전 아래와 같이 출자지분을 증여하여 상속세 합산대상 증여재산으로 분류됨

증여자	수증자	증여일자	증여재산	과세표준	납부세액	비고
부친	본인	2008. 1.11.	526,628,248	26,628,248	2,662,824	가업승계
		2008. 9. 1.	92,099,190	72,448,190	6,520,338	일반증여

* 상속개시일 현재 회사 총출자지분은 34,851주로 저의 지분은 74.15% 임

– 피상속인은 거주자로 해당 중소기업을 55년간 대표자로서 운영하고 2009.11.5. 대표자 사직후 계속하여 사망시까지 고문으로 근무하면서 고문료 월 220만원씩 수령하였음

– 위의 경우 ① 가업승계 받은 주식의 경우 가업상속공제가 가능한지와 ② 사전증여 받은 주식의 가업상속 가능여부

비상장주식평가 잘하면 고액보험 유치한다

"세무사님, 저의 고객 중 경제위기의 파고를 넘기고 수많은 종업원을 고용하며 탄탄하게 회사를 운영해 온 법인기업의 CEO가 계십니다. 현재 74세로 서서히 은퇴시기를 고려하고 있습니다."

성공한TFR이 고객 나이와 현재 회사 업종과 재무제표를 제시한다.

"성공한님, 이 분의 경우 컨설팅 잘하면 상당한 고액보험을 유치할 수 있겠습니다. 현재 20년 이상의 기업을 유지하고 있고 매년 상당한 당기순이익으로 누적된 이익잉여금도 250억원 정도로 현금과 예금계정 역시 상당하구요. 상증세법상 가업승계제도와 연계하면 상속세 부담도 줄이면서 도움이 될 수 있겠습니다."

"감사합니다. 그런데 이 분이 보험하면 부정적인 생각을 가지고 있어 대책이 없습니다. 그래서 회사내 재무관리를 담당하는 CFO는 고민 아닌 고민을 하고 있습니다."

"어떻게요?"

"대표이사로 계시는 회장님께서는 법인재산이지만 회사내 예금을 맘대로 하고 싶어 하기 때문입니다. CFO 입장에서는 법인기업이라 함부로 처리하기에는 부담스러워 합니다."

"사실 기업의 경우 그동안 고생한 보람도 찾지 못하고 고스란히 세금을 내려고 하면 그런 유혹을 받는 것은 사실입니다. 그러나 우리가 하는 일은 세테크 금융보험 아닙니까? 연구해봐야죠!"

"세무사님, 무슨 좋은 방법이 있을까요?"

김영진 세무사는 과거 법인 거래처 중 상속세 재원으로 활용할 수 있는 종신보험 CEO플랜 리포트를 보여주며 유사한 사례경험을 소개한다. 우리나라 상증세법상 가업상속공제제도는 중소기업의 원활한 가업승계를 지원하기 위하여 거주자인 피상속인이 생전에 10년 이상 영위한 중소기업을 상속인에게 정상적으로 승계한 경우에 최대 500억원까지 상속공제를 해주어 가업승계에 따른 상속세 부담을 경감시켜 주는 제도이다.

상속세 미달자, 감정평가 후 상속세 신고하면 유리하다

상증세법상 상속 또는 증여재산의 평가는 '시가'로 평가하는 것이 원칙이다. '시가'란 불특정 다수인 사이에 자유로이 거래가 이루어지는 경우에 통상 인정되는 가액을 말하는데, 이에는 수용 등 시가로 인정되는 것도 있고, 평가기준일 전후 6개월(증여의 경우 3개월) 이내의 기간 중 매매사례가액·감정가액 등이 있는 경우 이 가액을 시가로 준용한다.

또한 상속·증여시 평가하고 신고한 가액이 나중에 해당 부동산을 매각시 취득가액이 된다. 즉, 어떤 부동산을 상속·증여 받은 후 매각하는 경우 양도소득세 계산은 양도가액에서 취득가액을 차감해 계산하는데 이 취득가액이 바로 상속·증여시 평가한 가액이 된다는 것이다. 그래서, 상속·증여받은 후 6개월(증여 시 3개월) 이내에 양도하는 경우 결국 양도가액과 취득가액이 동일해져서 양도차익이 없으므로 양도소득세도 없다.

경남 양산에 거주하는 상속인(배우자, 자녀2)이 상속 당시 기준시가 7억원, 시가는 약 12억원 정도하는 다가구주택과 기준시가 8000만원, 1억5000만원 상당의 아파트를 상속받는 경우 기준시가인 7억원으로 평가해 신고한다면 (무신고의 경우도 마찬가지임) 공제금액 이하이므로 상속세는 한 푼도 없다. 그러나, 이 부동산을 상속받은 후 6개월 내에 12억원에 양도하게 되면 상속개시일 전후 6월 내의 매매사례가액이 시가로 보기 때문에 세무서에서는 상속가액을 11억원으로 새로 경정하고, 양도가액과 취득가액이 12억원으로 같으므로 양도소득세도 내지 않아도 된다.

여기서 아쉬운 부분이라면, 이 상속인들 가까이 TFR재무전문가가 있었다면, 충분히 상담이 가능한 내용으로 6개월 이내 매각 예정이었다면, 매매가액으로 상속세신고를 마쳐 상속세 신고불성실신고에 따른 40%가산세를 물지도 않았을 것이다. 만약 위 상속인이 6개월이 이내가 아닌 1년 후 양도하는 경우 상속세 신고를 하지 않았다면 시가가 확인이 안 되고 상속일 전후 6개월 내에 매매사례가액이나 감정가액이 없는 경우 기준시가로 평가하여 상속재산가액을 다가구주택 7억원, 아파트 8000만원 합계 7억8000만원으로 결정하고 배우자공제와 일괄공제 10억원으로 세무서에서는 과세미달 결정하였을 것이다.

문제는 상속세는 나오지 않았지만, 1년 후 매각한 다가구주택의 취득가액 인정문제이다. 양도소득세는 양도차익에 대해 6~38%의 누진세율이 적용되므로 매각한 다가구주택의 취득가액은 세무서 상속세결정 과세표준인 7억원으로 인정받게 되어 양도가액 12억원에서 기준시가 취득가액 7억원만 인정받게 되어 몇 푼 안 되는 상속이전 취득비용을 차감하더라도 최고 5억원에 대해 양도소득세를 물어야 한다.

이러한 문제점을 대응하기 위해 성공한TFR재무전문가는 고액자산가를 위해 나중 매각에 대비하여 상속개시일로부터 6개월 내 감정평가법인(반드시 2곳 이상의 감정평가법인에 감정가액을 의뢰하여야 하며 국세청에서 고시한 부실감정법인이 아닌 곳이라야 한다)를 지정하여 평가의뢰를 하여야 한다.

(삼창감정평가법인 감정평가사 이경준)

상속세 및 증여세율

상속세 및 증여세율은 각 과세표준에 5단계 초과 누진세율로 계산한다.

과세표준	세율
· 1억원 이하	· 과세표준의 10%
· 1억원 초과~5억원 이하	· 1천만원 + 1억원 초과액의 20%
· 5억원 초과~10억원 이하	· 9천만원 + 5억원 초과액의 30%
· 10억원 초과~30억원 이하	· 2억4천만원 + 10억원 초과액의 40%
· 30억원 초과	· 10억4천만원 + 30억원 초과액의 50%

세대를 건너뛴 상속에 대한 상속세 할증과세

상속인이나 수유자가 피상속인의 자녀를 제외한 직계비속인 경우에는 상속세 산출세액에 다음의 금액을 가산한다. 다만, 민법에 따른 대습상속의 경우에는 할증과세하지 않는다. 대습상속이란 상속인이 될 직계비속 또는 형제자매가 그 상속개시 전에 사망하였거나 결격자가 된 경우에 그 직계비속이 있을 때에는 그 직계비속이 사망하거나 결격된 자의 순위에 갈음하여 상속인이 되는 것을 말한다.

$$\text{상속세 산출세액} \times \frac{\text{피상속인의 자녀를 제외한 직계비속이 상속받은 재산가액}}{\text{총상속재산가액(상속인·수유자가 받은 사전증여재산가액 포함)}} \times 30\%$$

세대를 건너뛴 증여에 대한 증여세 할증과세

수증자가 증여자의 자녀가 아닌 직계비속인 경우에는 증여세 산출세액에 30%의 금액을 가산한다. 다만, 증여자의 최근친인 직계비속이 사망하여 그 사망자의 최근친인 직계비속이 증여받은 경우에는 할증과세하지 않는다.

고액자산가, 생전에 공익재단 만들어 자선실행

"세무사님, 요즈음 평생 모은 재산을 자식에게 전부 물려주기보다는 장학재단을 설립하거나 학교에 기부하는 추세라고 하던데요."

"네, 그렇습니다. 고액자산가는 유언으로 상속재산의 전부 또는 일부를 공익법인에 출연하면 상속세를 절감하는 효과가 크기 때문인 것으로 알고 있습니다."

그러나 평생 모은 재산을 마음에 우러나와 진심으로 공익을 실천하기 위해 만든 공익재단도 더 많다.

"마성숙님! 혹시 상중세법에서는 상속인이 공익재단을 만들어 언제까지 출연하도록 하고 있는지 아세요?"

"아무래도 상속세 신고기한 이내에 출연하여야 할 것 같은데요."

"네! 정확하게 말씀하셨습니다. 종교·자선·학술 기타 공익을 목적으로 하는 공익법인에 출연하는 경우 상속세과세표준 신고기한 내에 출연한 경우에 한하여 상속세 과세가액에 산입하지 아니한다고 규정하고 있습니다. 이 기한을 지나 출연하면 좋은 일을 하고도 세금은 세금대로 물어야 합니다."

공익법인 등에 재산을 출연하고자 한다면 상속세 신고기한 즉 상속개시일로부터 6월 내에 출연하여야 상속세를 절감할 수 있다.

"세무사님, 그런데 언론기사를 보면 공익법인에 대한 세무관리가 강화되고 있다고 하던데요."

정부에서는 공익법인에 대한 조세지원이 탈세수단으로 악용될 소지를 없애기 위해 공익사업이 본래의 목적 대로 충실히 수행되고 있는지 사후관리를 하고 있다.

"그렇습니다. 공익법인이 조세회피수단으로 활용될 수 있어 상중세법은 상속인이 출연 받은 공익법인 등의 이사가 되거나 이사의 선임기타 사업운영에 관한 중요사항을 결정할 권한을 가지고 있는 경우에는 공익법인에 재산을 출연했더라도 상속세를 과세하고 있습니다. 운영자금의 사적목적 횡령여부도 세금추징과 함께 위법사실은 사법당국에 통보합니다."

공익법인에 재산을 출연할 때에는 상속세 비과세 요건을 충분히 검토한 후 그 요건에 맞추어 출연해야 한다.

"여러분 올해 2014년에 적용할 개정세법에서는 공익법인의 투명성을 제고하기 위해 총자산가액이 5억원 이상이면 결산서류를 공시하거나 세무확인 등 의무사항을 강화하였습니다"

공익법인은 국가 등에서 해야 할 일을 대신한다는 점에서 세제상 각종 혜택을 받고 있지만 최근 제도를 남용하는 사례가 있어 국세청은 매년 공익법인을 통한 변칙상속 세무조사 등을 하고 있다.

"하지만, 상속에 임박해서 하는 것보다 생전에 공익재단을 만들어 하시는 분은 더 진정성이 있는 것 같습니다. 제가 아는 분이 그러거든요."

최강이TFR은 최근 전주지사를 개설하는 과정에서 만나게 된 서하진 세무사를 생각한다. 서하진 세무사는 수억원의 재산을 장학재단에 출연해 전주지역의 불우학생을 위한 장학사업을 하고 있다.

"그렇지요. 상속시점에 하는 것보다는 살아생전에 하는 경우 출연자의 의사가 합치되기 때문에 아무래도 진정성이 더 있습니다."

상속세를 줄일 목적으로 공익사업에 출연하는 것으로 위장하였다가는 나중에 신고불성실 10~40%, 납부불성실 1일 0.03%의 가산세까지 붙여 세금을 추징당할 수 있다. 마이더스 손을 통해 공익법인 등에 세무규정에 대해 알아본다.

공익법인, 외부전문가 세무확인서 제출해야

5억원 이상 공익법인 공시의무와 세무확인

2014년에 적용할 개정세법은 2014. 1.1 이후 사업연도분부터 총자산가액 5억원 이상인 공익법인은 매년 4월 말까지 결산서류 공시의무와 사업연도가 12월에 종료되는 공익법인은 출연재산 등에 대한 보고서와 외부전문가 세무확인서 및 주무관청에 제출한 결산서류를 관할세무서에 3월말까지 제출해야 한다.

제출서류는 출연받은 재산이 있는 공익법인의 경우 출연재산 등에 대한 보고서(8종), 자산총액 10억원 이상 또는 수입금액과 출연받은 재산가액의 합이 5억원 이상인 공익법인은 외부전문가 세무확인서(7종)이며 외부감사 및 감사원의 회사검사를 받는 법인 등은 제외된다. 출연재산 등에 대한 보고서와 외부전문가 세무확인서는 홈택스를 통해 간편하게 제출할 수 있다. 다만, 자산총액이 10억원 이상이거나 수입금액과 출연받은 재산가액의 합이 5억원 이상인 종교법인을 제외한 공익법인은 4월 30일까지 공시시스템(npoinfo. hometax.go.kr)에 공익법인의 결산서류 등을 공시해야 한다. 만약, 공시하지 않거나 허위공시에 대한 시정요구에 불응하는 경우 공시해야 할 자산총액의 0.5%를 가산세가 부과돼 주의가 요구되고 있다. 공익법인에 부여되는 세제혜택을 보면, 기부자는 기부금대상단체에 기부하는 경우 근로소득자 기부금 공제, 개인사업자 필요경비공제, 법인사업자 손금산입 혜택을 받을 수 있다.

공익법인에게 주어지는 세제혜택

공익법인은 기부받은 자산의 경우 상속세 및 증여세 과세가액에 불산입되며, 고유목적사업에 지출하기 위하여 준비금을 손금에 계상한 경우 일정 범위 내에서 손금으로 인정된다.

구분		내용
기부자	기부금 공제 필요경비 (손금)산입	기부금 대상단체에 기부하는 경우 근로소득자 기부금 세액공제, 개인사업자 필요경비공제, 법인사업자 손금산입 * 한도 : 법정기부금[개인 100%, 법인 50%], 지정기부금[개인 30%(종교 10%), 법인10%, 2011.1.1 이후 지출분]
공익법인 (기부처)	과세가액 불산입	기부받은 자산에 대하여는 상속세 및 증여세 과세가액 불산입
	고유목적 사업준비금 손금산입	고유목적사업에 지출하기 위하여 준비금을 손금에 계상한 경우 일정범위* 내에서 손금으로 인정 * 이자·배당소득 100%, 그 외 소득 50%(장학법인 등 80%) * (조특법§ 74)사립학교·국립대학법인·국립대학병원 등 100%

공익법인의 주식보유 제한

공익법인은 재산을 출연 받은 때에는 3년 내에 직접 공익목적사업에 사용, 운용소득금액의 70% 이상 1년 이내 직접 공익목적사업 사용, 총재산가액 중 특수관계 내국법인 주식이 30%(외부감사 등 예외적인 경우 50%) 초과 보유금지 등의 규정을 준수해야 한다. 2014년에 적용할 개정세법은 결산서류 공시의무가 총자산가액 10억원 이상에서 5억원 이상으로, 수입금액과 출연재산이 5억원 이상에서 3억원 이상으로 확대되었다. 또한 세무확인 미이행시 가산세 최저금액을 신설하여 수입금액과 출연받은 재산가액의 0.07%와 100만원 중 큰 금액을 과세한다.

구분		내용
출연재산 등의 사용의무	출연재산 사용의무	재산을 출연 받은 때에는 3년 내에 직접 공익목적사업에 사용 * 목적외 사용금액, 미사용금액 증여세 과세
	출연자산 매각금액	출연재산 매각금액은 1년 내 30%, 2년 내 60%, 3년 내 90% 이상 공익목적사업에 사용(미달 사용금액 증여세 과세)
	운용소득	운용소득금액의 70% 이상 1년 이내 직접공익목적사업 사용 * 기준금액 미사용시 미사용금액의 10% 가산세 과세
주식 취득 보유	주식출연 받거나, 취득시	내국법인의 의결권 있는 주식의 5%(성실공익법인 10%) 초과 금지 초과보유분 가산세 부과, 성실공익법인의 경우 10% 초과 출연분 3년내 매각시 부과 제외(2011. 1.1 이후 취득분)
	계열기업의 주식보유	총재산가액 중 특수관계 내국법인 주식이 30%(외부감사 등 예외적인 경우 50%) 초과 보유금지 * 초과보유주식 시가의 5% 가산세 부과
출연자 등의 이사 등 취임시 지켜야 할 일		출연자 및 그 특수관계인이 이사의 1/5 초과 선임금지 또는 임직원 취임금지(경비 전액 가산세 부과)
보고서 등 제출 의무		결산에 관한 서류, 출연재산보고서* 및 외부전문가 세무확인** 서류를 3개월이내 관할세무서에 제출 * 미제출, 불분명분에 상당하는 증여세의 1% 가산세 부과 ** 2014년에 적용할 개정세법은 미이행 시 (당해연도수입금액 + 출연재산가액) × 0.07%와 100만원 중 큰 금액을 가산세 부과

결산서류 공시의무

구분	2013년도	2014년도
① 총자산가액	10억원 이상	5억원 이상
② 수입금액 + 출연재산	5억원 이상	3억원 이상

결산서류 공시의무 등: 자기내부거래 금지, 전용계좌 개설·사용 등 미공시·허위공시에 대한 시정요구 불응시 자산총액의 0.5% 가산세 부과

신고납부기한

상속세 및 증여세 납세자는 아래 기간 내에 신고납부하여야 한다.

상속세	상속개시일이 속하는 달의 말일부터 6월(피상속인 또는 상속인 전원이 외국에 주소를 둔 경우 상속개시일이 속하는 달의 말일부터 9월)
증여세	증여받은 날이 속하는 달의 말일부터 3월(비거주자 역시 거주자와 마찬가지로 증여세의 신고납부기한은 같다. 우편으로 신고하거나 주민등록번호 등이 있는 비거주자인 경우에는 인터넷으로 신고가능)

상증세법상 세액공제

상속세

① 기납부증여세액공제 : 상속재산에 가산한 증여재산에 대한 증여세액

② 외국납부세액공제 : 외국 소재 상속재산에 대하여 외국에서 상속세를 부과받은 부담세액 공제

③ 단기재상속세액공제 : 상속개시 후 10년 이내에 상속인의 사망으로 재상속시 전에 상속세가 과세된 상속재산 중 재상속분에 대한 전의 상속세 상당액을 산출세액에서 공제한다.

$$\text{단기재상속에 대한세액공제} = \text{전의 상속세 산출세액} \times \left[\frac{\text{재상속분 재산가액}}{\text{전의 상속세 과세가액}} \times \frac{\text{전의 상속세 과세가액}}{\text{전의 상속재산가액}} \right] \times \text{공제율}$$

재상속기간	공제율	재상속기간	공제율
1년 이내	100%	6년 이내	50%
2년 이내	90%	7년 이내	40%
3년 이내	80%	8년 이내	30%
4년 이내	70%	9년 이내	20%
5년 이내	60%	10년 이내	10%

④ 문화재등징수유예세액공제 : 상속재산에 문화재 또는 박물관자료가 포함된 경우

⑤ 신고세액공제:상속세과세표준 신고기한 이내에 신고를 한 경우, 다음의 금액을 상속세 산출세액에서 공제한다. 신고세액공제는 상속세액을 납부하지 않은 경우에도 적용한다. 공제율이 적용되는 산출세액은 세대생략상속에 대한 할증과세로 인하여 산출세액에 가산하는 금액을 포함한다.

증여가액 = (상속세산출세액 − 징수유예세액 − 공제감면세액) × 10%

증여세

·기납부증여세액공제, 외국납부세액공제, 신고세액공제는 상속세와 동일하다.

상속세 및 증여세법상 가산세

무신고 가산세	상속세산출세액 × 무신고 과세표준 비율 × 20% (부당40%)
과소신고 가산세	상속세산출세액 × 과소신고 과세표준 비율 × 10% (부당40%)
납부불성실 가산세	납부하지 아니하였거나 미달납부세액 × 자진납부일 (또는 고지일)까지 기간 × 1만분의3

분납·연부연납·물납

상속세는 일시에 금전으로 납부하는 것을 원칙으로 하지만, 일시납부에 따른 과중한 세부담을 완화시키고 납세의무의 이행을 용이하도록 하기 위해 분납제도와 연부연납제도 그리고 금전 이외의 상속재산으로 납부할 수 있도록 하는 물납제도를 두고 있다.

분납

상속세 및 증여세의 납부할 세액이 1천만원을 초과하는 경우에는 다음의 금액을 납부기한이 지난 후 2개월 이내에 분납이 가능하다.

분납범위	납부세액이 2천만원 이하인 경우 : 1천만원을 초과하는 금액
	납부세액이 2천만원 초과인 경우 : 그 세액의 50% 이하의 금액

연부연납

관할 세무서장은 상속세 납부세액이 2천만원을 초과하는 경우에는 납세의무자의 신청을 받아 연부연납이 가능하다. 일반적인 경우 연부연납기간은 5년 이내, 가업상속재산은 연부연납 허가 후 2년이 되는 날부터 5년(가업상속재산 비율이 50%이상인 경우 연부연납 허가 후 3년이 되는 날부터 12년 이내)간 분할납부를 허용한다. 연부연납은 1회의 납부세액이 1천만원이 넘어야 하고 허가를 받기 위해서는 담보를 제공하여야 한다. 연부연납은 기획재정부령이 정하는 이자율(연 3.7%)을 적용한 연부연납가산금을 추가 납부하여야 한다.

물납

부동산과 유가증권의 가액이 상속재산의 50%를 초과하고, 2014년에 적용할 개정세법은 납부세액이 2천만원(2013년까지 1천만원)을 초과하는 경우 납세자가 기한내 신청을 한 경우로 물납이 가능하다. 충당순위는 ①국채 및 공채 ②상장 유가증권(①제외) ③국내소재 부동산 ④비상장 유가증권(①제외) ⑤상속인 거주 주택과 부수토지 순이다. 단, 연부연납분을 물납하기 위해서는 2014년에 적용할 개정세법은 첫 회분에 한해 납부일 30일 전까지 물납신청을 허가받아야 한다. 그리고 관할 세무서장은 허가 여부를 14일 이내 통지해야 한다.

자녀에게 최소 법정상속분 1/2은 주어야 문제가 없다

"세무사님. 제가 상담하는 분인데, 이런 황당한 일이 있었답니다."

"마성숙님, 말씀해보세요!"

마성숙FR과 김영진세무사는 쉬는 시간임에도 자판기 커피를 마시면서 질의응답을 통해 서로의 지식창고를 쌓고 있는 중이다.

"꼭 저 두 사람은 쉬는 시간에도 저렇게 붙어 있어야 하나?"

"그러게 말이야! 아무래도 저 두 사람의 관계를 조금 알아봐야겠어!"

마성숙FR과 김영진 세무사가 업무와 관련한 대화를 해도 주변에서 쑥덕거리는 소리다. 아닌 게 아니라, 김영진 세무사는 키도 크고 얼굴이 호남형에 마성숙FR은 40대 초반임에도 헬스클럽에서 다진 몸매 때문인지 매력적인 S라인을 유지하고 있다.

"네, 세무사님! 제가 소개받아 만난 분인데 자기의 남편 이야기입니다. 남편인 장고집 사장은 장고집설렁탕 11호점 매출을 6달 내 200% 증가시킬 것을 전제로, 11호점 강남점을 가족이 아닌 지배인에게 상속한다는 취지의 유언장을 작성하고 변호사를 통해 공증까지 받았답니다. 만일 실제로 이러한 증여 계획을 밝힐 경우 가족들은 어떻게 대처해야 하는지 문의해 왔습니다."

"충분히 있을만한 얘기입니다. 사실 기업하는 사람 입장에서는 사업을 위해서 업무와 관련하여 동업자들과 약속하는 경우가 있습니다. 그런데 장고집 사장은 공증까지 했다니 이건 보통 일이 아니네요. 하지만 재산분배는 아무리 미운 자식이라도 최소한 법정 상속분의 1/2인 유류분만큼 배분시켜야 사후에 형제간 갈등을 축소할 수 있습니다."

모든 재산을 타인에게 준다는 공증을 해도 배우자나 자녀들의 경우 절반은 건질 수 있다. 피상속인이 상속인이 아닌 타인에게 하는 유증시에 활용할 수 있는 유류분 제도에 대해 마이더스 손이 전하는 팁을 참고해보자.

타인에 대한 유증, 유류분제도를 활용하라

위 사례의 장고집 사장처럼 유언에 의해, 자신이 사망했을 때 유산의 전부 또는 일부를 무상으로 상속인 또는 상속인이 아닌 다른 사람에게 준다고 밝히는 단독행위를 유증이라고 한다. 이 때 단독행위란 말 그대로 다른 사람의 의사에 구애받지 않고 피상속인이 단독으로 처리할 수 있는 행위를 의미한다. 유증은 '유언에 의한 증여'를 의미하지만, 유증자 사망시 재산이 무상으로 이전된다는 점에서 상속세가 과세된다.

피상속인의 직계비속	그 법정상속분의 1/2
피상속인의 배우자	그 법정상속분의 1/2
피상속인의 직계존속	그 법정상속분의 1/3
피상속인의 형제자매	그 법정상속분의 1/3

따라서 유증을 받은 사람 즉 수유자가 유증조건을 만족시킬 경우 장 사장의 11호점 강남점 재산은 유언대로 수유자에게 전액 귀속되고, 상속인들이 법정지분의 1/2씩 유류분 반환을 청구할 경우 결국 총상속재산의 1/2는 수유자가, 1/2는 상속인들이 아래와 같이 분배받게 된다.

[유류분 계산]
피상속인 장사장의 강남점 재산이 7억원이고, 수유자가 유증조건을 만족시켰다고 가정해보자. 이때 피상속인의 상속인으로 배우자와 2명의 자녀 아들과 딸이 청구할 수 있는 유류분은 아래와 같이 계산된다.
※ 가정 : 유증재산(7억원), 상속인(배우자1, 아들1, 딸1)
※ 배우자 상속지분 : 1.5/3.5, 아들 2명 상속지분 : 각 1/3.5

① 배우자 유류분 = 7억원 × 1.5/3.5 × 1/2 = 1억 5000만원

② 첫째 아들 유류분 = 7억원 × 1 /3.5 × 1/2 = 1억원

③ 둘째 아들 유류분 = 7억원 × 1 /3.5 × 1/2 = 1억원

> **민법 제1117조 [소멸시효]**
> 반환의 청구권은 유류분 권리자가 상속의 개시와 반환하여야 할 증여 또는 유증을 한 사실을 안 때로부터 1년 내에 하지 아니하면 시효에 의하여 소멸한다. 상속이 개시한 때로부터 10년을 경과한 때도 같다. [본조신설 1977.12.31]

Q1. "상속의 개시와 반환하여야 할 증여 또는 유증을 한 사실을 안 때"란?

A1. 상속이 개시되어 자신이 상속인이 되었다는 사실과 유증 또는 증여의 사실을 모두 알 뿐만 아니라 그것이 유류분을 침해하여 반환청구를 할 수 있게 됨을 안 때를 의미한다.(대판 1994.4.12. 93다52563)

Q2. "반환하여야 할 증여 또는 유증을 한 사실을 안 때로부터 1년 내"라 함은?

A2. 증여 등의 사실 및 이것이 반환하여야 할 것임을 안 때라고 해석하여야 함.

Q3. "1년"과 "10년"은 그 성질이 소멸시효기간에 해당하는지?

A3. 민법은 유류분반환청구권에 관하여 특별히 단기소멸시효를 규정하고 있음.(대판 1993.4.13. 92다3595)

Q4. 유류분반환청구권에 대한 소멸시효기간의 기산점은?

A4. 유류분 권리자가 소송상 무효를 주장하기만 하면 그것이 근거없는 구실에 지나지 아니한 경우에도 시효는 진행하지 않는다 함은 부당하므로 피상속인의 거의 전 재산이 증여되었고 유류분 권리자가 위 사실을 인식하고 있는 경우에는, 무효의 주장에 관하여 사실상 또는 법률상 근거가 있고 그 권리자가 위 무효를 믿고 있었기 때문에 유류분반환청구권을 행사하지 않았다는 점을 당연히 수긍할 수 있는 특별한 사정이 인정되지 않는 한, 위 증여가 반환될 수 있는 것임을

알고 있었다고 추인함이 상당하다 참조 [대법원 2001.9.14, 선고, 2000다66430, 판결]

Q5. 유류분을 산정함에 있어서 반환의무자가 증여받은 재산의 시가 산정의 기준시기(상속개시 당시) 및 그 증여받은 재산이 금전일 경우 가액 산정 방법은?

A5. 유류분 반환 범위는 상속개시 당시 피상속인의 순재산과 문제된 증여재산을 합한 재산을 평가하여 그 재산액에 유류분청구권자의 유류분 비율을 곱하여 얻은 유류분액을 기준으로 하는 것인 바, 그 유류분액을 산정함에 있어 반환의무자가 증여받은 재산의 시가는 상속개시 당시를 기준으로 산정하여야 한다. 따라서 그 증여받는 재산이 금전일 경우에는 그 증여받은 금액을 상속개시 당시의 화폐가치로 환산하여 이를 증여재산의 가액으로 봄이 상당하고, 그러한 화폐가치의 환산은 증여 당시부터 상속개시 당시까지 사이의 물가변동률을 반영하는 방법으로 산정하는 것이 합리적이다.(민사법정이율인 연 5%의 비율에 의한 이자상당액을 더한 금액을 원고가 증여받은 재산의 가액이라고 단정하고 이를 전제로 하여 원고의 유류분액이 없다고 판단한 것은 잘못임.)

가업승계자 1인에게만 세제지원 혜택을 주는 현행 가업상속공제 제도에 대해서 납세자가 상속받아야할 지분 2분의 1(피상속인의 직계비속 및 배우자)에 못미치게 상속받은 경우 다른 상속인을 상대로 자기지분을 청구할 수 있는 유류분 제도로 인해 분쟁이 발생할 위험이 있어 2014년에 적용할 개정세법은 유류분 청구시 이를 인정하고 있다. 그러나 퇴직금 제도를 활용하여 가업승계자 1인외의 상속지분을 유류분에 침해되지 않도록 준비하는 방안을 검토할 필요가 있다.

먼저간 자식의 손자녀를 위한 연금보험

"세무사님, 역시 죽음보다 강한 것이 사랑인 것 같아요."

"왜 무슨 일 있습니까?

마성숙FR과 김영진 세무사가 상증세법 마지막 강의가 끝난 뒤에 대화를 나누고 있다.

"저의 고객 중 한 분께서 하시는 말씀이 내가 죽어도 손자녀와 며느리를 위한 좋은 보험 있으면 소개해주라 하는 겁니다."

"그래서요?"

"이 할아버지 고객께서는 두 명의 아들을 두고 있었는데 작년에 어렵게 생활하던 둘째가 갑자기 사고사를 당했는데 모아놓은 재산도 없고 살아생전 보험가입을 하지 않아 며느리와 손자녀에게 남긴 재산이 없었나 봅니다. 고객께서는 아들이 죽은 후 평소 며느리와 손자녀를 생각하면 마음이 아파해 했거든요."

"그렇군요. 시아버지의 측은지심이네요."

"최근 고객께서는 서울 강남에 있는 아파트를 매도했거든요. 9억원 이상 고가주택에 해당되어 양도소득세를 내고도 15억원 정도 여유자금이 생긴거예요. 그 돈 중 10억원은 상속형 즉시연금으로 가입하고 자신의 사망으로 상속이 되면 장남만 상속하게 되는지 아니면 며느리와 손자녀에게도 상속이 되는지 알고 싶으신 거예요."

"어떻게 답을 하셨습니까?"

"그래서 세무사님 자문을 구하려고 이렇게 말씀드리는 것 아닙니까?"

"네? 아. 그렇습니까? 할아버지보다 둘째 차남이 먼저 사망한 경우에는 차남의 자식인 손자녀와 며느리에게 대습상속이 가능합니다."

"대습상속이 이럴 때 쓰는 용어이군요."

"네, 갑자기 할아버지의 사망으로 즉시연금 10억원이 나오면 장남에게 5억원, 그리고 대습상속권을 가지고 있는 차남 가족에게 5억원이 분배됩니다."

"세무사님, 그러면 며느리와 차남의 손자녀에게만 돌아가게 하려면 보험계약시 손자녀를 수익자로 지정해야 할아버지의 사랑이 끝까지 전달되겠습니다."

"네, 그게 좋겠습니다."

이 세상에는 많은 인연이 있다. 그러나 그 인연이란 것이 어떻게 끝날 지 모르는 것이 우리 인생이다. 이런 세상과의 인연 중 결코 피할 수 없는 필연이 바로 혈육이라고 한다. 특히 나이가 들어 자연으로 돌아갈 시간이 되면 혈육이 더 눈앞을 아른거린다.

상속세 및 증여세의 결정

납세지 관할 세무서장(국세청장이 특히 중요하다고 인정하는 것에 대해서는 관할 지방국세청장)은 상속세과세표준 신고기한으로부터 6개월 이내에 과세표준과 세액을 결정하여야 한다. 증여세의 경우에는 3개월 이내에 과세표준과 세액을 결정하여야 한다. 관할 세무서장은 결정된 상속세과세표준과 납부세액을 상속인 중 1인에게 통지한다.

상속세 경정청구

상증세법 제79조는 상속세과세표준 및 세액을 신고한 자 또는 상속세과세표준 및 세액의 결정 또는 경정을 받은 자로서 상속개시 후 1년이 되는 날까지 상속재산이 수용·경매 또는 공매된 경우로 보상가액, 경매가액 또는 공매가액이 상속세 과세가액보다 하락한 경우에는 그 사유가 발생한 날로부터 6월 이내에 상속세 신고내용을 결정 또는 경정을 청구할 수 있다. 또한 당초 상속세 신고시 상속인이 아닌 자에게 유증, 사인증여된 재산에 해당하여 상속인이 유류분으로 반환받은 경우에는 그 반환받은 분에 대하여는 금융재산공제와 같은 상속공제가 가능하다. 이런 경우에도 역시 경정청구가 가능하다.

상속세 무신고시 기한후 신고 가능

상속세 신고기한은 상속개시일로부터 6개월 이내이다. 신고기한 이내에 무신고한 경우에는 국세기본법에 의한 기한 후 신고가 가능하다. 과거에는 납부세액이 있을 경우 기한후 신고가 허용되었으나 2007.1.1. 이후 상속세 신고기한이 도래하는 분에 대하여는 납부할 상속세가 없는 경우에도 국세기본법에 의한 기한후 신고가 가능하게 되었다. 따라서 만일 상속공제액 이하에 해당하는 상속재산을 상속받아서 상속세 신고기한 이내에 무신고한 경우에는 과세관청에서 상속세를 결정하기 전 국세기본법에 따른 기한 후 신고를 통하여 매매사례가액 등을 시가로 신고할 수 있다. 이러한 매매사례가액은 추후 양도시 취득가액이 된다. 특히 상속재산이 30억원 이상이고 5년 이내 재산가치가 증액되는 경우 관할 세무서는 사후관리를 한다.

공익법인의 사후관리

2014년에 적용할 개정세법은 상증령을 개정하여 공익법인 등의 공시의무 등을 강화하였다. 현행 총자산가액 10억원 이상 또는 수입금액과 출연재산의 합계액이 5억원 이상인 공익법인의 경우 결산서류 공시, 세무확인, 장부 작성·비치의무를 부여하고 있으나 상증령 개정세법은 공시의무 등 적용대상을 총자산가액이 5억원 이상 또는 수입금액과 출연재산의 합계액이 3억원 이상인 공익법인으로 확대하였다.

그 어느 무엇보다 강한 '사랑' = '보험'

"오빠, 이 앞전에 말씀드린 할아버지 고객께서 가입하신 손자녀를 위한 보험 있잖아요?"

"그래! 성숙아, 어떻게 계약했어?"

"역시 세상에서 가장 사랑스런 표현은 '보험'인 것 같아요. 그 할아버지와 며느리와 손자녀가 어제 사무실에 와서 상속형 즉시연금을 가입하셨는데, 그 현장이 얼마나 감동스러웠는지 모른답니다."

"어떻게?"

"할아버지는 사랑스런 손자녀에게 그동안 물질적으로 못해준 것에 대해 미안해하고, 손자녀와 며느리는 친할아버지와 시아버지를 잘 찾아뵙지도 못한 것에 대해 죄송해하며 서로 얼싸안고 우시는데… 보험이 사랑의 오작교 역할을 하였답니다."

여성은 평생 16개월 동안 운다는 통계가 있다. 마성숙FR은 보험업무를 하면서 평생 울 것의 절반은 울었다.

"지난 주에는 부부와 자녀들이 와서 정기보험을 가입하고 서로 사랑의 표현을 하였다고 하던데, '보험'이 확실한 '사랑'의 표현인가 봅니다."

언제나 그렇지만 가슴은 머리를 이긴다. 세테크 금융보험으로 영업을 하더라도 잊지 않아야할 것이 고객에게 바로 머리가 아닌 가슴으로 접근해야 한다.

"나도 그렇게 생각해!"

30대와 40대는 가족에 대한 '사랑의 표현'이고 '가장면허증'인 정기보험은 필수이다. 저금리 시대에는 사망을 담보로 하는 순수 보장성보험인 정기보험이 적격이다. 또한 노후를 대비한 치매보험, 실버암보험, 연금보험가입은 40대와 50대의 기본적인 3대 필수보험이다.

100세 시대! 세금으로 시작하는 포트폴리오

마성숙FR과 김영진 세무사는 이 책의 도입부분에서 밝힌 바와 같이 고향 동네 오빠동생 하던 사이다. 처음 마성숙FR이 김영진 세무사를 만나러 왔을 때 받은 선물이 있었다. 당시 김 세무사가 마성숙에게 어느 정도 고민이 해결되면 또 다른 사람에게 그 선물을 주라고 하였다. 이후 마성숙은 '세금과 보험'이라는 새로운 영역에서 어엿하게 지역본부에서 내로라하는 재무전문가가 되었다. 마성숙도 이제 김영진 세무사로부터 받은 '마이더스'와 같은 선물을 1년 전 자기처럼 어렵고 힘든 시간을 보내는 또 다른 사람에게 전해주어야 한다.

세상에는 강한 것이 열두 가지가 있다 한다. 먼저 돌이 강하다고 한다. 그리나 돌은 쇠에 깨지게 되어 역시 쇠가 다음으로 강하다. 그러나 쇠 역시 불에 녹으니 불이 강하고, 불은 물에 꺼지게 되어 물이 강하다. 그러나 물은 다시 구름이 되어 버리나 구름은 바람에 날리게 되어 바람이 다음으로 강하다. 바람은 산천초목을 다 날려도 사람은 날리지 못해 다음으로 사람이 강하다. 그러나 또한 사람은 공포에 약해 사람보다 공포가 더 강하다. 그 공포는 술을 먹으면 공포가 사라지게 되어 술이 더 강하나, 술은 잠을 자면 술이 깨고, 다음으로 강한 잠은 영원한 잠인 죽음에는 이길 수 없다고 한다. 그러나 그 죽음보다 강한 것이 있다고 하니 바로 '사랑'이라고 한다. 마성숙은 김영진 세무사가 준 마이더스와 같은 그 선물은 열어볼 수도 없고, 영원히 열어서도 안 되는 판도라 상자와 같은, 어느 누구나 품고 또한 다른 사람에게 나눠주어야 할 '사랑과 희망'의 상자는 바로 '보험'이지 않을까 생각한다.

　보험업계로서는 2014년 역시 위기의 시간이다. 절체절명의 어렵고 힘든 시간을 통과하고 있다. 영국의 윈스턴 처칠은 옥스퍼드대학 졸업식에서 '절대로! 절대로! 절대로! 절대로 포기하지 말라!'라는 짧으면서도 강력한 도전의 식을 주는 유명한 강연을 하였다. 금융보험인들에게 지금 필요한 것은 처칠의 말처럼 절대로 포기하지 않는 정신으로 현재의 어렵고 힘든 순간이 영원하지도 않고 모두 지나갈 것이라는 마음 자세이다. 함께 가면 더 멀리 갈 수 있다. 100세 시대! 세금으로 시작하는 포트폴리오, 고객과 함께 가자!

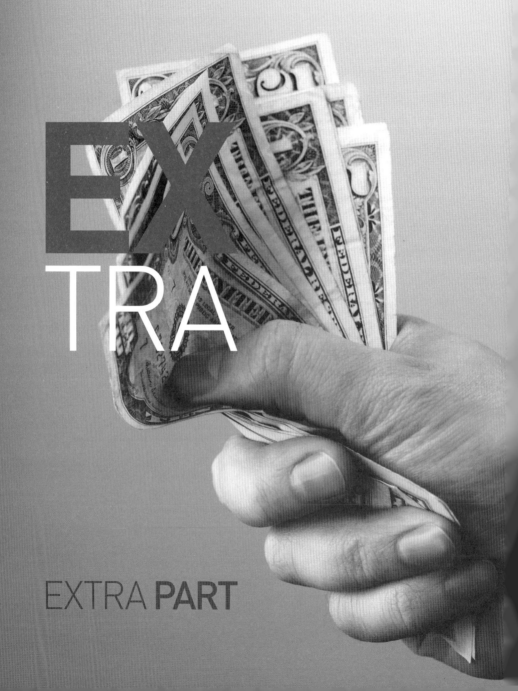

EX
TRA

EXTRA **PART**

화폐의
시간적 가치

"아빠! 날씨가 이렇게 추운데 왜 난로에 불을 안 피워요?"
"아빠가 실직을 해서 석탄 살 돈이 없단다."
"왜 실직을 했는데요?"
"사람들이 석탄을 안 때서 그렇지…."
1929년 대공황으로 인해 실직한 광부와 아들의 대화이다.
그때는 실물이 돈이었다. 그러나 21세기는 화폐금융시대이
다. 즉, 실물이 아닌 돈이 돈을 만드는 시대인 것이다. 결국
'돈의 가치는 시간의 가치'이다. 재무전문가는 오늘의 돈이
미래에 어느 정도의 금액으로 보장되는지에 대한 계산이 필
요하다.

화폐의
시간적 가치

"세무사님 금융상품을 선택하는데 있어 원칙이 있다면 어떤 것이 있을까요?"

마성숙FR이 김영진 세무사에게 금융상품의 원칙에 대한 설명을 부탁한다.

"네, 금융상품을 선택하는데는 세 가지 원칙이 필요합니다. 첫 번째는 안정성입니다. 어떠한 경우가 있더라도 원금손실이 있어서는 안 됩니다. 따라서 최근 저축은행 사태를 보더라도 금융기관의 재무적 안정성은 필수입니다. 두 번째는 수익성입니다. 이 장에서 언급되는 내용으로 시간이 경과할수록 경기변동에 따른 인플레이션으로 돈의 가치가 떨어져서는 안 됩니다. 세 번째는 유동성입니다. 금융상품은 필요한 시점에 유동화를 할 수 있어야 합니다. 따라서 금융상품을 선택하는 경우 안정성과 수익성 그리고 유동성까지 고려하여야 합니다."

"세무사님 마지막으로 '돈에 대한 정의' 를 부탁드립니다."

"마성숙FR, 돈에 대해 수많은 명언이 있습니다. 예를 들어 '돈으로 집을 살수 있지만 가정을 살 수 없다. 돈으로 시계는 살 수 있어도 시간은 살 수 없다. 돈으로 책은 살 수 있어도 지식은 살 수 없다. 돈으로 의사는 살 수 있어도 건강은 살 수 없다. 돈으로 피는 살 수 있어도 생명은 살 수 없다 등' 입니다. 재무전문가적인 입장에서는 두 번째가 정확한 표현일 듯합니다."

"세무사님 그 표현은 '돈 많은 사람이 죽음에 이르렀을 때 수억, 수백억을 준다 해도 하루생명을 더 연장할 수 없다'는 의미 아닌가요? '돈으로 의사는 살 수 있어도 건강은 살 수 없다'와 같은 맥락일 것 같은데요."

"네, 그런 뜻이지요. 하지만, 재무적 관점으로 표현하면 'Time is Money!' 와 같은 의미로 바꿔 설명하고 싶습니다. 결국 '돈의 가치는 시간의 가치'라고 봅니다. 여러분과 같은 재무전문가는 오늘의 돈이 미래에 어느 정도의 금액으로 보장되는지에 대한 계산이 필요하다고 봅니다."

1600년대 초반 미국의 인디언들은 뉴욕 맨하튼 땅을 당시 24달러 상당의 구슬과 장신구 등을 받고서 백인들에게 양도했다. 24달러를 연 복리이자율 5%로 가정하여 400년이 지난 시점에서 현재가치는 30억 달러가 넘는다. 이렇듯 시간과 복리이자율이 믹스되면 상상 이상의 금액이 산출된다.

화폐의 시간적 가치

화폐의 시간적 가치는 재무관리 전반에 걸쳐 적용되는 개념이다. 이 개념을 이용해 산출된 값은 금융보험인의 경우 재무적 의사결정에 중요한 근거가 된다. 특히 현재가치에 대한 개념이 중요한데 이는 각종 금융자산의 균형가격을 형성하는데 현재가치 개념을 이용하기 때문이다.

현재가치가 선호되는 이유

지금의 1000만원이 좋은가? 내년의 1000만원이 좋은가? 라고 묻는다면 바보같은 질문이라 할 것이다. 그러나 내년에 1100만원을 준다면 생각할 시간이 필요할 것이다. 다시 처음의 질문에서 동일한 금액이라도 그 돈의 시점에 따라 그 가치가 달라지게 되는데 이를 화폐의 시간적 가치라고 한다. 결국 현재의 현금흐름을 미래의 현금보다 선호하게 되는 그 가치에 대한 설명은 다음과 같다.

· 물가상승에 따른 위험이다. 1년 동안 물가가 일정 부분 오르게 되면 올해 1000만원 가지고 살 수 있는 물건이라도 내년에는 구매할 수 없기 때문이다.

·내년에 받을 현금에 대한 불확실성 때문이다. 내년에 주기로 한 사람이 파산할 수도 있고 여러 가지 경제적 이유로 주지 않을 수 있거나, 국가 사회적으로 위기상황이 되어 받지 못하는 상황이 연출될 수 있기 때문이다.

·지금 받은 1000만원을 가지고 재투자 기회 때문이다. 즉 현재의 1000만원을 가지고 은행에 정기예금을 할 수 있거나, 벤처기업에 투자를 통해 재산을 늘릴 수 있기 때문이다.

이렇듯 화폐의 시간적 가치에 따라 현재의 돈과 미래의 돈은 동일한 가치를 가지는 것이 아니므로 현재의 돈을 미래의 돈으로 환산(미래가치)하든지, 미래의 돈을 현재의 돈으로 환산(현재가치)하는 과정이 필요하다. 이러한 시간적 가치를 계산하는 과정에서 그 기준은 위험률, 수익률 등이 반영된 이자율로 적용된다. 개인이든, 법인이든 재무관리의 거의 모든 분야에서 경제적 의사결정을 할 때 중요한 개념으로 그 가치를 계산하는 4가지 과정을 소개한다.

① 일시불의 미래가치
일시불이란 현재의 일정금액으로 미래의 특정한 시점에서 평가하여 산출한 가치를 말한다. 일시불의 미래가치는 만기가 될 때까지 중간에 이자를 찾지 않고 그대로 재투자한다는 전제로 계산하는 것이다. 이러한 계산과정을 복리계산이라 하고 이렇게 산출된 값을 복리가치라 한다. 일시불의 미래가치 즉 복리가치의 공식은 다음과 같다.

$$P_n = P_0(1 + r)^n$$

이러한 복리가치 계산의 편의를 위해 이자율(r)과 미래시점인 기간(n)별로 구분해서 미리 산출한 복리이자요소(CVIF, Compound Value Interest Factor) [부표-1]을 참조하면 된다.

[예제]
연 이자율이 5%이고 현재 1000만원을 장수은행에 예금한다고 가정하자.
(1) 3년 후에 얼마의 금액을 찾을 수 있는가?
(2) 5년 후에 예금을 찾는다면 통장잔고는 얼마일까? [부표−1]로 계산하시오.

(1) 3년 후에 얼마의 금액을 찾을 수 있는가?

P_3 = 1000만원 × (1+0.05)^3 = 11,576,250원

[부표−1]에 의한 속산법 : 1000만원 × [CVIP$_{0.05, 3}$ = 1.1576) = 11,576,000원

(2) 5년 후에 예금을 찾는다면 통장잔고는 얼마일까? 〈CVIF〉로 계산하시오.

[부표−1]에 의한 속산법 : 1000만원 × [CVIP$_{0.05, 5}$ = 1.2763) = 12,763,000원

② 연금의 미래가치

연금이란 일정기간 동안 매기간 말에 일정한 금액을 수령하는 것을 말한다. 현재 공적 연금은 연 600만원을 초과하여 수령하는 경우 종합과세하고 있다. 연금의 미래가치는 연금의 최종수령시점에서 현금흐름의 총가치를 계산한 금액을 말한다. 연금의 미래가치 공식은 다음과 같다.

$$S_n = \left[\frac{(1+r)^n}{r} - \frac{1}{r} \right] C$$

이러한 연금의 미래가치 계산의 편의를 위해 이자율(r)과 미래시점인 기간(n)별로 구분해서 미리 산출한 연금의 복리이자요소(CVIFA, Compound Value Interest Factor for Annuity) [부표-2]를 참조하면 된다.

[예제]
연 이자율이 10%이고 3년 동안 매년도 말에 1000만원을 예금하면 3년 후 미래가치는 얼마인가? [부표−2]로도 계산하시오.

3년 후 미래가치는 얼마인가?

$$S_3 = 1{,}000만원 \left[\frac{(1+0.1)^3}{0.1} - \frac{1}{0.1} \right] = 33{,}100{,}000원$$

[부표-2]에 의한 속산법 : 1000만원 $\times$ [CVIFA$_{0.1, 3}$ = 3.31) = 33,100,000원

③ 일시불의 현재가치

일시불의 현재가치란 미래에 발생할 현금흐름을 현재시점에서 평가한 값을 말한다. 특히 현재가치에 대한 개념은 자산관리적인 측면에서 매우 중요한 의미를 갖는다. 미래의 어느 정도의 금액이 현재시점에서 얼마의 가치를 갖는다는 것을 고객에게 알려주어야 하기 때문이다. 일시불의 현재가치의 공식은 한편 앞에서 언급한 일시불의 미래가치를 구하는 과정과 역의 관계로 다음과 같다.

$$P_0 = \frac{P_n}{(1+r)^n}$$

일시불의 미래가치 계산의 편의를 위해 이자율(r)과 미래시점(n)에서 발생할 1원의 현재가치를 나타내는 현가이자요소(PVIF, Present Value Interest Factor) [부표-3]을 참조하면 된다.

> [예제] 만기가 1년 후에 도래하는 액면금액이 1000만원인 채권을 가지고 있다. 이 채권은 만기에 원금만 지급하고 이자는 없는 할인채권이다.
> (1) 금융기관에서 연 5%로 할인한다면 얼마의 현금을 받을까?
> (2) 다른 조건은 같고 만기까지 5년인 채권이라면 이를 매각한다면 받을 수 있는 현금은?

(1) 금융기관에서 연 5%로 할인한다면 얼마의 현금을 받을까?

$$P_0 = \frac{1{,}000만원}{(1+0.05)^1} = 9{,}523{,}809원$$

[부표-3]에 의한 속산법 : 1000만원 $\times$ [PVIF$_{0.05, 1}$ = 0.9524] = 9,524,000원

(2) 다른 조건은 같고 만기까지 5년인 채권이라면 금융기관에서 할인금액은?

$$P_0 = \frac{1{,}000\text{만원}}{(1+0.05)^5} = 7{,}835{,}261\text{원}$$

[부표-3]에 의한 속산법 : 1000만원 × [$PVIF_{0.05,\,5}$ = 0.7835] = 7,835,000원

④ 연금의 현재가치

연금의 현재가치란 매기간 말에 받게 될 일정한 금액을 수령하는 경우 현재의 시점에서 평가한 가치를 말한다. 이러한 연금의 현가개념은 원리금을 매기 일정한 금액으로 균등분할 상환하는 조건으로 조달하는 차입금에 적용된다. 또한 일정기간 동안 매번 동일한 금액으로 받게 되는 연금을 현재 시점에서 일시에 받는다면 얼마의 금액 즉, 미래 연금의 현재가치이다. 연금의 현재가치 공식은 다음과 같다.

$$S_0 = \left[\frac{1}{r} - \frac{1}{r(1+r)^n}\right] C$$

연금의 현재가치 계산의 편의를 위해 이자율(r)과 미래기간(n)동안 발생할 연금의 현재가치를 산출한 연금의 현가이자요소(PVIFA, Present Value Interest Factor for Annuity) [부표-4]를 참조하면 된다.

[예제] 장수보험으로부터 매년도말에 1000만 원의 연금을 5년 동안 받게 되었다. 이를 현재 시점에서 일시불로 받는다면 얼마인가? 단 이자율은 10%이다. [부표-4] 로도 계산하시오.

5년 동안 매년 받게 될 연금 1000만원의 현재가치는 얼마인가?

$$S_0 = 1{,}000\text{만원} \left[\frac{1}{0.1} - \frac{1}{0.1(1+0.1)^5}\right] = 37{,}907{,}868\text{원}$$

[부표-4]에 의한 속산법 : 1000만원 × [$PVIFA_{0.1,\,5}$ = 3.7908) = 37,908,000원

[부표-1] 복리이자요소(CVIF$_{r,n}$)=$(1+r)^n$

기간	이자율									
	1%	2%	3%	4%	5%	6%	7%	8%	9%	10%
1	1.0100	1.0200	1.0300	1.0400	1.0500	1.0600	1.0700	1.0800	1.0900	1.1000
2	1.0201	1.0404	1.0609	1.0816	1.1025	1.1236	1.1449	1.1664	1.1881	1.2100
3	1.0303	1.0612	1.0927	1.1249	1.1576	1.1910	1.2250	1.2597	1.2950	1.3310
4	1.0406	1.0824	1.1255	1.1699	1.2155	1.2625	1.3108	1.3605	1.4116	1.4641
5	1.0510	1.1041	1.1953	1.2167	1.2763	1.3382	1.4026	1.4693	1.5386	1.6105
6	1.0615	1.1262	1.1941	1.2653	1.3401	1.4815	1.5007	1.5869	1.6771	1.7716
7	1.0721	1.1487	1.2299	1.3159	1.4071	1.5036	1.6058	1.7138	1.8280	1.9487
8	1.0829	1.1717	1.5668	1.3685	1.4775	1.5938	1.7182	1.8509	1.9926	2.1436
9	1.0937	1.1951	1.3048	1.4233	1.5513	1.6895	1.8385	1.9990	2.1719	2.3579
10	1.1046	1.2190	1.3439	1.4802	1.6289	1.7908	1.9672	2.1589	2.3674	2.5937
11	1.1157	1.2434	1.3842	1.5395	1.7103	1.8983	2.1049	2.3316	2.5804	2.8531
12	1.1268	1.2682	1.4258	1.6010	1.7959	2.0122	2.2522	2.5182	2.8127	3.3184
13	1.1381	1.2936	1.4658	1.6651	1.8856	2.1319	2.4098	2.7196	3.0658	3.4523
14	1.1495	1.3195	1.5126	1.7317	1.9799	2.2609	2.5785	2.9372	3.3417	3.7975
15	1.1610	1.3459	1.5580	1.8009	2.0789	2.3966	2.7590	3.1722	3.6425	4.1772
16	1.1726	1.3728	1.6047	1.8730	2.1829	2.5404	2.9522	3.4295	3.9703	4.5950
17	1.1843	1.4002	1.6528	1.9479	2.2920	2.6928	3.1588	3.7000	4.3276	5.0545
18	1.1961	1.4282	1.7024	2.0258	2.4066	2.8543	3.3799	3.9960	4.7171	5.5599
19	1.2081	1.4568	1.7535	2.1068	2.5270	3.0256	3.6165	4.3157	5.1417	6.1159
20	1.2202	1.4859	1.8061	2.1911	2.6533	3.2071	3.8697	4.6610	5.6044	6.7275
21	1.2324	1.5157	1.8603	2.2788	2.7860	3.3996	4.1406	5.0338	6.1088	7.4002
22	1.2447	1.5460	1.9161	2.3699	2.9253	3.6035	4.4304	5.4365	6.6586	8.1403
23	1.2572	1.5769	1.9736	2.4647	3.0715	3.8197	4.7405	5.8715	7.2579	8.9543
24	1.2697	1.6084	2.0328	2.5633	3.2251	4.0489	5.0724	6.3412	7.9111	9.8497
25	1.2824	1.6406	2.0938	2.6658	3.3864	4.2919	5.4274	6.8485	8.6231	10.835
30	1.3478	1.8114	2.4273	3.2424	4.3219	5.7435	7.6123	10.063	13.268	17.449
40	1.4889	2.2080	3.2620	4.8010	7.0400	10.286	14.974	21.725	31.409	45.259
50	1.6446	2.6916	4.3839	7.1067	11.467	18.420	29.457	46.902	74.358	117.39
60	1.8167	3.2810	5.8196	10.520	18.679	32.988	57.946	101.26	176.03	304.48

주」 CVIF 〉 99,999

[부표-2] 연금의 복리이자요소(CVIFA$_{r, n}$)=[{(1+r)^n/r}−{1/r}]

기간	이자율									
	1%	2%	3%	4%	5%	6%	7%	8%	9%	10%
1	1.0000	1.0000	1.0000	1.0000	1.0000	1.0000	1.0000	1.0000	1.0000	1.0000
2	2.0100	2.0200	2.0300	2.0400	2.0500	2.0600	2.0700	2.0800	2.0900	2.1000
3	3.0301	3.0604	3.0909	3.1216	3.1525	3.1836	3.2149	3.2464	3.2781	3.3100
4	4.0604	4.1216	4.1836	4.2465	4.3101	4.3746	4.4399	4.5061	4.5737	4.6410
5	5.1010	5.2040	5.3091	5.4163	5.5256	5.6371	5.7507	5.8666	5.9847	6.1051
6	6.1520	6.3081	6.4684	6.6330	6.8019	6.9753	7.1533	7.3359	7.5233	7.7156
7	7.2135	7.4343	7.6625	7.8983	8.1402	8.3938	8.6540	8.9228	9.2004	9.4872
8	8.2857	8.5830	8.8932	9.2142	9.5491	9.8975	10.260	10.637	11.028	11.436
9	9.3685	9.7546	10.159	10.583	11.027	11.491	11.978	12.488	13.021	13.570
10	10.462	10.950	11.464	12.006	12.578	13.181	13.816	14.487	15.193	15.937
11	11.567	12.169	12.808	13.486	14.207	14.972	15.784	16.645	17.560	18.531
12	12.683	13.412	14.192	15.026	15.917	16.870	17.888	18.977	20.141	21.384
13	13.809	14.680	15.618	16.627	17.713	18.882	20.141	21.495	22.953	24.523
14	14.947	15.974	17.086	18.292	19.599	21.015	22.550	24.215	26.019	27.975
15	16.097	17.293	18.599	20.024	21.579	23.276	25.129	27.152	29.361	31.772
16	17.258	18.639	20.157	21.825	23.657	25.673	27.888	30.324	33.003	35.950
17	18.430	20.012	21.762	23.698	25.840	28.213	30.840	33.750	36.974	40.545
18	19.615	21.412	23.414	25.645	28.132	30.906	33.999	37.450	41.301	45.599
19	20.811	22.841	25.117	27.671	30.539	33.760	37.379	41.446	46.018	51.159
20	22.019	24.297	26.870	29.778	33.066	36.786	40.995	45.762	51.160	57.275
21	23.239	25.783	28.676	31.969	35.719	39.993	44.865	50.423	56.765	64.002
22	24.472	27.299	30.537	34.248	38.505	43.392	49.006	55.457	62.873	71.403
23	25.716	28.845	32.453	36.618	41.430	46.996	53.436	60.893	69.532	79.543
24	26.973	30.422	34.426	39.083	44.502	50.816	58.177	66.765	76.790	88.497
25	28.243	32.030	36.459	41.646	47.727	54.865	63.249	73.106	84.701	98.347
30	34.785	40.568	47.575	56.085	66.439	79.058	94.461	113.28	136.31	164.49
40	48.886	60.402	75.401	95.026	120.80	154.76	199.64	259.06	337.88	442.59
50	64.463	84.579	112.80	152.67	209.35	290.34	406.53	573.77	815.08	1163.9
60	81.670	114.05	163.05	237.99	353.58	533.13	813.52	1253.2	1944.8	3034.8

주」 CVIFA 〉 99,999

[부표-3] 현가이자요소(PVIF$_{r, n}$)=1/(1+r)^n

기간	이자율									
	1%	2%	3%	4%	5%	6%	7%	8%	9%	10%
1	0.9901	0.9804	0.9709	0.9615	0.9524	0.9434	0.9346	0.9259	0.9174	0.9091
2	0.9803	0.9612	0.9426	0.9246	0.9070	0.8900	0.8734	0.8573	0.8417	0.8264
3	0.9706	0.9423	0.9151	0.8890	0.8638	0.8396	0.8163	0.7938	0.7722	0.7513
4	0.9610	0.9238	0.8885	0.8548	0.8227	0.7921	0.7629	0.7350	0.7084	0.6830
5	0.9515	0.9057	0.8626	0.8219	0.7835	0.7473	0.7130	0.6806	0.6499	0.6209
6	0.9420	0.8880	0.8375	0.7903	0.7462	0.7050	0.6663	0.6302	0.5963	0.5645
7	0.9327	0.8706	0.8131	0.7599	0.7107	0.6651	0.6227	0.5835	0.5470	0.5132
8	0.9235	0.8535	0.7894	0.7307	0.6768	0.6274	0.5820	0.5403	0.5019	0.4665
9	0.9143	0.8368	0.7664	0.7026	0.6446	0.5919	0.5439	0.5002	0.4604	0.4241
10	0.9053	0.8203	0.7441	0.6756	0.6139	0.5584	0.5083	0.4632	0.4224	0.3855
11	0.8903	0.8043	0.7224	0.6496	0.5847	0.5268	0.4751	0.4289	0.3875	0.3505
12	0.8874	0.7885	0.7014	0.6246	0.5568	0.4970	0.4440	0.3971	0.3555	0.3186
13	0.8787	0.7730	0.6810	0.6006	0.5303	0.4688	0.4150	0.3677	0.3262	0.2897
14	0.8700	0.7579	0.6611	0.5775	0.5051	0.4423	0.3878	0.3405	0.2992	0.2633
15	0.8613	0.7430	0.6419	0.5553	0.4810	0.4173	0.3624	0.3152	0.2745	0.2394
16	0.8528	0.7284	0.6232	0.5339	0.4581	0.3936	0.3387	0.2919	0.2519	0.2176
17	0.8444	0.7142	0.6050	0.5134	0.4346	0.3714	0.3166	0.2703	0.2311	0.1978
18	0.8360	0.7002	0.5874	0.4936	0.4155	0.3503	0.2959	0.2502	0.2120	0.1799
19	0.8277	0.6864	0.5703	0.4746	0.3957	0.3305	0.2765	0.2317	0.1945	0.1635
20	0.8195	0.6730	0.5537	0.4654	0.3769	0.3118	0.2584	0.2145	0.1784	0.1486
21	0.8114	0.6598	0.5375	0.4388	0.3589	0.2942	0.2415	0.1987	0.1637	0.1351
22	0.8034	0.6468	0.5219	0.4220	0.3418	0.2775	0.2257	0.1839	0.1502	0.1228
23	0.7954	0.6342	0.5067	0.4057	0.3256	0.2618	0.2109	0.1703	0.1378	0.1117
24	0.7876	0.6217	0.4919	0.3901	0.3101	0.2470	0.1971	0.1577	0.1264	0.1015
25	0.7798	0.6095	0.4776	0.3751	0.2953	0.2330	0.1842	0.1460	0.1160	0.0923
30	0.7419	0.5521	0.4120	0.3083	0.2314	0.1741	0.1314	0.0994	0.0754	0.0573
40	0.6717	0.4529	0.3066	0.2083	0.1420	0.0972	0.0668	0.0460	0.0318	0.0221
50	0.6080	0.3715	0.2281	0.1407	0.0872	0.0543	0.0339	0.0213	0.0134	0.0085

주) 소수 넷째 자리까지 0임

[부표-4] 연금의 현가이자요소 (PVIFA$_{r,n}$)=[{1/r}−{1/r(1+r)^n}]

기간	이자율									
	1%	2%	3%	4%	5%	6%	7%	8%	9%	10%
1	0.9901	0.9804	0.9709	0.9615	0.9524	0.9434	0.9346	0.9259	0.9174	0.9091
2	1.9704	1.9416	1.9135	1.8861	1.8594	1.8334	1.8080	1.7833	1.7591	1.7355
3	2.9410	2.8839	2.8286	2.7751	2.7232	2.6730	2.6243	2.5771	2.5313	2.4869
4	3.9020	3.8077	3.7171	3.6299	3.5460	3.4651	3.3872	3.3121	3.2397	3.1699
5	4.8534	4.7135	4.5797	4.4518	4.3295	4.2124	4.1002	3.9927	3.8897	3.7908
6	5.7599	5.6014	5.4172	5.2421	5.0757	4.9173	4.7665	4.6229	4.4859	4.3553
7	6.7282	6.4720	6.2303	6.0021	5.7864	5.5824	5.3893	5.2064	5.0330	4.8684
8	7.6517	7.3255	7.0197	6.7327	6.4632	6.2098	5.9713	5.7466	5.5348	5.3349
9	8.5660	8.1622	7.7861	7.4353	7.1078	6.8017	6.5152	6.2469	5.9952	5.7590
10	9.4713	8.9826	8.5302	8.1109	7.7217	7.3061	7.0236	6.7101	6.4177	6.1446
11	10.3676	9.7868	9.2526	8.7605	8.3064	7.8869	7.4987	7.1390	6.8052	6.4951
12	11.2551	10.5753	9.9540	9.3851	8.8633	8.3838	7.9427	7.5361	7.1607	6.8137
13	12.1337	11.3484	10.6350	9.9856	9.3936	8.8527	8.3577	7.9038	7.4869	7.1034
14	13.0037	12.1062	11.2961	10.5631	9.8986	9.2950	8.7455	8.2442	7.7862	7.3667
15	13.8651	12.8493	11.9379	11.1184	10.3797	9.7122	9.1079	8.5595	8.0607	7.6061
16	14.7179	13.5777	12.5611	11.6523	10.8378	10.1059	9.4466	8.8514	8.3126	7.8237
17	15.5623	14.2919	13.1611	12.1657	11.2741	10.4773	9.7632	9.1216	8.5436	8.0216
18	16.3983	14.9920	13.7535	12.6593	11.6896	10.8276	10.0591	9.3719	8.7556	8.2014
19	17.2260	15.6785	14.3238	13.1339	12.0853	11.1581	10.3356	9.6036	8.9501	8.3649
20	18.0456	16.3514	14.8775	13.5903	12.4622	11.4699	10.5940	9.8181	9.1285	8.5136
21	18.8570	17.0112	15.4150	14.0292	12.8212	11.7641	10.8355	10.0168	9.2922	8.6487
22	19.6604	17.6580	15.9369	14.4511	13.1630	12.0416	11.0612	10.2007	9.4424	8.7715
23	20.4558	18.2922	16.4436	14.8568	13.4886	12.3034	11.2722	10.3741	9.5802	8.8832
24	21.2434	18.9139	16.9355	15.2470	13.7986	12.5504	11.4693	10.5288	9.7066	8.9847
25	22.0232	19.5235	17.4131	15.6221	14.0939	12.7834	11.6536	10.6748	9.8226	9.0770
30	25.8077	22.3965	19.6004	17.2920	15.3725	13.7648	12.4090	11.2578	10.2737	9.4269
40	32.8347	27.3555	23.1148	19.7928	17.1591	15.0463	13.3317	11.9246	10.7574	9.7791
50	39.1961	31.4236	25.7298	21.4822	18.2559	15.7619	13.8007	12.2335	10.9617	9.9148

주」 소수 넷째 자리까지 0임

Taxurance®

스몰 볼이라는 용어가 있다. 일본프로야구에서 통산 홈런 868개를 때려 홈런왕으로 유명한 왕정치 선수가 이후 감독이 되어 실시했던 야구전략에서 유래한 말이다. 큰 것 한방보다는 작은 것이지만 효과가 확실한 것을 말한다. 다시 말해 실행에 따른 비용과 부담은 크지 않은 대신 그 정책이 가지고 올 수 있는 파급효과는 커서 저비용 고효율의 정책을 말한다.

바로 택슈랑스가 추구하는 방향도 스몰 볼이다. 큰 것 한 방 노리는 태도에서 벗어나 비록 작은 배려가 더 효과적이다. 저자인 김영록 세무사는 스몰 볼을 바꿔 만든 말이 '니치 앤 리치' 이다. 즉 니치 작은 틈새 하나가 돈, 부와 연결된다는 것이다. 그리고 그 작은 틈새, 니치를 고객과 세금에 대한 지식과 정보 교환이라고 한다. 이러한 니치를 추구하는 사람들이 TFR재무전문가이다. 결국 자본주의가 지속되고 돈이 있고, 세금이 있다면 니치 앤 리치는 계속 강조될 것이다.

사람은 보고 싶은 것만 본다. 복잡한 세법은 보고 싶어 하지 않는다. 그렇지만 이런 분야일수록 적극적인 자세로 공부하는 즐거움, 새로운 지식을 익히고 배워가는 그런 즐거움을 가지고 익힌다면 재무전문가의 필살기가 될 것이다. 향후 택슈랑스는 기존 보험설계사의 20%를 TFR재무전문가로 양성한다. 재무전문가는 세법에 대한 지식으로 무장하여 고객에게 다가가 단계별 전략으로 최적의 자산관리 모델을 만들어 고객의 미래가치 실현과 행복을 찾는 것이 목표이다.

[보유자산 포트폴리오 점검] 고객 보유자산의 취득·보유·처분단계 등 케이스별로 세금문제는 필수적으로 발생하게 된다. 동시에 고객의 현재 자산을 분석하고 검토하여 보유자산의 포트폴리오를 재점검한다.

[예상 납부세액 측정] 고액자산가와 기업인은 어떻게 자산관리를 하고 이후 자녀에게 가업을 승계하고 계속기업(Going Concern)을 만들 것인가?는 가장 큰 고민이다. 노후대비 및 자녀 상속증여와 관련한 세법은 매년 보강되고 있다. 법인세법, 소득세법 및 상증세법 등에 따라 납부세액을 예측하며 절세 방안을 모색한다.

[중장기 플랜 수립과 제안] 고객니즈 및 성향에 맞게 이와 관련한 가업승계플랜, 상속과증여플랜을 통해 중장기 절세대책을 세운다.

[제안내용 실행과 사후관리] 이후 고객에게 제안한 내용에 대해 직접적으로 실행하고 문제점 등을 평생 사후관리한다.

세상일은 일기예보만큼이나 예측하기 힘든 일이다. 국가 경제정책도 그렇고 기업의 사업전망도 마찬가지이다. 과거 1991년 1월 걸프전이 발발할 당시 정부와 유정업계 및 에너지 관련 전문가들이 대책을 내세워 유가상승에 대비해 원유 산유국들과 비싸게 공급계약을 맺었다. 그러나 이라크 전쟁은 첨단무기로 인해 단시일 내 끝나고 결국 외화만 낭비한 꼴이 되어버렸다. 이때 모 국회의원이 '잘 모르면 일본이나 따라하지!' 라고 했다고 한다. 우리가 감정적으로 싫어하는 일본을 따르자는 것이 아닌, 경험이 부족하거나 실력이 떨어진다면 주변에서 어떻게 하고 있는지 보고 배워야 하는 것을 얘기한다. 우리나라는 산업화 과정은 물론 고령화 속도 등 국민경제 영역이 일본과 비슷하다. 세금과 보험 관련하여 Taxurance택슈랑스를 만든 이유도 일본에서 세리사와 모 보험사의 성공사례를 보고 벤치마킹한 것이다.

월리엄테일러는 성공을 위한 필수조건으로 3가지를 제시한다. 첫째 남보다 더 많은 지식과 정보를 가질 것, 둘째 남보다 더 열심히 일할 것, 셋째 위 두 가지를 하지 않은 사람이 남보다 더 큰 기대를 갖지 말 것이라고 한다. 여기에 저자는 한 가지 더 추가하고자 한다. 바로 할 수 있다! 라는 마음을 가지고 실행한다면 성공은 더 확실하다.

그럼 이제 성공을 위한 필수조건 첫째, 둘째, 셋째, 넷째 모두를 가지고 세금 잡(JOB)은 택슈랑스 라운지에서, 100세 시대! 인생 2막의 포트폴리오를 고객과 함께 가자!

Taxurance®

2014년 3월 ~ 2014년 2월 세무일지

2014년 3월
March

일자	구분	비고
10(월)	지급명세서(사업·근로·퇴직소득) 제출(일용근로자 제외)	2013년 귀속분
	원천징수분 법인세·소득세·지방소득세(소득분) 납부	2월분
	전자세금계산서·전자계산서 발행(월합계 세금계산서 등)	2월분
	증권거래세 신고납부(예탁결제원·금융투자업자)	2월분
	레저세(농특세·지방교육세 포함) 신고납부	2월분
	주민세(구, 지방소득세 종업원분) 신고납부	2월분
	국민연금·건강·고용·산재보험료 납부	
15(토)	일용근로자 근로내역확인서 제출(고용안정센터)	2월분
17(월)	고용·산재보수총액 신고서제출(건설업·벌목업 제외 사업장)	
25(화)	개별소비세(농특세·교육세 포함) 신고납부(과세유흥장소)	2월분
31(월)	12월말 결산법인 법인세 신고납부	2013년 사업연도
	공익법인등의 세무확인서·출연재산등에 대한 보고서 제출	2013년 사업연도
	고용·산재 보수총액 신고서제출(건설업·벌목업 사업장)	
	개별소비세(농특세·교육세 포함) 신고납부(유류 등)	2월분
	개별소비세(농특세·교육세 포함) 신고납부(과세영업장소 중 폐광지역 카지노)	2013년분
	교통·에너지·환경세(교육세 포함) 신고납부	2월분
	주세(교육세 포함) 신고납부	1월분
	담배소비세(지방교육세 포함) 신고납부	2월분
	양도소득세(지방소득세 포함) 예정신고납부(부동산 등)	1월 양도분
	상속세 신고납부	2013년 9월 상속분
	증여세 신고납부	2013년 12월 증여분

2014년 4월

April

일자	구분	비고
10(목)	원천징수분 법인세·소득세·지방소득세(소득분) 납부	3월분
	증권거래세 신고납부(예탁결제원·금융투자업자)	3월분
	전자세금계산서·전자계산서 발행(월합계 세금계산서 등)	3월분
	레저세(농특세·지방교육세 포함) 신고납부	3월분
	주민세(구, 지방소득세 종업원분) 신고납부	3월분
	국민연금·건강·고용·산재보험료 납부	
15(화)	일용근로자 근로내역확인서 제출(고용안정센터)	3월분
17(월)	고용·산재보수총액 신고서제출(건설업·벌목업 제외 사업장)	
25(금)	(법인)부가가치세 예정신고 납부 (개인) 예정고지 납부	1~3월분
	개별소비세(농특세·교육세 포함) 신고납부(과세유흥장소)	3월분
	개별소비세(농특세·교육세 포함) 신고납부(유류 등·과세유흥장소·과세영업장소 제외)	1~3월분
30(수)	12월말 결산법인(일반기업) 법인세 분납	2013년 사업연도
	일용근로자의 근로소득 지급명세서 제출	1~3월분
	개별소비세(농특세·교육세 포함) 신고납부(유류 등)	3월분
	교통·에너지·환경세(교육세 포함) 신고납부	3월분
	주세(교육세 포함) 신고납부	2월분
	12월말 결산법인 법인세분 지방소득세 신고납부	2013년 사업연도
	담배소비세(지방교육세 포함) 신고납부	3월분
	공익법인의 결산서류 등 공시	2013년 사업연도
	단독주택 기준시가 공시일(30일자)	2014년 1월1일 기준
	12월말 법인 외부감사대상 선임계약 체결기한	
	양도소득세(지방소득세 포함) 예정신고납부(부동산 등)	2월 양도분
	상속세 신고납부	2013년 10월 상속분
	증여세 신고납부	2014년 1월 증여분

2014년 5월
May

일자	구분	비고
10(토) 12(월)	원천징수분 법인세·소득세·지방소득세(소득분) 납부	4월분
	증권거래세 신고납부(예탁결제원·금융투자업자)	4월분
	전자세금계산서·전자계산서 발행(월합계 세금계산서 등)	4월분
	레저세(농특세·지방교육세 포함) 신고납부	4월분
	주민세(구, 지방소득세 종업원분) 신고납부	4월분
	국민연금·건강·고용·산재보험료 납부	
15(목)	일용근로자 근로내역확인서 제출(고용안정센터)	4월분
17(월)	고용·산재보수총액 신고서제출(건설업·벌목업 제외 사업장)	
25(일) 26(월)	개별소비세(농특세·교육세 포함) 신고납부(과세유흥장소)	4월분
31(토) 6/2(월)	12월말 결산법인 법인세 분납(중소기업)	2013년 사업연도
	양도소득세(지방소득세 포함) 확정신고 납부	2013년 귀속분
	증권거래세 신고납부(비상장주식 등)	1~3월분
	교육세(금융·보험업분) 신고납부	1~3월분
	사업용계좌 신고(변경·추가) 기한	복식부기의무자
	개별소비세(농특세·교육세 포함) 신고납부(유류 등)	4월분
	교통·에너지·환경세(교육세 포함) 신고납부	4월분
	주세(교육세 포함) 신고납부	3월분
	소득세분 지방소득세 신고납부	2013년 귀속분
	담배소비세(지방교육세 포함) 신고납부	4월분
	근로장려금 신청	2013년 귀속분
	토지 개별공시지가 공시일(31일자)	2014년 1월 1일 기준
	양도소득세(지방소득세 포함) 예정신고납부(비상장주식 등)	1~3월분
	양도소득세(지방소득세 포함) 예정신고납부(부동산 등)	3월 양도분
	상속세 신고납부	2013년 11월 상속분
	증여세 신고납부	2014년 2월 증여분

2014년 6월

June

일자	구분	비고
10(화)	원천징수분 법인세·소득세·지방소득세(소득분) 납부	5월분
	부가가치세 총괄납부 신청 및 포기신고(2014년 2기부터)	과세기간 개시 20일전
	사업자단위과세사업자 신청 및 포기신고(2014년 2기부터)	과세기간 개시 20일전
	전자세금계산서·전자계산서 발행(월합계 세금계산서 등)	5월분
	증권거래세 신고납부(예탁결제원·금융투자업자)	5월분
	레저세(농특세·지방교육세 포함) 신고납부	5월분
	주민세(구, 지방소득세 종업원분) 신고납부	5월분
	국민연금·건강·고용·산재보험료 납부	
15(일) 16(월)	일용근로자 근로내역확인서 제출(고용안정센터)	5월분
25(수)	개별소비세(농특세·교육세 포함) 신고납부(과세유흥장소)	5월분
30(월)	종합소득세 확정신고납부(성실신고확인서 제출사업자)	2013년 귀속분
	사업용계좌신고(변경추가)기한(성실신고확인서 제출사업자)	
	소규모사업자 원천세 반기별 납부 승인신청	직전 연평균고용인원 20인 이하
	해외금융계좌 신고기한(국내거주자·내국법인)	
	일감몰아주기 증여세 신고납부	2013년 12월말 결산법인
	외국사업자 부가가치세 환급신청	2013년분
	개별소비세(농특세·교육세 포함) 신고납부(유류 등)	5월분
	교통·에너지·환경세(교육세 포함) 신고납부	5월분
	주세(교육세 포함) 신고납부	4월분
	소득세분 지방소득세 신고납부(성실신고확인서 제출사업자)	2013년 귀속분
	제1기분 자동차세(지방교육세 포함) 납부	1~6월분 고지분
	담배소비세(지방교육세 포함) 신고납부	5월분
	양도소득세(지방소득세 포함) 예정신고납부(부동산 등)	4월 양도분
	상속세 신고납부	2013년 12월 상속분
	증여세 신고납부	2014년 3월 증여분

2014년 7월
July

일자	구분	비고
10(목)	원천징수분 법인세·소득세·지방소득세(소득분) 납부	6월분
	소규모사업자 원천세 반기별 납부	1~6월분
	전자세금계산서·전자계산서 발행(월합계 세금계산서 등)	6월분
	증권거래세 신고납부(예탁결제원·금융투자업자)	6월분
	레저세(농특세·지방교육세 포함) 신고납부	6월분
	주민세(구, 지방소득세 종업원분) 신고납부	6월분
	국민연금·건강·고용·산재보험료 납부	
15(화)	일용근로자 근로내역확인서 제출(고용안정센터)	6월분
25(금)	(개인사업자)부가가치세 확정신고 납부	2014년 1~6월분
	(법인사업자)부가가치세 확정신고 납부	2014년 4~6월분
	(간이과세자)부가가치세 고지분납부	2014년 1~6월분
	개별소비세(농특세·교육세 포함) 신고납부(과세유흥장소)	6월분
	개별소비세(농특세·교육세 포함) 신고납부(유류 등·과세유흥장소·과세영업장소 제외)	4~6월분
31(목)	일용근로자의 근로소득 지급명세서 제출	4~6월분
	종합소득세(확정신고) 분납	2013년 귀속분
	개별소비세(농특세·교육세 포함) 신고납부(유류 등)	6월분
	교통·에너지·환경세(교육세 포함) 신고납부	6월분
	주세(교육세 포함) 신고납부	5월분
	재산세(지역자원시설세·지방교육세 포함) 납부	건축물·선박·항공기·주택의 1/2
	담배소비세(지방교육세 포함) 신고납부	6월분
	주민세(재산분) 신고납부	2014년분
	양도소득세(지방소득세 포함) 예정신고납부(부동산 등)	5월 양도분
	상속세 신고납부	2014년 1월 상속분
	증여세 신고납부	2014년 4월 증여분

2014년 8월

August

일자	구분	비고
1(금)	개인균등 주소지분/사업장/법인균등분 주민세 과세기준일	2014년분
10(일) 11(월)	원천징수분 법인세·소득세·지방소득세(소득분) 납부	7월분
	증권거래세 신고납부(예탁결제원·금융투자업자)	7월분
	전자세금계산서·전자계산서 발행(월합계 세금계산서 등)	7월분
	레저세(농특세·지방교육세 포함) 신고납부	7월분
	주민세(구, 지방소득세 종업원분) 신고납부	7월분
	국민연금·건강·고용·산재보험료 납부	
15(금) 18(월)	(개인사업자)부가가치세 확정신고 납부	7월분
	(법인사업자)부가가치세 확정신고 납부	
	(간이과세자)부가가치세 고지분납부	
	개별소비세(농특세·교육세 포함) 신고납부(과세유흥장소)	
	개별소비세(농특세·교육세 포함) 신고납부(유류 등·과세유흥장소·과세영업장소 제외)	
25(월)	개별소비세(농특세·교육세 포함) 신고납부(과세유흥장소)	7월분
31(일) 9/1(월)	12월말 결산법인 법인세 중간예납	1~6월분
	종합소득세(확정신고) 분납(성실신고확인서 제출사업자)	2013년 귀속분
	증권거래세 신고납부(비상장주식 등)	4~6월분
	교육세(금융·보험업분) 신고납부	4~6월분
	개별소비세(농특세 · 교육세 포함) 신고납부(유류 등)	7월분
	교통·에너지·환경세(교육세 포함) 신고납부	7월분
	주세(교육세 포함) 신고납부	6월분
	주민세(균등분) 납부	2014년 고지분
	담배소비세(지방교육세 포함) 신고납부	7월분
	양도소득세 예정신고납부(비상장주식 등)	4~6월분
	양도소득세(지방소득세 포함) 예정신고납부(부동산 등)	6월 양도분
	상속세 신고납부	2014년 2월 상속분
	증여세 신고납부	2014년 5월 증여분

2014년 9월
September

일자	구분	비고
10(수) 11(목)	원천징수분 법인세·소득세·지방소득세(소득분) 납부	8월분
	증권거래세 신고납부(예탁결제원·금융투자업자)	8월분
	전자세금계산서·전자계산서 발행(월합계 세금계산서 등)	8월분
	레저세(농특세·지방교육세 포함) 신고납부	8월분
	주민세(구. 지방소득세 종업원분) 신고납부	8월분
	국민연금·건강·고용·산재보험료 납부	
15(월)	일용근로자 근로내역확인서 제출(고용안정센터)	8월분
25(목)	개별소비세(농특세·교육세 포함) 신고납부(과세유흥장소)	8월분
30(화)	개별소비세(농특세·교육세 포함) 신고납부(유류 등)	8월분
	교통·에너지·환경세(교육세 포함) 신고납부	8월분
	주세(교육세 포함) 신고납부	7월분
	종합부동산세 과세특례신고	
	임대(기타)주택 합산배제신고	
	재산세(지역자원시설세·지방교육세 포함) 납부	토지·주택의 1/2
	담배소비세(지방교육세 포함) 신고납부	8월분
	양도소득세(지방소득세 포함) 예정신고납부(부동산 등)	7월 양도분
	상속세 신고납부	2014년 3월 상속분
	증여세 신고납부	2014년 6월 증여분

2014년 10월

October

일자	구분	비고
10(금)	원천징수분 법인세·소득세·지방소득세(소득분) 납부	9월분
	증권거래세 신고납부(예탁결제원·금융투자업자)	9월분
	전자세금계산서·전자계산서 발행(월합계 세금계산서 등)	9월분
	레저세(농특세·지방교육세 포함) 신고납부	9월분
	주민세(구. 지방소득세 종업원분) 신고납부	9월분
	국민연금·건강·고용·산재보험료 납부	
15(수)	일용근로자 근로내역확인서 제출(고용안정센터)	9월분
25(토) 27(월)	(법인)부가가치세 예정신고 납부 (개인) 예정고지 납부	7~9월분
	개별소비세(농특세·교육세 포함) 신고납부(과세유흥장소)	9월분
	개별소비세(농특세·교육세 포함) 신고납부(유류 등·과세유흥장소· 과세영업장소 제외)	7~9월분
31(금)	일용근로자의 근로소득 지급명세서 제출	7~9월분
	개별소비세(농특세·교육세 포함) 신고납부(유류 등)	9월분
	교통·에너지·환경세(교육세 포함) 신고납부	9월분
	주세(교육세 포함) 신고납부	8월분
	담배소비세(지방교육세 포함) 신고납부	9월분
	양도소득세(지방소득세 포함) 예정신고납부(부동산 등)	8월 양도분
	상속세 신고납부	2014년 4월 상속분
	증여세 신고납부	2014년 7월 증여분

2014년 11월

November

일자	구분	비고
1(토) 3(월)	12월말 결산법인 법인세 중간예납 분납(중소기업)	1~6월분
10(월)	원천징수분 법인세·소득세·지방소득세(소득분) 납부	10월분
	증권거래세 신고납부(예탁결제원·금융투자업자)	10월분
	전자세금계산서·전자계산서 발행(월합계 세금계산서 등)	10월분
	레저세(농특세·지방교육세 포함) 신고납부	10월분
	주민세(구, 지방소득세 종업원분) 신고납부	10월분
	국민연금·건강·고용·산재보험료 납부	
15(토) 17(월)	일용근로자 근로내역확인서 제출(고용안정센터)	10월분
25(화)	개별소비세(농특세·교육세 포함) 신고납부(과세유흥장소)	7월분
30(일) 12/1(월)	종합소득세 중간예납세액 납부 및 추계액 신고	2014년 귀속분
	증권거래세 신고납부(비상장주식 등)	7~9월분
	교육세(금융·보험업분) 신고납부	7~9월분
	개별소비세(농특세·교육세 포함) 신고납부(유류 등)	10월분
	교통·에너지·환경세(교육세 포함) 신고납부	10월분
	주세(교육세 포함) 신고납부	9월분
	담배소비세(지방교육세 포함) 신고납부	10월분
	양도소득세 예정신고납부(비상장주식 등)	7~9월분
	양도소득세(지방소득세 포함) 예정신고납부(부동산 등)	9월 양도분
	상속세 신고납부	2014년 5월 상속분
	증여세 신고납부	2014년 8월 증여분

2014년 12월
December

일자	구분	비고
10(수)	원천징수분 법인세·소득세·지방소득세(소득분) 납부	11월분
	증권거래세 신고납부(예탁결제원·금융투자업자)	11월분
	전자세금계산서·전자계산서 발행(월합계 세금계산서 등)	11월분
	레저세(농특세·지방교육세 포함) 신고납부	11월분
	주민세(구, 지방소득세 종업원분) 신고납부	11월분
	국민연금·건강·고용·산재보험료 납부	
11(목)	부가가치세 총괄납부 신청 및 포기신고(2015년 1기부터)	과세기간 개시 20일전
	사업자단위과세사업자 신청 및 포기신고(2015년 1기부터)	과세기간 개시 20일전
15(월)	종합부동산세(농특세 포함) 신고납부	2014년분
	일용근로자 근로내역확인서 제출(고용안정센터)	11월분
26(금)	개별소비세(농특세·교육세 포함) 신고납부(과세유흥장소)	11월분
31(수)	소규모사업자 원천세 반기별 납부 승인신청	직전 연평균고용인원 20인 이하
	개별소비세(농특세·교육세 포함) 신고납부(유류 등)	11월분
	교통·에너지·환경세(교육세 포함) 신고납부	11월분
	주세(교육세 포함) 신고납부	10월분
	자동차세(지방교육세 포함) 납부	7~12월 고지분
	담배소비세(지방교육세 포함) 신고납부	11월분
	양도소득세(지방소득세 포함) 예정신고납부(부동산 등)	10월 양도분
	상속세 신고납부	2014년 6월 상속분
	증여세 신고납부	2014년 9월 증여분

2015년 1월
January

일자	구분	비고
10(토) 12(월)	원천징수분 법인세·소득세·지방소득세(소득분) 납부	2014년 12월분
	소규모사업자 원천세 반기별 납부	2014년 7~12월분
	전자세금계산서·전자계산서 발행(월합계 세금계산서 등)	2014년 12월분
	증권거래세 신고납부(예탁결제원·금융투자업자)	2014년 12월분
	레저세(농특세·지방교육세 포함) 신고납부	2014년 12월분
	주민세(구, 지방소득세 종업원분) 신고납부	2014년 12월분
	국민연금·건강·고용·산재보험료 납부	
15(목)	일용근로자 근로내역확인서 제출(고용안정센터)	2014년 12월분
25(일) 26(월)	(개인사업자)부가가치세 확정신고 납부	2014년 7~12월분
	(법인사업자)부가가치세 확정신고 납부	2014년 9~12월분
	(간이과세자)부가가치세 확정신고 납부	2014년 1~12월분
	개별소비세(농특세·교육세 포함) 신고납부(과세유흥장소)	2014년 12월분
	개별소비세(농특세·교육세 포함) 신고납부(유류 등·과세유흥장소·과세영업장소 제외)	2014년 10~12월분
31(토) 2/2(월)	종합소득세 중간예납 분납	2014년분
	개별소비세(농특세·교육세 포함) 신고납부(유류 등)	2014년 12월분
	교통·에너지·환경세(교육세 포함) 신고납부	2014년 12월분
	주세(교육세 포함) 신고납부	2014년 11월분
	등록면허세 면허분 납부(1. 16~1. 31)	2015년 고지분
	담배소비세(지방교육세 포함) 신고납부	2014년 12월분
	양도소득세(지방소득세 포함) 예정신고납부(부동산 등)	11월 양도분
	상속세 신고납부	2014년 7월 상속분
	증여세 신고납부	2014년 10월 증여분

2015년 2월
February

일자	구분	비고
10(화)	성실신고확인자 선임신고	2014년 귀속분
	면세사업자 사업장 현황신고	2014년 귀속분
	전자세금계산서·전자계산서 발행(월합계 세금계산서 등)	1월분
	원천징수분 법인세·소득세·지방소득세(소득분) 납부	1월분
	증권거래세 신고납부(예탁결제원·금융투자업자)	1월분
	레저세(농특세·지방교육세 포함) 신고납부	1월분
	주민세(구, 지방소득세 종업원분) 신고납부	1월분
	국민연금·건강·고용·산재보험료 납부	
15(일)	종합부동산세 분납	2014년분
16(월)	일용근로자 근로내역확인서 제출(고용안정센터)	1월분
25(수)	개별소비세(농특세·교육세 포함) 신고납부(과세유흥장소)	1월분
28(토) 3/2(월)	증권거래세 신고납부(비상장주식 등)	2014년 10~12월분
	교육세(금융·보험업분) 신고납부	2014년 10~12월분
	일용근로자의 근로소득 지급명세서 제출	2014년 10~12월분
	지급명세서 제출(원천징수대상 사업·근로·퇴직소득 제외)	2014년 귀속분
	개별소비세(농특세·교육세 포함) 신고납부(유류 등)	1월분
	교통·에너지·환경세(교육세 포함) 신고납부	1월분
	주세(교육세 포함) 신고납부	2014년 12월분
	담배소비세(지방교육세 포함) 신고납부	1월분
	양도소득세 예정신고납부(비상장주식 등)	2014년 10~12월분
	양도 소득세(지방소득세 포함) 예정신고납부(부동산 등)	12월 양도분
	상속세 신고납부	2014년 8월 상속분
	증여세 신고납부	2014년 11월 증여분

100세대!
인생2막,
포트폴리오!

세금
잡(JOB)은
택슈랑스

세무사 · TFR재무전문가
김영록 지음